T0327168

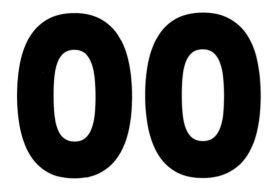

MATERIOLOGY
HANDBUCH FÜR KREATIVE:
MATERIALIEN
UND TECHNOLOGIEN

VON **MATÉRIO**
AUTOREN:
DANIEL KULA
UND **ÉLODIE TERNAUX**
KOAUTOR:
QUENTIN HIRSINGER
GRAFIKDESIGN:
**GÉNÉRAL DESIGN,
MAROUSSIA JANNELLE**
MIT **BENJAMIN GOMEZ**

**FRAME PUBLISHERS
AMSTERDAM
BIRKHÄUSER
BASEL**

INHALTSVERZEICHNIS

Die Entstehung dieses Handbuchs war von Freude und Frust begleitet ... Die Freude am Material und seiner Berührung, der Wunsch, es zu verstehen und vor allem es als hervorragendes Mittel anzusehen, Dinge zu erschaffen, zu gestalten und mit anderen zu teilen. Dem gegenüber stand der immer wiederkehrende Frust, auf der Suche nach Werken, die einen Einstieg in die Materie ermöglichen sollten, stets nur auf nüchterne, unattraktive Publikationen zu stoßen, die in der Regel ein umfassendes Vorwissen voraussetzen und meist für einen Laien so unzugänglich sind, dass sie ihn rasch zum Aufgeben zwingen.

Aus diesem Frust ist dieses Handbuch entstanden: Es richtet sich an alle jungen und älteren Designer, Architekten und Künstler, die nicht zu Technikern berufen sind, aber mit diesen kommunizieren müssen. Es ist also nicht für Experten gedacht, die mit hoher Wahrscheinlichkeit auf Unzulänglichkeiten oder Lücken stoßen werden. Materiology soll Neugierde und Begeisterung wecken, ein Grundverständnis für Werkstoffe und Fertigungsverfahren vermitteln und dem Leser die Möglichkeit bieten, eine einfache Wahl zu treffen, die ihn zu einem späteren Zeitpunkt zu spezialisierteren Werken führen wird.

Die Festlegung des Informationsumfangs ist stets eine schwierige Aufgabe und muss mit Vorsicht getroffen werden. Im vorliegenden Fall wurde die Entscheidung vom Wunsch getragen, den Leser nicht mit einer zu großen Flut an Informationen zu belasten, sondern die wichtigsten Aspekte zu behandeln sowie die Lektüre flüssig und kohärent zu gestalten. Diese synthetische Darstellung soll dem Leser die Möglichkeit bieten, sich zurechtzufinden, ohne die größeren Zusammenhänge aus den Augen zu verlieren. Vor allem aber sollten damit in einem einzigen Werk alle Materialien und Bearbeitungsverfahren vereint werden, um eine Vergleichsmöglichkeit zu bieten und die Informationssuche schnell und einfach zu gestalten.

Die Aufteilung erfolgt in vier großen Kapiteln: Zuerst werden **die wichtigsten Materialfamilien** (Holz, Papier und Pappe, Leder und Haut, Metalle, Glas und Keramik, Kunststoffe, Verbundwerkstoffe, Textilien, Stein, Beton sowie Licht) vorgestellt; **der 127 steckbriefartige Karten umfassende Materialkatalog** gibt einen raschen Überblick über die im Alltag am weitesten verbreiteten Materialien, von Pappe über Sperrholz, Kupfer, Polystyrol und Glühbirnen bis hin zu Sicherheitsglas; danach werden **die wichtigsten Bearbeitungsverfahren** wie Fügen, Schneiden, Tiefziehen und Spritzguss erläutert; **schließlich folgen neue Denkansätze**, die es dem Leser ermöglichen, verschiedene Fragestellungen rund um Material und Technologie in einen größeren Zusammenhang zu stellen.
Besondere Aufmerksamkeit wurde den Abbildungen zuteil, die in unseren Augen auf intuitive und effiziente Weise Verständnis schaffen und zu einem Großteil komplizierte Erklärungen vermeiden.

Die Lektüre dieses Handbuchs kann linear erfolgen, die alphabetische Übersicht des Materialkatalogs erlaubt jedoch auch die gezielte Suche nach Stichwörtern. Am Ende jeder Materialfamilie wird auf die entsprechenden Materialkarten und Verfahren verwiesen. Dies soll das Navigieren zwischen den Kapiteln erleichtern und dem Leser helfen, in die vielfältige Welt der Materialien und Technologien einzutauchen, in der alles miteinander verwoben und einem ständigen Wandel unterworfen ist.

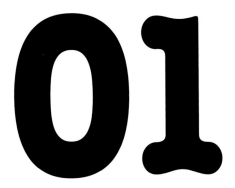

MATERIALFAMILIEN

Holz

....

HOLZ: EIN WACHSENDES MATERIAL

Während die meisten Materialien in den Tiefen der Erde lagern und dort mühsam abgebaut, zerkleinert, aufbereitet und verarbeitet werden müssen, bis sie uns in Form homogener Halbfabrikate für den Gebrauch zur Verfügung stehen, entsteht Holz in nächster Nähe, direkt vor unseren Augen.

Fast ein Drittel unseres Planeten ist von Wäldern bedeckt. Hunderte verschiedener Baumarten (Laub- und Nadelbäume), je nach den klimatischen Verhältnissen und der Beschaffenheit der verschiedenen Böden, wachsen dort gemeinsam. Durch diese Vielfalt steht jedem kreativ Tätigen eine fein abgestufte Palette einheimischer Hölzer, ergänzt durch zahlreiche importierte Holzarten, zur Verfügung.

Obgleich Holz eines der ältesten Materialien ist, die vom Menschen verarbeitet werden, konnte es nicht an den Entwicklungen der industriellen Revolution teilhaben, da es von Natur aus nicht die von der Industrie verlangte Homogenität, Reproduzierbarkeit und Präzision aufweist. Damit hätte es zu einer Randexistenz, wenn nicht sogar zum Verschwinden verurteilt sein können. Doch es ist weiterhin präsent und scheint sich sogar in aller Bescheidenheit selbst modernisiert zu haben. Dies liegt zunächst daran, dass unabhängig von der historischen und technischen Entwicklung ständig Bäume wachsen. Hinzu kommt, dass Holz im Zeitalter der nachhaltigen Entwicklung eine wirklich wettbewerbsfähige Ökobilanz vorweisen kann, die von keinem anderen Material erreicht wird: Dank jüngst entwickelter Behandlungsverfahren, welche ohne chemische Stoffe auskommen, bleibt das Holz voll recycelbar.

Holz ist auch ein natürlicher Verbundstoff, ein aus Bio-Polymeren zusammengesetztes Material, das leicht und dennoch leistungsfähig ist: Stahl ist zehnmal härter als eine hochwertige Fichte, aber auch zwanzigmal so schwer. Die Anisotropie des Holzes (unterschiedliches Verhalten je nach Verarbeitungsrichtung des Materials), die einst ein echtes Hindernis für seine industrielle Nutzung darstellte, genießt heute große Wertschätzung im Boom der Verbundwerkstoffe, Wabenmaterialien und anderen verstärkten Harzen.

Schließlich ist Holz in einer weit von der Perfektion entfernten Welt nach wie vor das Material, welches jederzeit und unmittelbar zur Verfügung steht. Es ist das Material der Not, mit anderen Worten, das Material der Armen: leicht zugänglich, von Natur aus vorhanden und frei verfügbar. Holz ist der Stoff zum Überleben: Es gibt dem Menschen Wärme, ein Dach über dem Kopf und erneuert sich selbst. Die Abholzung des tropischen Regenwalds im Amazonasgebiet zeugt davon.

Holz setzt sich unaufhaltsam durch und bleibt für eine Vielzahl von Verwendungszwecken unersetzlich. Die Entwicklungen in diesem Bereich vollziehen sich leise, aber spürbar. Neben dem Vollholz, das heute durch ein neues Verfahren, die Retifikation, thermisch behandelt werden kann, ohne die bisher verwendeten chemischen Stoffe, hat sich die Einsatzvielfalt weit geöffnet für die Holzderivate, darunter einige höchst raffinierte. Die Holzindustrie bietet so ausgefeilte Produkte an wie zum Beispiel OSB-Platten (Oriented Strand Board), mithilfe thermischer Verfahren erzeugtes Formholz, das sich wie Leder oder sogar Textil verarbeiten lässt, mit Luft aufgeschäumter Holzschaum, Sperrholzplatten, die sich dreidimensional formen lassen, bis zum polymeren Holz, dem „flüssigen" Holz, bei dem Sägespäne und Holzabfälle mit Kunstharzen zu einer Masse vermischt werden, die sich zum Extrudieren oder Spritzguss eignet.

Holz ist damit nicht dem Weg ähnlicher oder konkurrierender Materialien gefolgt und hat keine umwälzenden Innovationen erlebt, sondern erinnert uns immer wieder daran, dass ein Material tatsächlich niemals „von gestern" ist, sondern sich auch unauffällig, aber unaufhaltsam weiterentwickeln kann.

....

VIELFALT DER BAUMSORTEN (SILHOUETTEN EINIGER TYPISCHER ARTEN)
FAMILIE DER LAUBBÄUME: **1** Akazie **2** Ahorn **3** Vogelaugenahorn **4** Oregon-Erle **5** Birke **6** Königs-Eukalyptus (Australische Eiche) **7** Pekannuss **8** Buchsbaum **9** Kastanie **10** Australische Kastanie (Black Bean) **11** Ostindisches Satinholz **12** Königsholz **13** Cocobolo **14** Ceylon-Ebenholz **15** Gummibaum (Jelutong) **16** Nuss

VIELFALT DER BAUMSORTEN (SILHOUETTEN EINIGER TYPISCHER ARTEN)
FAMILIE DER NADELBÄUME: **1** Silbertanne **2** Kauri (Neuseeländ. Kauri-Fichte) **3** Brasilianische Araukarie (Brasilkiefer, Paranakiefer) **4** Australische Kiefer **5** Libanon-Zeder **6** Zypresse **7** Rimu **8** Lärche **9** Fichte **10** Sitka-Fichte **11** Lambert-Kiefer **12** Eibe **13** Schweres Kiefernholz **14** Weymouth-Kiefer **15** Kiefer **16** Douglasie **17** Redwood (Sequoia) **18** Silberkiefer **19** Thuya **20** Hemlocktanne (Tsuga)

WALD

Der Mensch ist heute in dreierlei Hinsicht mit dem Wald verbunden:

· **Sozialer Aspekt:** Der Wald bietet dem Menschen einen der letzten Freiräume für Abenteuer, Freizeit, Geheimnisse, Erforschung, Geschichte und Fantasie; er ist deshalb ein Raum der Konfrontation mit der Natur für den Menschen. Er ist Bestandteil der Raumplanung, der Ausformung von Relief und Landschaft.

· **Ökologischer Aspekt:** Der Wald ist im Grunde die „Klimaanlage unseres Planeten", ein „CO_2-Recyclingsystem" durch Fotosynthese (1,6 Tonnen je Tonne Holz), eine Sauerstofferzeugungsanlage; er spielt daher eine wesentliche Rolle für das Gleichgewicht des Planeten. Die gegenwärtige Störung des Gleichgewichts löst Verunsicherung aus. Wir produzieren heute nämlich mehr CO_2 als die Pflanzen absorbieren können – dieses Phänomen ist als Treibhauseffekt bekannt. Die Folgen der massiven Rodungen – wie zum Beispiel beim tropischen Regenwald – machen sich stark bemerkbar. Rodungen sind für etwa 20 % der weltweiten Gasemissionen verantwortlich, die den Treibhauseffekt verursachen und zur Erwärmung des Planeten beitragen. Aufgrund der Rodungen muss außerdem eine ganze Reihe bedrohter Arten geschützt werden und steht damit nicht mehr für eine Nutzung zur Verfügung.

· **Rohstoff-Aspekt:** Der Wald versorgt uns mit dem Rohstoff „Holz", der zwei besondere Eigenschaften aufweist: Es ist erneuerbar (kurzfristig im Vergleich zu den fossilen Materialien) und wieder verwertbar. Für die Verarbeitung und Verwendung von Holz wird wenig, in manchen Fällen sogar gar keine Energie verbraucht. Holz hat das Potenzial, Material wie Energie zu sein. Der Wald stellt ein gigantisches Rohstoffreservoir dar. Etwa 30 % der Landfläche der Erde ist von Wäldern bedeckt (4,1 Milliarden Hektar/12,7 Milliarden Landfläche). Diese Wälder sind allerdings nicht völlig gleichmäßig auf die einzelnen Länder verteilt, der Waldanteil liegt zwischen 1 % und 98 % (in Guyana beispielsweise), doch die Verteilung auf die Nord- und die Südhalbkugel ist einigermaßen ausgewogen. Die größten Waldflächen befinden sich in der ehemaligen Sowjetunion und Nordamerika, die 40 % der Waldflächen besitzen, gefolgt von Amazonien und Afrika.

Die hemmungslose Ausbeutung der Wälder, die lange Zeit als unerschöpfliches Rohstoffreservoir betrachtet wurden, hat in der Geschichte zu schwerwiegenden und gefährlichen Störungen des Gleichgewichts geführt. So wurde beispielsweise der englische Wald im 19. Jahrhundert beinahe ganz abgeholzt, weil Holz exzessiv als Brennstoff für die Stahlproduktion verwendet wurde. Im Rahmen einer rationalen Bewirtschaftung des Waldbestands wurden Regulierungstechniken entwickelt, die unter dem Begriff der Forstwirtschaft zusammengefasst

werden. Diese Techniken haben zum Ziel, die bestehenden bewaldeten Räume zu regenerieren und gezielt neue Wälder zu schaffen, die eine Entstehung relativ kurzfristig nutzbarer, im Gleichgewicht befindlicher Ökosysteme ermöglichen. Die Forstwirtschaft pflanzt, wählt aus, fügt hinzu und entfernt, hält instand, pflegt die komplexen Gleichgewichte, erkennt Parasiten und Krankheiten und kümmert sich laufend um den Gesundheitszustand des Waldes, von der Anpflanzung bis zur Nutzung. Die Nutzung beginnt mit dem Schlagen des Holzes, das häufig unter großem maschinellen und personellen Einsatz durchgeführt wird. Die Forstwirtschaft ist ein großer Industriezweig; in Frankreich sind zum Beispiel mehr Menschen in der Forstwirtschaft beschäftigt als in der Automobilindustrie. Im Jahr 2000 waren weltweit 13 Millionen Menschen in der staatlichen Forstwirtschaft beschäftigt.

Das Gesamtvolumen der jährlichen Holzproduktion beläuft sich auf etwa 3,4 Milliarden Kubikmeter Holz. Die Hälfte davon wird zum Heizen verwendet (unter anderem in den Entwicklungsländern, wo bis zu 80 % der produzierten Holzmenge als Brennholz verwendet wird). ◎ 10

Weltweit bestreiten über 1,6 Milliarden Menschen in unterschiedlichem Ausmaß ihren Lebensunterhalt mithilfe des Waldes, beispielsweise durch das Sammeln von Brennholz, Heilpflanzen oder Nahrungsmitteln.

BAUM

Holz ist ein natürlicher Werkstoff, der eine Vielzahl verschiedener Arten und damit viele Nuancen besitzt. In ◎ 1 der Natur kommen mehrere tausend verschiedene Arten vor. In der westlichen Welt sind heute über hundert verschiedene Holzarten im Handel erhältlich. Die Entscheidung für ein bestimmtes Holz wird bestimmt von den mechanischen Eigenschaften, der Dichte, der Härte und den ästhetischen Eigenschaften des Holzes. Diese Parameter können sich auch bei derselben Holzart mit dem Herkunftsort und dem einzelnen Baum ändern. Der erste Arbeitsgang bei der Arbeit mit Vollholz ist daher die Entscheidung, welche Holzteile verwendet werden sollen. Fachleute kaufen daher in der Regel ein Los aus ganzen Erdstämmen, um eine gewisse Homogenität sicherzustellen.

Es sind zwei große Gruppen von Bäumen zu unterscheiden, Laubbäume und Nadelbäume:

· **Bei den Nadelbäumen** gibt es etwa 400 Arten, die überwiegend in der nördlichen Hemisphäre (Kanada, Schwarzwald, Skandinavien, Westfrankreich) vorkommen. Nadelbäume sind immergrün und wachsen schnell (im Durchschnitt 60–80 Jahre). Sie werden hauptsächlich für Bau- und Zimmerarbeiten verwendet.

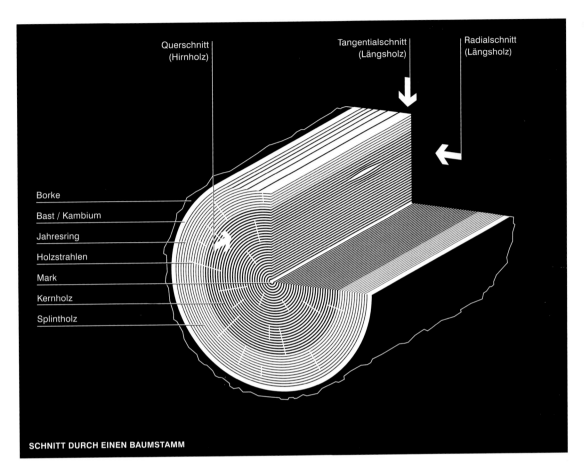

Querschnitt
(Hirnholz)

Tangentialschnitt
(Längsholz)

Radialschnitt
(Längsholz)

Borke

Bast / Kambium

Jahresring

Holzstrahlen

Mark

Kernholz

Splintholz

SCHNITT DURCH EINEN BAUMSTAMM

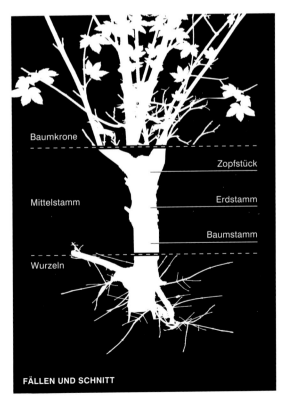

Baumkrone

Zopfstück

Mittelstamm

Erdstamm

Baumstamm

Wurzeln

FÄLLEN UND SCHNITT

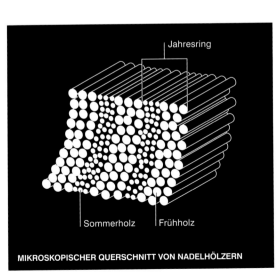

Jahresring

Sommerholz   Frühholz

MIKROSKOPISCHER QUERSCHNITT VON NADELHÖLZERN

· **Bei den Laubbäumen** gibt es mehrere tausend Arten, die überwiegend in der gemäßigten und der tropischen Zone (Afrika, Südamerika, Zentralfrankreich) wachsen. Laubbäume verlieren in regelmäßigem Abstand ihre Blätter und wachsen langsam (im Durchschnitt 120–200 Jahre). Sie werden hauptsächlich für die Möbelherstellung verwendet.

Holz wird auch in Harthölzer (häufig Laubholz) und Weichhölzer (häufig Nadelholz) unterschieden. Nach seiner Dichte kann es in drei Kategorien unterteilt werden: leichtes Holz (0,4–0,8, eher Nadelhölzer), mittelschweres und schweres Holz (über 1, eher Laubhölzer).

Ein Baum wächst von innen nach außen und bildet jedes Jahr eine neue Schicht, den Jahresring. Der Querschnitt eines Baumes zeigt auch seine Geschichte. Insbesondere in Klimazonen mit ausgeprägten Jahreszeiten kann man das im Frühjahr gebildete von dem im Herbst gebildeten Holz als helle und dunkle Schicht unterscheiden. Für die Nutzung wird nur das Kernholz, also das ausgereifte Holz, verwendet. Das Splintholz wird entfernt. Dabei handelt es sich um ein „zu junges" Holz, das noch alle Nährstoffe des Baumes enthält und in der Regel weder die Farbe noch die Eigenschaften des reifen Holzes aufweist sowie schnell von Fäulnis und Parasiten befallen wird. Manche Splinthölzer erweisen sich jedoch als „untypisch" und sind vom Kernholz nicht zu unterscheiden. Je nach Holzart ist die Dicke des Splintholzes sehr unterschiedlich. Ebenfalls nicht verwendet wird die Innenrinde (Phloem), in der der gebildete Saft zirkuliert (nach unten), die Rinde und das Mark (häufig schwach, sehr ungleichmäßig und anfällig für Insekten und Pilzbefall). Dennoch geht vom Baum nichts verloren. Alles, was nicht ins Sägewerk geht, wird als Brennholz verwendet oder zu Holzmehl verarbeitet, aus dem dann beispielsweise Papier, Faserplatten und Spanholz hergestellt werden.

MIKROBIOLOGIE

Holz ist ein organischer, natürlicher Verbundstoff mit einer äußerst komplexen Struktur, die der Mensch bei der Herstellung von Verbundwerkstoffen nur selten erreicht. Dies zeigt sich unter dem Mikroskop; Holz besteht im Wesentlichen aus drei Polymeren (großen, „plastischen" Molekülen) und verdankt seine besonderen Eigenschaften der intelligenten Kombination von Zellulose, Hemizellulosen und Lignin im Verhältnis von etwa 50/25/25, je nach Art und biologisch bedingten Variationen:
· **Zellulose** kommt in allen Pflanzenarten vor, bildet die Faserstruktur des Holzes und sorgt für Festigkeit und Widerstandsfähigkeit. Zellulose ist als Grundbestandteil im Papier, pflanzlichen Textilfasern und sogar einigen Nahrungsmitteln zu finden.

· **Hemizellulosen und Lignin** umhüllen die Zellulose. Sie sind hydrophil und quellen auf; die Hemizellulosen sind außerdem für die unterschiedlichen Dimensionen des Holzes verantwortlich.
· **Lignin** wirkt als Bindemittel zwischen den Holzfasern sowie als versteifendes Element im Faserinneren. Als thermoplastisches Polymer ermöglicht es unter anderem auch die Verformung des Holzes durch Dämpfen.

Die verschiedenen Holzarten enthalten außerdem zahlreiche andere nützliche Stoffe wie zum Beispiel Harze (wie Terpentin und Pinienöl), Tannine (im Kernholz oder in der Rinde), Kautschuk (als Latex in der Bastschicht) und Öl (zum Beispiel Zedernöl) oder Zucker (im Ahorn).

Diese organischen Stoffe bilden zusammen verschiedene pflanzliche Gewebsschichten:
· **ein Faserbündel**, das an der Achse ausgerichtet ist und das Hauptgewebesystem bildet. Es bestimmt die Faserrichtung, den „Strich" des Holzes. Die Fasern verlaufen auch radial;
· **eine Gefäßschicht**, in der der Rohsaft von den Wurzeln (über das Splintholz) in die Blätter transportiert wird;
· **Reservezellen** (Holzparenchyme).

Der Gewebeaufbau, die Größe und Form der Zellen sind für jede Holzart charakteristisch.

Holz, so wie es normalerweise von uns verwendet wird, entspricht eigentlich dem „toten" Teil des Baumes, also dem Bereich, in dem der Saft nicht mehr zirkuliert.

Aufgrund der komplexen physikalisch-chemischen Beschaffenheit des Holzes zeigt jedes Stück Holz ein deutlich anderes Verhalten, was die Schwierigkeiten bei der industriellen Nutzung dieses Materials erklärt.

Dieser komplexe Aufbau ist auch der Grund für die Anisotropie des Holzes, die – je nach Betrachtungsweise – einen Vorteil oder einen Mangel darstellt. Holz verhält sich nämlich unterschiedlich, je nach der Richtung, in der es verarbeitet wird. Schwindverhalten, mechanische und ästhetische Eigenschaften können je nach Verarbeitungsrichtung stark variieren. Man unterscheidet zwischen Brettern, Querholz und Hirnholz. Die Schnitttechnik erweist sich deshalb als entscheidend.

SCHNITT

Der für die Möbelherstellung nutzbare Teil eines Baumes ist relativ beschränkt. Es handelt sich um den Mittelstamm, den geradesten und homogensten Teil des Baumstammes. Aus dessen Abmessungen ergibt sich von selbst die Größe der daraus hervorgehenden Holz-

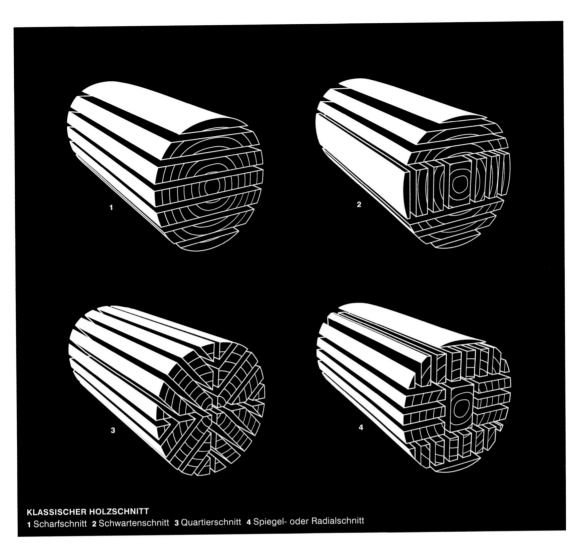

KLASSISCHER HOLZSCHNITT
1 Scharfschnitt **2** Schwartenschnitt **3** Quartierschnitt **4** Spiegel- oder Radialschnitt

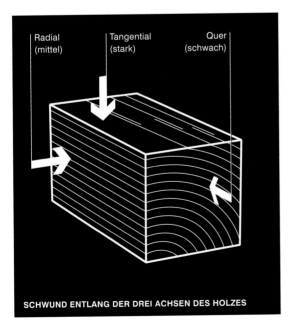

SCHWUND ENTLANG DER DREI ACHSEN DES HOLZES

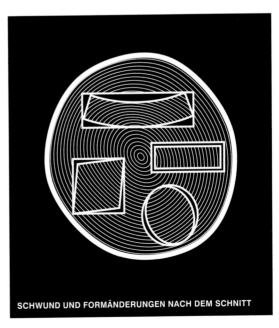

SCHWUND UND FORMÄNDERUNGEN NACH DEM SCHNITT

teile. Aus einem Baum, der nur zwei Meter hoch ist, lässt sich eben kein Brett von drei Metern Länge schneiden. Je nach Holzart können der Erdstamm und das Zopfstück Holzteile mit überraschender ästhetischer Wirkung wie Wirbel, gemasertes, verdrehtes Holz liefern, so auch das gerankte, verschlungene Holz des Brombeerstrauchs. Anderenfalls wird es, wie die Äste, als Faserholz verwendet.

Beim Zuschnitt eines Baumstammes werden innere Spannungen frei, die bis dahin „eingeschlossen" waren. Das Verhalten und die Qualität jedes einzelnen Holzteils hängen von der Art des Zuschnitts ab.
Die häufigsten und wirtschaftlichsten Schnitttechniken sind der Scharf- und der Schwartenschnitt. Die Holzqualität ist dabei sehr ungleichmäßig, doch der Verschnitt hält sich in Grenzen. Der Einschnitt in Quartier- oder Radialschnitt garantiert hingegen ein homogeneres, formstabileres und gleichmäßigeres Längsholz.
Zur Optimierung des Schnitts werden heute hochmoderne Sägen mit digitaler Steuerung eingesetzt. Je nach Verwendungszweck werden verschiedene Teile zugeschnitten: Bretter (Baugewerbe), Platten und Leisten (Möbel), Balken, Dachlatten und Dachsparren (Zimmerarbeiten), Bohlen (Mauerwerk), Furnierholz (durch Messern oder Schälen von Furnieren – nach dem Prinzip des „Bleistiftspitzers" – für Möbel, Verpackungen).

SCHWUND

Holz weist einen ständigen Schwund auf, vor allem jedoch während des Trocknens, und Holzteile haben die Tendenz, sich entlang der drei räumlichen Achsen verschieden zu verformen. Eine gute Schnitttechnik kann die Folgen dieses Schwindverhaltens verringern.

FEHLER

Holz kann zahlreiche Fehler aufweisen, einige davon, wie zum Beispiel Krümmung, Verwerfung und Risse, sind direkt mit dem Schwindverhalten verknüpft. Andere Unregelmäßigkeiten, die die Verarbeitung des Materials erschweren, sind Knorren, Frostrisse und Rindeneinschlüsse.

TROCKNUNG

Ein Baum enthält sehr viel Wasser, manchmal bis zu 200 %, je nach Holzart und Feuchtigkeit der Umgebung. Die Kontrolle des Feuchtigkeitsgehalts ist deshalb ein wichtiger Faktor bei der Nutzung von Holz, denn Holz verhält sich, ob als Stamm, als Brett oder in Form eines Stuhles, immer wie ein Schwamm: Beim Trocknen schwindet es, bei Nässe quillt es auf.
Die Trocknung hat deshalb zum Ziel, das im Holz enthaltene Wasser zu entfernen, um ein stabiles Verhalten zu erreichen. Es gibt zwei Arten der Trocknung: die natürliche Trocknung (an der Luft, dauert mehrere Monate oder sogar Jahre) und die künstliche Trocknung (im Trockenofen oder Wärmeschrank, dauert einige Tage). Im Holzgewerbe wird Holz als trocken bezeichnet, wenn sein Feuchtigkeitsgehalt zwischen 18 und 22 % liegt.

BEHANDLUNG

Holz weist je nach Holzart verschiedene Härten auf. Es kann unbehandelt verwendet werden, in der Regel muss es jedoch gegen verschiedene Außeneinflüsse behandelt werden. Jede Holzart verhält sich bei solchen Behandlungen ganz individuell. Behandlungen können präventiven oder kurativen Charakter haben.

Präventive Behandlungen erfolgen im Wesentlichen durch:
· Tauchen (Einlegen des Holzes in ein Bad),
· Druckimprägnieren (Einlegen des Holzes in einen Autoklav, in dem Druck erzeugt wird).

Kurative Behandlungen erfolgen durch:
· Streichen (mit dem Pinsel oder mit der Rolle),
· Sprühen (Sprühpistole oder Zerstäuber),
· Spritzen (mit verschiedenen Arten von Spritzen).

Es gibt im Ganzen vier Arten von Behandlungen:
· **Behandlungen mit Insektiziden**, zur Bekämpfung von Insekten. Zwei- bis dreihundert Insektenarten richten weltweit erhebliche Schäden in allen Holzarten an: im Trockenholz, Hartholz, Weichholz, im Splintholz, im Kernholz und sogar im Papier. Zu den schlimmsten Schädlingen zählen der Hausbock, der einen Holzbalken innerhalb von zehn Jahren in Holzmehl verwandeln kann, der Nagekäfer, der auch Parkettböden und Schränke sehr wirkungsvoll bearbeitet, und die Termiten, die in den Tropen verheerende Schäden anrichten und auch vor den Städten nicht Halt machen.
· **Behandlungen mit Fungiziden**, gegen Pilzbefall. Wenn Holz eine Zeit lang mehr als 22 % Wasser enthält, setzt ein Fäulnisprozess ein. Bei Temperaturen zwischen 25°C und 35°C beginnt ein intensives Wachstum von Pilzen. Im Innenbereich und in Wohnräumen verwendetes Holz kann beispielsweise von Trameten und Porlingen befallen werden, die größten Schäden richtet jedoch der Echte Hausschwamm an. Er bewirkt eine „kubische", trockene, rot gefärbte Fäule; das Holz sieht halb verkohlt aus. Im Anfangsstadium zeigt sich der Pilz als dicker, weißer Wattebelag. Im Handel ist eine große Auswahl an

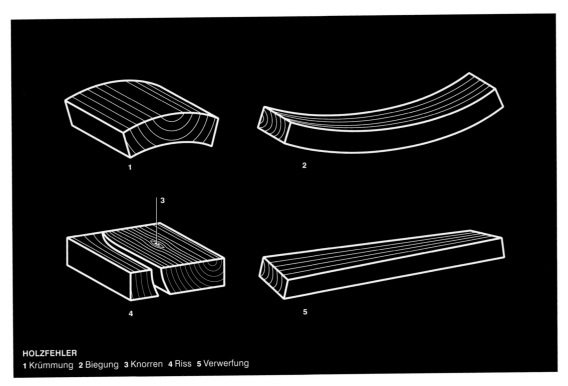

HOLZFEHLER
1 Krümmung **2** Biegung **3** Knorren **4** Riss **5** Verwerfung

ERZEUGUNG VON FURNIERHOLZ
1 Schälen (kontinuierlich) **2** Messern (blattweise)

gebrauchsfertigen Produkten auf der Basis von Phenol, Chlor, Fluor, Teeröl, Kupfer etc. erhältlich, um von Pilzen befallenes Holz zu behandeln.

· **Behandlungen mit hydrophobierenden Mitteln**, gegen die Feuchtigkeit. Um die Dimensionsstabilität des Holzes so weit wie möglich zu gewährleisten und der Fäulnis vorzubeugen, kann Holz durch Tränken oder Spritzen von Harz bis zur Sättigung imprägniert werden. Damit lässt sich Schwund oder Quellen unter Umständen ganz verhindern.

Ein relativ neues Verfahren ist eine thermische Behandlung, die als „Retifikation" bezeichnet wird. Dieses Verfahren ist eine ökologische Alternative zu den anderen, rein chemischen Behandlungen. Dabei wird das Holz in einer Schutzgashülle auf über 200°C erhitzt und bekommt so eine höhere Dimensionsstabilität und eine größere Härte. Bei diesem Verfahren kommt es zu einer leichten Braunfärbung und einer geringfügigen Verschlechterung der mechanischen Eigenschaften.

· **Behandlung mit Feuerschutzmitteln.** Holz ist ein brennbares Material. Paradoxerweise ist es jedoch ziemlich widerstandsfähig gegenüber der Einwirkung von Feuer. Es verformt sich nicht, bildet keine giftigen Gase und verbrennt langsam, sodass genügend Zeit für die Evakuierung von Personen bleibt. Das Verhalten von Holz ist vorhersehbar.

Internationale Klassifizierungen sind auf den Weg gebracht, doch gegenwärtig hat noch jedes Land seine eigenen Normen.

Holz und seine Derivate können mit Feuerschutzmitteln behandelt werden, um im Brandschutz die Klassifizierung „normal entflammbar" (D in der europäischen Norm) bis „nicht entflammbar" (B in der europäischen Norm) zu erhalten. Das Feuerschutzmittel wird als Spachtelkitt, Anstrich oder Lack auf der Oberfläche aufgetragen und bildet dort eine Schutzschicht. Auch durch Einspritzen von Salzlösungen kann ein Feuerschutz erfolgen; dieses Verfahren ist effizient, aber wenig umweltfreundlich.

Die Wirksamkeit einer Feuerschutzbehandlung ist zeitlich begrenzt – je nach Behandlung zwischen drei und zehn Jahren.

Die Feuerfestigkeit wird definiert als die Zeit, in der die Bauelemente trotz der Einwirkung von Feuer ihre vorgesehene Funktion erfüllen. Dafür gibt es vier Kriterien:
· mechanische Festigkeit,
· Flammbeständigkeit,
· keine Emission brennbarer Gase aus der exponierten Fläche,
· Wärmeschutz.
Elemente sind feuerfest, wenn sie das erste Kriterium erfüllen, Flammschutz ist dann gegeben, wenn die ersten drei Kriterien erfüllt werden. Die Brandschutzsicherheit erfordert, dass alle der oben genannten Kriterien erfüllt werden.

VOLLHOLZ / HOLZDERIVATE

Unter dem Aspekt der industriellen Verwertung ist Holz ein Material, dessen Mängel ein Hemmnis für seine intensive Nutzung sind. Aus diesem Grund entstand im 19. Jahrhundert, begünstigt durch die Mechanisierung, die Weiterentwicklung in der Chemie und die Erfindung leistungsfähiger Kleber und Kunststoffe, eine neue Kategorie von Materialien, die vom Vollholz zu unterscheiden sind: die Holzderivate. Diese neuen Materialien ermöglichen eine bessere Befriedigung der Nachfrage der Industrie nach reproduzierbaren, zuverlässigen und regelmäßigen Materialien. Holzderivate besitzen die chronischen Mängel des Vollholzes in geringerem Ausmaß: geringere Dimensionsveränderungen, geringerer Schwund, ebenere Oberfläche, geringere Rissanfälligkeit.

Sogar die Konzeption der Möbelherstellung wurde durch die Einführung der Holzderivate grundlegend verändert. Wo früher ein Rahmen hergestellt wurde, den man anschließend mit Platten verkleidete, werden heute aus einem Stück bestehende Kästen produziert. Ausgehend von den Holzderivaten hat sich außerdem ein ganzes Sortiment darauf abgestimmter Beschläge entwickelt: spezielle Schrauben und Montageteile, Einsätze, unsichtbare Scharniere etc.

In Holzderivaten werden zwar bestimmte Eigenschaften des Vollholzes optimiert, dennoch hat jedes einzelne Derivat ebenso seine individuellen Vor- und Nachteile.

Holzderivate werden heute unter dem Begriff EWP (Engineered Wood Products) zusammengefasst.

VERARBEITUNG

Holz ist, schon aus Tradition und Gewohnheit, das am häufigsten zum „Heimwerken" verwendete Material. Handwerkliche Holzarbeit ist derart verbreitet, dass sie zur Entwicklung einer ganzen Serie kleiner, tragbarer mechanischer und elektrischer Werkzeuge geführt hat, deren Qualität vom „Heimwerkergerät" bis zum Profiinstrument reicht und die direkt vor Ort auf der Baustelle eingesetzt werden können. Die Auswahl an Werkzeug im Handel ist riesig; für jeden Arbeitsgang gibt es ein Gerät. Diese extreme Spezialisierung trägt das ihre dazu bei, die Arbeit mit Holz für jedermann einfach zu gestalten. Die Heimwerker ohne berufliche Ambitionen (jedoch mit keineswegs geringeren Qualitätsansprüchen), werden immer zahlreicher. Andererseits vergrößert sich auch die Kluft zwischen einer mit hochmodernen, digital gesteuerten Maschinen arbeitenden Holzindustrie und dem Heimwerkerbereich mit leichtem Werkzeug.

Die Art der Herstellung von Gegenständen aus Holz hat sich stark weiterentwickelt. „100 % Vollholz" wird immer

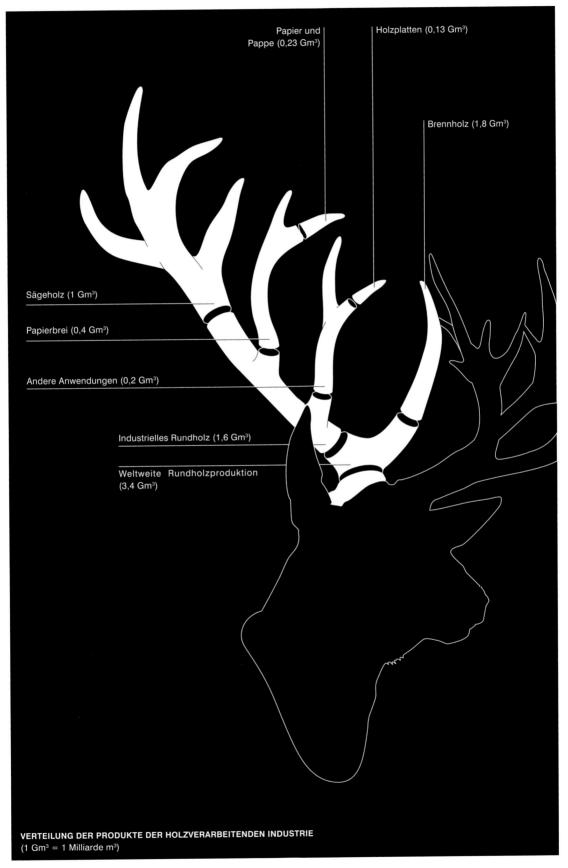

Papier und
Pappe (0,23 Gm³)

Holzplatten (0,13 Gm³)

Brennholz (1,8 Gm³)

Sägeholz (1 Gm³)

Papierbrei (0,4 Gm³)

Andere Anwendungen (0,2 Gm³)

Industrielles Rundholz (1,6 Gm³)

Weltweite Rundholzproduktion
(3,4 Gm³)

VERTEILUNG DER PRODUKTE DER HOLZVERARBEITENDEN INDUSTRIE
(1 Gm³ = 1 Milliarde m³)

seltener, Kombinationen aus Holz mit Metall oder Holz mit Kunststoff dagegen immer häufiger. Mitunter bereitet jedoch die Kompatibilität zwischen Holz und diesen verschiedenen Materialien Probleme.

Die Einführung von Möbeln und Holzgerüsten als Bausatz hat die Anwendung von Holz ebenfalls sehr vereinfacht.

HOLZ UND INNOVATION

Wenngleich der Mensch seit Jahrhunderten mit Holz arbeitet und das Material selbst sich nicht verändert hat, gibt es dennoch Entwicklungen, die zwar unauffällig, aber deutlich spürbar sind: Es entstehen keine neuen Holzarten. Die Innovation findet vielmehr im Bereich des Werkzeugs statt oder im Übergang zur Digitalisierung und Automatisierung sowie in der Entwicklung immer anspruchsvollerer Produkte aus Holzderivaten. Außerdem stößt das Material Holz in der heutigen Zeit, in der Umweltfragen besonderes Gewicht haben, wieder vermehrt auf Interesse. Daraus ergeben sich wieder mehr Innovationsanstöße. Das Verfahren der „Retifikation" ermöglicht beispielsweise eine Behandlung ohne umweltschädliche Stoffe, bei der das behandelte Holz voll recycelbar bleibt.

Zudem vollzieht sich eine echte Verfeinerung der bekannten Verarbeitungsprinzipien, wie zum Beispiel der Kombinationen PMMA/Holz, eine Rückkehr des Furniers etc.

Das Material Holz kann man, wenn seine Möglichkeiten voll ausgeschöpft werden, zu folgenden Produkten verarbeiten: Formholz, erzeugt durch sehr hohen Druck und Dämpfen von Hirnholz; „Tapeten" aus echtem Holz; dreidimensional geformte Sperrholzplatten, die durch Zerkleinerung von Furnierblättern entstehen; holzhaltige Kunststoffe oder „Holz-Polymere", die sich für den Spritzguss oder zum Extrudieren eignen (Nutzung von Holzabfällen wie zum Beispiel Sägespänen und Holzmehl) oder Faserholz als Bestandteil thermoplastischer Verbundstoffe und viele andere.

Neu entstanden sind außerdem auf Basis von Sägemehl ein Holzschaum, der im Ofen wie Brot gebacken wird und äußerst widerstandsfähig ist, sowie Schweißverfahren für Holz, dessen Entdeckung einem Zufall zu verdanken ist, als bei einem Versuch, Holzteile miteinander zu verbinden, Leim vergessen wurde. Ebenso wie beim sogenannten Lichtbeton werden neuerdings auch Spanplatten angeboten, die Glasfasern enthalten. Diese Platten werden zu „durchsichtigem Holz", das einerseits lichtdurchlässig ist, gleichzeitig aber die Massivholzoptik beibehält. Darüber hinaus ist es jungen Designern gelungen, in einer innovativen Technik ein bereits zugeschnittenes Furnier mit einer aufblasbaren Membran zu verkleben und damit „Airwood" herzustellen. Diese Technik, die auch bei anderen Materialien angewendet werden kann, ermöglicht die Fertigung von aufgeblasenen oder angesaugten Formen. Dadurch werden die Grenzen dieses als traditionell geltenden Werkstoffs erneut erweitert.

....

Papier, Pappe

....

PAPIER – NATÜRLICH GUT

Bis in jüngster Zeit war kein anderes Material ein besserer Sprachträger – und somit das Gedächtnis des Menschen – als Papier. Obwohl es aus wertvollen und unverzichtbaren Rohstoffen besteht und die Geheimnisse seiner Herstellung eifersüchtig gehütet und gar bis aufs Blut verteidigt wurden, ist Papier heute ein geradezu banaler Werkstoff, der so allgegenwärtig ist, dass er schon nicht mehr wahrgenommen wird. Als leichtes, günstiges und alltägliches Material im Dienste einer von Wegwerf-produkten regierten Gesellschaft hat es sich jedoch nichtsdestoweniger im Laufe der Zeit einen Platz als eigenständiger Werkstoff erobert und ist heute in zahlreichen Anwendungsbereichen anzutreffen: als Verpackung (der Träger einer Markenidentität nimmt in manchen Ländern beinahe den Status eines Kunst- oder Kultobjekts an), in der Körperpflege, Filtration oder gar in der Architektur.

Aufschlussreich ist, dass der Papierkonsum an das Bruttosozialprodukt jedes Landes gekoppelt ist: Die Amerikaner und Belgier sind die größten Verbraucher, während China und Marokko das Schlusslicht bilden. Die weltweite Produktion liegt zu Beginn des 21. Jahrhunderts bei 400 Millionen Tonnen pro Jahr und erfolgt zum größten Teil in den USA, obwohl China und Japan nach wie vor ebenfalls große Hersteller sind.

Mit Papier verhält es sich wie mit kulinarischen Spezialitäten: Jede Region hat ihre eigenen Rezepturen und Herstellungsverfahren, die sich auch im Aussehen niederschlagen. Die Fasern werden nicht nur aus Holz gewonnen – es gilt das Gesetz der Vielfalt –, sondern auch aus Altpapier, Hadern oder Pflanzen wie Baumwolle, Flachs, Bambus und Algen. Ob handwerklich oder industriell, die Herstellungsart von Papiermasse und -blättern hinterlässt ihre Spuren. Angeboten wird eine schier endlose Auswahl an Papier- und Pappsorten, die sich unter anderem in Stärke und Gewicht, Haptik, Durchsicht und Format unterscheiden. Die Papierindustrie wurde erst jüngst automatisiert, sodass nach wie vor ein echtes handwerkliches Know-how existiert. An der Qualität hochwertigen Papiers erfreuen sich Kunstverlage, Sammler, Künstler, Designer und viele mehr.

Bei der Herstellung wird eine beachtliche Menge an Material verarbeitet, was nicht ohne Umweltfolgen bleibt, obwohl Papier ein relativ natürlicher Werkstoff ist, da es in erster Linie aus Zellulose produziert wird. Die Papierindustrie hat jedoch noch einen weiten Weg vor sich, um den wachsenden Umweltan-forderungen gerecht zu werden, denn selbst beim Recycling kommen umstrittene chemische Produkte zum Einsatz. Die Branche steht somit vor großen Herausforderungen … Und dennoch öffnet das Papier ein Tor zu einer leichteren und vergänglicheren dreidimensionalen Welt, wie die Origami-Tradition und die schneller und einfacher zu bauenden und im Vergleich zu klassischen Bauten Material sparenden Kartonkonstruktionen von Shigeru Ban eindrucksvoll demonstrieren. Seine unleugbare Widerstandsfä-higkeit im Verhältnis zu seinem Gewicht verleiht dem Papier unter anderen Eigenschaften einen Status als zukunftsträchtiger Werkstoff und ermöglicht seinen Einsatz in ungeahnten Bereichen.

Bis ins vergangene Jahrhundert kam dem Papier eine Exklusivrolle als Gedächtnisspeicher zu. Diese wird jedoch heute durch elektronische Speicher infrage gestellt. Bücher werden digitalisiert, die Infor-matik nimmt einen immer größeren Platz ein. Aber werden sich die elektronischen Speicher auf lange Sicht als genauso verlässlich oder gar verlässlicher erweisen als Papier? Es bleibt anzunehmen, dass beide nebeneinander bestehen bleiben – das Papier hat sein letztes Wort noch nicht gesprochen.

....

GESCHICHTE

Die Erfindung des Papiers geht auf die graue Vorzeit zurück. Nach Fels, Holz-, Ton- und Knochentafeln als Beschreibstoff wurde das Schicksal des Papiers sowie sein Name durch den Papyrus bestimmt. Das aus Ägypten stammende Schilfrohr wurde jedoch schnell von asiatischem Pergament verdrängt, einem feinen, aus Tierhaut gefertigten Material (das feinste Pergament ist das aus der Haut tot geborener Kälber gefertigte Velin), das beidseitig beschrieben werden kann. Mehrere zusammengesetzte Pergamentblätter wurden als Kodizes bezeichnet – die Bücher der damaligen Zeit.

Das Papier, wie wir es heute kennen, stammt ursprünglich aus China und wurde etwa im 2. Jahrhundert aus Hadern und Pflanzenfasern (zum Beispiel Hanf) gefertigt, die vermischt, gesiebt und getrocknet wurden. Das genaue Herstellungsverfahren wurde lange geheim gehalten. Im 8. Jahrhundert wurden Papier und Papierhersteller in Samarkand buchstäblich von den Arabern in Beschlag genommen und ihr wertvolles Wissen exportiert, was eine verbreitete Herstellung vom Mittleren Osten bis nach Spanien und später in ganz Europa zur Folge hatte und schließlich zur Erfindung des Buchdrucks durch Gutenberg im Jahre 1445 führte.

Die industrielle Papierherstellung ist somit angesichts der langen Geschichte dieses Werkstoffes noch verhältnismäßig jung. Die ersten Maschinen zur Durchführung aller Produktionsschritte vom Papierbrei bis zum Blatt existieren erst seit dem 18. Jahrhundert. Die Herstellung auf Holzbasis erfolgte gar erst ab Mitte des 19. Jahrhunderts, als Friedrich Gottlob Keller eine Alternative für die knapp werdenden Hadern entdeckte.

ZUSAMMENSETZUNG

Wie bei Textilien bildet der Faserbestandteil Zellulose auch bei Papier den Hauptbestandteil. Papier besteht bis zu 95 % aus Fasern, der Rest setzt sich aus Leimstoffen, verschiedenen Bindemitteln und Pigmenten zusammen. 90 bis 95 % der für die heutige Papierherstellung verwendeten Zellulose stammen aus dem Holz verschiedener Baumarten, deren Fasern dem Papier seine Struktur verleihen: Nadelhölzer liefern lange, Laubhölzer kurze Fasern. Stammen die Fasern nicht aus Holz, können sie unter anderem aus der Wiederverwertung von Hadern gewonnen werden. Diese Methode war lange in Gebrauch und kommt auch heute noch in einigen Regionen zum Einsatz. Die langen, gleichmäßigen Baumwoll- und Flachsfasern ermöglichen die Herstellung beliebter, fester und langlebiger Papiersorten von hervorragender ästhetischer Qualität. Jute-, Ramie-, Brennnessel- und Maulbeerbaumfasern sowie Algen finden ebenfalls Verwendung.

Die Fasern anderer Pflanzen wie Bambus in Asien, Kenaf in den Tropen, Zuckerrohr – insbesondere die Bagasse, ein Nebenprodukt der Zuckerproduktion – und Getreidestroh (Weizen, Reis, Roggen) werden ebenfalls genutzt. Mineral- (unter anderem Glas) und Kunststofffasern werden zuweilen ebenfalls als Papierbestandteil eingesetzt. Sie verbessern beispielsweise dessen Beständigkeit gegen Falten, Risse und Wasser, was bei bestimmten Anwendungen von großem Vorteil ist.

DIE PAPIERMASSE

Der erste Schritt in der Papierproduktion beginnt mit der Herstellung des faserhaltigen Papierbreis, der anschließend in Blätter umgewandelt wird. ◎¹

Der Papierstoff kann auf dreierlei Art gewonnen werden: durch mechanischen oder chemischen Aufschluss sowie durch Recycling (Altpapieraufbereitung). In den ersten beiden Fällen erhält man holzhaltige beziehungsweise holzfreie Papiermasse, in letzterem einen Papierstoff zur Herstellung von Recyclingpapier.

· **Mechanisches Verfahren:** Das in Blöcke und Späne zerkleinerte Holz wird mit Schleifsteinen unter Wasser- und Hitzezufuhr mechanisch zerfasert. Der auf diese Weise gewonnene Holzstoff (oder Holzschliff) weist zerkleinerte, noch stark ligninhaltige Fasern auf (siehe Holz ^S.11). Aus Holzstoff hergestelltes Papier ist opak, kurzlebig, vergilbt schnell und wird in erster Linie für Zeitungen, Zeitschriften und die Innenseite von Pappe verwendet.

· **Chemisches Verfahren:** Die zersägten oder zerhackten kleinen Holzstücke werden mehrere Stunden bei 130 bis 180 °C unter Beimischung einer chemischen Kochlösung in einem Zellstoffkocher gekocht. Mit diesem Verfahren wird Zellstoff mit weniger beschädigten Fasern gewonnen, der insbesondere in Amerika, Schweden und Finnland zum Einsatz kommt. Der Ertrag ist jedoch geringer als beim mechanischen Verfahren. Als Kochlösung wird eine Alkali- oder Säurelösung verwendet. Die Anwendung einer Alkalilösung (Sulfatverfahren) wird als Kraft-Verfahren bezeichnet. Der auf diese Weise gewonnene Zellstoff ist braun oder grau, weist eine gute mechanische Beständigkeit auf und kann direkt für die Herstellung von Verpackungen eingesetzt werden. Bei der Anwendung einer Säurelösung (Sulfitverfahren) erhält man einen im Vergleich zum mechanischen Verfahren weniger widerstandsfähigen, weicheren Zellstoff als mit der Alkalilösung, mit dem hochwertiges Schreibpapier produziert wird.

Beide Verfahren weisen den Nachteil der chemischen Verschmutzung auf. Der Ausstoß toxischer Gase und die Ableitung chemischer Lösungen aus Zellstoffkochern sind heute untersagt.

· **Recycling:** In diesem Fall wird der Papierstoff aus wiederverwertetem Papier und Karton gewonnen. Die Recyclingfasern sind unterschiedlicher Herkunft: Papierabfälle aus Druckereien, Verpackungen und unverkaufte Presseartikel aus der Industrie sowie Verpackungen und Zeitungsabfälle aus Haushaltsmüll. Diese Rohstoffquelle ist von erheblicher Bedeutung. Heute erreicht der Recyclinganteil in der Papierherstellung in manchen Ländern bis zu 60 %, wodurch der Papierindustrie eine wichtige Rolle in der Recyclingindustrie zukommt.

Zur Gewinnung von Papierstoff aus Altpapier wird dieses gewässert, in einzelne Papierfasern zerlegt und gewaschen, um Verunreinigungen wie Heftklammern (magnetisch), Kunststoffteile etc. zu entfernen.

Die aus Altpapier gewonnenen Faserstoffe werden in der Regel zur Herstellung von Verpackungspapier verwendet.

Da der Papierstoff unabhängig von seinem Gewinnungsverfahren nie ganz weiß ist, muss er gebleicht werden. Das Bleichen verleiht dem Papier nicht nur ein schönes Aussehen, sondern verbessert zudem seine Reißfestigkeit und Alterungsbeständigkeit.

Die Weiße (der Weißgehalt) eines Papiers wird in ISO gemessen; der Höchstwert beträgt 100 %. Sie wird im Vergleich zu Magnesiumoxid – der weißeste uns bekannte Stoff – gemessen, das die gesamte Lichtstrahlung widerspiegelt. Gebleichter Papierstoff hat in der Regel eine Weiße von 70 bis 93 % ISO.

Je nach Art des Papierstoffs (Holzstoff, Zellstoff etc.) werden unterschiedliche Bleichverfahren angewendet. Unter den gängigsten Bleichstoffen befinden sich Wasserstoffperoxid, Chlor, Ozon und Sauerstoff. Bleichen ist kostenintensiv und ziemlich umweltschädlich.

Nach dem Bleichen erfolgt die Aufbereitung des Papierstoffs, bei der die gewässerten Fasern mechanisch weiter zerfasert werden, ihre Anordnung verbessert sowie ihre Oberfläche vergrößert wird.

Nach der Aufbereitung (Mahlung) wird der Papierstoff mit Zusatzstoffen versetzt: mineralische Füllstoffe wie Kaolin, Talk und Kreide zur Verbesserung der Opazität und Bedruckbarkeit sowie zum Glätten der Blätter; Leimstoffe wie Kolophonium und Stärke für eine bessere innere Bindung; Gelatine für eine bessere Lösungsmittelbeständigkeit; Pilzschutzmittel und Bakterizide sowie Farbstoffe für Buntpapier.

Nach diesen Arbeitsschritten wird der nunmehr fertige Papierstoff in integrierten Papierfabriken, in denen der vollständige Produktionszyklus erfolgt, direkt zu Blättern verarbeitet oder getrocknet und für den Transport gepresst, um danach zu Blattpapier verarbeitet zu werden.

BLATTBILDUNG

Während die Herstellung des Papierbreis darin besteht, die Fasern zu trennen, werden diese bei der Blattbildung verdichtet. Die Blattbildung erfolgt in zwei großen Arbeitsschritten: der Nass- und der Trockenpartie.

· **Nasspartie:** Der verdünnte Papierbrei (zwischen 1 und 3 % Trockenmasse, der Rest Wasser) wird der Papiermaschine zugeführt und, wie bei der Kunststoffextrusion, über Düsen auf ein Förderband gegeben, auf dessen gesamter Breite er sich verteilt. Das Förderband besteht aus einem bis zu 10 m breiten und bis zu über 100 m langen, gespannten Metalltuch. Hier beginnt das Wasser bereits abzutropfen. Es bildet sich eine Fasermatte mit ungleicher Verteilung der dicken, langen und dünnen, kurzen Fasern, die verfilzt wird. Das Papiergewebe läuft durch mit Nassfilz bespannte Gautschwalzen und wird gepresst. Das Wasser läuft erneut ab; die Papierbahn enthält nun nur noch zwischen 30 und 40 % Wasser. Das während des gesamten Produktionsverfahrens aufgefangene Wasser, das nach wie vor dünne, kurze Fasern enthält, wird später erneut dem Herstellungsprozess zugeführt.

· **Trockenpartie:** Nach dem Pressen ist die Papierbahn stark genug, um getrocknet zu werden. Die Trocknung erfolgt auf beiden Seiten gleichzeitig in großen, abwechselnd beheizten und gekühlten Trockenzylindern, wobei das Papier fast vollständig entwässert wird (restlicher Wasseranteil noch circa 5 %).

Nachdem es die Trockenpartie durchlaufen hat, wird das Papier als Rohpapier bezeichnet. Die Oberfläche der getrockneten Papierbahn ist noch unregelmäßig und wird anschließend zwischen Stahlzylindern geglättet und kalandriert, um Unebenheiten auszumerzen und die Blattdicke sowie die Oberflächenstruktur des Papiers zu optimieren. So kann im Kalander beispielsweise durch Satinieren ein Papier mit glänzender Oberfläche erzeugt werden.

Anschließend wird das Papier auf gebrauchsfertige Papierrollen aufgerollt oder in verschiedenen Größen zugeschnitten.

OBERFLÄCHENBEHANDLUNG

Für eine bessere Bedruckbarkeit der Papieroberfläche muss das Papier häufig einer speziellen Behandlung unterzogen werden.

Ein gängiges Verfahren ist die Beschichtung, bei der ein- oder beidseitig Mineralpigmente und Bindemittel auf das Papier aufgetragen werden, die für bessere Haptik, höhere Schreibqualität, geringere Porosität und einen höheren Weißegrad sorgen.

Bei den meisten Druck- und Schreibpapieren handelt es sich um gestrichenes, also beschichtetes Papier.

PAPIERQUALITÄT

Die Grammatur

Die Grammatur gibt in g/m^2 das Papiergewicht an. Dieses variiert von ultraleichtem und leichtem Papier wie Zigarettenpapier mit einer Grammatur von 15 g/m^2 sowie traditionellem Briefpapier mit 80 g/m^2 bis hin zu Papier mit hoher Grammatur.

Die Griffigkeit

Verhältnis zwischen Papierdicke und Grammatur. Ein Papier wird als „griffig" bezeichnet, wenn es eine für sein Gewicht hohe Dicke aufweist.

Die Laufrichtung

Bei der Blattherstellung richten sich die Fasern parallel zur Produktionsrichtung aus. Das Papier weist je nachdem, ob es in Laufrichtung oder in Querrichtung eingesetzt wird, ein unterschiedliches Verhalten auf. Papier in Laufrichtung ist steifer und lässt sich knicken; in Querrichtung ist es weniger steif, aber leichter zu falten.

Die Seiten

Bei der Blattbildung ist die Unterseite des Papiers dem Sieb zugewandt, die Oberseite dem Filz. Die Unterseite wird entsprechend als Siebseite bezeichnet, die Oberseite als Filz- oder Schönseite. Beide Seiten weisen einen feinen, jedoch sichtbaren Texturunterschied auf; so treten zum Beispiel auf der Filzseite gewisse Spuren auf.

Die Körnung

Der Griff der Papieroberfläche und die subjektive Bewertung ihrer Rauheit.

Die Transparenz

Ein in der Durchsicht betrachtetes Papierblatt lässt dessen Herstellungsart und Struktur erkennen: bei homogenen Fasern weist das Papier eine klare Durchsicht auf, bei nicht homogenen Fasern ist die Durchsicht wolkig.

Dickdruckpapier

Bei Dickdruckpapier handelt es sich um weiches, besonders stark auftragendes, elastisches, voluminöses, ungeleimtes und relativ saugfähiges Papier, das beispielsweise für die Herstellung von Taschenbüchern verwendet wird.

Werkdruckpapier

Maschinenglattes, holzfreies oder leicht holzhaltiges Druckpapier, das mit Füllstoffen auf höchstmögliches Volumen gearbeitet wird.

Maschinenglatt

Papiere, deren Glätte nur durch das Glättwerk der Papiermaschine zustande kommt. Reicht diese Glätte nicht aus, kann das Papier anschließend noch satiniert oder gestrichen werden.

Die Weiße

Die Weiße wird, wie bereits oben angesprochen, in ISO gemessen. Hochwertiges Papier weist in der Regel eine Weiße von 88 bis 93 % ISO auf, während klassisches Zeitungspapier über einen Weißgehalt von circa 65 % ISO verfügt.

Der Glanz

Papier erhält seinen Glanz (Brillanz) durch eine spezielle Zusammensetzung mit Zusatzstoffen sowie durch Kalandrieren.

Das Format

Je nach Ort und Herstellungsverfahren wies Papier lange Zeit unterschiedliche Formate auf. Seit den 1970er Jahren existiert jedoch insbesondere für die Druckindustrie eine internationale AFNOR-Norm des französischen Normungsinstituts, die das Papierformat in Kategorien von A0 (mit einer Oberfläche von 1 m^2) bis A5 einteilt.

Je nach Formatausrichtung spricht man von einem Dokument in Hochformat (kurze Breite, lange Höhe) oder Querformat (lange Breite, kurze Höhe).

Das Wasserzeichen

Während der Blattbildung wird in der Nasspartie ein Eisen- oder Messingdraht in gewünschter Form auf dem Sieb angebracht, der einen Abdruck auf der Papiermasse hinterlässt. Das so entstandene Abzeichen bleibt bei durchscheinendem Licht als transparentes Bild sichtbar. Wasserzeichen werden unter anderem bei der Prägung von Banknoten eingesetzt.

VERARBEITUNG

Schere, Klebstoff, Tacker, Cutter, Klebeband … und es kann losgehen. Die unglaublich einfache Verarbeitung von Papier macht dieses zu einem allgemein bekannten und beliebten Werkstoff. Ist es nicht typisch für den Menschen, dass er die Vorteile einfacher Verarbeitung und Verfügbarkeit gerne zugunsten seiner steten Faszination für das unerreichbar Komplexe vernachlässigt?

Sicher, aber auch wenn das Papier in unseren Händen einen leicht zu verarbeitenden Werkstoff darstellt, bedeutet dies nicht, dass seine Herstellung und Weiterverarbeitung (Druck, Falzung, Schnitt, Verleimen) rein handwerklicher Natur wäre – ganz im Gegenteil! Die Papierindustrie ist ein einflussreicher und weitgehend automatisierter Industriezweig.

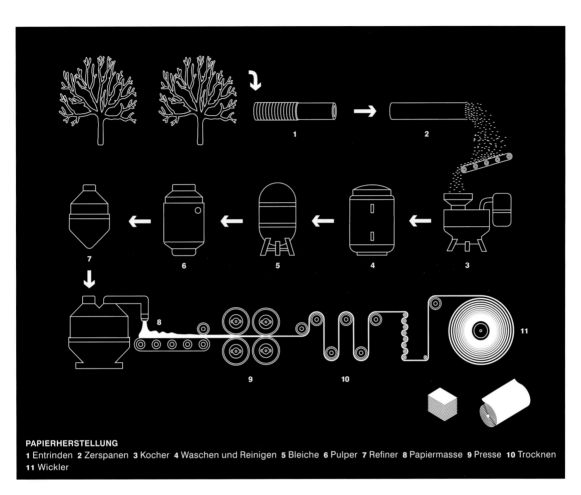

PAPIERHERSTELLUNG
1 Entrinden **2** Zerspanen **3** Kocher **4** Waschen und Reinigen **5** Bleiche **6** Pulper **7** Refiner **8** Papiermasse **9** Presse **10** Trocknen
11 Wickler

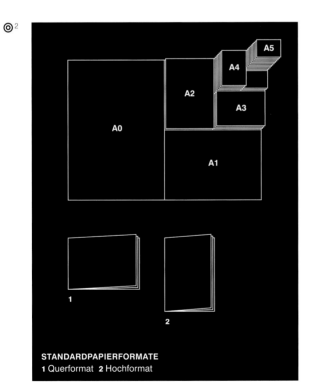

STANDARDPAPIERFORMATE
1 Querformat **2** Hochformat

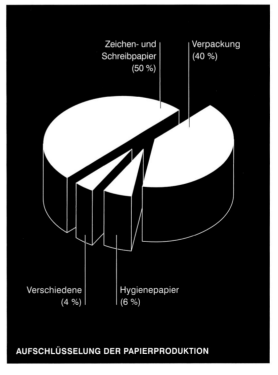

Zeichen- und
Schreibpapier
(50 %)

Verpackung
(40 %)

Verschiedene
(4 %)

Hygienepapier
(6 %)

AUFSCHLÜSSELUNG DER PAPIERPRODUKTION

PAPIER UND INNOVATION

Eine der größten Herausforderungen der modernen Papierindustrie liegt in der vollständigen oder zumindest weit reichenden Eindämmung der durch sie verursachten Umweltbelastung. Wie in allen Industriezweigen stellt sich auch hier die Frage des Umweltschutzes und Recyclings. Der Recyclinganteil in der Papierproduktion steigt, in zahlreichen Ländern wird heute Papiermüll getrennt und wiederverwertet. Nach und nach ist zudem eine Reduzierung des Verpackungsmaterials und somit der Abfälle zu beobachten. Könnten diese Maßnahmen gar eines Tages zu einem geschlossenen Produktionskreislauf führen?
Heute werden bereits Alternativen zum Holz als Faserquelle angeboten: Ananas sowie das Fruchtfleisch anderer Pflanzen, Bambus, Hanf oder Algen können ebenfalls zu Papier verarbeitet werden, wie zum Beispiel die in der Lagune von Venedig ansässigen Algen, die bis vor Kurzem lediglich verbrannt wurden.
Tag für Tag erscheinen neue Papier- und Kartonprodukte auf dem Markt. Für stets neue, erstaunliche Effekte sorgt Designerpapier (Papier mit Pigmenten, die ihre Farbe wechseln; Papier mit Beschichtungen, die ihm eine samtige, feuchte, gummiartige Haptik verleihen; Papier in leuchtenden, kräftigen Farben, mit unterschiedlichen Seiten). So werden beispielsweise Papiere und Kartons in Wabenform gefertigt und stellen das Herz von Sandwichwerkstoffen dar, die die Leichtigkeit und Druckbeständigkeit von Türfüllungen, Arbeitsplatten und anderen Möbelstücken garantieren.

Außerdem existiert japanischer Papierschaum auf Altpapierbasis, der Styropor in Verpackungen ersetzen kann.

Papier und Kunststoff gehen häufig Hand in Hand. So kommt bei der Einspritzung von Thermoplast Papier als Füllstoff zum Einsatz. Ferner wird Papier hergestellt, dessen Zusammensetzung der eines reinen Polymers gleicht: reißfestes, wasserfestes, beständiges und zugleich dünnes, knitterbares Papier, das bedruckt werden kann und zu Umschlägen, Arbeitsanzügen, Banknoten, Ausweispapieren, Kalikos verarbeitet wird.

Wasserzeichen sind ein beliebter Sicherheits- und Echtheitsnachweis. Im Bereich der Sicherheit spielt zudem die Tinte eine wichtige Rolle. Sie kann nicht mehr vom Papier entfernt werden und ist heute in der Lage, ausschließlich auf UV-Strahlen zu reagieren, wodurch sie nur unter bestimmten Bedingungen sichtbar gemacht werden kann (zum Beispiel zur Überprüfung der Echtheit eines Dokuments). Des Weiteren wird Tinte mit erstaunlichen Effekten angeboten: Tinte, die aufquillt und der Schrift so ein Relief verleiht, phosphoreszierende, fluoreszierende, thermochrome und fotochrome Tinte und viele mehr – das Angebot ist groß.

Auch die Drucktechniken entwickeln sich weiter, die Produktionsgeschwindigkeit wird gesteigert und die Weiterverarbeitung bei gleichzeitiger Kostenoptimierung vereinfacht.

Zu guter Letzt hält das Papier auch als dünnes, biegsames Multifunktions-Trägermaterial in der Elektronik und Informatik Einzug. Bestimmte gerasterte Papiersorten sind in der Lage, mit „intelligenten" Stiften zu „kommunizieren", die Handgeschriebenes direkt auf den Computer übertragen. Als „elektronisches Papier" wird eine papierähnliche Grundlage bezeichnet, auf der die Bücher der Zukunft dargestellt werden könnten; Leuchtfarbenpapier besteht aus mit elektroluminiszierender Tinte bedrucktem Papier (siehe Materialkarte Elektrolumineszenz S.134). Zwar entfernt sich die Zusammensetzung des Papiers immer mehr von der Zellulose, aber seine Rolle bleibt die gleiche: die eines Informations- und Gedächtnisträgers, einer Ausdrucksfläche egal welcher Art, um die Angst vor dem leeren Blatt zu bannen.

Leder, Haut

....

EIN ZEITLOSER WERKSTOFF

Als Objekt der Begierde und Zeichen von Luxus mit einem Hauch Verbotenem, Abenteuer und Dekadenz pflegen Leder und Pelz als zweite Haut ein widersprüchliches Image. Leder gilt als ultimative Jagdtrophäe (Indianerskalp), bringt das tierische Wesen des Menschen zum Vorschein, fasziniert, wird dem Tierkörper entrissen, an den Meistbietenden veräußert und auf dem Schwarzmarkt gehandelt, wenn der Wunsch nach dem Verbotenen unerträglich wird. Leder ist ein einzigartiger Werkstoff, da jedes Tier durch seine Eigenheiten und seine persönliche Geschichte geprägt ist, wie eine umgenähte Jacke, ein immer wieder gewienerter Schuh oder ein verschlissener Clubsessel ebenfalls die Spuren der Zeit und ihres Eigentümers tragen. Und genau diese Einzigartigkeit macht ja auch den Wert des Leders aus, das einer der wenigen Werkstoffe ist, bei dem man Verschleißspuren nicht nur akzeptiert, sondern diese gar wünscht. Leder weckt unseren Jagdinstinkt, lässt den Schrei des wahren Abenteurers, des Indiana Jones, hervorbrechen, der in uns allen schlummert und birgt zugleich eine unvergleichliche Sinnlichkeit in sich … Ein Werkstoff von einer fast verdächtigen Vertrautheit, der zum Anfassen einlädt und wie unsere eigene Haut atmet, lebt und sich vielerlei Launen beugt. Als Gegenteil einer Rüstung war Leder auch – unter anderem als Kleidungsstück – immer wieder ein Symbol für Unmenschlichkeit, Gewalt und Unterdrückung, das im Stampfen gewisser Stiefel und im Rascheln langer Ledermäntel zum Ausdruck kam.

Leder hinterfragt als lebender Werkstoff das Verhältnis des Menschen zur Natur. Ist Leder unerschöpflich vorhanden? Bestimmte begehrte, zuweilen illegale Stücke wie das Fell einiger großer Raubtiere sind selten und kostbar. Andere sind als Nebenprodukt der Viehzucht (zum Beispiel Kälber, Kühe und Schweine) alltäglich, erschwinglich und im Überfluss vorhanden. Sein Status als natürlicher Werkstoff verschwimmt immer mehr, denn Leder wird bearbeitet, gegerbt, bedruckt, kalandriert. Die Tierhaut wird immer tierfremder, was dazu führt, dass wir uns von Imitationen täuschen lassen: Kunststoffe und Textilien schwingen sich in den Rang von Leder und Kunstpelz auf, auch wenn die Imitation nie wirklich vollkommen ist. Leder ist ein äußerst leistungsstarker Werkstoff, der zahlreiche Funktionseigenschaften in sich trägt: Es kann (wie sein weit entfernter Cousin Polypropylen) als Scharnier eingesetzt werden, ist extrem zug- und dehnfest, behält seine Elastizität und lässt sich mit verschiedenen Methoden verbinden (spezielle Zierstiche, Ösen, Collagen). Lange Zeit war es zudem das einzige zur Verfügung stehende elastische Material und kann somit auf eine lange Handwerkstradition zurückblicken, die heute noch fortgeführt wird, auch wenn sich die Industrialisierung im Gerberberuf und bei der Herstellung von Ledererzeugnissen (Schuhe, Kleidung, Lederwaren, Einrichtungsgegenstände, Automobil- und Industriesektor) längst durchgesetzt hat.

Heute kommen zunehmend technologische Innovationen zum Einsatz: Leder wird zahlreichen Behandlungsmethoden unterzogen, ohne jedoch seine Atmungsaktivität und Geschmeidigkeit zu verlieren. Dem Umweltschutz kommt bei der Verarbeitung eine wachsende Bedeutung zu: Die bei der Herstellung verbrauchte Wassermenge wird reduziert oder die chemische Zusammensetzung der Gerbstoffe verändert. Es werden zudem Tiere verarbeitet, die es bisher geschafft hatten, ihre Haut zu retten: Vögel, Fische, durch Genmanipulation eigens gezüchtete Kaninchenarten sind heute als Handtaschen oder Kleidungsstücke anzutreffen.

....

GEWINNUNG VON TIERHAUT

Das Rohmaterial dieser bekannten Werkstoffgruppe ist die Tierhaut, die bereits seit Urzeiten vom Menschen genutzt wird. Ihre handwerkliche Verarbeitung grenzt manchmal an wahre Kunst, ist jedoch auch weitgehend industrialisiert. Leder, wie übrigens auch Holz, entgeht dem Anspruch der Vollkommenheit, der Reproduzierbarkeit und der industriellen Dimension. Alles hängt unter anderem von der Lebensweise des Tieres, seiner Größe und seinem Alter ab, was seine Industrialisierung erschwert.

Die Häute stammen überwiegend von Säugetieren – Rinder, Schafe, Schweine, Ziegen, Einhufer – aber auch von Fischen, Reptilien und Vögeln.
Die Tiere, deren Haut verarbeitet wird, werden in erster Linie (außer in einigen Ausnahmefällen) aufgrund ihres Fleisches, ihrer Milch oder ihrer Wolle gezüchtet. Die nachfolgenden Ausführungen beziehen sich auf Schlachttiere, die heute die Hauptversorgungsquelle der Lederindustrie darstellen.

Die Tierhaut wird von Hand oder maschinell vorsichtig vom Fleisch getrennt, wobei darauf geachtet werden muss, dass sie nicht beschädigt wird. Die abgetrennte Haut ist weich und verfügt über eine „behaarte" Seite und eine Seite, an der noch Fleischfetzen, Blut und Fett haften. Diese Haut wird als Rohware bezeichnet. Sie ist sehr wasserhaltig und zersetzt sich in unbehandeltem Zustand schnell.

Für die Konservierung gibt es verschiedene Behandlungsmethoden:
· **Salzung:** Das Salz entwässert die mehrere Wochen lang übereinandergeschichteten Häute.
· **Einlegen in Salzlake:** Bei diesem Vorgang wird die Rohware in ein Bad aus Salzlake getaucht und in wenigen Tagen entwässert. Dieses Verfahren ist etwas komplizierter in der Umsetzung als die einfache Salzung.
· **Trocknung:** In manchen Ländern ist Salz Mangelware; dort werden die Häute einfach aufgehängt und luftgetrocknet. Die Trocknung muss jedoch rasch erfolgen, da die Häute schnell ins Verwesungsstadium übergehen.
· **Salzung und Trocknung kombiniert.**

Nach dieser Vorbehandlung wird die Haut als Rohhaut bezeichnet und kann in die Loh- oder Weißgerberei gebracht werden.
Die Rohhäute werden in verschiedene Kategorien und Gewichtsklassen aufgeteilt, um den Gerbern die Auswahl zu erleichtern. So wird Schafsleder beispielsweise nach der Wolllänge (eine Haut mit 1/4 Wolle weist zum Beispiel eine Wolllänge von 1 bis 2,5 cm auf) und dem Gewicht von einem Dutzend gesalzener oder getrockneter Häute

eingeteilt. Kuhhaut wird entsprechend der Masse der Rohware klassifiziert.

AUFBAU VON TIERHAUT

Der Aufbau der Haut ist bei allen Tierarten gleich:
· **Epidermis oder Oberhaut:** Die Epidermis besteht hauptsächlich aus Keratin.
· **Dermis oder Lederhaut:** Dies ist der Hautteil, der zu Leder verarbeitet wird. Die Dermis besteht aus einem mehr oder weniger festen Netzwerk aus dickeren oder feineren Fasern mit „Narben" und „Fleischspalt". Im Narbenteil der Dermis befinden sich die Talgdrüsen, die Schweißdrüsen und die Haarfollikel. Haare bestehen aus Keratin, während sich die Dermis aus Kollagen zusammensetzt.
· **Subcutis oder Unterhaut:** Die Subcutis besteht aus Kollagen.

◎ [1]

Die verschiedenen Bestandteile der drei Hautschichten (Keratin und Kollagen) ermöglichen eine Entfernung der Epidermis und Haare durch eine chemische Alkalibehandlung, ohne die Dermis zu beschädigen. Die Unterhaut wird mechanisch entfernt.

EIGENSCHAFTEN VON TIERHAUT

Wie bei jeder Werkstoffgruppe wird auch für Leder ein eigenes Vokabular verwendet, um die Häute, ihre Qualität und ihre Fehler zu beschreiben.
Jede Haut – oder genauer gesagt jedes Tier – ist einzigartig, auch wenn sie von derselben Tierrasse und dem gleichen Ort stammt. Keine Haut gleicht der anderen.

Mängel
Tierhäute können zahlreiche Mängel aufweisen, die ihren Wert schmälern und bereits beim lebenden Tier (Schädlingsbefall, Narben, Brandzeichen), beim Abziehen der Haut (unsymmetrischer Schnitt, Löcher) oder bei der Konservierung (beginnende Verwesung, durch die Salzung hervorgerufene Salzflecken, Insekten) auftreten können.

Hautstruktur
Jede Haut weist verschiedene Strukturen auf. Je nach Tierart wird die Haut in verschiedene Bereiche eingeteilt. Bei Kühen, Schafen und Ziegen werden beispielsweise drei große Bereiche unterschieden:
· **Hals:** Das Halsstück ist meist faltig, von unregelmäßiger Dicke und relativ schlaff. Aus ihm kann nur schwer richtig glattes Leder gewonnen werden.
· **Croupon:** Der Croupon ist das Kernstück; es setzt sich aus Kruppe und Rücken zusammen. Der Croupon ist das

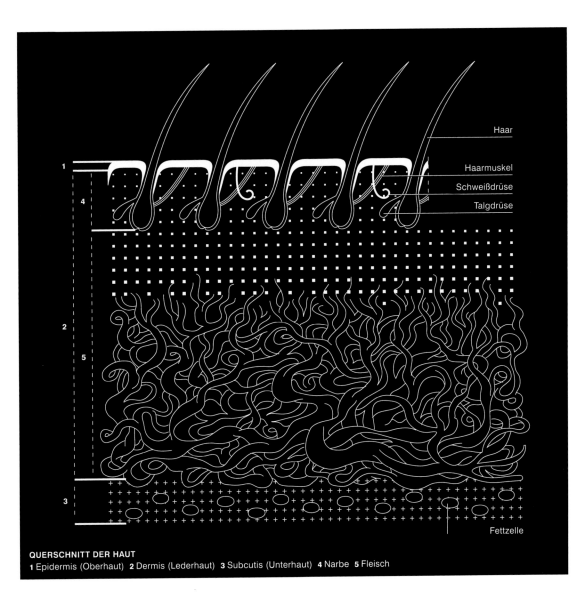

Haar
Haarmuskel
Schweißdrüse
Talgdrüse

Fettzelle

QUERSCHNITT DER HAUT
1 Epidermis (Oberhaut) **2** Dermis (Lederhaut) **3** Subcutis (Unterhaut) **4** Narbe **5** Fleisch

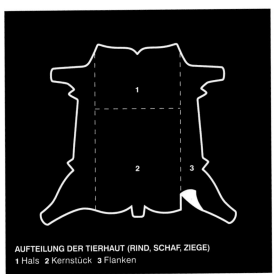

AUFTEILUNG DER TIERHAUT (RIND, SCHAF, ZIEGE)
1 Hals **2** Kernstück **3** Flanken

hochwertigste Hautstück, weist eine gleichmäßige Dicke und Lederhaut auf und ergibt das beste Lederprodukt.
· **Flanken:** Die Flanken entsprechen dem Tierbauch, weisen eine unregelmäßige Dicke und Struktur auf und sind relativ schlaff.

©²

Große Tierhäute werden nur selten vollständig verarbeitet, so sind die Flanken meist ein Abfallprodukt. Kleinere Häute, auf denen die Unterschiede weniger stark ausgeprägt sind, werden als Ganzes verarbeitet.

VON DER HAUT ZUM LEDER

In der Gerberei durchläuft die Haut drei große Arbeitsschritte, in denen sie in Leder verwandelt wird:
· **Wasserwerkstatt:** Bei dieser ersten Etappe wird die Rohhaut auf die Gerbung vorbereitet. Im ersten Arbeitsgang, der Weiche, wird die Haut einige Tage in Wasser eingelegt, um ihren natürlichen Wassergehalt wieder herzustellen und erneut eine „frische Haut" zu erhalten. Im Äscher werden durch Reiben oder Spülen die Haare und die Oberhaut entfernt, wobei die Lederhaut aufgelockert wird. Dadurch wird sie weicher und kann anschließend weiterbehandelt werden. Bei Schafshäuten wird in einem etwas anderen Verfahren die Wolle von der Haut getrennt. Anschließend wird die Haut „entfleischt", das Unterhautgewebe wird maschinell entfernt. Übrig bleibt nur die Lederhaut, die vor dem Gerben noch entkalkt wird: Die Haut wird mehrere Stunden lang behandelt und gespült. Anschließend ist sie fast rein und wird als „Blöße" bezeichnet.
· **Gerbung:** Aus der wasserhaltigen, fäulnisfähigen und fast durchsichtigen Blöße kann ein trockenes, unverwesliches, undurchsichtiges, geschmeidiges Leder hergestellt werden. Diese Veränderung wird durch die Gerbstoffe – die Tannine – bewirkt. Es existieren verschiedene Gerbstoffe, die auch miteinander kombiniert werden können und für die Qualität des gegerbten Leders verantwortlich sind: pflanzliche Gerbstoffe (Eichen- oder Tannenrinde, Sumachblätter, Kastanienholz, Früchte und Wurzeln), Mineralstoffe (Chromsalze, Aluminium-, Eisen- oder Schwefelsalz) oder organische Stoffe wie Formol, Dorschlebertran oder synthetische Tannine.
Chromsalze werden am häufigsten angewendet und ermöglichen die Gerbung aller Lederarten. Dieser mineralische Gerbstoff wird seit Beginn des 20. Jahrhunderts industriell eingesetzt und reagiert schnell. Die Häute werden innerhalb weniger Stunden unter Bewegung in Gerbfässern (großen, sich drehenden Fässern) gegerbt. Chromgegerbtes Leder besitzt eine hohe mechanische und thermische Beständigkeit.
Pflanzliche Gerbstoffe, die schon sehr lange zum Einsatz kommen, werden in der Regel für die Herstellung von Sohlenleder, Lederfutter und Möbelleder verwendet. Bei der pflanzlichen Gerbung werden die Blößen nach und nach immer stärker konzentrierten pflanzlichen Gerbflüssigkeiten ausgesetzt und kommen anschließend in ein Gerbfass. Die Gerbdauer kann bis zu 30 Tage betragen. Pflanzlich gegerbtes Leder ist weniger geschmeidig, elastisch und hitzebeständig.
· **Zurichtung:** Bei diesem letzten Arbeitsschritt (der mehrere Etappen umfassen kann) wird das Leder gebrauchsfertig gemacht. Allerdings kann es auch bereits nach der Gerbung als „Wet-Blue" (chromgegerbtes Leder) oder „Borkeleder" (pflanzlich gegerbtes Leder) kommerzialisiert werden.
Die Zurichtung variiert je nach späterem Verwendungszweck: Sohlenleder, Schuhleder, Industrieleder, Rauleder, Veloursleder, Leder mit Narbenprägung etc. Der Verwendungszweck eines einzigen Lederstücks ist äußerst vielfältig. Die Zurichtung umfasst mechanische und chemische Arbeitsschritte sowie die Trocknung. Zuerst wird das Leder in der Abwelkpresse mechanisch abgewelkt. Anschließend wird die Dicke des Leders überprüft; entweder wird der Narben vom Spalt (der Fleischseite) getrennt oder durch Falzen auf eine gleichmäßige Dicke gebracht. Schließlich wird es gestreckt und so eben wie möglich gemacht. Die Färbung (in verschiedenen Farbtönen) und das Fetten (um das Leder geschmeidig und/oder wasserfest zu machen) sowie gewisse Endbearbeitungsschritte (Zurichtung mit Lacken oder anderen Behandlungsstoffen, mit denen die Eigenschaften des Leders und seine Oberflächengestaltung verbessert werden) erfolgen chemisch. Die Farbe wird mit einer Farbpistole oder einer Rolle aufgetragen; es existieren drei Kategorien: Anilin (schöne, aber empfindliche Oberfläche), Halbanilin und pigmentiert (wasser- und fleckabweisend, leichtere Pflege).
Anschließend wird das Leder mit Warmluft, an der frischen Luft oder vakuumgetrocknet und eventuell geklopft, um es fester zu machen oder gestollt, um es weicher zu machen. Zudem wird es geglättet, gebügelt und satiniert, um dem Narben das gewünschte Aussehen zu verleihen; geschliffen, um Veloursleder zu erhalten oder geprägt, um zum Beispiel seltene Lederarten zu imitieren.

Nach Vollendung dieser Arbeitsschritte wird das Leder in verschiedene Kategorien eingeteilt, nach denen sich die Käufer (Schuhhersteller, Lederwarenhersteller, Handschuhmacher, Kleidungs- und Möbelhersteller) orientieren. Vollnarbenleder, Fleischspalt, Velours-, Wild- und Nubukleder sind nur einige dieser Kategorien, die die Unterscheidung und Auswahl von Leder ermöglichen.

EIGENSCHAFTEN VON LEDER

Leder ist ein sehr leistungsstarker Werkstoff; seine vielfältigen Eigenschaften prädestinieren es für den Einsatz in zahlreichen Industriezweigen. So findet es in unerwarteten Bereichen Verwendung, wie beispielsweise als Wasservorlage. Seine Eigenschaften hängen jedoch stark von den unterschiedlichen Bearbeitungsschritten ab, denen es unterzogen wird.

Leder und Wasser
Paradoxerweise schadet Wasser dem Leder weniger als Schweiß, weshalb es nicht direkt auf der Haut getragen werden sollte, obwohl es atmungsaktiv und in der Lage ist, Feuchtigkeit aufzusaugen: dies verleiht ihm einen angenehmen Tragkomfort bei Kleidern und Schuhen.

Leder und Feuer
Die Flammwidrigkeit von Leder hängt stark von seinem natürlichen Gefüge sowie der Gerbung und Zurichtung ab. Von Natur aus ist Leder schwer brennbar – was die Lederschürze des Schmids beweist!

Widerstandsfähigkeit von Leder
Manche Ledersorten, die als Bezug von Möbeln, in der Automobilindustrie oder für Sportausrüstung und -bekleidung verwendet werden, sind äußerst zug-, reiß-, biegungs-, reib- und bruchfest.

Leder und Temperatur
Da Leder viel Luft enthält, ist es ein guter Wärmeisolator: Es wärmt im Winter und kühlt im Sommer.

Leder und Schimmel
Leder ist äußerst schimmelbeständig.

Leder und Verformung
Leder ist ein plastischer, relativ elastischer Werkstoff, der dauerhaft geformt werden kann. Dies geschieht in der Regel durch Befeuchtung.

RUND UMS LEDER

Lässt man das Tierhaar (das Fell) auf der Haut, gewinnt man daraus echten Pelz. Bei der Veredelung durchlaufen die Felle ähnliche Arbeitsschritte wie Leder (Scheren, Oberflächen- oder Durchfärbung, Bedrucken, Prägen). Winterpelz besteht aus zwei Haartypen: dem Grannenhaar (langes, festes Haar) und der Unterwolle (kurzes, weiches Haar). Im Sommer verschwindet die Unterwolle, wodurch Sommerfelle eher für die Leder- als für die Pelzverarbeitung geeignet sind. Echter Pelz weist hervorragende Isolationseigenschaften auf und hält schön warm, weshalb er seit jeher vom Menschen geschätzt wird. Pelz stammt heute in erster Linie aus Pelztierfarmen. Es gibt zahlreiche Tierarten, die für ihr Fell geschätzt werden (zum Beispiel Nerz, Fuchs, Kaninchen). Bestimmte Wildtiere sind ebenfalls sehr begehrt, was den Markt zuweilen an die Grenzen der Legalität – oder sogar darüber hinaus

– treibt und das ökologische Gleichgewicht der Artenvielfalt gefährdet. Zahlreiche Vorschriften und Gesetze wurden aus diesem Grund erlassen.

Wer von Pelz spricht, darf auch den Kunstpelz nicht unerwähnt lassen. Bestimmte Webverfahren ahmen das seidige Tierhaar hervorragend nach. Synthetische Pelze lassen sich beliebig variieren (zum Beispiel in Farbe, Länge und Verteilung des Fellhaares, Bedrucken) und sind eine kostengünstige Täuschung.

Lammfell wird häufig mit naturbelassener oder geschorener Wolle angeboten und in diesem Fall zur Herstellung von Bekleidung und Schuhen mit nach innen gekehrter Wollseite verwendet. Die Außenseite wird geschliffen, um ihr ein seidiges Aussehen zu verleihen und manchmal auch nappiert, um eine glänzende Oberfläche zu erhalten. Es wird zwischen nicht enthaarter Haut im Velourslook und nicht enthaarter, geölter Haut unterschieden. Angeboten wird Merino-Lammfell (hochwertig; seidiges, geschmeidiges, zuweilen gekräuseltes Kurzhaar), Entrefino-, Toscana-Lammfell (Langhaar, kann geschoren werden) und Shearling-Lammfell.

Bei der Lederherstellung und -verarbeitung werden zudem Pulver und kleine Lederabfälle gewonnen, die weiterverarbeitet werden können. Gepresst bilden sie den kostengünstigen Lederfaserstoff, der zum Beispiel im Innenteil von Schuhen zum Einsatz kommt und bei zahlreichen Papier- und Lederwaren Verwendung findet.

Als synthetisches Leder werden nicht gewebte Werkstoffe und Textilfasern (zum Beispiel Polyamid) sowie harzimprägnierte Fasern bezeichnet (Polyurethan und PVC). Diese imitieren nach entsprechender Bearbeitung das Leder hervorragend. Ein Beispiel für diese Imitationen ist das unter dem Markennamen Skai® bekannte Kunstleder. Des Weiteren gibt es zahlreiche Lederimitationen aus PVC, die aus kalandrierter Folie mit „Lederprägung" bestehen.

Aber auch echtes Leder kann unser Auge täuschen. So können aus Kuhleder ausgezeichnete Krokodil- und Schlangenlederimitationen gefertigt werden! Bester Anhaltspunkt ist hier mit Sicherheit der Preis (eine Krokohandtasche kostet zwanzig Mal mehr als ihre Imitation!), zuweilen ist der Unterschied jedoch nur von einem Fachmann zu erkennen.

Alle Arbeitsschritte zur Herstellung von gebrauchsfertigem Leder, bei denen chemische Stoffe zum Einsatz kommen, stellen ein Umweltrisiko dar: Abfallmanagement der festen Gerbereiabfälle (Lederstücke, Lederpulver), Einsatz großer Wassermengen, Aufbereitung chemischer Abwässer. Diese Probleme rücken immer stärker in den

Mittelpunkt und die Lederindustrie hat ihre schädlichen Umwelteinflüsse bereits erheblich reduziert.

VERARBEITUNG VON LEDER

Leder lässt sich schneiden, vernähen, verkleben und in dreidimensionale Formen bringen (Fahrradsättel, Schuhe). So sind die Nähtechniken technisch extrem ausgefeilt und werden von einigen großen Lederwarenherstellern als Markenzeichen eingesetzt.
Der Hauptverarbeitungszweig von Leder ist heute die Schuhindustrie (mindestens 50 %), gefolgt von der Bekleidungsindustrie (25 %). Aber auch die Möbelindustrie nimmt einen wichtigen Platz ein (15 %), der restliche Anteil wird zu diversen Lederwaren und anderen Konsumgütern verarbeitet.

LEDER UND INNOVATION

Zwar tritt die Lederindustrie in der Innovation wenig ins Rampenlicht, dies bedeutet jedoch nicht, dass sie nicht aktiv wäre. Der Umweltschutz stellt nach wie vor eine große Baustelle dieses Industriezweiges dar, obgleich er in den vergangenen Jahren unter anderem seinen Wasser- und Chemikalienverbrauch reduziert und umweltfreundlichere Gerbmethoden entwickelt hat.

Die Zukunft verheißt uns maschinenwaschbares Leder sowie Bade- und Raumanzüge aus Leder.
Durch immer leistungsstärkere Behandlungsmethoden werden die physisch-chemischen Eigenschaften des Leders verbessert. So werden heute zum Beispiel Leder angeboten, die in der Lage sind, Wärme zu „absorbieren", um Cabriofahrern angenehme Sitztemperaturen zu garantieren; Verbundstoffe aus Leder und Flüssigkeramik als hochwiderstandsfähige Beschichtungen und, als besondere Spielerei, parfümiertes, fluoreszierendes Stretchleder und so weiter. Es steht außer Zweifel, dass dieser alte Werkstoff auch in Zukunft einige Überraschungen für uns bereithält!

Auch werden exotisch anmutende Leder wie Fischhaut (die paradoxerweise nach wie vor nicht waschbar ist!), der Darm und Magen von Kühen (in kleinen Mengen, aber mit überraschenden Struktureffekten) und Froschhaut gegerbt.

Im Zuge der nachhaltigen Entwicklung wird zudem viel von vegetabilem Leder gesprochen. Dieser Ausdruck bezeichnet sowohl pflanzlich gegerbtes Leder als auch einen Verbundstoff, der in Amazonien aus 100 % Baumwollgewebe, welches mit Naturlatex (Kautschukbaum) imprägniert wurde, hergestellt wird. Er wird in kleinen

Öfen geräuchert und vulkanisiert und ähnelt im Aussehen Leder.

Auf dem Gebiet der Pelzforschung haben französische Wissenschaftler des staatlichen Agrarforschungsinstituts INRA (Institut National de la Recherche Agronomique) eine neue Kaninchenrasse gezüchtet: Das Orylag-Kaninchen ermöglicht eine ethisch verträglichere Form der Fellgewinnung und liefert zudem Pelze von herausragender Qualität (unglaublich weich, dicht und strahlend!).

Metalle

....

DIE MODERNE – DAS ZEITALTER DER METALLE?

Der Mensch hat sich im Laufe der Zeit zahlreiche Rohstoffe zu Nutze gemacht, doch keiner hat sich so nachhaltig durchgesetzt wie Metall. Eigentlich ist es angebracht, von Metallen und nicht von Metall zu sprechen, da von etwa hundert Atomen auf der Erde ungefähr 75 – und damit der Großteil – Metalle sind.

Lange bevor der Mensch im Inneren der Erde nach Eisen suchte, war es in Form von Meteoriten im wahrsten Sinne des Wortes vom Himmel gefallen. Der Begriff Siderurgie für die Eisenverhüttung bezeichnet daher die Bearbeitung dieser Substanz aus dem siderischen Raum – den Gestirnen. Schon vor seiner massiven Verarbeitung trug das faszinierende Material zu seiner eigenen Legende bei, da es dem Menschen durch seine Härte, Kälte und Unveränderlichkeit von Natur aus fremd war. Was für die einen als Verkörperung des idealen – oder idealisierten – Materials galt, schien den anderen mit Magie verbunden und dem Himmels- oder Höllenfeuer entsprungen. Jahrhundertelang versuchten Alchimisten, Schmiede und später Metallurgen, es im Umgang mit dem Feuer zu dominieren. Der Beherrschung der Metalle kam schon allein durch den Überlebenswillen der Zivilisationen von jeher eine entscheidende Bedeutung zu, da die Herstellung von Waffen, Münzen, Rüstung beziehungsweise Schutzvorrichtungen absolut notwendig war in einer Welt, in der man entweder zu den Herrschenden oder den Beherrschten gehörte.

Metalle haben die Geschichte entscheidend beeinflusst. Davon zeugen das Bronze- und Eisenzeitalter ebenso wie das Zeitalter der industriellen Revolution, das mit der Erfindung von Stahl als Höhepunkt der Metallurgie gilt. Der Werkstoff Stahl war erstmals in der Lage, enorme Kräfte und Beanspruchungen auf kleinster Fläche zu konzentrieren. Er steht für Mechanik und Präzision. Als elektrischer Leiter und Magnet liegt er der Erfindung des Elektromotors zugrunde. Er ist der eiserne Griff im Samthandschuh der Moderne, denn auf die Stahl verarbeitende Industrie sind Entwicklungen wie die Arbeitsteilung und Fließbandproduktion zurückzuführen. Als Vorbote der modernen Welt ist Stahl mehr als ein gewöhnlicher Werkstoff, er ist ein geschichtliches und soziales Phänomen. Stahl kommt auch bei der Bearbeitung anderer Werkstoffe zum Einsatz, ist also Bearbeitungsgegenstand und Werkzeug zugleich. Er ist recycelbar und kann durch erneutes Einschmelzen unzählig oft bearbeitet werden. So kam es, dass Metalle zu Beginn des 20. Jahrhunderts den Traum des ultimativen Materials darstellten, von dem man annahm, dass es eines Tages vielleicht sogar alle anderen Materialien ersetzen würde.

Doch bei all seinen Vorzügen besitzt der Werkstoff auch Nachteile. Metalle sind einerseits beständig, andererseits aber sehr schwer. Sie glänzen wie ein Spiegel, sind aber nie durchsichtig. Sie sind verformbar, doch der nötige Energieaufwand dafür ist beträchtlich. In einer Welt mit limitierten Energiereserven sind Metalle aufgrund all dieser Nachteile insgesamt nicht vorteilhafter als andere Werkstoffe. Ihre Vorherrschaft bricht auf allen Seiten ein: Kleine Haushaltsgegenstände (Elektrogeräte, Verpackungen, Lebensmittelbereich) werden heutzutage aus Kunststoff hergestellt, im Bauwesen setzte sich der mindestens ebenso druckbeständige Beton durch und bei Hochtemperatur- und Festigkeitsanwendungen sind technische Keramiken auf dem Vormarsch. Um dennoch wettbewerbsfähig zu bleiben, hat die Metallverarbeitung ihre vorherrschende Stellung gegen wissenschaftlichen Erfindungsreichtum eingetauscht. So entwickeln Chemiker leichtes Aluminium und es entstehen neue Anwendungsbereiche: Superlegierungen, Metalle mit hoher Verformungsgeschwindigkeit, Metallschaum, Formgedächtnislegierungen, amorphe Metalle, Supraleiter.

....

METALLURGIE

Die in der Natur vorkommenden Metalle haben nicht mehr viel mit den Metallen gemeinsam, von denen wir im Alltag umgeben sind. Nur wenige, darunter Kupfer, Gold, Platin oder die eisen- und nickelhaltigen Meteoritensteine, sind in natürlicher Form vorhanden. Sie werden als Metalle in Reinform bezeichnet und waren die ersten, die vom Menschen bearbeitet wurden.

Metalle kommen am häufigsten in oxidierter Form als Erz vor und müssen umgewandelt werden (beispielsweise durch eine Oxidationsreduktion), um die uns bekanntere Form zu erlangen.

Bei Kontakt mit anderen Elementen wie Sauerstoff verlieren die metallischen Atome ein oder mehrere Elektronen. Der Vorgang wird als Oxidation bezeichnet. Durch Reduktion werden die verlorenen Elektronen wiedergewonnen und so die ursprünglichen Metallatome wiedergefunden.

Die Metallurgie umfasst alle Umwandlungsprozesse vom Erz zum Metall bis zur Herstellung von Halbfertigprodukten. Das Geheimnis der Reduktion besteht darin, das Erz zusammen mit einem chemischen Element (häufig Kohlenstoff) hohen Temperaturen auszusetzen. Zur Herstellung von Roheisen und Stahl wird beispielsweise neben Kohle im Hochofen auch das Eisenerz Hämatit verwendet. Mit dem gleichen Verfahren wird unter anderem Titan aus Rutil gewonnen oder Aluminium durch elektrolytische Umwandlung aus dem schwer zu verarbeitenden Bauxit.

METALLSTRUKTUREN

Ionen sind Atome, die ein oder mehrere Elektronen dazugewonnen oder verloren haben.

Die Struktur eines Metalls zeichnet sich durch die metallischen Bindungen aus, die für die Anziehungskraft der Atome verantwortlich sind. Die Atome ziehen ein oder mehrere Elektronen an und verwandeln sich in positive Ionen, die von einer Wolke freier Elektronen umgeben sind. Die elektrostatischen Bindungen im Werkstoff sind sehr stark und die strukturierte, regelmäßige und periodische Ansammlung der Ionen wird als Kristallgitter oder Ionengitter bezeichnet. Es gibt verschiedene Modelle, die sich durch ihren jeweiligen geometrischen Aufbau unterscheiden.

In der Größenordnung von Mikron oder Millimeter kann man sich die strukturierten Ionengitter als Korn vorstellen. Metalle verhalten sich wie ein Korngefüge beziehungsweise ein Aggregat aus mehr oder weniger stark ausgerichteten Kristalliten.

Die Eigenschaften eines Metalls hängen zunächst vom Aufbau der einzelnen Ionengitter ab sowie von deren Anordnung in einem Gesamtgefüge unter Berücksichtigung von Körnerverteilung, Korngrenze, Versetzungen, Unreinheiten, dem Hinzufügen anderer Werkstoffe. Fehlerfreie Kristalle gibt es nicht. Fehler sind entweder natürlich oder beabsichtigt und paradoxerweise ergeben sich aus ihnen die wichtigsten Eigenschaften der Metalle. Das Wissen der Metallurgen besteht darin, Werkstoffe mit unterschiedlichsten mechanischen Eigenschaften von höchster Qualität herzustellen.

EIGENSCHAFTEN VON METALLEN

Die Haupteigenschaften der Metalle hängen von der spezifischen molekularen Anordnung ab. Diese legt fest, in welcher Form die Metalle weiterverarbeitet werden können und inwieweit sie den Anforderungen des Pflichtenhefts für metallische Bauteile, Gegenstände oder Konstruktionen entsprechen.

Metallischer Glanz

Eine der wesentlichen Eigenschaften der Metalle ist ihr metallischer Glanz. In poliertem Zustand können sie Licht reflektieren und sogar als Spiegel (aus Zinn, Silber oder Aluminium auf einer Unterlage aus Kunststoff oder Glas) ein Bild perfekt wiedergeben. Metalle sind auch verantwortlich für Farb- oder Glitzereffekte in Farben oder anderen Werkstoffen. Ein metallisches Kunststoffteil enthält entweder Metall in der Masse oder eine Metallschicht an der Oberfläche.

Härte

Damit wird die Penetrations- und Abriebfestigkeit der Oberfläche eines Metallteils bezeichnet. Die Definition ist allerdings sehr weit gefasst und relativ. Dennoch gehören Metalle zu den härtesten Werkstoffen. Aus ihnen wird sehr häufig Werkzeug hergestellt. Zu den wichtigsten Herausforderungen im Bereich Forschung und Entwicklung zählt heute die Herstellung extrem harter Metalle.

Schlagzähigkeit

Die Schlagzähigkeit oder Stoßfestigkeit ist die Eigenschaft, eine mechanische Energie in kürzester Zeit und bei einer bestimmten Temperatur zu absorbieren. Ein Werkstoff mit geringer Schlagzähigkeit wird als brüchig bezeichnet. Kalter Stahl beispielsweise ist brüchig und lässt sich erst bei erhöhten Temperaturen bearbeiten.

Elastizität

Die Elastizität bezieht sich auf die Fähigkeit, nach einer Beanspruchung die ursprüngliche Form wieder anzunehmen. Bis zu einem bestimmten Punkt, der Elastizitätsgrenze, gelten Stahl und Metalllegierungen als absolut elastisch. Als Paradebeispiel für Elastizität gelten Federn.

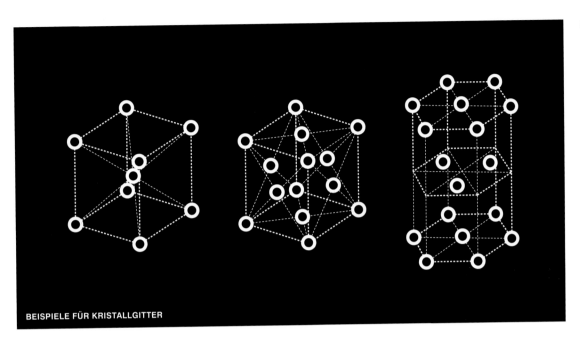

BEISPIELE FÜR KRISTALLGITTER

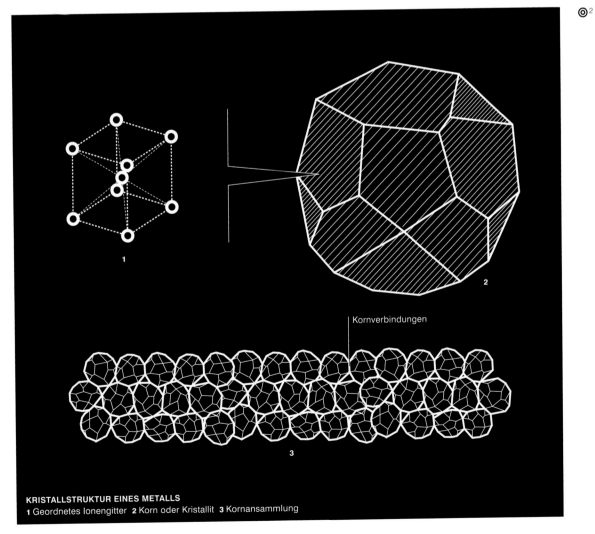

Kornverbindungen

KRISTALLSTRUKTUR EINES METALLS
1 Geordnetes Ionengitter **2** Korn oder Kristallit **3** Kornansammlung

Verformbarkeit / Dehnbarkeit

Neben der Elastizität zeichnen sich Metalle durch ihre Verformbarkeit aus. Es handelt sich um die Eigenschaft, ohne zu reißen eine dauerhafte und irreversible Verformung zuzulassen. Diese Eigenschaft erlaubt die Kaltbearbeitung eines Werkstoffs, zum Beispiel Biegen oder Profilieren.

Gold ist das dehnbarste Metall: Ein Gramm kann zu einem einzigen, 2,4 Kilometer langen Faden gestreckt werden.

Magnetismus

Metalle gehören zu den bei der Herstellung von Magneten genutzten Werkstoffen.

Eigentlich ist das in einigen eisenhaltigen Vorkommen enthaltene Magnetit für den Magnetismus verantwortlich. Einige Metalle sind ebenfalls magnetisch oder leicht magnetisierbar. Dazu zählen neben Eisen auch Stahl, Nickel und Kobalt. Sobald sie sich in einem Magnetfeld befinden, verwandeln sie sich zeitweise oder permanent in Magnete oder Elektromagnete.

Metalle lassen sich auch durch ihre magnetischen Eigenschaften bestimmen. Aluminium beispielsweise reagiert ebenso wie bestimmte rostfreie Stähle nicht auf Magnetkraft und wird als amagnetisch bezeichnet.

Isotropie

Metalle zählen allgemein zu den isotropen Werkstoffen. Das bedeutet, dass sie sich in allen drei räumlichen Dimensionen gleich verhalten. Allerdings scheinen bestimmte Ausrichtungen des Werkstoffs von der Kristallstruktur und den Produktionsverfahren (Walzen, Dehnen) bei Metallhalbfabrikaten abzuhängen, was auf eine Anisotropie hindeutet. Ihr wird keine besondere Beachtung beigemessen, was allerdings nicht bedeutet, dass sie nicht existiert.

Elektrische Leitfähigkeit

Metalle sind in der Regel gute elektrische Leiter. Das trifft insbesondere auf Silber, Kupfer, Aluminium und Gold zu. Diese Eigenschaft ergibt sich aus der Art der Metallbindung, die die Bewegung der freien Elektronen im Kristallgitter gewährleistet. Die freien Elektronen wiederum leiten die Elektrizität durch den Werkstoff.

Wärmeleitung und Ausdehnung

Aus ähnlichen Gründen sind Metalle in der Regel gute Wärmeleiter.

Bei Erwärmung dehnt sich Metall aus. Die Ausdehnung geht meist wieder zurück. Bei einer Temperaturerhöhung von 0° auf 100°C dehnt sich eine Stahlstange mit einem Meter Länge um 1,2 Millimeter aus. Diese Eigenschaft muss bei der Herstellung von Metallteilen berücksichtigt werden. Das gilt insbesondere für das Formgießen und Schweißen, da die Ausdehnung und das Zusammenziehen zu Verformungen oder gar zum Brechen führen können.

LEGIERUNGEN

Metalle werden nur selten in reinem Zustand verwendet. Durch die Kombination eines Metalls mit einem oder mehreren metallischen oder nicht metallischen Elementen werden die Eigenschaften des neu gewonnenen Werkstoffs, der Legierung, entscheidend verbessert. Die magische Formel lautet $1 + 1 = 3$.

Legierungen bestehen hauptsächlich aus dem Ausgangsmetall und den Elementen, die für eine Legierung notwendig sind und manchmal nur in winzigen Proportionen hinzugefügt werden. In diesem Fall wird von niedrig legierten Metallen gesprochen. Legierungen lassen sich in zahlreiche, immer weiter perfektionierte Nuancen einteilen.

Eine der ersten vom Menschen entwickelten Legierungen war aus Kupfer und Zinn gewonnene Bronze. Eisen- und Kohlenstofflegierungen ergeben Roheisen und Stahl. Stähle werden zur Optimierung ihrer Eigenschaften mit vielen weiteren Werkstoffen legiert. Der berühmte rostfreie Stahl beispielsweise entsteht aus einer Eisen- und Kohlenstofflegierung, der Chrom und je nach Bedarf Nickel, Molybdän, Vanadium beigefügt werden. Sein besonderes Markenzeichen ist seine Korrosionsbeständigkeit.

Aluminium kann mit Zink veredelt werden (sogenannte Zamak-Legierung), aber auch mit Kupfer, Magnesium, Mangan.

Eine Legierung aus Zink und Kupfer ergibt Messing. Kupfer kann allerdings auch mit Nickel oder Aluminium zu Kupfer-Nickel- oder Kupfer-Aluminium-Legierungen vermischt werden.

EISENVERHÜTTUNG

Die Eisenverhüttung umfasst die Metallurgie von Eisenlegierungen, insbesondere Roheisen und Stähle. Dabei wird zwischen zwei Herstellungsverfahren unterschieden:

· **Stahlherstellung aus Roheisen:** Zur Herstellung von Roheisen wird dem Eisenerz im Hochofen durch Koks (Kohle) Kohlenstoff hinzugefügt. Um den Kohlenstoffanteil zu senken, kommt das flüssige Roheisen in einen Sauerstoffkonverter und wird zu Stahl. Bei diesem Schritt entsteht Rohstahl. Roheisen hat einen Kohlenstoffgehalt von 2 bis 6 %, Stähle hingegen maximal 2 %.

· **Stahlherstellung aus Schrott:** Stahl wird recycelt und aus dem erneuten Einschmelzen von alten Teilen gewonnen. Durch das Einschmelzen von Schrott im Elektroofen entsteht Rohstahl. Recycling ist ein wichtiger Bestandteil der Stahlproduktion und gehört mit dem Recycling von Glas zu den ersten industriellen Werkstoffrecyclingverfahren.

Beide Herstellungsverfahren werden zur Veredelung von Rohstahl und zur maßgeschneiderten Herstellung ver-

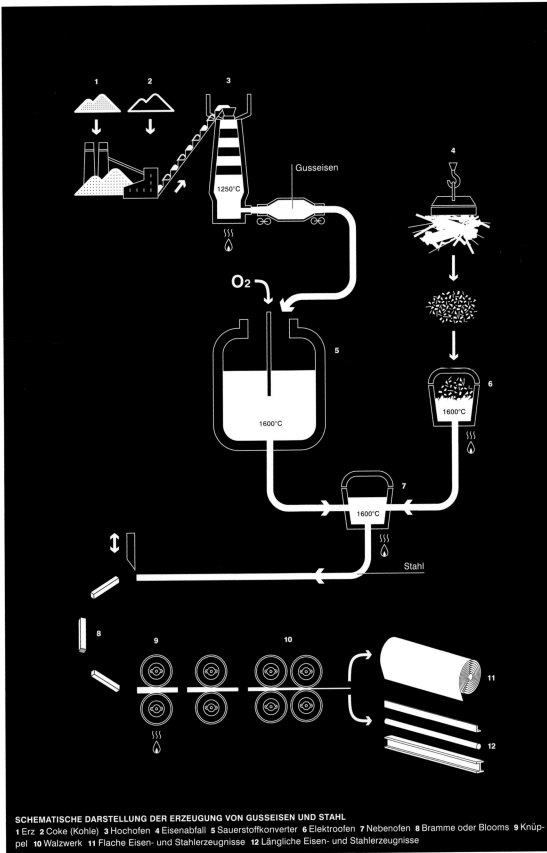

SCHEMATISCHE DARSTELLUNG DER ERZEUGUNG VON GUSSEISEN UND STAHL
1 Erz **2** Coke (Kohle) **3** Hochofen **4** Eisenabfall **5** Sauerstoffkonverter **6** Elektroofen **7** Nebenofen **8** Bramme oder Blooms **9** Knüppel **10** Walzwerk **11** Flache Eisen- und Stahlerzeugnisse **12** Längliche Eisen- und Stahlerzeugnisse

schiedener Legierungen verwendet. Der nächste Schritt ist das Warm- oder Kaltwalzen. Dabei wird der Werkstoff nach und nach geplättet. Das Ergebnis sind langförmige Produkte der Eisenverhüttung wie Blechrollen, Platten, Träger oder Stahlbänder.

◎ 5

BEHANDLUNGEN

Die mechanischen Eigenschaften der Metalle können nach Fertigstellung der Teile durch Wärmebehandlung verändert werden. Die Veränderung betrifft die Struktur des Werkstoffs. Es wird zwischen drei großen Wärmebehandlungen unterschieden:

· **Glühen:** Das Metallteil wird konstant auf eine Temperatur zwischen 500 und 850°C erwärmt und dann langsam abgekühlt. Die Spannungen im Metall lassen nach und verleihen dem Werkstoff eine verbesserte Formbarkeit. Die Struktur ist wieder ausgeglichen.

· **Härten:** Die Teile werden ebenfalls konstant erhitzt, Stähle beispielsweise auf über 800°C. Danach werden sie allerdings mit Wasser, Öl, Luft oder Gas schnell abgekühlt. Es wird zwischen zwei Härtungsverfahren unterschieden: Durchhärtung und Oberflächenhärtung. Das Metall wird sehr hart, aber brüchig.

· **Anlassen (oder Tempern):** Nach dem Härten werden die Teile erneut erhitzt, um die beim Härten entstandene Bruchneigung zu reduzieren. Je höher die Anlasstemperatur, desto geringer wird die Härte, desto höher jedoch die Zähigkeit. Diesen kombinierten Vorgang nennt man Vergüten.

◎ 4

Ein weiteres Verfahren ist die Kaltverformung. Durch die plastische Verformung bei niedriger Temperatur wird die Struktur des Metalls verändert und die Härte optimiert. Paradoxerweise bezeichnet der Begriff sowohl die Materialermüdung durch Beanspruchung als auch die optimierte Beständigkeit aufgrund der vorherigen Konfrontierung des Materials mit dieser Ermüdung.

KORROSION

Alle Metalle sind korrosionsanfällig. Dennoch gibt es Unterschiede hinsichtlich der Anfälligkeit und den sichtbaren Spuren der Korrosion, und beides hängt zusätzlich von den klimatischen Bedingungen wie beispielsweise Luftfeuchtigkeit oder Temperatur ab. Korrosion ist eine irreversible, das Metall schädigende Reaktion, die aus dem Kontakt mit Sauerstoff resultiert. Allgemeinsprachlich wird sie als Rost bezeichnet. Eigentlich nehmen die Metalle dabei einfach nur ihren natürlichen Oxidzustand wieder an.

Zu den anfälligsten Metallen zählen Roheisen und Stähle. Kupfer, Zinn und Bronze sind relativ korrosionsbeständig.

Aluminium und Zink sind nur wenig korrosionsanfällig, und Silber, Chrom, Titan und Gold zeichnen sich durch eine außergewöhnliche Korrosionsfestigkeit aus.

Zum Schutz vor Korrosion kann Stahl mit Chrom zu rostfreiem Stahl (Edelstahl) legiert werden. Stahl kann ebenfalls mit anderen Metallen beschichtet werden wie beispielsweise mit Zink (durch Elektroverzinkung oder Galvanisierung) oder mit Chrom (Chromierung) sowie durch das Auftragen von Farben, Email oder Lacken, die den Korrosionsprozess verlangsamen.

Aluminium hingegen kann anodisiert werden. Dabei wird die Oberfläche chemisch durch Elektrolyse behandelt, und die Anodisierung führt unterhalb der schützenden Aluminiumoxidschicht zu einer Farbveränderung.

Einige Metalle entwickeln eine Schutzschicht, die so genannte Passivierungsschicht. Diese korrodierte Oberflächenschicht besitzt eine Schutzwirkung.

Wenn verschiedene Metalle einander berühren, kann zwischen den beiden infolge eines „Batterieeffekts" Korrosion entstehen. Dabei bilden sich eine Anode und eine Kathode, und gewisse Elektronen wandern von einem Metall zum anderen und schwächen eines der beiden. Bei der Zusammensetzung unterschiedlicher Metalle ist demnach Vorsicht geboten. Doch wird dieses Phänomen zur Erhaltung bestimmter Teile auch gezielt eingesetzt. Dabei übernimmt ein Metall – häufig Zink oder Magnesium – die Rolle der Opferanode und rostet anstelle des anderen Metalls. Stahlschiffe werden im Wasser auf diese Weise durch zusammengeflickte Zinkteile auf dem Rumpf geschützt. Auch die Galvanisierung, eine Zinkbehandlung, auf Stahl sorgt für Schutz.

METALL UND INNOVATION

In der Metallurgie dreht sich die Innovation hauptsächlich um die weitere Verbesserung von bereits sehr leistungsstarken Werkstoffen. Die Ergebnisse sind nicht unbedingt spektakulär, aber dennoch von Bedeutung. Sie tragen zur Lösung von wichtigen technischen Problemen hinsichtlich der Erzeugung von Wärmeenergie, ihres Transports und der Sicherheit der Anlagen bei. Weitere Anwendungsbereiche sind die Automobilindustrie und das Bauwesen.

Darüber hinaus tragen auch die Fortschritte der Nanotechnologie zur Weiterentwicklung der Metallurgie bei. Ein weiterer Verbesserungsbereich ist die Optimierung der sogenannten Hochtemperatur-Metalle (Superlegierungen auf Nickelbasis) beziehungsweise Niedrigtemperatur-Metalle (Aluminium- oder Titanlegierungen), die das Unfallrisiko (industrielle Katastrophen wie der Untergang der *Erika*) reduzieren und die Sicherheit der Beckenherstellung bei Kernkraftwerken erhöhen sollen.

STRUKTURÄNDERUNG VON METALLLAMINATEN
1 Metallisches Korn **2** Kaltverformung **3** Rekristallisiertes Korn

	Metalle	Symbole	Schmelz-temperatur	Dichte (kg/m³)
BASISMETALLE	Aluminium	Al	660°C	2700
	Kupfer	Cu	1090°C	8920
	Zinn	Sn	232°C	7310
	Eisen	Fe	1535°C	7860
	Quecksilber	Hg	–39°C	13600
	Blei	Pb	327°C	11300
	Titan	Ti	1660°C	4500
	Zink	Zn	420°C	7140
EDELMETALLE	Silber	Ag	960°C	10500
	Gold	Au	1063°C	19300
	Platin	Pt	1764°C	21400
HÄUFIG IN LEGIERUNGEN VOR-KOMMENDE METALLE	Chrom	Cr	1857°C	7140
	Kobalt	Co	1490°C	8900
	Magnesium	Mg	650°C	1750
	Molybden	Mo	2625°C	10200
	Nickel	Ni	1452°C	8900
	Vanadium	V	1890°C	6100
	Antimon	Sb	630°C	6697
LEGIERUNGEN	Bronze	Cu + Sn	~900°C	8400–9200
	Messing	Cu + Zn	~940°C	7300–8400
	Zamak	Zn + Al	~400°C	6600–6700
	Gusseisen	Fe + C	~1100–1300°C	~7800
	Stahl	Fe + C	~1500°C	7800–9000

SCHMELZTEMPERATUR UND DICHTE DER WICHTIGSTEN METALLE UND METALLLEGIERUNGEN

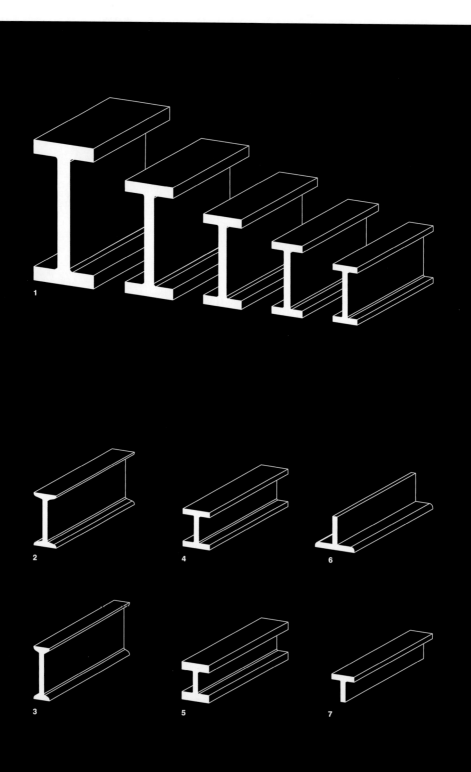

PROFILIERTE EISEN- UND STAHLERZEUGNISSE
1 I-Träger (IPE) **2/3** I-Träger (IPN) **4/5** H-Träger **6/7** T-Träger gleichschenklig, T-Träger ungleichschenklig

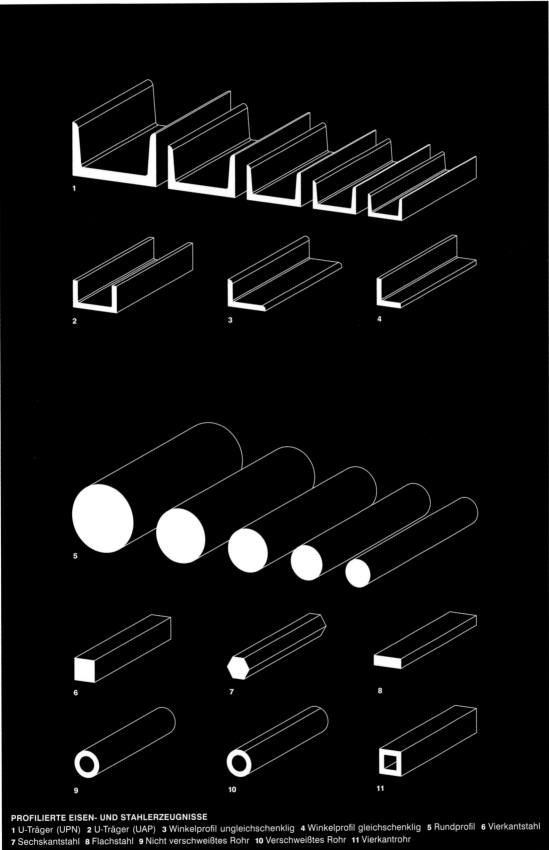

⊚ 5

PROFILIERTE EISEN- UND STAHLERZEUGNISSE
1 U-Träger (UPN) 2 U-Träger (UAP) 3 Winkelprofil ungleichschenklig 4 Winkelprofil gleichschenklig 5 Rundprofil 6 Vierkantstahl
7 Sechskantstahl 8 Flachstahl 9 Nicht verschweißtes Rohr 10 Verschweißtes Rohr 11 Vierkantrohr

Im Bereich der Fahrzeugentwicklung sind Metalle mit hoher Deformationsgeschwindigkeit, die bei Geschwindigkeiten von über 60 km/h die frontale Aufprallenergie absorbieren, sehr vielversprechend. Bei einem Zusammenstoß kommt es bei diesen Metallen zu Phasen- und Strukturveränderungen. So bietet der Einsatz von Metallschaum aus Aluminium erstaunliche Vorteile, da Schaum aufpralldämpfende Eigenschaften besitzt und im Vergleich zu Gefügen ohne Hohlräume wesentlich leichter ist.

Auch der Bereich der Supraleiter ist zukunftsweisend. Dabei handelt es sich um Werkstoffe, deren elektrischer Widerstand bei sehr niedrigen Temperaturen (4,23 K respektive −269°C bei Quecksilber; 1,19 K beziehungsweise -272°C bei Aluminium) sinkt oder vollständig ausbleibt. Durch die Herstellung von Legierungen kann die Temperatur heute zunehmend vom absoluten Nullpunkt abweichen und eine Kühlung mit flüssigem Helium oder ganz einfach mit flüssigem Stickstoff wird möglich. Ein Traum der Wissenschaftler, der heute durchaus in Reichweite erscheint, ist die Entwicklung von Raumtemperatur-Supraleitern, die den Strom ohne oder nur mit geringem Verlust weiterleiten. Besonders im Bereich der Energieübertragung ist die Entwicklung solcher Werkstoffe von großer Bedeutung. In der Elektronik sollen Supraleiter Silicium ersetzen, da die Leistungsgrenzen von Silicium heute erreicht sind. Im zunehmend wichtigen Bereich der magnetischen Levitation gibt es bereits Prototypen von Zügen, die sich dank dieses Prinzips fortbewegen.

Metallische Formgedächtnislegierungen (es gibt ebenfalls Formgedächtnispolymere) erstaunen uns immer wieder. Lange Zeit wurde ihre Fähigkeit, sich an eine oder mehrere Formen zu „erinnern" und sie unabhängig von der Verformung in bestimmten Temperaturbereichen wieder einzunehmen, lediglich für militärische Zwecke genutzt. Heute kommt diese Eigenschaft auch in der Mechanik, Medizin (kleine Gefäßprothesen, „Stents") oder bei Stoffen (Kleidung, die ungebügelt ihre Form wieder einnimmt) zum Einsatz. Diese Legierungen sind im Vergleich zum konventionellen Maschinenbau besonders zuverlässig.

Wie wir gesehen haben, bestehen Metalle aus Kristallgittern. Seit kurzem jedoch gibt es auch amorphe Metalle. Diese „Metallgläser" stellen eine völlige Neuheit dar und verblüffen durch mehr Elastizität, bessere Vergießbarkeit, höhere Beständigkeit und Härte sowie Korrosionsfestigkeit. Diese speziellen Legierungen stellen selbst Titan in den Schatten.

Im Bauwesen wird eine wachsende Zahl von Produkten aus hochfestem Stahl hergestellt, die zunehmend mit dem Beton in Konkurrenz treten. Dadurch können beispielsweise leichtere Konstruktionen entwickelt werden.

Das geringere Gewicht wirkt sich ebenfalls umweltfreundlich aus, da vom leistungsstärkeren Material weniger verbraucht und demnach auch weniger transportiert werden muss.

Einsatzbereite Halbfertigprodukte stehen ebenfalls hoch im Kurs.

Zu den großen Forschungsbereichen zählen weiterhin die Korrosionsfestigkeit (Bauwesen oder Automobilindustrie) sowie die Schallisolierung (schalldämmende Verbundbleche aus Stahl und Polymeren).

. . . .

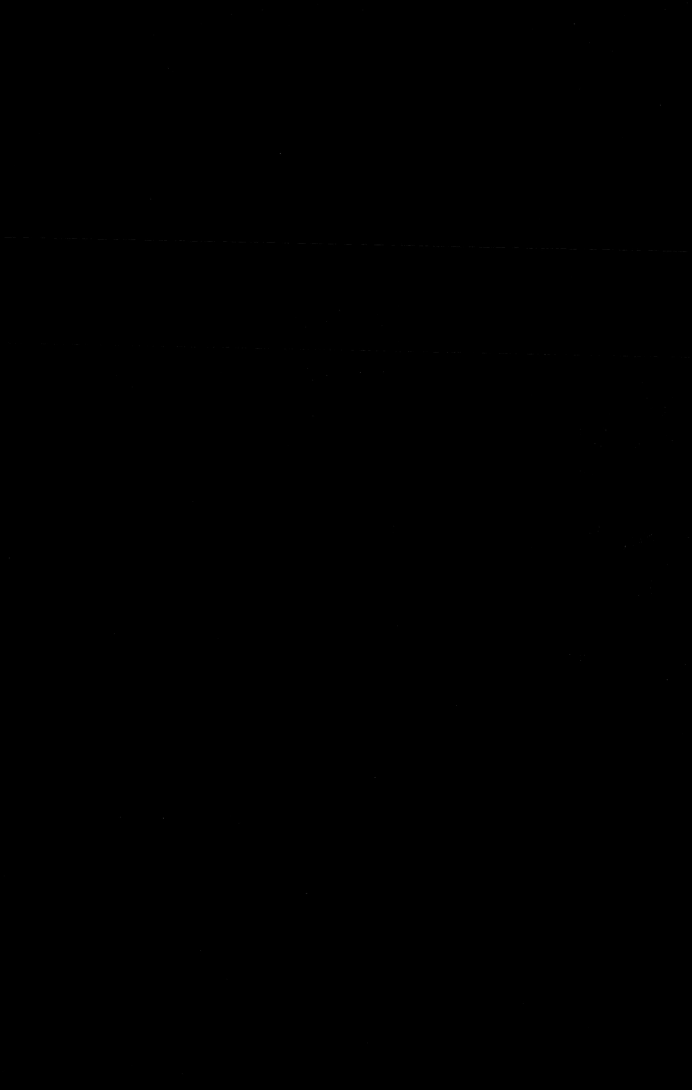

Glas, Keramik

....

GLAS ODER SILICIUMSTAUB

Avicenna sagte, Glas sei „unter den Steinen wie ein Wahnsinniger unter den Menschen". Ein Wahnsinniger, der jedoch im Laufe der Jahrhunderte gebändigt werden konnte. Glas ist ein äußerst paradoxer Werkstoff: Während ein Material im Allgemeinen klar sichtbar sein muss, um seine Qualitäten zu behaupten, treten diese bei Glas erst durch dessen „Verschwinden" zutage. Wie kann man sicher sein, ob es da ist oder nicht? Maler wie Magritte waren mit der Schwierigkeit seiner Darstellung konfrontiert und behalfen sich schließlich mit der Abbildung seines Rahmens. Als „verborgener" Stoff, der sich dem Blick entzieht und mit dem Licht verschmilzt, jedoch nicht aufhört zu existieren, liegt sein Geheimnis mit Sicherheit in der unglaublichen Tatsache, dass durchsichtiges Glas ungeordnete Siliciummoleküle enthält.

Der Ursprung dieser jahrhundertealten Faszination des Glases ist darauf zurückzuführen, dass Glas lange der einzige transparente Feststoff war. Dieser Eigenschaft hat es seine legendäre Kostbarkeit zu verdanken und seine Geschichte ist vom Streben nach Reinheit und völliger Transparenz geprägt. Glas hält uns zahlreiche Kostbarkeiten vor Augen und lockt uns zur Entdeckungstour auf der anderen Seite wie in Lewis Carrolls *Alice hinter den Spiegeln*. Auch Schaufenster gaukeln uns provokant die Aneignung von Gegenständen vor, ohne dass wir diese berühren. So entsteht nicht nur Verlangen, sondern auf diese Weise enthüllt auch das Glas seine Eigenschaften. Dieses faszinierende, unwahrscheinlich harte und gleichzeitig zerbrechliche Material wirkt anziehend und abwehrend zugleich und droht stets mit seiner möglichen, gefährlichen und unwiederbringlichen Zerstörung.

In der Architektur kommt Glas seit jeher eine hohe symbolische und manchmal technische Bedeutung zu. Vom Glasfenster bis hin zu ganzen Häusern aus Glas setzen Architekten diesen Werkstoff ein, um die subtilsten Abstraktionen und Metaphern zum Ausdruck zu bringen. Als Sinnbild der modernen Architektur spielt das Glas eine entscheidende Rolle bei der Abgrenzung des privaten und öffentlichen Raums. Heute ist es das bevorzugte Instrument architektonischer Inszenierung und Ausgestaltung.

Die transparente Vormachtstellung des Glases erlebt jedoch Anfang des 20. Jahrhunderts eine ernsthafte Krise. Seine Massenproduktion sowie die Markteinführung von Polymeren, die beunruhigende transparente Rivalen darstellen, führen zu einer Banalisierung und Popularisierung der Transparenz in allen Bereichen, in denen das Glas bis dahin dominierte: Haushaltsgegenstände, Verpackung, Architektur. Im Zuge dieser Krise sucht sich das Glas neue Bereiche und wird so zum Informationsträger. Auf diese Weise breitet es sich kontinuierlich aus, indem es sich optische, mechanische, elektrische und thermische Eigenschaften zu eigen macht und sich bei der Herstellung von Verbundglas, einem in Bezug auf Schutz und Sicherheit revolutionären Produkt, sogar mit seinem größten Gegner, den Polymeren, vereint. Zudem verfeinert es seine eigene Struktur und kann somit großflächig bearbeitet, tauchbeschichtet und eingefärbt sowie als leitfähiges Material eingesetzt werden und ist außerdem in der Lage, auf variable, regulier- und steuerbare Art und Weise zu leiten und zu reflektieren. Mithilfe der Glasfasern gelang es dem Glas, sich von der einfachen, flachen Fensterstruktur zu entfernen, im Textil- und Elektronikbereich Fuß zu fassen und sich die Eroberung aller räumlichen Dimensionen als Ziel zu setzen. Glas ist heute eindeutig in die Gruppe der „intelligenten" Werkstoffe zu ordnen. Die hervorragende Beherrschung der Glastechniken ermöglicht seinen vielfältigen Einsatz als funktionelles, sensationelles und emotionales Material, das uns das Gefühl vermittelt, die fantastische Reise von Alice selbst zu erleben.

....

MINERALIEN UND FEUERKUNST

Die Zusammenfassung der Materialgruppen „Glas" und „Keramik" kommt nicht von ungefähr, denn diese Werkstoffe gleichen sich aufgrund ihrer (mineralischen) Bestandteile, der ähnlichen Herstellungsweise (Brennverfahren) und ihrer Eigenschaften sehr.
Glas und Keramik werden aus Mineralien (Quarzsand bei Glas und Tonerde bei Keramik) gefertigt und müssen gebrannt werden. Durch die Hitzeeinwirkung durchlaufen sie eine irreversible physikalisch-chemische Umwandlung.

Die Legende besagt, dass phönizische Händler das Glas vor über 6000 Jahren zufällig entdeckten, als sie am Strand ein großes Feuer entzündeten und am nächsten Tag inmitten der erkalteten Feuerstelle auf einen Klumpen hartes, dichtes, glasähnliches Material stießen. Wahrscheinlicher ist jedoch, dass die Entdeckung des Glases mit den ersten Keramik- und Tonöfen erfolgte, da es schwierig ist, Ton bei hohen Temperaturen zu brennen, ohne dass sich dabei etwas Sand in Glas verwandelt. Das erste grobe Glas entstand somit vermutlich zeitgleich mit den ersten leistungsstarken Tonöfen um 5000 v. Chr. und war anschließend in Form von Schmelzglasuren zu Schutz oder Zierde eng mit der Keramik verbunden.

Glas und Keramik sind äußerst harte und hitzebeständige Werkstoffe, die im Allgemeinen hervorragende elektrische und thermische Isolierstoffe darstellen. Sie sind allerdings kaum elastisch und zerbrechen ohne vorherige plastische Verformung schnell.
Dennoch unterscheiden sich die beiden Werkstoffe in einem Punkt stark. Bei der Erhitzung durchläuft das Siliciumdioxid eine flüssige Phase, während Tonerde direkt in einen festen Zustand übergeht. Dieses kleine Detail verändert alles, denn durch seine Verflüssigung erlangt das Siliciumdioxid seine wichtigste Eigenschaft: eine ungeordnete Atomstruktur, durch die die Transparenz des harten Endprodukts Glas erst ermöglicht wird.

GLAS

Die Unsichtbarkeit von Glas mutet beinahe übernatürlich an. Vor der Erfindung der Kunststoffe waren nur Luft, Leere und vielleicht noch Wasser so transparent. Dank seiner optischen Eigenschaften gehört Glas zu den seltenen Werkstoffen, die es schaffen, die Natur zu täuschen (Fliegen und Vögel lassen sich von Glasscheiben in die Irre führen). Das Ideal der Unsichtbarkeit fasziniert den Menschen bereits seit Jahrtausenden und bietet eine unerschöpfliche Inspirationsquelle, von den Mythen und Legenden der griechischen Antike bis hin zu H. G. Wells Roman *Der Unsichtbare*.

Glas ist ein amorpher Festkörper, der durch Erstarrung einer unterkühlten Flüssigkeit gebildet wird:
· Wird ein Festkörper erhitzt, beginnt dieser, bei einer bestimmten, feststehenden Schmelztemperatur Ts zu schmelzen. Wird die Temperatur gesenkt, erstarrt die Flüssigkeit bei derselben Schmelztemperatur Ts wieder. Verbleibt der betreffende Werkstoff unterhalb des Schmelzpunktes Ts im flüssigen Zustand, spricht man von Unterkühlung. Bei Glas ist zu beobachten, dass das flüssige Siliciumdioxid unterhalb seines Schmelzpunktes zwar an Zähigkeit zunimmt, aber dennoch im flüssigen Zustand verbleibt.
· Bei den meisten Werkstoffen sind die Atome im Festzustand auf eine ganz bestimmte Art und Weise angeordnet und weisen wie zum Beispiel die meisten Metalle eine kristalline oder halbkristalline Struktur auf. Durch diese Anordnung wird der Werkstoff stabilisiert und erhält seine Dichte. Im geschmolzenen Zustand erstarrt das Glas nach und nach, behält jedoch seine ungeordnete Struktur bei (Glaszustand). In diesem Fall wird von einem nicht kristallinen oder amorphen Material gesprochen. Der Glaszustand ist eine Zwischenstufe, die sich zu den bekannten Zuständen „flüssig, fest und gasförmig" hinzugesellt. Glas besteht größtenteils aus Siliciumdioxid, Natriumcarbonat und Kalk; glasartige Materialien können jedoch auch aus anderen Bestandteilen hergestellt werden. So existiert heute beispielsweise Metallglas, das heißt Metalle, die in festem Zustand eine völlig ungeordnete Atomstruktur aufweisen (siehe Materialkarte Liquidmetall® S.173). Ein Beispiel aus dem Alltag ist Karamell, der nichts anderes ist als glasartig gewordene Saccharose, sprich erstarrter Flüssigzucker.

Glas ist der paradoxe Werkstoff schlechthin: ein Feststoff mit der Struktur einer Flüssigkeit, ein zerbrechliches, starres Material bei Zimmertemperatur, das jedoch unter Wärmeeinwirkung äußerst verformbar wird. Man könnte fast meinen, es mache ihm Spaß, uns an der Nase herumzuführen. So wird amorphes Glas beispielsweise aus Quarz hergestellt, der selbst eine eindeutig kristalline Struktur aufweist!

ZUSAMMENSETZUNG VON GLAS

Bei Glas gibt es zahlreiche qualitative Unterschiede, je nach Zusammensetzung und Ausgewogenheit seiner Grundbestandteile, die entsprechend seines Verwendungszwecks und der gewünschten Eigenschaften variieren. Die ungeordnete Atomstruktur des Glases erleichtert zudem die Integration von Fremdmaterial, solange dieses den strengen, festen Aufbau des Kristalls nicht verändert.

Gewisse Grundbestandteile sind jedoch unerlässlich:

· **Glasbildner:** wichtigster Grundbestandteil, im Allgemeinen Siliciumdioxid in Form von Sand.

· **Schmelzmittel:** Natriumcarbonat, Natrium oder, allgemeiner, Alkalioxide, mit deren Hilfe die Schmelztemperatur gesenkt wird. Reines Siliciumdioxid hat einen Schmelzpunkt von etwa 1 800°C. Wird Siliciumdioxid mit diesen Oxiden vermischt, wird die Schmelztemperatur auf bis zu 1 400°C herabgesetzt.

· **Stabilisatoren:** Die Beimischung von Kalk macht das Glas stabiler, neutraler und insbesondere wasserunlöslich.

· **Zusatzstoffe:** Der Grundmischung aus Siliciumdioxid, Natriumcarbonat und Kalk wird eine lange Liste weiterer Bestandteile beigefügt, um die optischen oder physikalischen Eigenschaften des Glasmaterials zu verbessern (Brechungsindex, Lichtdurchlässigkeit, Farbe beziehungsweise Formbarkeit, Hitzebeständigkeit etc.).

Unter den verschiedenen Glasarten stechen drei Beispiele besonders hervor:

· **Kristallglas:** Die Beimischung von Blei in großen Mengen hat die Veränderung zahlreicher Eigenschaften des Glases zur Folge: Die Arbeitstemperatur kann gesenkt und gleichzeitig der Temperaturspielraum erweitert, die Glashärte nach dem Auskühlen erhöht, der Schliff sowie das Polieren im Kaltverfahren vereinfacht, durch die Erhöhung des Brechungsindexes der Glanz des Glases erhöht werden. In diesem letzten Punkt liegt der Reichtum der venezianischen Glasmacher und ihrer englischen, französischen und böhmischen Kollegen begründet.

Der Begriff „Kristallglas" ist allerdings irreführend, da es sich um ein amorphes Material handelt und somit nicht um Kristall im physikalischen Sinne.

Wird der Bleianteil am Glas stark erhöht (über 50 %), erhält man Strass, ein Glas mit sehr hohem Brechungsindex. Der Begriff „Strass" geht auf einen Straßburger Juwelier aus dem 18. Jahrhundert zurück, verwendet wird dieser Werkstoff für die Fertigung von Modeschmuck.

· **Borosilikatglas (Pyrex®):** Die Beimischung von Bortrioxid führt zu einer starken Herabsetzung des Dehnungskoeffizienten, was die Hitzeempfindlichkeit des Glases stark verringert. Pyrex-Glas ist somit in der Lage, innerhalb kürzester Zeit starke Temperaturschwankungen auszuhalten und hohen Temperaturen ohne Verformung zu widerstehen. Pyrex-Glas wird bei der Herstellung von Kochgeschirr, Laborgläsern, Industriegeräten, Teleskopspiegeln und Neonröhren für Leuchtreklame eingesetzt.

· **Glaskeramik:** Durch die Beimischung von Oxiden, die die Kristallisation fördern, sowie die genaue Kontrolle der Erstarrungstemperatur entsteht „entglastes" oder vielmehr kristallisiertes Glas. Glaskeramik zeichnet sich durch eine dimensionale Stabilität, eine außergewöhnliche Hitzebeständigkeit und einen im Vergleich zu normalem Gebrauchsglas wesentlich höheren mechanischen Widerstand (Beständigkeit und Festigkeit) aus. Glaskeramik verliert seine Transparenz und ist somit entweder durchscheinend oder lichtundurchlässig.

EIGENSCHAFTEN VON GLAS

Glas hat eine ungeordnete Struktur und verdankt seine wichtigsten Eigenschaften diesem spezifischen amorphen Zustand.

Transparenz

Da die Lichtwellen an diesem Feststoff nicht gebeugt werden, ist Glas entsprechend seiner Zusammensetzung, seiner Reinheit und der bei der Herstellung verwendeten Sorgfalt mehr oder weniger transparent. Diese Transparenz ist nicht im gesamten Lichtspektrum zu beobachten. Die Lichtabsorption ist im Ultraviolett- und Infrarotbereich sehr hoch: das Glas wird undurchlässig. Eine Glasscheibe bietet nur einen teilweisen UV-Schutz. Auch der Treibhauseffekt kann auf diese Weise erklärt werden, da in einem Treibhaus die Infrarotstrahlung eingefangen wird. Im sichtbaren Bereich ist Glas jedoch völlig transparent.

Stabilität

Glas ist isotrop, das heißt es behält in allen Raumrichtungen die gleichen Eigenschaften bei. Bei normaler Verwendungstemperatur verfügt Glas über eine hervorragende dimensionale Stabilität und verändert sich bei Temperaturschwankungen nur geringfügig.

Instabilität

Trotz seiner scheinbaren Beständigkeit ist Glas jedoch ein äußerst instabiles Material, das sich einerseits langsam, aber unaufhörlich kristallisiert und sich eventuell trübt und pulverisiert, andererseits jedoch weiterhin flüssig bleibt und somit zerfließt oder sich absenkt.

Isolation

Durch seine spezifische Wärmekapazität und Wärmeausdehnung ist Glas wärmedämmend. Bei niedrigen Temperaturen wirkt es zudem elektrisch isolierend, wird jedoch bei entsprechender Erhitzung leitfähig. Des Weiteren ist Glas ein hervorragender Nichtleiter, der auch starken elektrischen Feldern ausgezeichnet widersteht.

Trägheit

Glas ist ein chemisch relativ träger, säure- und basenbeständiger Werkstoff, der keine Empfindlichkeit gegenüber UV-Strahlen, Oxidation oder Umwelteinflüssen aufweist.

Dichte

Die Dichte von Glas beträgt 2,5 und entspricht somit praktisch derjenigen von herkömmlichem Beton. Eine flache Glasscheibe hat somit eine Masse von 2,5 Kilogramm pro Quadratmeter und Millimeter Dicke. Bei hohem Bleianteil kann seine Dichte bis über 6 betragen.

Dualität

Dieses extrem zähflüssige Material ist zwar bei Raumtemperatur hart und zerbrechlich, verändert jedoch bei der Erwärmung seine Viskosität und wird somit formbar.

Recycling

Glas ist mit Sicherheit der erste Werkstoff, für den ein Recyclingsystem entwickelt wurde, sei es die direkte Wiederverwertung über ein Pfandsystem (aufgrund seiner Trägheit und Härte kann Glas nach der Reinigung direkt wiederverwertet werden) oder nach Trennung und Zerkleinerung als Glasbruch über Rückführung in die Produktion. Zwar gestaltet sich das Recycling von einigen technisch anspruchsvollen Glasorten schwierig, dafür ist jedoch normales Gebrauchsglas endlos wieder verwertbar, ohne seine Qualitäten einzubüßen.

BEHANDLUNG VON GLAS

Tempern

Nach der Formgebung durch Ziehen, Gießen, Pressen, das Floatverfahren, Blasen etc. entstehen im Glasinneren aufgrund der verschiedenen Wärmegradienten starke Spannungen. Werden diese nicht ausgeglichen, kann es zur Explosion des Glasstückes führen. Ziel des Temperns ist es, durch erneutes Erwärmen des Glases und anschließendes langsames, kontrolliertes und gleichmäßiges Abkühlen auf Raumtemperatur die Spannungen auf ein akzeptables Niveau zu bringen, wodurch das Glas anschließend normal zugeschnitten werden kann.

Thermische Vorspannung

Bei diesem Verfahren wird kontrolliert auf die innere Spannung des Glases eingewirkt, indem dieses auf seine Erweichungstemperatur erwärmt und anschließend von der Oberfläche her rasch durch Anblasen mit Luft abgekühlt wird (das Glas kühlt innerhalb weniger Sekunden von 600°C auf 300°C ab). Durch den Temperaturunterschied zwischen der Oberfläche und dem noch nicht abgekühlten Kern entstehen Eigenspannungen im Glas, dessen Oberfläche unter Druckspannung steht. Die Beständigkeit von Glas unter Verdichtung ist wesentlich höher als unter Ausdehnung; durch die Vorspannung werden somit die mechanischen Eigenschaften des Glases erhöht. Vorgespanntes Glas kann nicht mehr zugeschnitten werden und löst sich im Bruchfall in kleine, stumpfkantige Splitter auf.

Chemische Vorspannung

Bei der chemischen Vorspannung werden durch die Veränderung der Glasoberfläche Oberflächendruckspannungen erzeugt. Das Glasstück wird in eine Lösung aus geschmolzenem Kaliumsalz getaucht, die auf 400°C erhitzt wird. Dabei findet ein Ionenaustausch zwischen der Salzlösung und dem Glas statt, eine Vorspannung wird erzielt. Im Vergleich zur thermischen Vorspannung besitzt dieses Verfahren den Vorteil, sowohl bei schmalen Glasteilen als auch bei komplizierten Glasformen angewandt werden zu können und eine fünffache Verbesserung der mechanischen Eigenschaften zu erzielen.

HERSTELLUNG VON GLAS

Glas existiert in natürlichem Zustand. Im Erdinneren entsteht Glas in Form von magmatischem Gestein (Obsidian, Tektit). Ein Blitz kann Glas „produzieren", wenn er in Sand einschlägt und diesen stark erhitzt (Fulgurit). Die erste Glasherstellung erfolgte nicht durch den Menschen, sondern durch einen kleinen, in den Tiefen des Meeres lebenden Einzeller (Kieselalge). Diese Pflanze ist in der Lage, mithilfe eines weitgehend unerforschten, sanften chemischen Verfahrens eine kompliziert geformte Glasschale zu produzieren, indem sie Glas aus im Wasser vorhandenen Silikaten synthetisiert (ein Verfahren ohne Fusion, das als „Sol-Gel"-Synthese" bezeichnet wird). Als Bestandteil von Plankton ist die Masse dieses Glases beachtlich und übersteigt bei Weitem die menschliche Produktion.

Die Fertigungs- und Bearbeitungsverfahren von Glas haben sich stark weiterentwickelt: von rudimentären Guss- und Pressverfahren für unreines Glasmaterial zur Herstellung kleiner, massiver Objekte (Perlen, Kugeln, Glasur) bis hin zum kunstvollen Murano- und böhmischen oder Kristallglas, das die vollendete Beherrschung der Alchimie und ein einzigartiges Know-how voraussetzt. Einer der wichtigsten Fortschritte im Bereich dieses Werkstoffs stammt aus der Mitte des 20. Jahrhunderts, als das englische Unternehmen Pilkington das Herstellungsverfahren für „Float Glass" entwickelte. Diese Fertigungsmethode für Flachglas ermöglicht eine industrielle Produktion im großen Stil, wodurch der Kilopreis von Glas sogar unter den von Kartoffeln sank! Heute wird Flachglas überwiegend mithilfe des Floatverfahrens hergestellt. Weitere Fertigungsverfahren sind Guss und Blasen für Hohlglas sowie Schmelzspinnen für Glasfäden, Glasfaser und Glaswolle. Nach wie vor existiert ein handwerklicher oder halbindustrieller Fertigungszweig für gezogenes und geblasenes Glas, aber auch für mit der Glasmacherpfeife und im Sandguss- oder Fusingverfahren (Zusammensetzung geschmolzener Glasstücke) hergestelltes Glas, für Glaspaste und Schmelzglasuren.

Ziehglas

Das Ziehverfahren wurde Anfang des 20. Jahrhunderts entwickelt und war das erste industrielle Herstellungsverfahren von Flachglas. Bei dieser Methode wird das

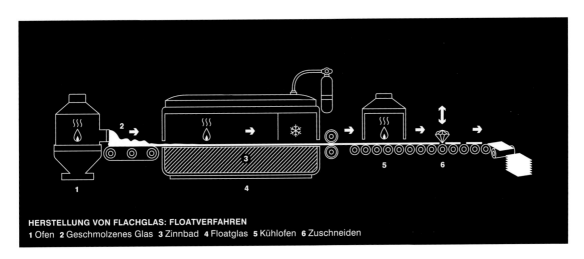

HERSTELLUNG VON FLACHGLAS: FLOATVERFAHREN
1 Ofen 2 Geschmolzenes Glas 3 Zinnbad 4 Floatglas 5 Kühlofen 6 Zuschneiden

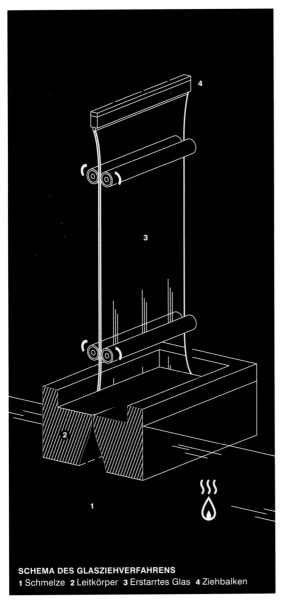

SCHEMA DES GLASZIEHVERFAHRENS
1 Schmelze 2 Leitkörper 3 Erstarrtes Glas 4 Ziehbalken

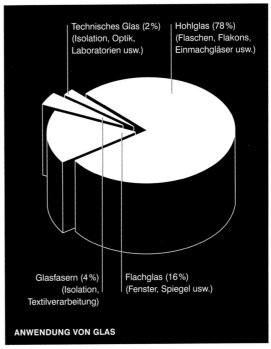

Technisches Glas (2%)
(Isolation, Optik,
Laboratorien usw.)

Hohlglas (78%)
(Flaschen, Flakons,
Einmachgläser usw.)

Glasfasern (4%)
(Isolation,
Textilverarbeitung)

Flachglas (16%)
(Fenster, Spiegel usw.)

ANWENDUNG VON GLAS

◎[2] Glasband kontinuierlich vertikal durch eine Ziehdüse aus der Schmelze gezogen.

Floatglas

◎[1] Beim von Alastair Pilkington im Jahr 1952 entwickelten „Floatverfahren" wird die Rohstoffmischung fortlaufend in den Schmelzofen eingeführt. Das geschmolzene Glas fließt bei einer Temperatur von etwa 1 000°C aus dem Ofen in ein Zinnbad, auf dessen Oberfläche es sich zu einem Band ausbreitet. Durch die extrem glatte Oberfläche des Zinns bildet das Glas eine völlig glatte Ebene. Die natürliche Stärke des Glasbandes beträgt 6 mm, es ist jedoch leicht möglich, durch Beschleunigen oder Verlangsamen der Ziehgeschwindigkeit eine größere oder geringere Dicke zu erhalten. Anschließend wird das Glasband langsam abgekühlt, bis es vollständig erstarrt ist, in Platten mit den Maßen 6 000 x 3 210 mm zugeschnitten und verpackt. Diese von der Idee her zwar einfache, jedoch praktisch schwer umsetzbare Technik hat im Vergleich zu älteren Fertigungsmethoden zahlreiche Vorteile:
· Die Herstellung erfolgt kontinuierlich und ermöglicht somit große Volumina und eine Massenproduktion.
· Das auf diese Weise gefertigte Glas ist völlig flach und weist eine glatte, glänzende Oberfläche auf, die nicht poliert werden muss.
· Das Glas weist eine gleichmäßige Stärke auf und ist völlig einheitlich.
· Fehler wie Blasen, Schlieren und Streifen werden vermieden. Das Flachglas ist vollkommen transparent ohne optische Fehler oder Verformungen.

Das Floatverfahren war von Anfang an so leistungsfähig, dass es rasch alle anderen Herstellungsverfahren für Flachglas verdrängte und diesen Werkstoff zur Massenware machte. Das auf diese Weise gefertigte Glas ist jedoch so perfekt, dass es für manche Einsatzbereiche ungeeignet ist. So kann es beispielsweise nicht für die Restaurierung alter Gebäude verwendet werden. Des Weiteren ermöglicht dieses auf die Massenproduktion ausgelegte Verfahren keine Herstellung nicht standardisierter Produkte wie Buntglas, Effektglas, besondere Glasstärken. Deshalb existiert nach wie vor eine halbindustrielle Produktion von Flachglas mit weniger wirtschaftlichen, jedoch flexibleren Herstellungsverfahren wie dem Ziehverfahren.

GLAS UND INNOVATION

Dank der verfeinerten Glasmischungen können dem Glas durch heterogene Zusätze wie Verbundfolien und Beschichtungen immer mehr Eigenschaften und Funktionen verliehen werden. Heute gibt es:
· **Thermochromes und fotochromes Glas:** Unter Temperatur- oder UV-Einwirkung verändert das Glas seine Farbe.

· **Elektrochromes Glas:** Farbveränderung unter Einwirkung eines elektrischen Feldes (steuerbar und anpassbar).
· **Heizglas:** neue Generation von Heizscheiben, die im Gebäudebau und bei Haushaltsgeräten eingesetzt werden. Dabei kommt die elektrisch leitende Beschichtung einiger Glassorten (bestimmte Glassorten mit einer mittels Pyrolyse aufgetragenen Beschichtung mit geringem Emissionsvermögen) zur Verwendung.
· **Selbstreinigendes Glas:** Glas mit einer Titandioxid-Beschichtung. Mittels Photokatalyse wirkt das Titanoxid als Katalysator und zersetzt unter UV-Einwirkung organische Bestandteile wie fettige Verschmutzungen.
· **Flüssigkristallglas:** Verbundglas aus zwei Glasscheiben und zwei Zwischenfolien, zwischen denen sich ein LC-Film (liquid crystal), ein Film mit Flüssigkristallen, befindet. Im Ruhezustand haben die Flüssigkristalle keine bestimmte Ausrichtung und das Glas ist durchscheinend. Unter Einwirkung einer elektrischen Spannung reihen sich die Kristalle aneinander und das Glas wird transparent.

Die jüngste Forschung befasst sich vorwiegend mit den wärmedämmenden Eigenschaften von Glas, was zur Entwicklung von Isolierfenstern führen wird, die über eine höhere Isolierfähigkeit als lichtundurchlässige Trennwände verfügen. Aerogelglas, das zu 95 % aus Luft und zu 5 % aus Glas besteht, zeichnet sich durch herausragende Isoliereigenschaften aus. Aerogel wird auch als „fester Rauch" bezeichnet und soll der Legende nach kein Gewicht besitzen.
Ebenfalls vielversprechend sind neue Herstellungsverfahren ohne Schmelzverfahren (Sol-Gel-Verfahren), die leistungsstarke, äußerst dünne Beschichtungen ermöglichen. Dadurch kann hybrides Glas hergestellt werden, das aus mineralischen und organischen Stoffen (die unter anderem wenig hitzebeständig sind) besteht.
Ferner wird an der Entwicklung von Lichtglas und ultraleichten Glasarten gearbeitet.
Schließlich wird Glas heute auch bei der Aufbereitung von radioaktiven und giftigen Abfällen eingesetzt (zum Beispiel Abwasser- oder Hausmüllrückstände, die Schwermetalle enthalten). Diese werden in Borosilikatglas verglast.

····································

····································

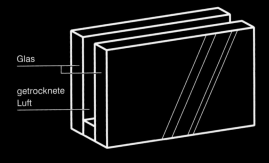

Glas

getrocknete
Luft

Isolierglas

Glas

Drahtnetz-
einlage

Drahtglas

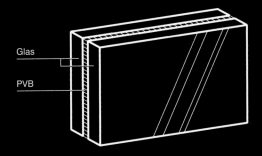

Glas

PVB

Verbundglas mit PVB

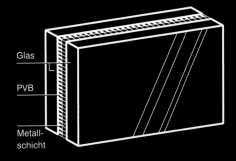

Glas

PVB

Metall-
schicht

Verbundglas mit Metallschicht

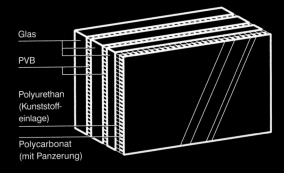

Glas

PVB

Polyurethan
(Kunststoff-
einlage)

Polycarbonat
(mit Panzerung)

Verbundglas mit Kunststoffeinlage

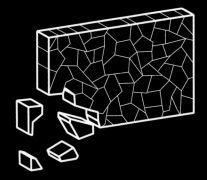

Typisches Bruchverhalten von
vorgespanntem Glas

VERBUNDGLAS

ZUSAMMENSETZUNG VON KERAMIK

Traditionelle Keramiken werden in einem Brennprozess aus Ton, Quarz (Siliciumdioxid) und Feldspat gesintert. Sie sind porös und weisen glasartige (amorphe) sowie kristalline Phasen auf.

Ton besteht hauptsächlich aus Kaolin mit einem mehr oder weniger hohen Metalloxidanteil – dabei handelt es sich um Verunreinigungen, die sich auf die Farbe des Endprodukts auswirken.

Feldspat wird als Flussmittel eingesetzt, das die Kaolin- und Siliciumdioxidpartikel verkittet und dadurch die Porosität reduziert. Die Feldspate sind für die amorphen Phasen der Keramiken verantwortlich.

Beim Sintern von traditionellen Keramiken – ein Vorgang, der nicht reversibel ist – verdunstet das in der Ausgangsmischung enthaltene Wasser.

Durch Variieren der Grundmischung und Beimischen weiterer Bestandteile wie Glimmer, Talk, Schamotte (zerkleinerte Feuertonscherben), Kalk und Magnesia können Leistung und Aussehen der Keramiken bestimmt werden.

◎ 3

„Technische Keramiken", die sich immer größerer Beliebtheit erfreuen, sind synthetische Werkstoffe, die je nach gewünschten Eigenschaften hauptsächlich aus Oxiden, Karbiden, Nitriden, Boriden, Sulfiden, Titanaten, Zirkonium und ähnlichen bestehen.

EIGENSCHAFTEN VON KERAMIK

Keramik zeichnet sich durch folgende Eigenschaften aus:
· **Keine oder wenig freie Elektronen:** Keramiken sind somit schlechte Elektrizitäts- und Wärmeleiter und werden als Nichtleiter sowie bei der Wärmeisolierung eingesetzt. Allerdings gibt es auch einige Ausnahmen: manche Keramiken sind Halbleiter, andere besitzen piezoelektrische Eigenschaften.
· **Besonders stabile und starke Ionenverbindungen und kovalente Bindungen:** Die Schmelztemperatur von Keramiken ist somit sehr hoch; diese können beispielsweise als feuerfeste Werkstoffe in Öfen eingesetzt werden. Zudem garantiert die chemische Stabilität der Bindungen eine gewisse Widerstandsfähigkeit gegen Umwelteinflüsse. Keramiken besitzen eine hohe chemische Trägheit und werden nur geringfügig durch Korrosion und Oxidation beeinträchtigt. Starke Bindungen bedeuten zugleich eine hohe Steifigkeit; da es jedoch in den Ionenkristallen zu Verschiebungen kommt und die kovalenten Bindungen nicht sehr beweglich sind, handelt es sich bei Keramiken um bruchempfindliche Werkstoffe, die – außer nahe ihres Schmelzpunktes – ohne plastische Verformung zerspringen.

KERAMIK, TÖPFERWARE, FAYENCE, STEINZEUG ODER PORZELLAN?

Keramik und Töpferware

Das Wort „Keramik" stammt aus dem Griechischen (keramos) und bezeichnete Tierhorn, das erste Material, das für die Herstellung von Trinkbechern verwendet wurde. Auch das Athener Viertel, in dem die Ziegeleien angesiedelt waren, trug den Namen „Keramik".

Der Begriff „Töpferware" stammt aus dem Lateinischen (potum) und bezeichnete die Verwendung von Trinkbechern.

Heutzutage werden alle Tonerzeugnisse von Dachziegeln über handgetöpferte Teller und WC-Becken bis hin zu Zündkerzen als „Keramik" bezeichnet. Von „Töpferware" spricht man bei auf einer Töpferscheibe von einem Töpfer von Hand hergestellten Gegenständen.

◎ 4

Terrakotta

Bei Terrakotta handelt es sich um unglasierte, durchlässige und manchmal feuerfeste Keramik. Terrakotta wird beispielsweise bei der Herstellung von Dach- und Backsteinziegeln eingesetzt.

Fayence

Fayence wird aus rotem, äußerst eisenhaltigem Ton hergestellt, der bei relativ niedrigen Temperaturen von unter 1 100°C gebrannt wird und die am häufigsten vorkommende Tonsorte darstellt. Sie wird jedoch auch aus cremefarbenem und schwarzem Ton gefertigt. Die Fayence ist mit Sicherheit die gängigste und älteste Keramiktechnik, mit der häufig Fliesen hergestellt werden. Fayence-Objekte sind porös und werden glasiert.

Porzellan

Porzellan besteht aus bei hohen Temperaturen über 1 250°C gebranntem weißem Ton. Werden die Objekte sehr fein gearbeitet, können sie lichtdurchlässig sein. Porzellan ist eine wasserundurchlässige Keramik, aus der häufig Geschirr und Kunstgegenstände gefertigt werden.

Steinzeug

Steinzeug besteht aus grauer oder brauner Erde, die nach dem Sintern häufig kleine schwarze oder dunkelbraune Punkte aufweist, bei denen es sich um Eisenaggregate (Pyrit) oder Aggregate anderer Metalle handelt. Die Brenntemperatur liegt zwischen 1 200°C und 1 400°C. Steinzeug ist licht- und wasserundurchlässig.

Aus Steinzeug werden Fliesen, aus porzellanähnlichem Steinzeug sanitäre Einrichtungen hergestellt.

Fayence, Porzellan und Steinzeug werden aufgrund der unterschiedlichen Brenntemperatur nicht auf die gleiche Weise glasiert. Dennoch ist es nicht leicht, diese verschiedenen Werkstoffe voneinander zu unterscheiden.

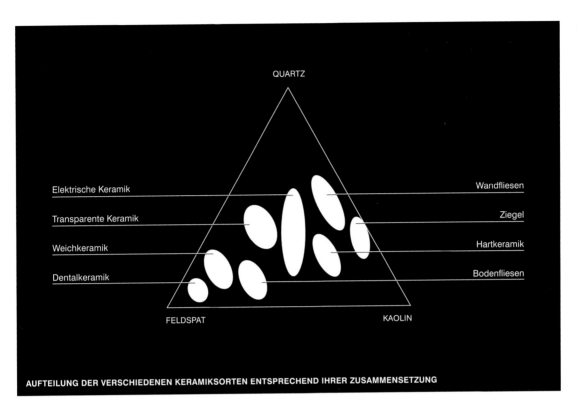

QUARTZ

Elektrische Keramik

Transparente Keramik

Weichkeramik

Dentalkeramik

Wandfliesen

Ziegel

Hartkeramik

Bodenfliesen

FELDSPAT   KAOLIN

AUFTEILUNG DER VERSCHIEDENEN KERAMIKSORTEN ENTSPRECHEND IHRER ZUSAMMENSETZUNG

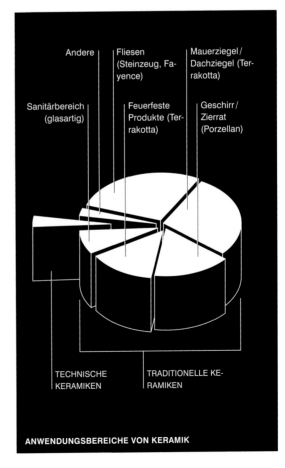

Andere

Sanitärbereich
(glasartig)

Fliesen
(Steinzeug, Fa-
yence)

Feuerfeste
Produkte (Ter-
rakotta)

Mauerziegel /
Dachziegel (Ter-
rakotta)

Geschirr /
Zierrat
(Porzellan)

TECHNISCHE
KERAMIKEN

TRADITIONELLE KE-
RAMIKEN

ANWENDUNGSBEREICHE VON KERAMIK

TONSCHLÄMME, KERAMIKMASSE UND KERAMIKPULVER

Für die Fertigung traditioneller Keramikobjekte wird Tonschlämme, Keramikmasse oder ein Gemisch aus Pulver und Thermoplasten hergestellt.

· **Tonschlämme:** Hierbei handelt es sich um flüssigen Schlicker. Die mineralischen Rohstoffe werden zermahlen und vermischt und bilden durch die Zugabe von Wasser oder einem anderen Bindemittel einen Schlicker, der gegossen oder verspritzt werden kann. Die Viskosität und Thixotropie der Tonschlämme (Veränderung der Viskosität je nach Fließgeschwindigkeit) bestimmen ihr Verhalten und den Verarbeitungserfolg.

· **Keramikmasse:** Diese wird aus einer fest gewordenen Flüssigmasse gewonnen. Das in der Tonschlämme enthaltene Wasser wird über einen Druckfilter herausgepresst, der Rohlinge aus fester Masse übrig lässt.
Diese Rohlinge werden anschließend in einem Extruder zu Strängen verarbeitet. Die so „konditionierte" Masse wird per Extrusionsverfahren (zum Beispiel für die Herstellung von Lochziegeln), per Pressverfahren (Dachziegel, Geschirr) oder per Kalibrierung (mithilfe einer Drehscheibe, auf der die Formgebung mittels einer Schablone erfolgt – eine klassische Töpfertechnik) weiterverarbeitet.

· **Pulver:** Bei dieser Methode wird bereits gebranntes Keramikpulver mit einem Thermoplast vermischt, im Spritzgussverfahren verarbeitet und zweimal gebrannt. Beim ersten Brand wird das thermoplastische Bindemittel eliminiert, der zweite Brand stellt die Kornbindung sicher. Dieses relativ neue, vielversprechende Verfahren wird als Versinterung bezeichnet und bei der Herstellung zahlreicher technischer Keramiken angewendet.

BRENNEN VON KERAMIK

Nachdem die Werkstücke gegossen, gespritzt, gepresst, extrudiert oder kalibriert wurden, werden sie an der Luft oder in einer Trockenkammer getrocknet und anschließend gebrannt. Das Brennen oder Sintern erfolgt in einem oder zwei Arbeitsschritten.
Beim ersten Sintern von Fayence (bei einer Temperatur zwischen 1000 und 1050°C) erhält man beispielsweise einen Rohling, der als „Biskuit" bezeichnet und anschließend glasiert wird. Beim zweiten Brand (zwischen 940 und 980°C) wird die Glasur versiegelt und das Werkstück fertig gestellt.

TECHNISCHE KERAMIKEN

Wird bei der Auswahl der Werkstoffe, ihrer Zusammensetzung und der Brenntemperatur die notwendige Sorgfalt angewandt, können Keramiken mit hervorragender Leistungsfähigkeit hergestellt werden. In der Gruppe der technischen Keramiken unterscheidet man zum Beispiel zwischen dem äußerst verschleißfesten und relativ preisgünstigen Aluminiumoxid, dem reibungs- und verschleißbeständigen Zirkoniumoxid mit hervorragenden Wärmeisolationseigenschaften sowie Siliciumkarbid und Siliciumnitrid mit ausgezeichneten mechanischen und thermischen Eigenschaften.

Diese technischen Keramiken können in Bereichen eingesetzt werden, bei denen nicht einmal Metalle und Polymere zufriedenstellende Ergebnisse liefern. Sie sind feuer-, korrosions-, verschleiß- und druckbeständige Isolatoren oder Halbleiter von geringer Dichte mit einem hohen Schmelzpunkt (teilweise über 2000°C), die in zahlreichen Hightechbereichen zum Einsatz kommen: Mechanik, Elektrotechnik, Chirurgie, Optik, Atomindustrie, Filtration, Abrasion und Schneidwerkzeuge, Elektroindustrie, Zementöfen, Verbundstoffe mit Keramikbasis, Glas- und Stahlindustrie.

KERAMIK UND INNOVATION

Keramik steht heute im Mittelpunkt der Aufmerksamkeit! Dieses komplexe Fachgebiet mit seinen Werkstoffen, die sich auf den ersten Blick so sehr ähneln, dass sie nur schwer zu unterscheiden sind, ist nur für Experten wirklich durchschaubar. Die Industrie begeistert sich für die stets verbesserten Eigenschaften der technischen Keramiken, wobei hier unter folgenden Keramikarten unterschieden wird:

· **Piezoelektrische Keramiken:** Durch ihre mechanische Verformung entsteht ein elektrisches Feld und umgekehrt. Diese Keramiken kommen überwiegend in Mikrofonen, Uhrenbatterien und Ultraschallsendern zum Einsatz.

· **Formgedächtniskeramiken:** Diese Keramiken weisen nur geringe Formveränderungen, aber dafür hohe Leistungen auf.

· **Biokeramiken:** In der Medizin werden Biokeramiken beim Knochenaufbau eingesetzt. Das sich neu bildende Knochengewebe „siedelt" sich auf diesen makroporösen, biokompatiblen Keramiken an, die sich auflösen, sobald der Knochen wieder stark genug ist.

....

Kunststoffe

....

KUNSTSTOFF – EIN STETS NEUER WERKSTOFF

In den 1950er Jahren erfährt die Welt der Werkstoffe durch den massiven Einzug der Kunststoffe einen regelrechten Umbruch, wodurch diese sofort einen eigenen Stellenwert erhalten. In Anlehnung an eine Plastizität, die dieses Material zumindest auf den ersten Blick nicht besitzt, wird Kunststoff häufig auch als „Plastik" bezeichnet. Chemiker und Künstler ziehen jedoch den Begriff „Polymer" vor. Während an Holz und Metall auf empirische oder technische Art und Weise herangegangen wird, entstammen die Polymere der Chemie und insbesondere der Kohlenstoffchemie. Hier übt der Mensch einen direkten Einfluss auf die Struktur des Werkstoffes aus, was eine andere Beziehung zur Natur und zur Schöpfung voraussetzt. In der Vergangenheit verbrannten sich die Alchimisten nicht nur die Finger bei dem Versuch, Materie herzustellen. Diese „Manipulationen", über die zahlreiche Eigenschaften hervorgebracht wurden, verstärken zudem den allgemein verbreiteten Eindruck, bei Kunststoff handle es sich um etwas durch und durch Künstliches. Desgleichen trug die Tatsache, dass diese polymorphen Materialien direkt industriell hergestellt und nicht zuerst lange Zeit handwerklich bearbeitet wurden, in hohem Maße zu ihrer Marginalisierung bei. Kunststoffe verfügen nicht über die alten Traditionen, die dazu führten, dass Holz und Metall als „natürliche" Materialien angesehen wurden und langsam Teil der Volksmythen wurden. Sie halten vielmehr zwischen dem Ersten und Zweiten Weltkrieg als praktisches „Ersatzmaterial" einen raschen Einzug, was ihr Image als zweitklassiges Material noch verstärkt. Kunststoff wird jedoch auch zur Nachahmung verwendet. Das äußerst verwandlungsfähige Material imitiert alle anderen Werkstoffe vom Holz über Fell bis hin zum Stein. Schließlich kommen Kunststoffe auch als wichtige, aber diskrete „Verbindungen" zwischen zwei Werkstoffen zum Einsatz: als Dichtungs- oder Füllmaterial für Dehnfugen, als Klebstoffe oder als Verpackungen in allen Variationen. Sogar Wände werden mit Kunststofffarbe bemalt.

Dieser Opportunismus trägt mit Sicherheit nicht dazu bei, ihren Status eines noblen Materials hervorzuheben. Somit leidet der Kunststoff an einem echten Identitätsproblem. Dabei wäre dieser Werkstoff durchaus geeignet, das Sinnbild der Industriegesellschaft oder zumindest der Konsumgesellschaft zu verkörpern. Das Konzept von Wegwerfprodukten und Recyclingmaterial, bei denen Effizienz und Produktionsflexibilität der Thermoplaste hervorragend zum Ausdruck kommen, passt ausgezeichnet zu einer Wirtschaft, die stets nach neuen Märkten strebt. Ein Gegenstand aus Plastik ist immer neu und kaum in alterndem Zustand vorstellbar. Obwohl den Polymeren gewisse räumliche und strukturelle Grenzen gesetzt sind (so werden architektonische Bauwerke beispielsweise nicht aus Kunststoff realisiert), decken sie von hart bis weich doch alle Materialzustände ab. Sie zeichnen sich durch ihre Modernität aus und tragen zur Kreation tausender hybrider Werkstoffe bei, die uns vor eine wahre Überauswahl stellen und einen Umsturz bei der Objektgestaltung herbeigeführt haben. So kann ein Designer heute die Funktion eines Gegenstandes in den Vordergrund stellen, ohne sich um den Werkstoff Gedanken machen zu müssen, da die Plastizität der Polymere eine Anpassung des Materials an die Funktion des zu schaffenden Gegenstandes ermöglicht. Aus diesem Grund ist es nur natürlich, dass im Rahmen der Entwicklung „intelligenter" Werkstoffe und des Aufschwungs der Nanotechnologie den Kunststoffen eine entscheidende Rolle zukommt. Und genau in diesem Bereich ist vielleicht auch ihre wahre Identität zu suchen. Aufgrund ihrer Fähigkeit, Schwerpunkte zu verlagern und die Kategorien aus den Angeln zu heben, in die Werkstoffe bis dato eingeordnet wurden, sind sie als regelrecht revolutionär anzusehen.

....

CHEMIE

Für das Verständnis der wichtigsten Eigenschaften von Kunststoffen sind einige Grundkenntnisse in Chemie Voraussetzung.

Kunststoffe sind Materialien, die sich aus Makromolekülen (langen Molekülketten) zusammensetzen, deren Zentralatom fast immer aus Kohlenstoff besteht (außer in einigen Fällen wie zum Beispiel den Silikonen, wo der Kohlenstoff durch Silicium ersetzt wird). Die molekulare Grundstruktur wird durch Wasserstoffatome ergänzt, zu denen sich anschließend je nach Fall Sauerstoff-, Stickstoff-, Chlor-, Fluor- oder andere Atome gesellen können.

Die für die Kunststoffherstellung notwendigen Komponenten werden aus verschiedenen natürlichen Stoffen und insbesondere aus Erdöl gewonnen, aber auch aus Erdgas, Kohle sowie anderen mineralischen und organischen Stoffen wie Meersalz, Kalkstein, Wasser und Holz.

POLYMERE

Manchmal werden Kunststoffe durch einfache chemische Umwandlung von natürlichem „Plastik" gewonnen. Für die synthetische Fertigung von Kunststoff und somit von Makromolekülen müssen jedoch im Allgemeinen zuerst Monomere produziert werden. Monomere sind kleine Moleküle, die aus Kohlenstoff-Doppelbindungen bestehen. Diese werden anschließend einer Polymerisation (Polyaddition oder Polykondensation) unterzogen, durch die sie hauptsächlich über kovalente Bindungen (einfache, durch die „Öffnung" der doppelten Kohlenstoff-Kohlenstoff-Verbindungen hervorgegangene Verbindungen) miteinander verknüpft werden. Die kovalenten Bindungen, bei denen sich die Kohlenstoffatome ein oder mehrere Elektronen teilen, sind stark und strukturieren die so aus den Monomeren gebildeten langen Ketten oder Makromoleküle.

Zu den gängigen, von der chemischen Industrie hergestellten Monomeren gehören: Styrol, Propylen und Ethylen, aus denen nach der Polymerisation Polystyrol-, Polypropylen- und Polyethylen-Makromoleküle entstehen.

Kunststoffe sind somit synthetische Werkstoffe, die treffender als Polymere bezeichnet werden; sie bestehen aus Makromolekülen, die wiederum aus der Umwandlung von Monomeren entstanden sind.

THERMOPLASTE UND DUROPLASTE

Zwischen jedem Makromolekül existieren zwei große Bindungsmöglichkeiten:

· Thermoplaste: Die langen Molekülketten sind über eine intermolekulare Van-der-Waals-Bindung nur locker miteinander verbunden. Diese Bindung löst sich bei Wärmeeinwirkung auf und ermöglicht somit den Makromolekülen, sich untereinander zu bewegen. Bei Abkühlung wird die Bindung jedoch wiederhergestellt.

Thermoplaste werden somit bei der Erwärmung weich und härten bei der Abkühlung wieder aus. Sie reagieren also wie Butter oder Schokolade. Unter Wärmeeinwirkung verhalten sie sich reversibel, was ihnen eine große Verarbeitungsflexibilität sowie eine hervorragende Recyclingfähigkeit verleiht.

Die gängigsten Thermoplaste werden bei 83 Prozent der Fertigung von Kunststoffprodukten eingesetzt.

Das Auftreten und die Auflösung der Van-der-Waals-Bindungen ist von herausragender Bedeutung, denn diese Verformbarkeit macht die thermoplastischen Polymere erst richtig interessant, da sie die Herstellung von vielfältigen Formen ermöglicht und eine hervorragende Recyclingfähigkeit garantiert.

Gängige thermoplastische Polymere: Polystyrol, Polyethylen, Polypropylen, Polycarbonat, gesättigter Polyester, Polymethylmethacrylat, Polyvinylchlorid und andere.

· Duroplaste: Die langen Molekülketten werden erneut über starke kovalente Bindungen miteinander verknüpft, die durch Wärmeeinwirkung nicht aufgelöst werden (außer bei vollständiger Zerstörung des Kunststoffs).

Duroplaste werden bei ihrer Erwärmung wie bei einem Backvorgang hart und verhalten sich somit ähnlich wie Kuchenteig. Ihre Aushärtung kann nach der Einwirkung von Wärme und Katalysatoren nicht mehr rückgängig gemacht werden, wodurch ihre Verarbeitung schwieriger und langwieriger ist und sie nicht direkt recycelt werden können. Duroplaste verfügen in der Regel über bessere mechanische, thermische und strukturelle Eigenschaften als Thermoplaste. Dennoch bleiben sie „gewöhnliche" Materialien, auch wenn sie ein leistungsfähiges mechanisches Gewichts- / Widerstandsverhältnis aufweisen. Alle außergewöhnlichen „plastischen" und für Thermoplaste charakteristischen Eigenschaften fehlen ihnen.

Gängige duroplastische Polymere: Polyurethan, Epoxid, ungesättigter Polyester und andere.

AMORPH UND KRISTALLIN

Makromoleküle können zudem zwei unterschiedliche Strukturen aufweisen:

· Die langen Molekülketten sind unabhängig von ihrer Verbindung (Van-der-Waals- oder kovalente Bindung) völlig unregelmäßig ineinander verwickelt. Diese Struktur wird als amorph bezeichnet, nur sie kann einen transparenten Werkstoff bilden.

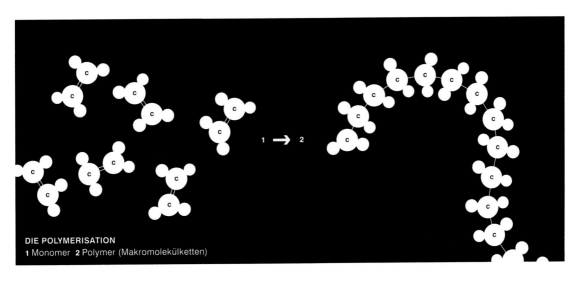

DIE POLYMERISATION
1 Monomer **2** Polymer (Makromolekülketten)

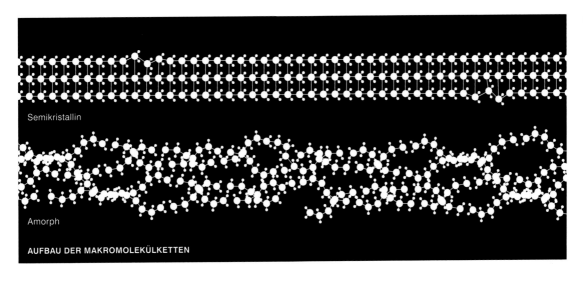

Semikristallin

Amorph

AUFBAU DER MAKROMOLEKÜLKETTEN

Starke Bindung (kovalent)

Schwache Bindung (Van-der-Waals)

**VERGLEICH DES AUFBAUS VON THERMOPLASTEN
UND DUROPLASTEN**

• Die langen Molekülketten sind unabhängig von ihrer Verbindung (Van-der-Waals- oder kovalente Bindung) regelmäßig angeordnet. Diese Struktur wird als kristallin oder halbkristallin bezeichnet. Kristalline und halbkristalline Werkstoffe weisen meist bessere chemische und mechanische Eigenschaften als amorphe Materialien auf und sind undurchsichtig.

COPOLYMERE

Heute ist eine allgemeine Tendenz in Richtung „Legierungen" zu beobachten, die darauf abzielt, ausschließlich die positiven Eigenschaften der jeweiligen Materialien zu vereinen. Dabei handelt es sich jedoch nicht um eine wirkliche Verschmelzung, sondern eher um ein Zusammenziehen. Auch die Polymere bilden hier keine Ausnahme, wodurch zahlreiche Copolymere entstehen. Eines der bekanntesten Beispiele ist das Acrylnitril-Butadien-Styrol, kurz ABS, das bei der Fertigung von Kfz-Bauteilen für die Innenausstattung wie Armaturenbretter und Türgriffe sowie von Handy- und Staubsaugergehäusen zum Einsatz kommt. Das Copolymer Polypropylen-Polyamid (PP-PA) findet ebenfalls im Automobilsektor bei der Produktion von Rückspiegeln und Karosseriebauteilen Verwendung.

ZUSATZSTOFFE

Polymere werden nur selten in reinem Zustand verwendet. Meist wird ihre Formel entsprechend dem Einsatzbereich der aus ihnen hergestellten Produkte (chemischer Widerstand, Stoßfestigkeit etc.) zusammengestellt und sie werden im Rahmen ihrer Kompatibilität entweder mit anderen Polymeren kombiniert (zur Herstellung von Copolymeren) oder zur Optimierung ihrer Eigenschaften mit anderen Stoffen vermischt. Bei diesen Stoffen handelt es sich um Zusatzstoffe, wobei zwischen Zusatzstoffen unterschieden wird, die mehr als 10 % und weniger als 10 % des Endproduktgewichts ausmachen.

Zu den Zusatzstoffen, die mehr als 10 % des Endproduktgewichts ausmachen, gehören beispielsweise:
• **Weichmacher** (um das Material geschmeidiger zu machen),
• **Füllstoffe** (zur Kunststoffeinsparung und Minimierung der Schrumpfung werden häufig chemisch neutrale Stoffe wie Holzmehl, Talk oder Ruß zugesetzt),
• **Festiger** (zur Verbesserung der Materialstruktur und mechanischen Widerstandsfähigkeit sowie der Minimierung der Schrumpfung werden 0,1 bis 0,5 mm lange Fasern wie Glas-, Kohlenstoff- oder Aramidfasern zugesetzt),
• **Treibmittel** (zur Herstellung geschäumter Kunststoffe).
Zu den Zusatzstoffen, die weniger als 10 % des Endproduktgewichts ausmachen, gehören beispielsweise:

• **Farbstoffe und Pigmente** (zu beachten: eine Einfärbung kann transparent sein, während bei einer Pigmentierung keine Transparenz erreicht wird, da die Pigmente sich im Kunststoff verteilen),
• **Schmiermittel**,
• **Antistatika**,
• **Lichtschutzmittel**,
• **Flammschutzmittel**,
• **Antioxidationsmittel**,
• **Fungizide**.

ELASTOMERE

Elastomere bilden eine Polymergruppe mit hoher Dehnbarkeit bis hin zur Hyperelastizität. Diese Werkstoffe können auf das Fünf- bis Zehnfache ihrer ursprünglichen Länge gedehnt werden ohne zu reißen und nehmen anschließend wieder ihre anfängliche Form an.
Es muss zwischen „Dehnbarkeit" und „Formbarkeit" unterschieden werden, da der Werkstoff nach der Dehnung entweder seine ursprüngliche Form annimmt oder nicht.

Natürlicher Kautschuk (NR) oder Latex wird in Gummibaumplantagen gewonnen und ist das älteste und gängigste Elastomer. Es existiert jedoch auch synthetischer Kautschuk. Zu den Elastomeren gehören zum Beispiel gewisse Silikone und Polyurethane, Neopren (von DuPont de Nemours eingetragene Schutzmarke für das erste synthetische Elastomer Polychloropren), EPDM.

Paradoxerweise handelt es sich bei den meisten Elastomeren um duroplastische Polymere, deren Verarbeitung komplex ist und die nur schwer zu recyceln sind.
Seit Kurzem existieren zudem thermoplastische Elastomere (TPE), die sich hervorragend zum Einspritzen eignen und den Kautschuk in einigen Anwendungsbereichen nach und nach verdrängen. So bestehen beispielsweise Klebepatronen für Heißklebepistolen aus TPE, deren Klebebeständigkeit sich jedoch bisher leider nur auf relativ niedrige Temperaturen (unter 100°C) beschränkt, was ihren Anwendungsbereich eingrenzt. Des Weiteren sind TPE auf Styrol-Basis (SEBS), TPO auf Olefin-Basis und TPU auf Polyurethan-Basis zu nennen.

KLASSISCHE POLYMERE / ANWENDUNGSBEREICHE UND EIGENSCHAFTEN

Die Thermoplaste stellen bei Weitem die Mehrheit der heute verwendeten Polymere. Im Hinblick auf ihr Recycling werden sie durch eine internationale Norm in sieben Familien eingeteilt. Am meisten Verwendung finden die ersten sechs Polymere mit folgender Kennzeichnung:

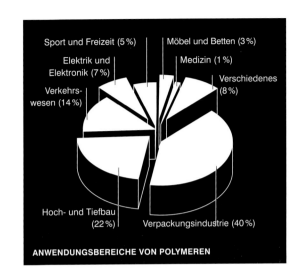

◎ 4

Sport und Freizeit (5 %) — Möbel und Betten (3 %)
Elektrik und Elektronik (7 %) — Medizin (1 %)
Verkehrswesen (14 %) — Verschiedenes (8 %)
Hoch- und Tiefbau (22 %) — Verpackungsindustrie (40 %)

ANWENDUNGSBEREICHE VON POLYMEREN

	Stoßfestigkeit	Abriebfestig- keit	Feuerfestigkeit	Temperatur- beständigkeit	UV-Beständig- keit	Chemikalien- beständigkeit	Klebeeignung	Aussehen	Transparenz	Lebensmittel- kontaktfähig- keit
PS	○	○	○	○	○	○	●●	●●	●●●	●●
PE-LD / PE-HD	●●	●●	○	○	●	●●	○	○	○	●●●
PVC	○	●●	●● *	●	●●	●●●	●●	●●	●	●●
ABS	●	○	○	○	●	●	●●	●●	○	●●
PET	●●	●●	●	●	○	●●	●	●●	●●	●●●
TPE	●●	●●	○	○	○	●●	●●	●●	○	●●
PP	●●●	●●	●	●	○	●●	○	●●	●	●●●
PMMA	●	●	●	●	●	●	●●●	●●●	●●●	●
PA	●●	●●●	●●	●●	●	●●	●	●	○	●●●
PC	●●●	●	●● *	●●●	●●●	●	●●	●●	●●	●●●
POM	●●●	●●●	●	●●	●	●●	○	●●	○	○
PU	●●	●●●	●	●	○	●●	●●●	●●	○	○
UP	●●	●	●	●	●	●●	●	●●	●	●●
NR (LATEX)	●●●	●●	●	●	○	●●	●●	○		●●●
EP	●●	●●	●● *	●●●	●●	●●	●●●	●●●	●●	●●
SI	●●●	●●●	●●	●●●	○	●●	●●● ** / ○ ***	●●●	●	●●●
PTFE	●	●●	●●●	●●●	●●●	●●●	○	●	○	●●
PEEK	●●●	●●●	●●●	●●●	○	●●●	●●	●●	○	○

Standardpolymere (PS–PP) / *Hochleistungspolymere* (PMMA–PEEK)

○: schlecht / ●: mittelmäßig / ●●: gut / ●●●: ausgezeichnet / …: nicht zutreffend / *: selbstlöschend / **: mit sich selbst / ***: mit anderen (Hinweis: Die Beimischung von Füll- und Zusatzstoffen kann diese Eigenschaften erheblich beeinflussen.)

ABS: Acrylnitril-Butadien-Styrol / EP: Epoxy / NR: natürlicher Kautschuk (natural rubber) / PA: Polyamid / PC: Polycarbonat / PE-HD / PE-LD: Polyethylen / PEEK: Polyether(ether)keton / PET: Polyethylenterephthalat / PMMA: Polymethylmethacrylat / POM: Polyoxymethylen / PP: Polypropylen / PS: Polystyrol / PTFE: Polytetrafluorethylen / PU: Polyurethan / PVC: Polyvinylchlorid / SI: Silikon / TPE: thermoplastische Elastomere / UP: Polyester

EINIGE HINWEISE ZU DEN ALLGEMEINEN VERGLEICHENDEN EIGENSCHAFTEN VON POLYMEREN

1. PET, Polyethylenterephthalat,
2. PE-HD, Polyethylen hoher Dichte,
3. PVC, Polyvinylchlorid,
4. PE-LD, Polyethylen niedriger Dichte,
5. PP, Polypropylen,
6. PS, Polystyrol,
7. Kategorie 7 entspricht der Bezeichnung „alle anderen", in der viele der leistungsfähigsten Thermoplaste wie Polycarbonat, PMMA und Polyamid zusammengefasst werden.

Bei alltäglichen Gegenständen ist es somit nicht weiter schwierig, das entsprechende Polymer zu erkennen, denn es ist relativ wahrscheinlich, dass es sich um eines der sechs ersten handelt.

Die Verwendung von Duroplasten ist relativ begrenzt, da diese nicht recycelt werden können. Sie weisen jedoch in der Regel wesentlich bessere physikalisch-chemische Eigenschaften als Thermoplaste auf. Über die Hälfte der Duroplaste kommen in Farben, Harzen, Lacken, Klebstoffen und verschiedenen Beschichtungen zum Einsatz. Ein großer Einsatzbereich sind auch Elektro- und Elektronikprodukte. Zudem werden Duroplaste bei der Herstellung von Verbundstoffen und allerlei kleinen Gegenständen verwendet.
Die meistverwendeten Duroplastgruppen sind Polyurethane, ungesättigte Polyester und Epoxide. Die uns gut bekannten Silikone und Cyanoacrylate (Sekundenkleber) kommen im Vergleich dazu jedoch wesentlich weniger zum Einsatz.

VERARBEITUNG

Kunststoffe sind deshalb so einzigartig, weil sie fast ausschließlich industriell verarbeitet werden und somit keine langen handwerklichen Bearbeitungsphasen durchlaufen haben. Kleine Objekte und Einzelstücke werden jedoch auch handwerklich hergestellt. Die vorwiegend industrielle Verarbeitung erfolgt in großen (oder sehr großen) Mengen unter verhältnismäßig geringem Energieverbrauch (nur halb so viel wie in der Stahlproduktion).

 Mit Kunststoffen werden Fertigteile (oder fast gebrauchsfertige Bauteile) produziert. Einige dieser Bauteile weisen integrierte Funktionen auf, ihre Endbearbeitung und Einfärbung erfolgen direkt in einem einzigen Arbeitsschritt.
Recycelt werden können ausschließlich Thermoplaste, dies jedoch rasch und ohne große vorherige Aufbereitung.
Kunststoffe werden mithilfe zahlreicher Techniken verarbeitet, die nicht alle in diesem Handbuch aufgeführt wer

den. Die meisten dieser Techniken sind jedoch von den im Kapitel 03 beschriebenen Grundlagen ableitbar. Die Verarbeitung der Duroplaste unterscheidet sich von derjenigen der wesentlich „geschmeidigeren" Thermoplaste.

KUNSTSTOFFE UND INNOVATION

Eine der größten Herausforderungen auf dem Gebiet der Kunststoffe ist der Umweltschutz. Obwohl Kunststoffe in vielen Fällen recycelt werden können und heutzutage auch einige aus Recyclingmaterial gefertigte Kunststoffe existieren, werden häufig nicht die notwendigen Mittel für eine umfassende Wiederverwertung bereitgestellt. Neben dem Recycling werden zudem mehr und mehr Alternativen zum Erdöl als Grundbestandteil der Kunststoffe entdeckt. Bei diesen Biopolymeren handelt es sich um teilweise oder ganz biologisch abbaubare Kunststoffe auf Mais- oder Milchsäurebasis.
Ein weiterer wichtiger Einsatzbereich von Polymeren sind körperverträgliche Biomaterialien – ein Gebiet, auf dem zahlreiche Entwicklungen stattfinden und den Kunststoffen mit Sicherheit große Bedeutung zukommen wird.
Über Kunststoffverbindungen oder Verbindungen von Kunststoffen mit anderen Materialien entstehen heute zahlreiche Neuentwicklungen, wie im Bereich der Verbundstoffe deutlich wird: Dank der Polymere, die beispielsweise mit Fasern vermischt werden, können hervorragende Leistungen erzielt werden.
Und schließlich sind Polymere als Bestandteile eines breiten Angebots flexibler, vielfältig einsetzbarer Materialien anzutreffen (zum Beispiel Flüssigkristalle, thermochrome Kunststoffe, Polymere mit Phasenänderung).

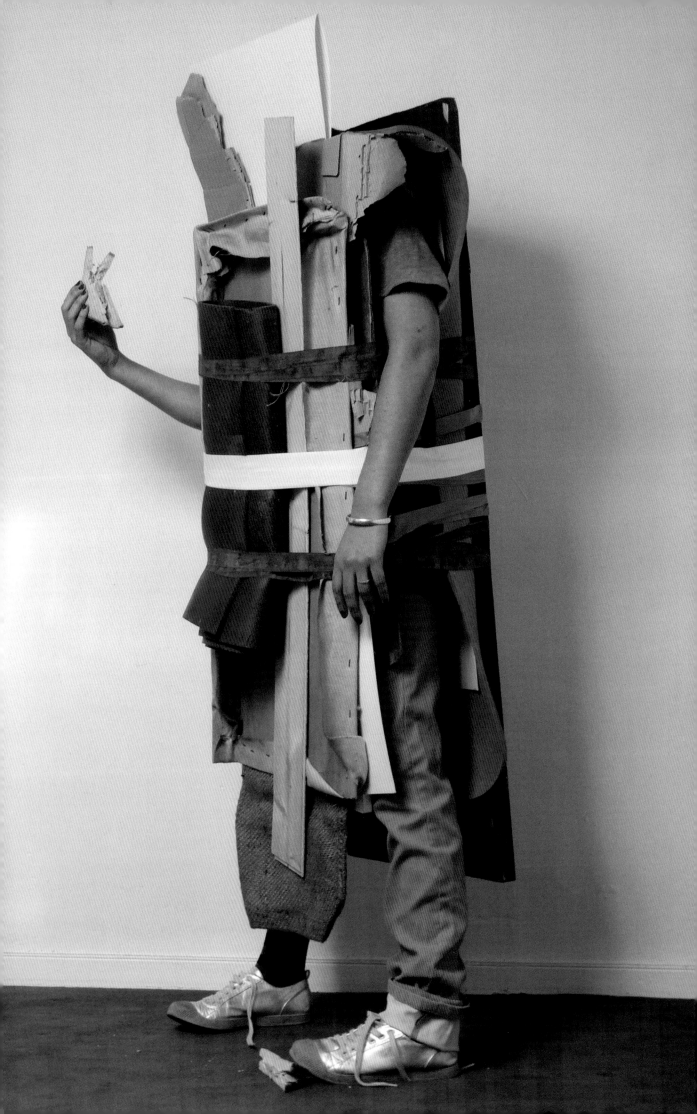

Verbund-werkstoffe

LEICHTIGKEIT PAR EXCELLENCE

Von allen Kräften, die uns innewohnen, bleibt die Schwerkraft die geheimnisvollste. Sie ist eine der vier grundlegenden Wechselwirkungen (bei den anderen handelt es sich um schwache oder starke elektromagnetische oder nukleare Wechselwirkungen) und beschreibt die Kraft, die im Zusammenspiel von Körpern mit Masse wirkt. Dieses Phänomen erklärt unter anderem, warum Gegenstände zu Boden fallen, wenn wir sie loslassen.

Diese Anziehungskraft – die Masse des ersten Körpers mal der Masse des zweiten Körpers geteilt durch das Quadrat des Abstands beider Körper – in der von Newton aufgestellten Formel ist ein unumstößliches Gesetz: „Das Gesetz der Schwerkraft ist hart, aber es ist Gesetz", so die Worte des Poeten. Der Mensch versucht, dieses eiserne Gesetz seit dem Moment zu umgehen, in dem er erkannt hat, dass es sein Schicksal ist, in alle Ewigkeit an die Erde gebunden zu sein. Die Geschichte der Menschheit ist vom Traum geprägt, sich von der Erde zu lösen und leicht zu sein wie ein Vogel – der Mythos von Ikarus hält uns dies anschaulich vor Augen.

Bevor sie zum eigenständigen Ziel wurde, stellte die Leichtigkeit zunächst ein technisches und materielles Hilfsmittel dar, das die Menschheit dabei unterstützte, ihren Eroberungsdurst zu stillen. Zuerst auf dem Meer, wo uns die geringe Dichte (Verhältnis von Masse zu Volumen) ermöglichte, die Grenzen unserer Kraft zu sprengen und unseren Kopf über Wasser zu halten. Es scheint, dass wir lange Zeit nicht wussten, ob der Schwerkraft Kraft oder Leichtigkeit entgegenzusetzen ist. Nachdem die Industriegesellschaft lange vergeblich versucht hatte, Vögel nachzuahmen, triumphierte sie im 19. Jahrhundert kurzzeitig mithilfe der Motorkraft. Aber die Grenzen unserer energetischen Reserven stehen der Eroberung des unendlichen Weltraums entgegen. Die ökologische Krise, die wir derzeit erleben, zwingt uns zu einem radikalen Umschwung und einer Neudefinition unserer Werte. War bisher alles Starke und Schwere schön und gut, scheint es jetzt, als würde dieses Ideal durch die Leichtigkeit, einem der neuen Symbole der Moderne, ersetzt. Um weit zu reisen, werden wir zweifellos leicht reisen müssen. Bei unseren Anstrengungen zur Energiemobilisierung für die Entledigung unserer Schwerkraft müssen wir die Kraft durch List ersetzen und die Leichtigkeit zu einem Schlüsselwert erheben. Hier hat das 20. Jahrhundert bereits den Grundstein für eine Kehrtwendung gelegt, die das 21. Jahrhundert mit Sicherheit bestätigen wird. Die intensive Entwicklung der Verbund- und Sandwich-Werkstoffe bestätigen dies. Die Aufgabe massiver Materialien zugunsten leerer Hüllen und die Optimierung der Materialstruktur sowie ihrer spezifischen Beständigkeit (bei der die Nanotechnologien mit Sicherheit einen wichtigen Beitrag leisten werden) machen die Verbundwerkstoffe unweigerlich zu einer hervorragenden Wahl in der Luft- und Raumfahrt und immer mehr auch bei der Herstellung von Gegenständen des täglichen Lebens. Durch die Kombination aus modernen Informationstechnologien und ultraleichten Verbundstoffen vereint diese Suche nach einer durch die Leichtigkeit gegebenen Freiheit alle Bedingungen für neue Eroberungen im Bereich der Schwerkraft, die von Newton als unabwendbar angesehen wurde.

DIE VERBUNDSTRATEGIE

Alle Werkstoffe besitzen charakteristische Eigenschaften: Glas und Keramik sind hart und zerbrechlich; Metalle beständig, dehnbar und schwer; Kunststoffe biegsam und leicht. Sie alle verfügen über begehrte Vorteile sowie über Nachteile, mit denen man sich abfinden muss. In der Regel wird der Werkstoff ausgewählt, der die meisten positiven Eigenschaften hinsichtlich des gewünschten Verwendungszwecks und beherrschbare, unschädliche Nachteile aufweist. Ziel der Verbundwerkstoffe ist, dieser Wahl des kleineren Übels durch die Kombination der positiven Eigenschaften mehrerer Werkstoffe zu entkommen. Die zuweilen recht einfachen Verbindungen können zudem neue Eigenschaften oder bessere Leistungen als die des Ausgangsmaterials hervorbringen.

Dabei handelt es sich um das Prinzip **der magischen Addition: 1 + 1 = 3**.

Diese Strategie ist bereits seit Langem bekannt: seit Jahrhunderten wird auf der ganzen Welt Strohlehm, ein Verbundstoff aus getrocknetem Lehm und Stroh, hergestellt. Ende des 19. Jahrhunderts wurde Sperrholz entwickelt, das aus kreuzweise übereinander geschichteten Furnierlagen besteht und die Mängel von Massivholz erheblich begrenzt. Massivholz ist in gewisser Weise ein „natürlicher" Verbundstoff, der aus einer Verbindung von Zellulose- und Ligninfasern besteht und von der Natur in großen Mengen hervorgebracht wird.

Unter dem Druck der Kunststofftechniker, die versuchten, die zu geringe Steifigkeit von Kunststoff zu verbessern, wurden verstärkt Verbundwerkstoffe eingesetzt. Die effiziente Verarbeitung der Polymer-Verbundstoffe ermöglichte einen raschen Aufschwung von Verbundwerkstoffen aus Metall (Legierungen) und Keramik.

◎¹ Ein Verbundwerkstoff kann schematisch als ein Werkstoff beschrieben werden, der aus zwei Elementen besteht: der Matrix und einem Verstärkungsmaterial. Diese beiden Bestandteile dürfen keine oder nur sehr geringe Affinität aufweisen, um an den Verbindungsstellen von Matrix und Verstärkungsmaterial keine Schwachstellen zu bilden. Die Auswahl der Bestandteile eines Verbundwerkstoffs setzt spezifische Eigenschaften voraus, da dieser auf die Steifigkeit starker Strukturen bei geringer Dichte abzielt. Die Leistungen des Verbundwerkstoffs sind von dem Massenverhältnis zwischen Matrix und Verstärkungsmaterial abhängig. Je nach Anordnung des Verstärkungsmaterials wird zwischen folgenden Verbundwerkstoffen unterschieden:

· **Unidirektional:** In diesem Fall ist das Verstärkungsmaterial in einer einzigen Richtung ausgerichtet (in der Regel in Hauptbelastungsrichtung). Diese Verbundwerkstoffe sind stark anisotrop.

· **Multidirektional:** Das Verstärkungsmaterial ist willkürlich angeordnet.

DAS VERSTÄRKUNGSMATERIAL

Bei dem Verstärkungsmaterial von Verbundwerkstoffen handelt es sich meist um verschiedene Fasern unterschiedlicher Länge in Form von Fäden, Textilien oder nicht gewebten Matten. ◎²

Es wird zwischen folgenden Fasern unterschieden:

· **Glasfasern:** Das erste Verstärkungsmaterial von Verbundwerkstoffen bestand aus Glasfasern, die je nach Siliciumanteil von unterschiedlicher Qualität sein können. Die leistungsstärksten, insbesondere hinsichtlich ihrer Temperaturbeständigkeit, bestehen aus reinem Silicium. Diese Fasern werden im Extrusionsverfahren als Fäden von 1–2 mm Durchmesser gefertigt und anschließend zu einem Durchmesser von 5–10 Mikrometern warmgezogen.

Das Hauptproblem beim Einsatz von Glasfasern besteht in ihrer Kratzempfindlichkeit und dem Kontakt zwischen Fasern oder Einsatzteilen, der zu Spannungskonzentrationen und Rissen führen kann. Ihre Verarbeitung muss somit besonders sorgfältig erfolgen und der Verbundwerkstoff muss mit Überzügen oder Beschichtungen (vom Typ Gelcoat) geschützt werden.

Verbundwerkstoffe auf Glasfaserbasis besitzen ähnliche mechanische Eigenschaften wie Metalllegierungen vom Typ Aluminium. Sie gehören zu den erschwinglichsten Verbundstoffen.

· **Kohlenstofffasern:** Diese ebenfalls sehr beliebten Fasern kommen bei der Fertigung von Verbundwerkstoffen verbreitet zum Einsatz. Sie werden durch die Pyrolyse von Polymerfasern (Polyacrylnitril) hergestellt und verfügen über herausragende, wesentlich leistungsstärkere Eigenschaften als Glasfasern. Ihr Preis ist jedoch nach wie vor hoch (zehnmal so hoch wie der von Glasfasern!).

· **Polyamidfasern:** Aus aromatischen Polyamiden gefertigte Fasern wurden erst in jüngster Zeit unter der Bezeichnung Kevlar® (DuPont de Nemours) entwickelt. Sie sind sehr kostenintensiv und kommen als hochleistungsstarke Verstärkungsmaterialien zum Einsatz.

· **Metallfasern:** Bestimmte Metalle wie Bor und Beryllium können zu Verstärkungsfasern verarbeitet werden und kommen insbesondere bei sehr hohen Temperaturen zum Einsatz. Ihr Preis beschränkt ihre Anwendung auf besonders anspruchsvolle Bereiche wie die Raumfahrt.

DIE MATRIZEN

Die Werkstoffe, aus denen die Matrizen bestehen, dienen als Bindemittel und garantieren die Spannungsübertragung auf das Innere des Verbundwerkstoffes.

Die gängigsten Matrizen bestehen aus thermoplastischen oder duroplastischen Kunststoffen:

· **Ungesättigte Polyester:** Diese Harze sind stark verbreitet und finden aufgrund ihrer Erschwinglichkeit und

DREI AUSGANGSMATERIALIEN FÜR VERBUND-WERKSTOFFE UND IHRE VERBINDUNG
1 Keramik **2** Metall **3** Kunststoff

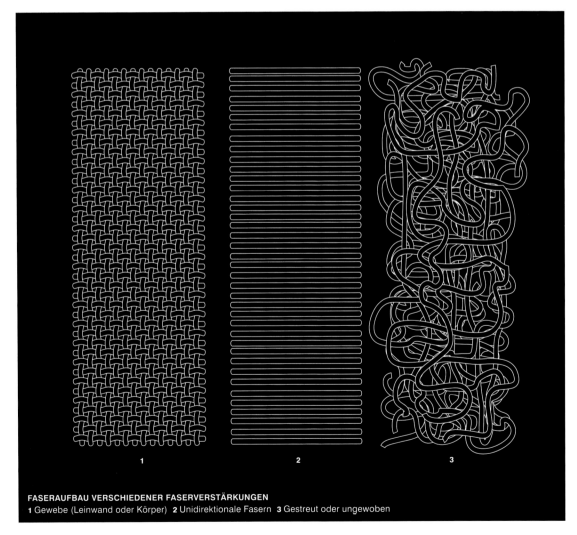

FASERAUFBAU VERSCHIEDENER FASERVERSTÄRKUNGEN
1 Gewebe (Leinwand oder Körper) **2** Unidirektionale Fasern **3** Gestreut oder ungewoben

schnellen Erhärtung in Verbindung mit Glasfasern in der Industrie Verwendung. Sie können sowohl kalt als auch zur Beschleunigung der Polymerisation warm gepresst werden. Sie sind handwerklich wie industriell nur schwer zu verarbeiten und erfordern besondere Schutzmaßnahmen (Toxizität, Allergierisiko, Freisetzung starker Lösungsmitteldämpfe wie Styrol). Ihre Temperaturbeständigkeit liegt bei 60–120°C, bei höheren Temperaturen ist jedoch von ihrem Einsatz abzusehen.

· **Epoxidharze:** Epoxidharze kommen meist in technischen Applikationen zur Anwendung. Sie werden häufig mit Polyestern verglichen, bieten jedoch bessere Leistungen – allerdings bei zwei- bis fünffachem Preis. Ihre Temperaturbeständigkeit im Einsatz ist ebenfalls höher und liegt bei 150–200°C. In Bezug auf ihre mechanischen Eigenschaften schneiden sie in allen Punkten besser ab, insbesondere bei der Scherung. Zudem sind sie kaum feuchtigkeitsempfindlich und garantieren eine geringe Schrumpfung und Wärmeabgabe bei der Polymerisation, was ihre Verarbeitung vereinfacht. Aufgrund der langen Polymerisationszeit sind sie jedoch nur bedingt für die Serienfertigung geeignet.

· **Phenolharze:** Phenolharze sind temperaturbeständig (bis 400°C) und kostengünstig, weisen aber schwer beherrschbare Färbungsprobleme sowie eine mittelmäßige UV-Beständigkeit auf und können nicht mit Lebensmitteln in Kontakt gebracht werden.

· **Melaminharze:** Melaminharze ähneln in mancherlei Hinsicht den Phenolharzen, bieten jedoch eine hohe Abriebfestigkeit und gute Farbtauglichkeit, weshalb sie als Beschichtungsmittel von Dekorations- und Arbeitsflächen eingesetzt werden (unter anderem auf Holzspanplatten).

· **Thermoplastische Matrizen:** Sie befinden sich derzeit auf dem Vormarsch und verbessern die Eigenschaften von Gebrauchsgegenständen aus Kunststoff. Kurze, weniger als 1 mm lange Glasfasern werden gebräuchlichen Polymeren wie Polyethylen, Polyetherketon oder Polystyrol beigemischt, wodurch diese verstärkt werden, ohne die herkömmlichen Verarbeitungsverfahren (Spritzguss-, Extrusionsverfahren etc.) erheblich zu verändern.

· **Metallmatrizen:** Derzeit konzentriert sich die Forschung auf die Herstellung von Metallmatrizen (zum Beispiel mit Aluminium- oder Siliciumkarbidpartikeln verstärktes Aluminium). Der Einsatz solcher Verbundwerkstoffe ist bei der Fertigung von Getriebeachsen für LKWs oder Automobilbremsscheiben vorgesehen.

· **Kohlenstoffmatrizen:** Auch Kohlenstoffmatrizen für sehr hochleistungsstarke Kohlenstoffverbundwerkstoffe werden inzwischen angeboten.

· **Keramikmatrizen:** Ihre Temperaturbeständigkeit ermöglicht den Einsatz von Verbundwerkstoffen als feuerfestes Material.

Hochleistungs-, Kohlenstoff-, Kohlenstoff-Epoxid- und Bor-Aluminium-Verbundwerkstoffe stehen heute in direktem Wettbewerb mit Metallen aus dem Bereich der Luft- und Raumfahrt. Das Beständigkeits- und Gewichtsverhältnis von unidirektionalen Verbundwerkstoffen ist mit dem von Metallen und Legierungen vergleichbar oder übertrifft dieses sogar.

SANDWICH-WERKSTOFFE

Der Sandwich ist ein immer ausgefeilteres Verfahren zur Strukturierung von Werkstoffen.
Sandwich-Werkstoffe gehen auf dieselbe Strategie zurück wie Verbundwerkstoffe; der einzige Unterschied besteht in der Art der Verbindung und ihrer Bestandteile. So ist jeder Baustein des Sandwich-Werkstoffes eigenständig, während in Verbundstoffen, Matrizen und Verstärkungsmaterialien diese nicht als solche vorkommen. Die Geburtsstunde der Sandwich-Werkstoffe geht auf das 19. Jahrhundert zurück, als Tischler versuchten, die Unbeständigkeit von Holz in den Griff zu bekommen, indem sie dünne Massivholzschichten kreuzweise übereinander schichteten. So entstanden die ersten Sperrhölzer, Tischlerplatten etc. Dank ihrer Leichtigkeit, Stabilität und Härte eigneten sie sich hervorragend für den Einsatz in der Luft- und Raumfahrt und erfuhren eine spektakuläre Entwicklung, an der die Fortschritte auf dem Gebiet der Verleimung nicht unbeteiligt waren. Zwar werden schon lange keine Flugzeuge mehr aus Holz gefertigt, aber die Idee, Schichtwerkstoffe zu verwenden führte dazu, dass heute auf vielen Gebieten zahlreiche Werkstoffkombinationen erfolgreich zum Einsatz kommen:

· **Aluminium-Polyethylen-Aluminium-Sandwiches:** leicht und leistungsfähig, finden zum Beispiel in der Architektur Verwendung;

· **Kompakte Schichtstoffe:** dicke Schicht aus Packpapier und Harz mit dekorativer Außenbeschichtung (Holzfurniere oder Holzimitationen, Metallblätter, Bilder etc.), die zuweilen Aluminiumplatten enthält, um Streifeneffekte zu erzielen und Schichten mit elektrischer Leitfähigkeit zu ermöglichen;

· **Stahlbleche mit eingefasster Polymerfolie** zur Schalldämpfung;

· **Schichtglas**, das aus einer Verbindung von Glas und einer Polymerfolie aus Polyvinylbutyral (PVB) oder Evasafe besteht.

Ferner werden auf dem Markt **zahlreiche Wabenmaterialien** angeboten, die sich in jüngster Zeit wachsender Beliebtheit erfreuen. Diese Sandwich-Werkstoffe sind der Tierwelt nachempfunden, weisen eine äußerst hohe Druckbeständigkeit, ein optimales Gewicht sowie ausgezeichnete Wärme- und Schallisolationseigenschaften auf und kommen in der Luftfahrt sowie im Transportwesen (Zug- und Flugzeugböden) zur Anwendung. Sie existieren aus Kunststoff, Aluminium und Pappe (Feuerschutztüren); aus Acryl mit Aluminiumkern; mit Pappkern

◎3

3

WABENMATERIALIEN
1 Verzierung **2** Deckschicht **3** Kern

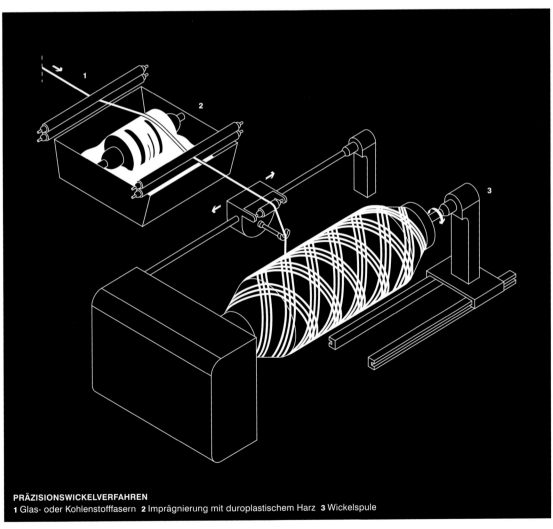4

PRÄZISIONSWICKELVERFAHREN
1 Glas- oder Kohlenstofffasern **2** Imprägnierung mit duroplastischem Harz **3** Wickelspule

und Schichtplatten- oder Sperrholzverkleidung etc. Die Kombinationsmöglichkeiten verschiedener Werkstoffe und Werkstoffeigenschaften zur Lösung spezifischer Probleme sind vielfältig.

Beim Aufstellen dieser unvollständigen Liste an Sandwich-Werkstoffen sollten zudem die offenzelligen (und somit fast wabenförmigen) Aluminiumschaumstoffe mit Deckschichten aus Aluminium-, Glas- oder Kunststoffplatten erwähnt werden. Sind diese Deckschichten transparent, tritt das organisch-ästhetische Aussehen des Schaumstoffes voll zutage.

ZEMENT, BETON, GIPS

Handelt es sich aus der Nähe betrachtet bei Zement, Beton und Gips nicht ebenfalls um Verbundwerkstoffe?

Ihre Eigenschaften können durch Beimischung anderer Materialien wie Sand oder Additiven bei Zement, Bewehrungsstäben aus Eisen bei Stahlbeton (zur Erhöhung der Zugfestigkeit des Betons) oder Fasern bei Beton und Gips verbessert werden.

Auf den Werkstoff Beton wird ab Seite 98 näher eingegangen, er hätte jedoch auch an dieser Stelle besprochen werden können. Dies zeigt erneut die Schwierigkeit der Werkstoff-Klassifizierung.

VERARBEITUNG

Bei der Verarbeitung von Verbundwerkstoffen kommen verschiedene Verfahren zum Einsatz, bei denen thermoplastische Harze eine wichtige Rolle spielen. Einige dieser Bearbeitungsmethoden wie das Kontaktverfahren und Faserspritzen, das Vakuumformen und das Formpressen (SMC und BMC) werden im Kapitel 03 näher erläutert.

Im Folgenden werden verschiedene Bearbeitungsmethoden für Verbundwerkstoffe vorgestellt:

· **Pressen mittels Heißplatten:** Phenolharze in Sandwichform und Holz- oder Papierblätter, Glasfasern etc. werden unter starkem Druck verpresst. Die so bearbeiteten Werkstoffe sind äußerst beständig. „Schichtstoffe" wie Formica werden auf diese Weise hergestellt.

· **Harzinjektionsverfahren RTM (Resin Transfer Molding):** Unter Niederdruck wird thermoplastisches Harz in eine geschlossene Form eingespritzt, in die zuvor eine Fasermatte (zum Beispiel aus Glasfasern) eingelegt wurde. Harz kann vakuuminjiziert werden.

◎ 4 · **Wickeln:** Zur Fertigung von Wickelformen wie Matten, Rohre und Behälter werden harzbeschichtete Fasern flächig oder als Band um eine Wickelhülse gewickelt. Anschließend werden die gewickelten Fasern ofengetrocknet, um die Polymerisation sicherzustellen und die Wickelhülse wird entfernt.

· **Zentrifugieren:** Dieses Verfahren ähnelt dem Rotationsformen. Eine offene Form (Rotationsform oder ähnliche) wird mit Harzen und Verstärkungsmaterial (zugeschnittene, lange Fasern) bei hoher Geschwindigkeit gedreht.

· **Strangziehverfahren (Pultrusion):** In Harz getränkte, ausgerichtete Fasern (Faserbüschel) werden, ähnlich dem Extrusionsverfahren, durch eine erhitzte Ziehdüse geführt. Auf diese Weise werden äußerst beständige Stangen gefertigt, die unter anderem als Achsen eingesetzt werden.

VERBUNDWERKSTOFFE UND INNOVATION

Diese umfassende Werkstoffgruppe ist durch die intelligente Verbindung verschiedener Materialien die innovative Werkstoffgruppe schlechthin! Gleichzeitig nimmt jedoch das Recyclingproblem von Verbundwerkstoffen zu, da sich die Frage nach der Trennung miteinander verbundener Materialien stellt, um sie zu recyceln. Dieser Punkt ist mit Sicherheit eine Schwachstelle, die zum Beispiel die Entwicklung von Monowerkstoffen vorantreibt.

So sind heute bereits Verbundstoffe auf dem Markt, die zu 100 % aus Polypropylen bestehen: aus einer PP-Fasermatte und einem Verstärkungsmaterial aus PP. In diesem Fall stellt das Recycling kein Problem dar. Zudem ist ein Produkt aus Polypropylen wesentlich leistungsstärker als beispielsweise eine extrudierte Platte.

Auch an der Entwicklung natürlicher Fasern (unter anderem Pflanzenfasern) wie dem erneuerbaren Rohstoff Hanf wird gearbeitet.

Textilien

EIN ANPASSUNGSFÄHIGES MATERIAL

Wenn Materie als reine Anordnung von Molekülen verstanden wird, dann fällt Textil nicht unter diese Kategorie. Vielmehr handelt es sich um einen Werkstoff, genauer gesagt einen – vielleicht ersten – pflanzlichen, tierischen, mineralischen oder aus synthetischen Polymeren hergestellten Verbundstoff. Dennoch werden Textilien generell den Werkstoffen zugeordnet, was wiederum zeigt, dass der wissenschaftliche und technische Ansatz noch weit von einer eindeutigen Konzeptdefinition der Materialien entfernt ist. Textilien sind das schönste Beispiel für die Grenzen dieser Kategorisierung. Sie zeigen auch, dass Materialien als Kontinuum, fortwährende Veränderung oder komplexes Geflecht verstanden werden können. Angesichts der derzeitigen Entmaterialisierung wird diesem anpassungsfähigen Material eine immer größere Bedeutung zuteil. Textilien sind weder ein altes noch ein modernes Material, sondern eines, das uns immer und überall umgibt. Im Grunde steht dieses Material für menschliche Beziehungen, für Zivilisation. Wir zeigen uns den anderen kaum nackt, sondern hüllen uns in dieses Material, das sich unserer Körperform anpasst und ihr Ausdruck verleiht. Textilien tragen zur Identifizierung bei, da sie unseren Status und unsere Rolle in der Gesellschaft verkörpern. Von der Wollkutte über Jeans und Spitze bis hin zum Frack – Kleider machen Leute, und das in einem weit größeren Umfang als gemeinhin angenommen.

Textilien spielten schon immer eine wichtige Rolle in den Bereichen Wirtschaft, Soziologie, Mode, Technik und sogar in der Spitzentechnologie. In wirtschaftlicher Hinsicht könnte man die Seidenstraße oder das China des 21. Jahrhunderts nennen. Der soziologische Bereich verknüpft die Sklaverei mit dem Aufschwung der Baumwolle; ein weiteres Beispiel ist der Beginn der industriellen Revolution, als es zu zahlreichen Aufständen gegen die Mechanisierung kam. Und wenn man die Bedeutung von Mode und Modeerscheinungen in unserer Gesellschaft betrachtet, ist es eine Überlegung wert, inwieweit die Lehre und die Verbreitung des guten und schlechten Geschmacks, der Formen, Farben und Normen von den Textilien selbst abhängen. Bei diesem Material muss die Vorherrschaft des Mannes relativiert werden, denn selbst wenn dieser Industriezweig stets in den Händen der Männer war, ist die starke, entscheidende Präsenz der Frau nicht von der Hand zu weisen.

Dieses Material ohne sichtbare Stärke erfüllt zwei grundlegende Aufgaben: Es ist Ausdrucksmittel mit verschiedenen Funktionen. Dazu gehört auch die Schutzfunktion, die in Zukunft noch immens an Bedeutung gewinnen wird. Der Bereich der sogenannten „funktionalen Textilien" umfasst unter anderem leitende, wasserabweisende und gleichzeitig luftdurchlässige, geruchsneutralisierende, parfümierte, feuerfeste und wärmende Textilien, Textilien mit therapeutischer Wirkung und textile Informationsträger. Dieses breite Spektrum verdeutlicht, dass Textilien zukünftig mehr als nur die einfachen Schutzfunktionen im klassischen Sinne übernehmen werden.

Textilien sind eine Schnittstelle zwischen uns und der Welt. Dem kreativen Potenzial sind kaum Grenzen gesetzt, da es eng mit der Weiterentwicklung der Computertechnik verbunden ist. So ist das Weben nichts Anderes als die erstmals formalisierte Abfolge von 1 und 0 – davon zeugen seit dem 19. Jahrhundert mechanische Webmuster beziehungsweise Lochkarten, sozusagen ein in Pixel ausgedrücktes Material. Im Laufe der Jahrhunderte war es anscheinend nur ein Schritt vom Spinnrad bis zur Computermaus. Sind Textilien nicht letztlich ein konkreter Ausdruck für die Komplexität von Materialien?

Die Gruppe der Textilien wird mehr mit der Verarbeitung als mit Material an sich in Verbindung gebracht. So können Textilien aus vielen Werkstoffen entstehen (wie Kunststoff, Metall), wobei das Ausgangsmaterial eine Faser ist, die zu Faden verarbeitet wird. Die verschiedenen Stoffe unterscheiden sich in ihrer Zusammensetzung (Baumwolle, Seide, Glas, Polyamid etc.) und durch ihre Eigenschaften (weich, reißfest, isolierend etc.), da sie aus langen, durchgehenden oder aus kurzen, unterbrochenen Fasern bestehen, die gewebt, gestrickt oder gesponnen und anschließend veredelt werden.

Das Kapitel „Textilien" behandelt die verschiedenen Schritte der Transformation von Fasern in Stoffe, das heißt den Übergang der Faser zum Faden und anschließend zum Textil, sowie einige Endverarbeitungsprozesse.

TEXTILFASERN

In der Textilproduktion wird heute zwischen zwei großen Gruppen von Fasern unterschieden:

· **Naturfasern:** Sie stellen weniger als die Hälfte aller verwendeten Fasern dar. Sie lassen sich in drei Kategorien unterteilen: pflanzliche Fasern (aus Zellulose wie Baumwolle, Leinen, Hanf, Kapok etc.), tierische Fasern (Wolle und Seide) und Mineralfasern (Glas, Basalt und andere).

· **Kunstfasern:** Sie stellen den größeren Teil der verwendeten Fasern dar und werden gesponnen (oder extrudiert). Sie lassen sich in zwei Kategorien einteilen: natürliche Chemiefasern (auf pflanzlicher, tierischer oder mineralischer Basis, bei denen beispielsweise Zellulose in Viskose umgewandelt wird) und synthetische Chemiefasern (zum Beispiel Polyamid, Polyester).

Im Materialkatalog im zweiten Teil finden Sie einige detaillierte Informationen zu bestimmten Fasern.

SPINNEN

Jede Faser besitzt ihre eigenen Merkmale. Manche verfügen nicht über die nötige Gleichmäßigkeit in der Länge oder die nötige Reißkraft, um verwebt oder verstrickt zu werden. Um Fäden von durchgehender Länge und einheitlichem Durchmesser zu erhalten, müssen die Fasern gesponnen werden. Da Fäden oft aus mehreren Fasern gesponnen werden, bezeichnet man sie auch als Multifil. Bereits in der Antike wurde mit Spinnrock und Spindel gesponnen, die wir aus Märchen kennen; diese uralte Technik wurde im Laufe der Zeit industrialisiert.

Man unterscheidet zwei verschiedene Spinnarten:

· **Faserspinnen:** Dabei werden kurze und nicht durchgängige Fasern versponnen. Dazu werden häufig Naturfasern (wie Baumwolle, Leinen, Wolle), aber auch geschnittene Chemiefasern verwendet. Nach der Säuberung beziehungs-

weise der Entfernung von Verunreinigungen werden die losen Fasern kardiert, das heißt gerade gerichtet und parallel zu einem Kardenband gebündelt. Das Band wird anschließend gestreckt und gedreht, um den Zusammenhalt der Fasern zu verstärken. Dadurch entsteht das Vorgarn, aus dem durch erneutes Strecken und Drehen ein Faden wird.

· **Filamentspinnen:** Dabei werden Endlosfasern und hauptsächlich Chemiefasern versponnen. Die Naturfaser Seide kann ebenfalls verwendet werden, da ihre Fasern von Natur aus sehr lang und fast endlos sind.

Das Spinnen endloser Chemiefasern wird auch Extrusion genannt. Das Material (Polymer) wird durch eine Düse gepresst, die das Profil und den Durchmesser des Filaments bestimmt. Die Form des Filaments ist ausschlaggebend für seine Eigenschaften: Lichtverhalten (matt oder glänzend, leuchtend, reflektierend), Haft- oder Absorptionsfähigkeit, Griff, Weichheit und Feinheit (Mikrofasern beispielsweise haben einen Durchmesser von einigen Mikron und sind unter anderem sehr weich, fließend und sehr leicht). Bei Chemiefasern kann die Form nahezu beliebig verändert werden, wohingegen Naturfasern eine vorgegebene Form besitzen. Nach der Extrusion werden die Filamente durch warme oder kalte Luft oder durch Eintauchen in ein Fällbad gehärtet und anschließend zu multifilen oder monofilen Fäden gebündelt und gezogen.

◎ 1

VERZWIRNEN, UMSPINNEN UND VEREDELN

Die sogenannten Einfachfäden werden nach dem Spinnen sofort verarbeitet. Die meisten Fäden werden jedoch weiter behandelt:

· **Verzwirnen (Moulinieren):** Mehrere Einfachfäden werden durch Drehung miteinander verbunden. Der daraus entstandene Faden heißt Zwirn. Die Reißkraft des Fadens steigt mit der Drehung. Der Zwirn wird entweder in S-Richtung (von links nach rechts) oder in Z-Richtung (von rechts nach links) gedreht. Ein einziger Zwirn kann sowohl s- als auch z-gedreht werden, um äußerst starken Mehrfachzwirn oder „Doppelzwirn" zu erhalten.

◎ 2

· **Umspinnen:** Ein oder mehrere Fäden werden um ein Umspinngarn gewunden. Daraus entstehen modische Garne mit verschiedenen Farben und Texturen: Chintz, Bouclé etc.

· **Veredeln (Texturieren):** Durch thermische Verfahren werden das Volumen und die Elastizität der Fäden verändert. So entsteht zum Beispiel Schlingenzwirn (Frisé) oder Schrumpfgarn zur Herstellung von Cloqué.

GARNSTÄRKE (TITER)

Der Durchmesser eines Garns ist meistens zu fein für eine Vermessung. Um die Wahl des richtigen Garns unabhängig von der Zusammensetzung zu vereinfachen, wurden

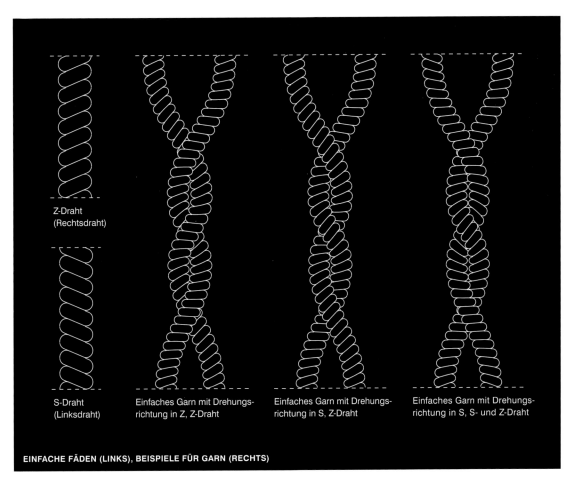

BEISPIELE FÜR FILAMENTEIGENSCHAFTEN JE NACH FORM DES FADENFÜHRERS
1 Standard **2** Kapillarwirkung **3** Isolierung **4/5** Haftwirkung
6/7 Glanz

◎ 2

Z-Draht
(Rechtsdraht)

S-Draht
(Linksdraht)

Einfaches Garn mit Drehungs-richtung in Z, Z-Draht

Einfaches Garn mit Drehungs-richtung in S, Z-Draht

Einfaches Garn mit Drehungs-richtung in S, S- und Z-Draht

EINFACHE FÄDEN (LINKS), BEISPIELE FÜR GARN (RECHTS)

bestimmte Maßangaben entwickelt. Man spricht von der Garnstärke. Ausschlaggebend ist das Verhältnis Gewicht/Länge. Es gibt drei Angaben:

· **Nummer:** Anzahl der Kilometer Garn pro Kilogramm. Wird für Baumwolle, Leinen oder Wolle verwendet. Je feiner das Garn, desto größer die Nummer.

· **Denier:** Gewicht in Gramm pro 9000 Meter Garn. Wird für Seide und Chemiefasern verwendet. Diese Angabe wird beispielsweise für die Strumpfhosenstärke verwendet. Das Denier steigt, je dicker das Garn ist.

· **Tex-Einheit:** Gewicht in Gramm pro 1000 Meter Garn. Mit der ebenfalls benutzten Einheit Dezitex (dtex) wird das Gewicht in Gramm pro 10000 Meter Garn gemessen – dabei handelt es sich um die internationale Standardeinheit.

WEBEN

Das fertige Garn kann anschließend zu Stoffen verwebt werden. Die Weberei ist ein sehr altes, stark verbreitetes Verfahren, das mechanisiert und in großem Maße industrialisiert wurde. Der Arbeitstakt ist äußerst hoch. Seit der Mechanisierung der Weberei ist der Name Joseph-Marie Jacquard ein Begriff – er erfand im 19. Jahrhundert in Lyon die Musterwebmaschine. Heute bezeichnet der Name Jacquard eine eigene Webart.

Das Prinzip der Weberei beruht auf der abwechselnden Kreuzung von Garnen im rechten Winkel, der Kette (längslaufend) und dem Schuss (querlaufend). Das daraus entstehende Muster heißt Webmuster. Die unterschiedlichen Varianten beim Webmuster ergeben unterschiedliche Stoffe. Es wird hauptsächlich zwischen drei großen Webmustern unterschieden, die allen anderen Variationen zugrunde liegen:

◎³ · **Leinwandbindung:** Sie ist sicherlich das einfachste, älteste und am weitesten verbreitete Webmuster. Der Schussfaden geht abwechselnd über den einen und unter den anderen Kettfaden und in der darauf folgenden Reihe umgekehrt. Die daraus entstehenden Stoffe sehen auf der Vorder- und Rückseite gleich aus. Hergestellt werden sowohl feine und transparente Stoffe (Voile) als auch Garten- oder Musterstoffe (beispielsweise Vichy oder Schottenmuster).

· **Köperbindung:** Sie zeichnet sich durch weniger straff verbundene Fäden aus. Der Schussfaden geht hierbei erst über zwei Kettfäden und danach unter einen einzigen Kettfaden. Jede Reihe ist versetzt, wodurch wie beim Jeansstoff ein schräg verlaufender Grat entsteht. In diesem Fall sind Vorder- und Rückseite unterschiedlich.

· **Atlas- oder Satinbindung:** Man erkennt sie an den Schussfäden, die je nach Art des Satins erst über mehrere Kettfäden und dann unter einen einzigen Kettfaden gehen. Dadurch wird das Gewebe lockerer. Da die Bindungspunkte zwischen den beiden Fäden in jeder Reihe

verschieden sind, entsteht kein schräg verlaufender Grat. Satinstoffe besitzen eine einheitlich glatte Vorderseite und eine matte Rückseite.

Die verschiedenen Webmuster werden über die sogenannte Bindungspatrone dargestellt. Dadurch wird der Rhythmus zwischen Schussfaden und Kettfaden deutlich. Ausgehend von den drei oben beschriebenen Webmustern, wird bei Stoffen mit den verschiedenen Rhythmen gespielt. Es können auch verschiedene Möglichkeiten kombiniert werden. Aus der Leinwandbindung entstehen Rips, Natté und Cannelé; aus der Köperbindung entstehen beispielsweise Stoffe mit Fischgrätenmuster oder gerippte Stoffe.

Beim Velours werden entweder mit den Kett- oder mit den Schussfäden kleine Polschlingen erzeugt, die – heute maschinell – aufgeschnitten werden, um die charakteristische „bürstenartige" Wirkung zu erzielen. Auch manche Teppiche werden mit dieser Technik hergestellt.

STRICKEN

Strickwaren bestehen aus Fadenschlaufen, die miteinander verbunden werden und Maschen ergeben. Im Gegensatz zum Weben werden beim Stricken keine geraden, sondern gekrümmte Fäden miteinander verbunden. Die industrielle Strickerei wird Wirkerei genannt und die Maschinen werden heute per Computer gesteuert.

Es wird zwischen zwei großen Kategorien unterschieden:

· **Schussstricken:** Die Maschen entstehen aus einem einzigen fortlaufenden Faden, der die Schlaufen jeder Reihe ◎⁴ bildet. Diese Strickware ist in beide Richtungen sehr elastisch, doch es reicht eine verlorene Masche oder ein kleiner Riss und das Ganze trennt sich auf. Jersey, gerippte Strickware, Interlockware und Jacquard entstehen durch Schussstricken, ebenso wie die Schals, die Sie mit Nadeln und Wollknäuel vor dem Kamin stricken.

· **Kettenstricken:** Dafür werden mehrere Fäden und mehrere Nadeln benötigt. Die Maschen jeder Reihe werden gleichzeitig aus verschiedenen Fäden erzeugt. In der folgenden Reihe werden die darüberliegenden Maschen jeweils von einer anderen Nadel und einem anderen Faden gebildet, wodurch das Ganze zusammengehalten wird. Durch Kettenstricken hergestellte Ware ist nicht so elastisch wie die durch Schussstricken erzeugte Ware, aber im Gegensatz dazu ist sie fester und trennt sich nicht so leicht auf.

Wirkwaren werden anhand von zwei Größeneinheiten bewertet. Mit der Nadelteilung wird die Anzahl der Nadeln bei einer bestimmten Breite angegeben, während die Maschenlänge die Reihendichte angibt.

Wirkwaren sind dehnbar, elastisch und angenehm; sie finden in vielen Bereichen Anwendung: als Strumpfhosen, Dessous und Pullover, aber auch bei Möbeln, zur Innenauskleidung von Fahrzeugen sowie in einigen hochtechnischen Bereichen.

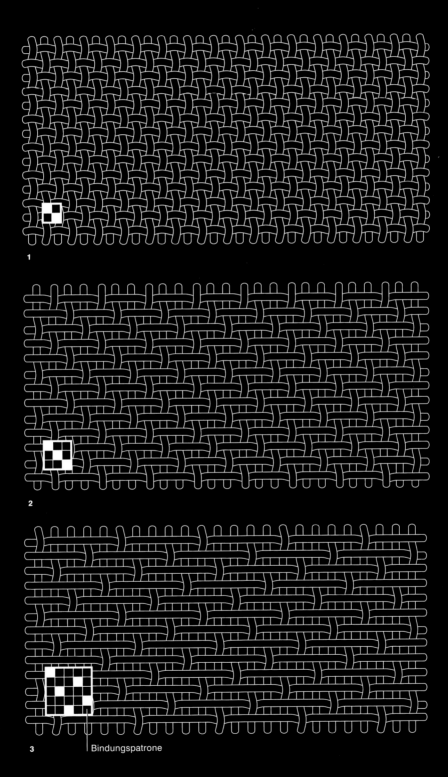

1

2

3   Bindungspatrone

WEBEN: DREI GRUNDLEGENDE WEBMUSTER
1 Leinwandbindung   **2** Köperbindung   **3** Satinbindung

MEHRFÄDIGE STOFFE

Der Arbeitsvorgang ähnelt dem Klöppeln: Schussfäden werden um Kettfäden gewickelt, um Stoffe mit sechseckigen Maschen zu erhalten. Auf diese Weise wird beispielsweise Tüll hergestellt. Durch das Hinzufügen eines dritten Fadens können Motive entstehen oder aber Spitzen und Guipuren. Die dafür eingesetzten Spinnmaschinen existieren erst seit dem 19. Jahrhundert.

VLIESSTOFFE

Nicht gewebte Stoffe beziehungsweise Vliese werden aus Natur- oder Chemiefasern hergestellt. Der Zusammenhalt der Fasern wird durch mechanische (Druck), physikalische (Hitze) oder chemische Verfahren (Klebstoffe) erzeugt. Die verschiedenen Verfahren können auch kombiniert werden.

Am bekanntesten unter den nicht gewebten Stoffen ist sicherlich Filz. Er besteht aus mechanisch mit Hitze und Feuchtigkeit gebündelten Wollfasern und wird heute in vielen Bereichen genutzt: Aus ihm entstehen Hüte und Schuhe, er wird aber auch bei der industriellen Filtration, in der Automobilindustrie und beim Design genutzt.

Vliesstoffe gewinnen in vielen Bereichen eine immer größere Bedeutung. Aufgrund ihrer Leichtigkeit und Knitterfestigkeit werden sie beispielsweise im Innendekor (zum Beispiel Wandverkleidung), in den Bereichen Kosmetik und Reinigung (Filter, Pflegetücher, Küchenpapier und so weiter), Automobilindustrie (Isolierung, Filtration), Landwirtschaft und Geotextilien (Schutz des Saatguts, Bodenstabilisierung, Entwässerung) sowie Medizin (Verbandszeug, Masken, Kittel) verwendet. Sie eignen sich hervorragend als Einwegprodukte.

Die meisten Vliesstoffe bestehen aus Chemiefasern (wie Polyester, Polyamid, Viskose), doch sie werden auch aus Baumwolle oder Wolle (Filz) produziert. Zunächst wird Faservlies hergestellt, entweder trocken durch die Übereinanderschichtung von Fasern nach der Kardierung oder mithilfe von Feuchtigkeit wie bei der Papierherstellung, bei der das Wasser aus der Faserstoffmenge verdampft, oder aber durch einen Schmelzvorgang direkt nach der Extrusion, wie dies bei Synthetikfasern der Fall ist. Das Vlies wird anschließend mechanisch (durch Vernadelung), physikalisch oder chemisch (mit einem Bindemittel) gefestigt.

VEREDELUNG

Der fertig gewebte oder gestrickte Stoff kann anschließend einer großen Anzahl von Behandlungen unterzogen werden, um die jeweiligen Eigenschaften zu optimieren. Es gibt unterschiedlichste Veredelungsverfahren, die kontinuierlich verbessert werden. Dazu zählen:

· **Sengen:** Die überstehenden Faserenden werden mit einer Flamme entfernt (zum Beispiel bei Baumwoll- oder Wollstoffen), um eine glattere Oberfläche zu erhalten.

· **Bleichen:** Den Fasern wird durch eine für jeden Fasertyp spezifische chemische Behandlung die Farbe abgezogen.

· **Färben:** Hierbei durchdringt die Farbe die Fasern. Die Farbstoffe sind entweder natürlichen Ursprungs (zum Beispiel Rot der Schildlaus oder des Krapps, Purpur der Purpurschnecke, Braun des Maulbeerbaums, Indigoblau aus Lianen) oder sie werden synthetisch gewonnen. Speziell das bei der Jeansherstellung viel verwendete Indigo wird heute synthetisch hergestellt.

Fasern können bereits eingefärbt werden, noch bevor sie zu Stoff verarbeitet werden. Das geschieht insbesondere bei Wolle oder auch bei einigen Chemiefasern durch das Pigmentieren der Polymere, bevor sie in die Düse gelangen. Fäden und gewebte beziehungsweise gestrickte Stoffe können ebenfalls eingefärbt werden.

· **Bedrucken:** Gewebte Stoffe, Vliese und Strickwaren werden mit Motiven bedruckt. Die Farbe wird nur auf der Oberfläche fixiert und dringt im Gegensatz zur Färbung nicht tief in die Fasern ein. Es gibt verschiedene Druckverfahren: So können Bereiche, die nicht bedruckt werden sollen, mit Paraffin undurchlässig gemacht werden. Beim „Holzdruck" werden die Motive in ein mit Tinte bestrichenes Holzbrett gestanzt und auf den Stoff gepresst (eines der ältesten Verfahren). Beim „Walzdruckverfahren" werden im Tiefdruck in die Walze eingravierte Motive gedruckt. Beim „Schablonendruck" werden die Farben durch eine Schablone gebürstet oder gesprüht, während beim „Rotationsschablonendruck" der perforierte Zylinder mit einer Lackschicht versehen und über den Stoff gerollt wird. Die Farbe gelangt nur auf jenen Stellen auf den Stoff, die nicht vom Lack bedeckt sind. Auch der Siebdruck ist ein sehr verbreitetes Verfahren.

· **Appretieren:** Die Optik und Stärke der Textilien sowie ihre Eigenschaften werden durch zahllose mechanische und chemische Verfahren behandelt (Kalandern, Satinieren, Prägen und Mercerisieren sorgen bei Baumwolle für Glanz und Beständigkeit; Moiré, Rauen und andere). Textilien können zum Beispiel knitterfrei, formbeständig, wasserabweisend, feuerfest, fleck- und schmutzabweisend, antibakteriell und wohlriechend sein beziehungsweise Kosmetika enthalten.

TEXTILIEN UND INNOVATION

Mehr noch als in vielen anderen Bereichen scheint die Innovationsfreudigkeit des Menschen im Bereich Textilien keine Grenzen zu kennen. Ein Grund hierfür könnte der enge Zusammenhang zwischen Textil und Mensch sein, der tagtägliche Körperkontakt. Textilien sind aber nicht nur auf den Bereich der Mode beschränkt, sondern auch auf

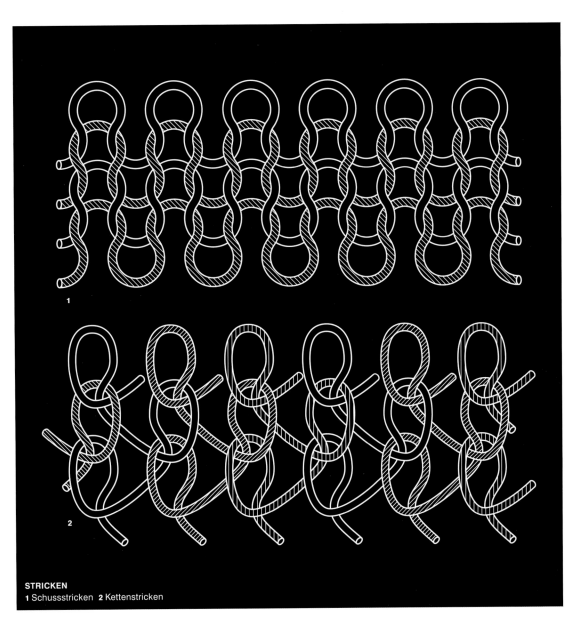

STRICKEN
1 Schussstricken **2** Kettenstricken

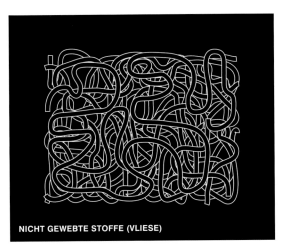

NICHT GEWEBTE STOFFE (VLIESE)

Möbeln und Autositzen zu finden, in der Industriefiltration ebenso wie in der Architektur.

Zu den Forschungs- und Entwicklungsbereichen zählen:

· **Mikrofasern:** Sie besitzen einen optimalen Griff und Komfort, sind sehr leicht und trocknen schnell. Beim sogenannten Elektrospinning entsteht durch das Sprühen einer Polymerlösung eine äußerst dünne Mikrofaserschicht, die für chemischen und biologischen Schutz geeignet ist.

· **Elasthan:** Ohne diese elastischen Fasern hätte unsere moderne Kleidung nicht den gewohnten Tragekomfort.

· **Neue Fasern:** Von Bambus über Ananas und Biopolymere aus Mais, Milchkasein, Holzfaserlappen bis hin zu Krabben-, Algen-, Soja- oder Brennnesselextrakten.

· **Spinnenseide:** Diese Seide besitzt eine große Reißfestigkeit und steht im Zentrum zahlreicher Forschungsprojekte. Mittlerweile ist es gelungen, ihre Proteine zu synthetisieren und sie aus Schafmilch zu gewinnen. Eine weitere Möglichkeit bieten genetisch veränderte Seidenraupen.

· **Farbändernde Textilien:** Je nach Verfahren (Faserstruktur, Aufdruck, Mehrfachbeschichtung und andere) schillern die Textilien wie Schmetterlingsflügel in verschiedenen Farben. Es ist sogar von Camouflage-Textilien die Rede, die eine Umgebung analysieren und dank sich ändernder Pigmente detailgetreu wiedergeben sollen, um den Träger nahezu unsichtbar zu machen.

· **Nutzung von Natureigenschaften:** Um die hydrophoben Eigenschaften zu verstärken, wird beispielsweise durch nanotechnologische Verfahren die Struktur des Lotusblatts imitiert („Lotus-Effekt").

· **Faserstruktur:** Ebenfalls auf Mikro- oder Nanoebene können Fasern im Hinblick auf Verschleißfestigkeit, Wärmekomfort oder verblüffende Lichteffekte optimiert werden.

· **Mikroverkapselung:** Durch Mikroverkapselung an der Oberfläche (Beschichtung) oder in der Faser selbst können Duftstoffe, kosmetische Substanzen, antimikrobiotische oder pharmazeutische Wirkstoffe („Textikamente") gezielt freigesetzt werden. Die Wirkung dieser Textilien muss noch genauer erforscht und gesetzlich geregelt werden. Diese Beschichtungen verschwinden nach mehrmaligem Waschen und könnten eventuell in der Waschmaschine regeneriert werden. Die Verkapselung ist auch für Phasenübergangsmaterial (PCM), das thermische Energie speichert und wieder abgibt, geeignet. Dadurch könnte beispielsweise für eine Regulierung innerhalb eines Kleidungsstücks gesorgt werden.

· **Leuchttextilien:** Sie werden durch den Einschluss optischer Fasern oder winziger LED-Netze hergestellt, ohne dass dabei die Geschmeidigkeit beeinflusst wird.

· **Interaktive Textilien:** Durch das Einweben oder Beschichten mit Metall zur Weiterleitung von Informationen (wie Folientastatur oder Strichcode) werden die Textilien zur Schnittfläche. Diese leitenden Textilien können auch antistatisch wirken. Einer der interessantesten Anwendungsbereiche ist die Medizin mit Kleidung zur Überwachung des Gesundheitszustands, die beispielsweise den Herzschlag oder die Atmung eines Patienten messen könnte.

· **Wasserabweisende, atmungsaktive Membranen:** Sie gewähren bei Regen oder Feuchtigkeit Komfort für Sportbekleidung. Die Membranen sind entweder mikroporös (vom Typ Gore-Tex®) oder hydrophil und ohne Poren.

· **Innovative Herstellungsverfahren:** Nahtloses Rundstricken für schlauchartige Produkte ohne Seitennähte; Komplettstricken; Fügen mit Schweißverfahren; 3D-Gewebe, die sich als aufblasbare Balken einsetzen lassen (für Brücken und andere mobile Konstruktionen), oder Verstärkungen für Verbundstoffe.

· **Innovative Veredelungsverfahren:** Kaltplasma (ein reaktives Gas, das die Faseroberfläche verändert) bietet Lösungen zur Reinigung von Textilien, der Aufbringung hauchdünner Beschichtungen und Oberflächenveränderung, ohne den Griff oder die Optik zu verändern. Dieses Verfahren verbraucht außerdem weniger Wasser oder Energie als herkömmliche Verfahren. Zum Entfärben von Textilien wird heute auch Lasermarkierung eingesetzt und zum Fixieren von Polymeren an der Textiloberfläche wird auf chemische Veredelungslösungen oder Elektronenveredelung zurückgegriffen.

· **Formgedächtnistextilien:** Sie werden auf der Basis von Metall- oder Polymerlegierungen entwickelt, die keine Knittererholung aufweisen und spezifische Funktionen erfüllen (Einrollen, Kräuselung bei bestimmten Temperaturen).

· **Schutzfunktionen:** Textilien schützen uns, indem sie zum Beispiel UV- oder Infrarotstrahlen absorbieren oder reflektieren oder durch ihre Feuerfestigkeit.

· **Umweltschutz:** Die nachhaltige Entwicklung spielt in diesem Bereich ebenfalls eine wichtige Rolle. Das zeigen Biofasern wie Baumwolle, pflanzliche Färbemittel ohne schädliche chemische Zusatzstoffe, Synthetikfasern, die keine Erdölreserven in Anspruch nehmen. Neue Umwelt-Labels wie Öko-Tex garantieren, dass Textilien keine unerwünschten Zusatzstoffe enthalten. Doch beschränkt sich die Nachhaltigkeit nicht nur auf den ökologischen Aspekt. Heutzutage übt die Textilindustrie weltweit einen enormen Einfluss auf Wirtschaft und Sozialstrukturen aus. Weitere Maßnahmen zum Umweltschutz sind notwendig.

Stein

....

EIN BESEELTER MINERALSTOFF

Immer wieder kommt unter den Fundamenten eines Gebäudes ein Stück Vergangenheit hervor. Stein ist Träger von Erinnerung. Von den Kathedralen und himmelhoch aufragenden Bauwerken früherer Zeiten bis hin zum Größenwahn der heutigen Architektur zählt Stein zu den härtesten und langlebigsten Baustoffen. Stein ist in der Lage, einen Ausdruck, ein Lächeln für immer festzuhalten. Seine Sedimente sind Zeugen der Zeit, eine geschichtsträchtige Anhäufung von mineralischen, fossilen, versteinerten, zu Statuen gewordenen oder tief unter der Erde vergrabenen Mineralstoffen.

Gesteine sind grundlegende Erdbestandteile, entstanden in den Tiefen der Erdkruste durch Prozesse der Verschmelzung und ständigen Neubildung. Sie zeichnen die Umrisse unserer Landschaften und sorgen für die Filterung von Regenwasser; sie schützen uns und sind uns wertvoll. Die Alchimisten glaubten an den Mythos des Steins der Weisen, der gewöhnliche Metalle zu Gold verwandeln könne und besondere Heilwirkung besäße. Stein ist das fünfte Element nach Erde, Wasser, Luft und Feuer, ein Elixier des Lebens.

Lange Zeit existierte eine unmerkliche, doch unüberwindliche Trennung zwischen leblosen Mineralstoffen und organischen Stoffen. Nur lebende Stoffe sollten mysteriöse, „übermaterielle" Kräfte besitzen, denn die organischen Moleküle, aus denen sie bestehen, galten als von Gott geschaffen und konnten deshalb nicht vom Menschen reproduziert werden. Mineralstoffe jedoch waren inert, ihnen konnte kein Leben eingehaucht werden. Diese Doktrin ist seit dem 19. Jahrhundert überholt, als es endlich gelang, einen organischen Stoff, Harnstoff, aus inerten Salzen herzustellen. Der molekulare Übergang von Mineralstoff zu lebender Materie wurde vorstellbar. Diese Revolution ging mit einer weiteren einfachen Feststellung einher: Manche Mineralstoffe sind in der Lage, sich zu reproduzieren. Denn auf atomarer Ebene besteht kein Unterschied zwischen einem Kristall und einem lebendigen Organismus; beide entstehen durch Selbstbildung, die spontane Entstehung einer Struktur in Raum und Zeit. Lebende Organismen sind in der Lage, großartige Mineralstoffe von extremer Komplexität zu produzieren, darunter Muscheln, Schalen von Mollusken, Zähne oder Perlmutt. Und gerade Korallen mit ihren unwahrscheinlichen Formen und ihrem üppigen Farbenreichtum sind ein lebendiger Beweis dafür, dass die Grenzen zwischen mineralischer, pflanzlicher und tierischer Welt nicht völlig unüberwindlich sind.

Bei seinem Streben, das Entstehen von Leben auf der Erde zu verstehen, hat der Mensch seit jeher mithilfe von primitiven mineralischen Lösungen und unter Zufuhr von Energie mit verschiedensten Hypothesen experimentiert und versucht, die faszinierende Geburt einer rudimentären Lebensform nachzuvollziehen. Nach dem neuesten Stand der Forschungen soll unter den zahlreichen Szenarien Tonerde ein besonders aussichtsreicher Kandidat für den optimalen Nährboden sein. Die Annäherung an biblische Berichte ist verblüffend. Heute erscheint wahrscheinlich, dass lebendige Moleküle an der Oberfläche bestimmter Mineralstoffe entstanden sind, die den ersten Kohlenstoffmolekülen als Unterstützung und Schutz dienten und eine natürliche Auswahl trafen.

Sind organische Stoffe aus Mineralstoffen hervorgegangen? Stein – ein lebloser Stoff – erhält dadurch noch keine Seele, überwindet jedoch mit Sicherheit die Einschränkung eines „inerten" Stoffs.

....

STEIN, GESTEIN UND MINERALSTOFFE

Gestein ist der Hauptbestandteil der Lithosphäre – der Erdkruste. Als natürliches, mineralisches Aggregat (meist mit kristalliner Struktur) steht der Begriff „Gestein" im Gegensatz zu pflanzlicher oder tierischer Materie.

Speziell im Bausektor ist der Begriff Stein gebräuchlicher, da Gestein eher geologisch konnotiert ist. Schmucksteine, ob Halbedelsteine oder Edelsteine (leuchtende Kristalle, die bei Juwelen sehr gefragt sind, darunter Diamanten, Smaragde, Rubine und Saphire), werden auch als Gemmen bezeichnet.

Ebenso wie bei Tierhäuten sind alle auf der Erde vorhandenen Steine „einzigartig". Steine aus einem bestimmten Steinbruch haben bestimmte Eigenheiten gemeinsam, die jedoch innerhalb einer abgebauten „Erzader" nicht garantiert werden können. Schon ein benachbarter Steinbruch bietet ein leicht unterschiedliches Material, was Probleme bei der Belieferung nach sich ziehen kann, zum Beispiel bei der Schließung eines Betriebs.

GESTEINSKLASSIFIZIERUNG

◎¹ Es gibt verschiedene Klassifizierungsarten der Gesteine: nach der chemischen Zusammensetzung der Mineralien; ihrer Textur (locker wie Sand oder Ton, brüchig wie Schiefer, fest wie Granit und so weiter); ihren physikalischen Eigenschaften (Härte, Temperatur- und Frostbeständigkeit etc.) oder ihrem Aussehen.

Generell wird die geologische Bildung der Klassifizierung von Gestein übergeordnet. Man spricht von Petrologie, der Wissenschaft von der Entstehung und Umwandlung der Gesteine aus dem Urmagma im Erdinneren. Sie untersucht die verschiedenen Formen der Erdkruste. Die Petrografie wiederum beschreibt und analysiert Gesteine.

Die Petrologie bietet unter anderem den Vorteil einer klaren Klassifizierung in Bezug auf das Aussehen, die Eigenschaften, Vorkommen und Abbauarten von Gesteinen und erfasst potenzielle Einsatzarten.

Dieser geologische Ansatz der Entstehung der Erdkruste muss als Beschreibung eines ewigen Zyklus angesehen werden: vom Magma – einem Schmelzgestein – über verschiedene Entstehungsetappen zum Magma.

Man unterscheidet also:

· **Lava-, Magma- oder Eruptivgestein:** Magma, das an die Erdoberfläche steigt, kristallisiert bei der Abkühlung und bildet Silikatmineralien. Dieses Lavagestein, das im Feuer der Erde entstanden ist, wandert durch die Plattenbewegung der Erde (Plattentektonik) an die Erdoberfläche. Es bildet einen Großteil des Volumens der Erdkruste; dazu zählen unter anderem die Gesteinsformationen unserer Gebirgswelt.

Innerhalb des Lavagesteins wird üblicherweise unterschieden zwischen plutonischem oder Tiefengestein (langsame Abkühlung unter hohem Druck und in großer Tiefe), Vulkanit oder Extrusivgestein (schnelle Abkühlung an der Oberfläche, zum Beispiel durch Eruption) und Ganggestein (Gesteinsbildung in den Gängen und Spalten der Erdrinde). Granit ist ein klassischer Plutonit, der in den meisten Gebirgsmassiven vorhanden ist; Basalt, Lava und Bimsstein hingegen sind Vulkangesteinsarten; Porphyre wiederum sind Ganggesteine.

· **Sedimentgestein:** Im Laufe der Zeit verändert sich Lavagestein und zersetzt sich zu Teilchen verschiedenster Größe. Durch Erosion (Wasser, Eis, Wind) werden diese Teilchen weiterbefördert und sammeln sich in Zonen lockerer Ablagerungen zu sogenannten Sedimenten an. Sedimente – bestehend aus Sand, Schlamm und organischen Abfällen – werden anschließend zu meist parallelen Schichten verschiedenster Stärke kompaktiert, die immer dichter und härter werden und sich schließlich unter dem Einfluss von Sickerwasser und anderen Elementen zu Sedimentgestein verwandeln (man spricht von Diagenese). Die Schichtenbildung ist an der unterschiedlichen Zusammensetzung, Farbe, Textur und Korngröße der Schichten erkennbar. Unterschieden werden terrestrischer Gesteinschutt (entstanden durch Erosion vorhandener Gesteine) wie Sandstein, Sand, Ton oder Schiefer; Gesteinschutt organischer Herkunft (in erster Linie aus dem Zerfall von Lebendorganismen) wie Kalkstein oder Kreide und chemische Sedimente (Ausfällungen, die aus wässriger Lösung durch chemische oder biochemische Prozesse ausgeschieden werden) wie Salz oder Gips. Sedimentgestein bildet den Großteil der Erdoberfläche, während Lavagestein einen Großteil des Volumens bildet.

· **Metamorphes Gestein:** Durch die Plattenbewegung werden manche Lava- und Sedimentgesteine vergraben und unter hohem Druck und großer Hitze umgewandelt. Durch diese starken Veränderungen (Rekristallisierung) entstehen neue Mineralstoffe mit besonderen Texturen und Strukturen. Diese Gesteine weisen völlig veränderte Eigenschaften auf. Zu den Metamorphiten zählen bestimmte Schieferarten (aus Ton), Marmor (aus Kalkstein) und Quarzite (aus Sandstein).

EIGENSCHAFTEN VON STEINEN

Die Eigenschaften von Steinen lassen sich mit zahlreichen Parametern beschreiben. Bei der Wahl eines Steins werden zum Beispiel die Dichte, die Druckfestigkeit und die Risseigenschaften (geradlinig, schalig – das heißt gekrümmt und glatt – oder zerfurcht) berücksichtigt.

Härte

Die Druckfestigkeit von Stein. Unterschieden werden sehr weiche, weiche, halbfeste, feste, harte, sehr harte und

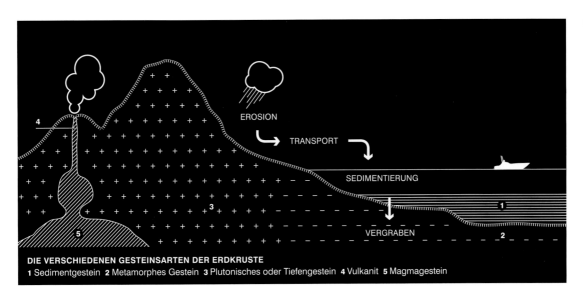

◎ 1

DIE VERSCHIEDENEN GESTEINSARTEN DER ERDKRUSTE
1 Sedimentgestein **2** Metamorphes Gestein **3** Plutonisches oder Tiefengestein **4** Vulkanit **5** Magmagestein

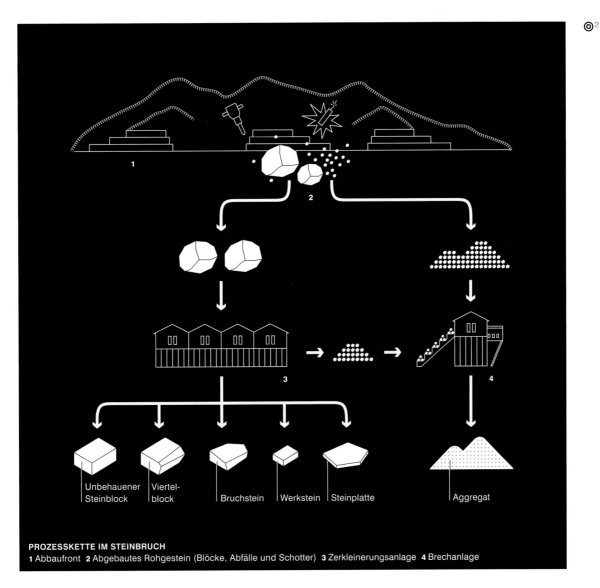

◎ 2

Unbehauener Steinblock
Viertelblock
Bruchstein
Werkstein
Steinplatte
Aggregat

PROZESSKETTE IM STEINBRUCH
1 Abbaufront **2** Abgebautes Rohgestein (Blöcke, Abfälle und Schotter) **3** Zerkleinerungsanlage **4** Brechanlage

extraharte Steine. Je härter der Stein, desto schwieriger das Zuschneiden. Die Mohs'sche Härteskala von 1 bis 10 reiht Steine nach ihrer Ritzhärte. Auch der Schneidehärte-Koeffizient (zwischen 1 und 14) bietet eine Unterscheidungsart.

Struktur

Steine werden auch anhand ihrer Struktur unterschieden: zum Beispiel lamellenartig, kompakt, körnig, kristallin, granitartig, schieferartig, sandsteinartig.

Man spricht von Muschelgestein, wenn der Fels fossile Muschelsedimente enthält; von Eisenstein, wenn besonders harte Zonen eingeschlossen sind; von Vollstein, wenn keine Risse oder Adern vorhanden sind; von Blätterstein, wenn die Tendenz zum Abblättern besteht.

Porosität

Bestimmte Gesteine sind wasserundurchlässig, darunter Ton; andere hingegen porös wie Sandstein, bei dem es zu Wasserinfiltration kommt.

Frostempfindlichkeit

Man spricht von einem frostempfindlichen Stein, wenn dieser auf aufeinander folgende Frost- und Tauzyklen reagiert. Bei Außenanwendungen wird eher zu frostunempfindlichen Steinen geraten. Diese Eigenschaft gilt ebenfalls für Beton und Keramik.

BEARBEITUNG VON STEIN

Die Bearbeitung eines Steins ist von großer Bedeutung, sowohl aus praktischen Gründen – zum Beispiel um mehr oder weniger glatte Oberflächen zu erhalten – als auch hinsichtlich ästhetischer Gesichtspunkte. Durch unterschiedliche Oberflächenbearbeitung beziehungsweise Beschichtungen kann das Aussehen eines Steins manchmal völlig verändert werden.

Bruchstein

In ihrem ursprünglichen Zustand eignen sich bruchraue Steinoberflächen nicht zur Bearbeitung.

Sägestein

Die Oberfläche eines Steins kann mechanisch mit Diamantfaden geschnitten werden und weist in diesem Fall charakteristische Sägespuren auf. Dadurch entstehen Unregelmäßigkeiten parallel zur Sägerichtung („Wellen") mit einigen zehntel Millimetern Tiefe.

Spaltstein

Ein spaltbarer Stein bricht stets entlang seiner natürlichen Bruchfläche. Dabei spricht man von Spaltung. So können beispielsweise aus Schiefer oder Glimmer durch Spalten dünne Blätter hergestellt werden, deren Oberflä-

che beim Bruch entsteht. Die Bestimmung der Bruchfläche und der Steinschnitt sind nicht immer ganz einfach, da diese Steine sehr brüchig sind. Darin liegt die Kunst des Steinmetzes! Die beim Spalten entstandenen Oberflächen können bruchrau belassen, poliert oder gestockt werden und so weiter.

Gestockter Stein

Die Oberfläche wird von Hand mithilfe eines Stockhammers, der zahlreiche Spitzen aufweist, oder mechanisch mit einem hydraulischen Widder, der mit einem Stockkopf ausgerüstet ist – das heißt einem Spitzhammer oder gezackten Werkzeug – bearbeitet. Hierbei entsteht die charakteristische gestockte Oberfläche.

Bossierter Stein

Gebrochene Ansichtsflächen werden auch als bossiert bezeichnet. Man findet unter anderem abgeschrägte Bossierungen und Diamantschnitte. Ein berühmtes Beispiel für eine bossierte Fassade ist der Pariser Louvre.

Gebürsteter Stein

Mechanische Trockenbearbeitung von Hartgestein. Dadurch werden beim Schneiden entstandene Sägespuren eliminiert. Zum Polieren werden beispielsweise Diamant oder ein Schleifmittel wie Karborund verwendet. Die gebürstete Oberfläche zeichnet sich durch feine, kreisförmige, kaum sichtbare Schleifspuren aus. Diese Optik findet sich oft bei Außenanwendungen.

Geschliffener Stein

Mit Schleifköpfen (verschiedene Korngröße je nach gewünschtem Ergebnis) wird die auf einem Laufband montierte Steinoberfläche unter Wasser poliert. Geschliffener Stein weist eine matte Oberfläche mit leichter Spiegelung auf und wird in erster Linie in der Innenarchitektur eingesetzt.

Polierter Stein

Ebenso wie beim Schleifen wird der Stein poliert, hier jedoch mit feinerem Korn. Bei diesem Vorgang kommen meist Farbschattierungen und Adern des Steins zum Vorschein. Das Ergebnis ist eine glänzende Oberfläche, ein „Spiegeleffekt". Nicht jeder Naturstein lässt sich polieren, da die Mineralstoffzusammensetzung und Textur das Finish beeinträchtigen können. Polierte Steine werden meist im Außenbereich für Wandverkleidungen eingesetzt.

Geflammter Stein

Das Flammen, für das sich hauptsächlich Hartgestein eignet, besteht aus einer Wärmebehandlung mit dem Brenner. Dadurch entsteht eine raue Oberfläche, da Kristalle und Oberflächenkörnung im Kontakt mit der Flamme zersplittern.

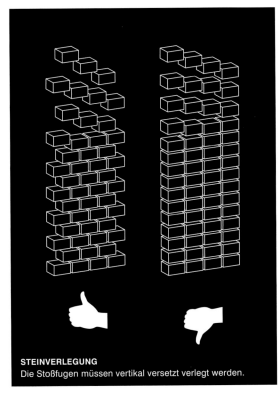

STEINVERLEGUNG
Die Stoßfugen müssen vertikal versetzt verlegt werden.

OBERFLÄCHENBEARBEITUNG: STOCKEN

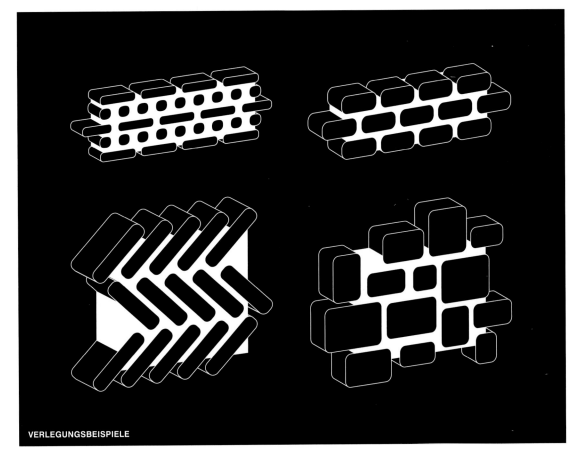

VERLEGUNGSBEISPIELE

EINSATZ VON STEINEN

◎³
◎⁵

◎²

Stein wird hauptsächlich als Baustoff verwendet. Unter einem Mauerstein versteht man übrigens einen nicht frostempfindlichen, harten und haltbaren Stein, der bei Maurerarbeiten eingesetzt wird (Granit, Sandstein, Marmor, Feuerstein etc.). Aus verschiedenen Steinen werden je nach Einsatzart große, unbehauene Blöcke, zu „Quadern" behauene Naturwerksteine, kleinformatige Bruchsteine, mehr oder weniger feines Granulat oder feines Pulver verwendet, das bei Beton, Mörtel, als Zuschlagstoff bei Kunststoffen oder Kunststeinen zum Einsatz kommt.

Außerdem kommen bestimmte Vulkangesteine in Form von Gesteinswolle vor – ein guter Wärme- und Lärmdämmstoff. Andere Steine wie Marmor werden in der Bildhauerei zur Herstellung von Statuen oder Ornamenten verwendet.

STEINE UND INNOVATION

Der Steinsektor ist nicht für Forschung und fortschrittliche Entwicklungen bekannt. Die angebotenen Produkte fallen vielmehr unter die Kategorie „klassisch". Allerdings wurden neuerdings bestimmte Halberzeugnisse entwickelt, die unter anderem Gewichtsprobleme lösen. Ein Beispiel dafür ist die Verbindung von Stein und Aluminiumwaben, die eine Optik von „echtem Stein" bietet, jedoch leichter ist. Dieses Material findet beispielsweise bei luxuriösen Aufzugsinnenverkleidungen Anwendung. Klebeverbindungen von dünnschichtigem, durchsichtigem, weißem Marmor mit Glas schaffen ausgesprochen haltbare Fassadenverblendungen mit Marmoreffekt. Kunststeine gibt es heute in den unwahrscheinlichsten Farben. Edelsteine oder Halbedelsteine werden hochpräzise verarbeitet und unsichtbar zu luxuriösen Dekorpaneelen mit changierenden Reflexen verklebt.

Beton

....

DIE VERHEISSUNGEN VON FLÜSSIGEM STEIN

Wer hätte vor kaum fünfzehn Jahren vorausahnen können, dass ein so konventionelles Material wie Beton, das in der Öffentlichkeit ein negatives Image besaß, heute dank großer technologischer Fortschritte eine derart starke Renaissance erleben würde? Beton, ein mehr oder weniger komplexes Gemisch aus Zement und Additiven, ist ein relativ neues Material, das erst Mitte des 19. Jahrhunderts entstanden ist. Als symbolhafte Ursache allen Übels unserer modernen, städtischen Gesellschaft galt Beton einst als Sündenbock der Maßlosigkeit in Architektur und Städtebau. Außerdem schien er keineswegs mit anderen, vielversprechenderen Materialien mithalten zu können, darunter Glas, Metalllegierungen und vor allem Polymere und Verbundstoffe.

Beton wird landläufig mit Gleichförmigkeit, Steifigkeit und grauer Farbe gleichgesetzt – in Wahrheit ist er das genaue Gegenteil: Beton hat weder eine vorgegebene Farbe noch Textur oder Form. Er besitzt kein eigenes Aussehen, sondern bietet unendliche Ausdrucksmöglichkeiten. Und genau darin liegt die architektonische Revolution von Beton als einsatzfertige Formmasse. Ein künstlicher Teig, der sich während des Transports endlos kneten lässt – Beton auf Rädern: Der schon bei kleinen Jungen beliebte Mischwagen verstärkt diesen modernen Mythos vom Lehm in Bewegung. Weil jedem von uns das Zeremoniell der Umwandlung von flüssigem Mörtel in Beton bekannt ist, jeder bereits die Offenbarung einer Ausschalung miterlebt hat, ist uns der Baustoff Beton ein Begriff. Man kennt und erkennt ihn.

Als edles, fundamentales Material (vom Fundament über Geschossdecken bis hin zum Bauwerk) ist Beton eines der wenigen vom Menschen hergestellten Materialien, das der Erde, der Natur das Wasser reichen kann: maßlos, eindrucksvoll, präzise, hart und streng. Ob Staudämme, Deiche, Wolkenkratzer oder Kernkraftwerke: Beton beflügelt die ehrgeizigsten Fantasien der Bauherren und nährt den Wettbewerb nationaler Prestigeprojekte.

Forscher, Bauingenieure und Industrie haben mit Innovationen zur Weiterentwicklung von Beton beigetragen, in erster Linie um seinen Einsatz in traditionellen Absatzmärkten wie der Baubranche, bei Ingenieurbauten, im Hoch-, Tief- und Städtebau auszuweiten. Heute ist Beton leichter, schlagfester, haltbarer, flexibler im Einsatz, feiner und ... schöner. Diese Fortschritte ermöglichten die Errichtung von Meisterleistungen, darunter das Viaduc von Millau; andererseits eröffnen sich dadurch auch völlig neue Anwendungsgebiete. Es ist nicht Aufgabe der Hersteller, die Zukunft von Beton vorzuzeichnen, sondern vielmehr Sache der Kreativen aller Horizonte, Impulse zu setzen und dem Material neue Facetten abzugewinnen. So werden immer öfter Versuche unternommen, die angestammten Sphären hinter sich zu lassen und immer neue Einsatzbereiche für dieses Material zu erschließen, darunter Möbel, Innenarchitektur, Beleuchtung und Verpackung.

Eine Vielzahl bislang unvorstellbarer Optionen ist heute in greifbare Nähe gerückt, ob feine, vorgespannte Lamellen auf hochmodernen Betonbaustellen, immer feiner ziselierte Strukturen, schwindelerregende Spannweiten, ja sogar Transparenz. Beton gehört heute zum Handwerkszeug jedes Architekten, der klare, ausdrucksstarke Formen schaffen möchte.

....

ZUSAMMENSETZUNG VON BETON

◎1 „Beton" ist ein allgemein gefasster Ausdruck für ein Verbundstoffmaterial, hergestellt aus Gesteinskörnungen (Sand, Kies), einem Bindemittel und manchmal Additiven. Es gibt verschiedene Arten von Bindemitteln:

· **Hydraulisches Bindemittel:** Das Abbinden erfolgt mithilfe von Wasser. Wichtigstes Anwendungsgebiet für dieses meist als Zement bezeichnete Bindemittel ist die Herstellung von Mörtel und Beton. Wenn das hydraulische Bindemittel ausschließlich mit Sand kombiniert wird, so spricht man von Mörtel (in erster Linie für Verputzarbeiten, Abdichtung, Versiegelung, Verfugen, Blocken); bei gröberen Zuschlägen spricht man von Zementbeton.

Die Präparation eines Betons auf Zementbasis erfordert das Anrühren von Mörtel. Dabei wird dem Trockenmaterial Wasser beigemengt und das Gemisch mehrere Minuten lang gerührt. Diese Operationen können manuell oder mechanisch erfolgen (Betonmischmaschine, Beton-

◎2 mischer mit vertikaler Achse).

· **Bituminöses Bindemittel:** teerhaltig. Beim bituminösen Beton (auch als bituminierter Zuschlag bezeichnet) wird Bitumensplitt eingesetzt. Hierbei handelt es sich um den Asphalt unserer Straßen. Er wird heiß verarbeitet (rund 150°C) und muss vor der Abkühlung mit „Verdichtungswalzen" planiert werden, um eine gute Bindung und Schlagfestigkeit sicherzustellen. Nach der Verlegung ist bituminöser Beton sofort einsatzfähig, was bei Zementbeton nicht der Fall ist.

· **Polymerbindemittel:** In diesem Fall spricht man von Polymerbeton, zum Beispiel bei fugenlosen Bodenbelägen.

ZEMENTBETON

Zementbeton ist der klassische Beton. Das seit dem 19. Jahrhundert bekannte Material ist derzeit mit jährlich einem Kubikmeter pro Person weltweit der meistverwendete Baustoff. Dieser Erfolg erklärt sich teilweise dadurch, dass dieses Material beliebig formbar ist, keiner Erwärmung bedarf und direkt am Bau verarbeitet werden kann. Die Rezeptur ist relativ einfach, auch wenn dabei eine

◎3 genaue Gewichtung einzuhalten ist: zwischen 7 und 15 % Zement, 60 bis 70 % Gesteinskörnungen, Wasser, Additive (unter 2 %) und Luft (1 bis 6 % des Volumens). Die genaue Art der Inhaltsstoffe und die Proportionen hängen vom jeweiligen Projekt ab – dabei spielen u. a. ästhetische Kriterien, Haltbarkeit, Schlagzähigkeit und chemische Beständigkeit eine Rolle. Folgende Basisstoffe fließen in die Herstellung ein:

· **Zement:** Hergestellt auf Basis natürlicher, reichlich vorhandener Rohstoffe wie Kalkstein und Ton, handelt es sich bei Zement um einen gebrannten, fein zerkleinerten Mineralstoff, der nach dem Anrühren mit Wasser eine Paste bildet, die selbstständig erstarrt. Nach

dem Erhärten bleibt der Stoff auch unter Wasser fest und raumbeständig. Es gibt verschiedene Zementarten (beispielsweise Portland, Puzzolan, schnell härtend). Mit über 1 600 Millionen Tonnen Zementproduktion jährlich ist dieser Beton-Basisstoff das meistverwendete Baumaterial der Welt; Zement wird in praktisch allen Ländern der Welt hergestellt.

· **Gesteinskörnungen:** meist mineralischer Herkunft – Kies oder Sand, aber auch Quellton, Glasperlen, Recyclingmaterial (wie Beton, Abfallstoffe, Ziegel), Sägespäne oder Styropor.

· **Additive:** Sie umfassen nur einen geringen Anteil der Zusammensetzung, sind jedoch ausschlaggebend für die spezifischen Eigenschaften von Beton. Bindemittel sorgen für eine starke Reduzierung des Wasseranteils und verbessern so die Festigkeit von Beton. Außerdem gibt es Abbindebeschleuniger beziehungsweise -verzögerer, die die Verarbeitung am Bau vereinfachen oder spezifische Oberflächengestaltungen ermöglichen. Außerdem werden wasserabweisende Additive angeboten, die zusätzlichen Schutz gegenüber äußeren Agressoren bieten; Oxide steigern die Fähigkeit zur Selbstreinigung oder gar Schadstoffzersetzung von Beton; Frostschutzmittel tragen dazu bei, das Splittern von Betonblöcken bei Frost zu vermeiden; Verflüssigungsmittel ermöglichen eine selbst nivellierende Verarbeitung.

EIGENSCHAFTEN VON BETON

Die Qualität von Beton hängt in hohem Maße von der genauen Dosierung des Wassers, der Mischdauer und der guten Vermischung der Inhaltsstoffe ab. Ziel ist, eine möglichst homogene Masse herzustellen.

Schlagzähigkeit und Rissfestigkeit
Beton bietet eine gute Druckfestigkeit. Die Zugfestigkeit ist jedoch eingeschränkt und führt schnell zu Rissen und Brüchen, wenn der Beton nicht bewehrt oder faserverstärkt ist. ◎5

Bearbeitbarkeit
Die Bearbeitbarkeit von Beton hängt von der Rheologie des Gemischs (Elastizität, Plastizität, Viskosität) und der vorgesehenen Verarbeitungsweise ab.

Dichte
Beton zählt zur Gruppe der „schweren" Materialien. Es werden mehrere Kategorien unterschieden:
· Schwerbeton: Rohdichte über 2 500 kg/m³ (bis zu 6 000 kg/m³ – zum Vergleich: Stahl weist eine Rohdichte von etwa 8 000 kg/m³ auf)
· Normalbeton: 1 800 bis 2 500 kg/m³
· Leichtbeton: 500 bis 1 800 kg/m³
· Superleichtbeton: unter 500 kg/m³

ZUSAMMENSETZUNG DES GEMISCHS
1 Granulat **2** Bindemittel

MISCHEN VON BETON
1 Transportmischer **2** Betonmischmaschine

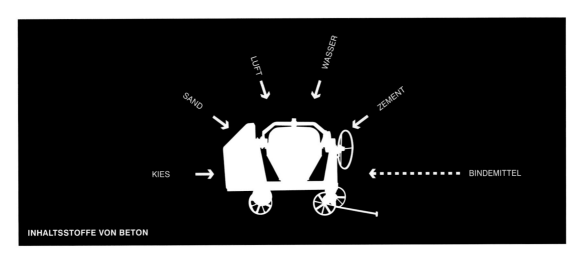

LUFT

WASSER

SAND

ZEMENT

KIES

BINDEMITTEL

INHALTSSTOFFE VON BETON

Feuerfestigkeit

Beton gilt in der Regel als nicht brennbar und nicht entflammbar. Er verlangsamt die Wärmeausbreitung, weist eine geringe Rauchbildung auf und schmilzt nicht. Andererseits kann durch längere Feuerbelastung und starke Hitze eine Absplitterung und Zersetzung erfolgen. Dennoch mindert Beton das Einsturzrisiko und leistet einen Beitrag zum Personenschutz in Gebäuden.

Zementschlamm

Zementschlamm oder Zementmilch ist ein sehr flüssiges Gemisch von Zement, feinen Partikeln und Wasser, das dazu tendiert, an die Oberfläche zu migrieren und sich in Unebenheiten, Löchern und Spalten der Kokillen anzusammeln. Dabei entstehen Flecken und weißliche Ringe. Zementschlamm muss deshalb vor dem Auftragen einer Beschichtung oder Farbe beispielsweise durch Bürsten, Schleifen oder chemische Behandlung eliminiert werden.

Deaktivierung

Die Erhärtung des Binders an der Betonoberfläche kann durch Aufsprühen eines Deaktivierungsmittels verlangsamt werden. Dadurch kann durch Hochdruckspülung Zementschlamm eliminiert und die im Gemisch vorhandene Körnung freigelegt werden, was den „Rohoptik-Effekt" verstärkt. Deaktivierten Beton findet man oft bei städtischen Bodenbelägen (zum Beispiel öffentliche Plätze).

Farbgebung

Beton kann durch Beigabe von Pigmenten oder Metalloxiden in das Gemisch massengefärbt werden.

VERARBEITUNG VON BETON

◎ 4 Beton wird in der Regel im Schwerkraftguss in Kokillen, Verschalungen, Kästen oder großflächig zu Schüttbetonböden vergossen. Diese Art der Verarbeitung kann im Vorfeld (Fertigbauteile, Mobiliar) oder vor Ort auf einer Baustelle erfolgen. Nach dem Schütten erfolgt die Kompaktierung durch Rüttelung (außer bei selbst verdichtendem und selbst nivellierendem Beton) mithilfe von Vibrationsnadeln. Dabei wandern unerwünschte Lufteinschlüsse an die Oberfläche, die Schwingungen sorgen u.a. für eine optimale Verdichtung des Materials in der Verschalung, eine gute Verteilung um die Bewehrung und eine hohe mechanische und ästhetische Homogenität.
Selbst verdichtender und selbst nivellierender Beton sind ausgesprochen flüssige, homogene und stabile Baustoffe, die sich besonders schnell verarbeiten lassen. Bei diesen äußerst kompakten, hochgradig wasserdichten Betonsorten entfallen Verputzarbeiten (Nivellieren eines Bodens, Glättung der Oberfläche vor der Verlegung von Bodenbelägen wie Parkett, Teppichboden, Fliesen) und Vibrationsverfahren bei der Verarbeitung.

Die Verschalung ist ein wichtiger Vorgang, der von den sogenannten Einschalern vorgenommen wird. Verschalungen entstehen manuell und handwerklich, oft mit Holz (Nadelholz oder hochwertiges Sperrholz). Es gibt jedoch auch Standard-Verschalungselemente aus Metall, die gleichzeitig Funktionen wie Beheizung und Vibration integrieren.

Bestimmte Betonsorten wie faserverstärkter Beton können in Spritzverfahren verarbeitet werden; andere durch Spachteln.

Es muss betont werden, dass klassischer Zementbeton nicht sofort sämtliche Eigenschaften aufweist. Seine Verarbeitung ist erst nach der mitunter zeitaufwändigen Trocknungsphase abgeschlossen. Meist wird Beton 28 Tage nach der Verlegung geprüft, da er zu diesem Zeitpunkt nahezu 80% seiner endgültigen Druckfestigkeit erreicht hat.

INNOVATION BEIM BETON

Heute wird auch Ultra-Hochleistungsbeton mit hervorragenden mechanischen Eigenschaften, geringer Porosität und hoher Verformbarkeit angeboten. Aufgrund seiner feinen Körnung (Partikel meist im Sub-Micron-Bereich) und hohen Fließfähigkeit kann er als selbst verdichtender Beton verarbeitet werden. Dabei wird eine hohe Texturtreue der Gießkokille erzielt.

Beton ist undurchsichtig. Heute kann jedoch durch Beigabe transparenter Additive wie Aerogel-Glas oder Kunststoffgranulat oder durch eine raffinierte Anordnung quer angeordneter Glasfasern eine Transparenz erreicht werden. Die Wirkung dieses lichtdurchlässigen Materials ist verblüffend und eröffnet ungeahnte neue Möglichkeiten in der Architektur. Diese Innovation ist bei Architekten derzeit ein Geheimtipp!

Eine weitere unerwartete Innovation ist zunehmend biegefähiger Beton. Amerikanische Universitäten entwickelten durch Hinzufügen besonderer Textil-Mikrofasern zu einer Spezialformulierung von Zement einen extrem weichen, biegsamen und sogar rückfedernden Beton. Das Ergebnis ist sehr eindrucksvoll: Das Material ist 40% leichter, 500-mal rissfester und im Gegensatz zu landläufigem Beton stark schlag- und schwingungsdämpfend.

Unter einer Vielzahl vielversprechender Forschungsergebnisse ist insbesondere der sogenannte „intelligente" Beton hervorzuheben. Hinter der sprachlichen Über-

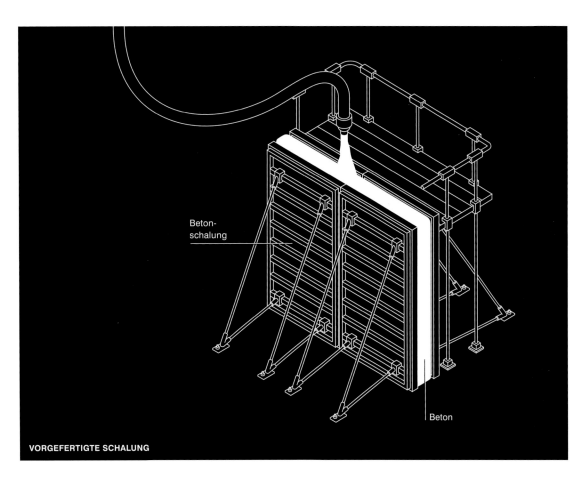

Beton-
schalung

Beton

VORGEFERTIGTE SCHALUNG

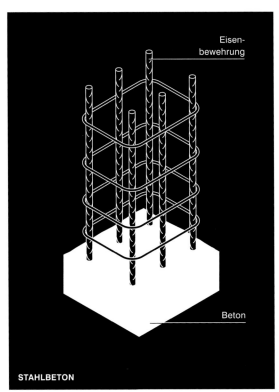

Eisen-
bewehrung

Beton

STAHLBETON

treibung stehen Versprechungen verschiedenster in die Materie integrierter Funktionen. Denn durch die Beigabe von Kohlenstofffasern zu herkömmlichem Beton entsteht ein Material mit unterschiedlichem elektrischem Widerstand je nach innerer Struktur, Kompaktheit, eventueller Unordnung und Rissen sowie Belastungen und Druck. Neben der offensichtlichen Anwendung bei der Prüfung des Alterungszustands bestimmter Ingenieurbauten wie Brücken oder Gebäudestrukturen bietet diese Art von Beton vielseitige Möglichkeiten. So wäre eine solche Technologie ausreichend präzise, um über eine Straße aus Beton über die aktuelle Verkehrslage, das Gewicht der Fahrzeuge, ihre Geschwindigkeit informiert zu werden.

Noch raffinierter ist die Entwicklung englischer Forscher, die Beton eine thermochrome Farbe beimengten. Durch ein Netz winziger elektrischer Glühdrähte unter der Oberfläche wird die Anzeige von Bildern oder Informationen ermöglicht, die permanent gesteuert werden können. So können am Boden angezeigte Informationen als Wegweiser dienen, Wände die Uhrzeit anzeigen und ganze Gebäude nach Wunsch die Farbe wechseln!

Und damit nicht genug: Beton erhält heute auch echte Umweltschutzqualitäten. Durch den Zusatz von Titandioxid in die klassische Betonrezeptur verwandeln sich Gebäudefassaden bei der Reaktion mit natürlichem Licht und Titanoxiden zu echten Schadstoffabsorbern. Bei dieser permanenten Fotokatalyse werden Schmutz und Schadstoffe zersetzt und die Luftqualität verbessert, da das von Autos produzierte Stickstoffoxid, flüchtige organische Verbindungen sowie Ozon zerstört werden.

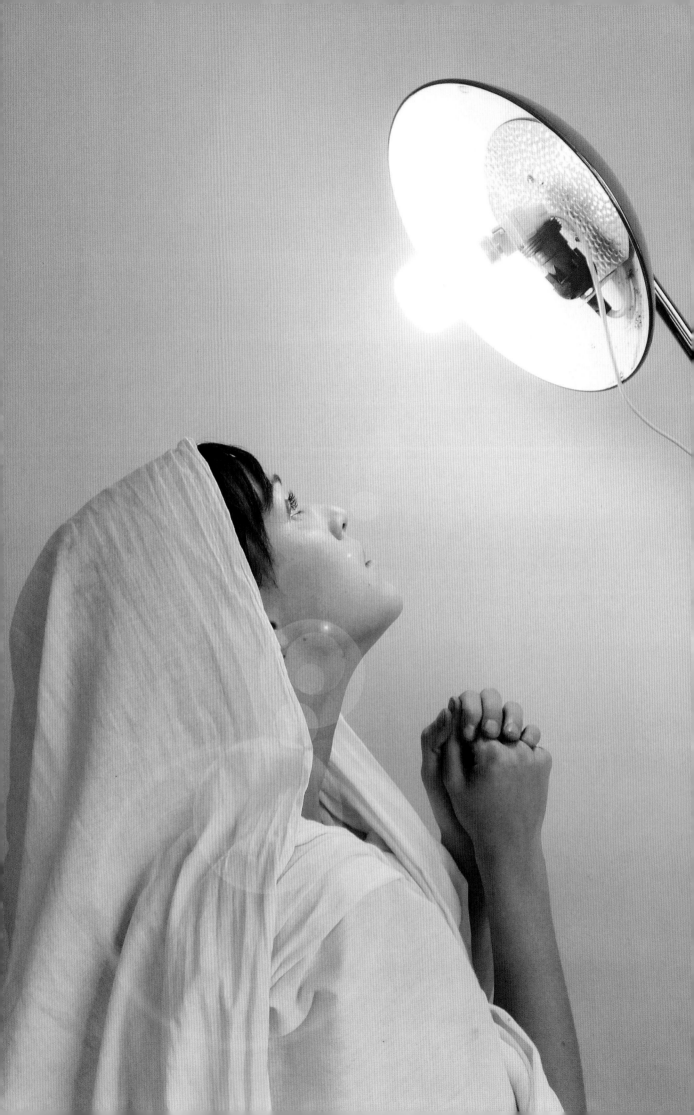

Licht

....

299 792,458 KM/S

Licht ist absolut und ungreifbar, mystisch und mysteriös. Lange Zeit galt Licht als Form von Energie – doch heute tendiert man dazu, es als Material zu charakterisieren. Licht ist sowohl Welle als auch Teilchen – diese zweifache Natur macht bis heute viele Physiker ratlos. Sie hegen eine regelrechte Faszination für das immaterielle Photon, ein rätselhaftes Körnchen reinster Energie, ein völlig masseloses Objekt. Dieses leuchtende Paradoxon schürt natürlich auch Hinterfragungen seitens der Designer. Manche von ihnen sehen sich als „Lichttechniker", andere als „Bildhauer" des Lichts, was sie durch die Modellierung von Licht und Materie untermauern, praktisch entkoppelt von Technologie und Leuchtkörper. Licht lässt sich auch in ein Werkzeug verwandeln – den Laser, ein konzentriertes, schneidendes Lichtbündel – und erweist sich als härtestes aller unveränderlichen Materialien, das mit unerreichter Präzision in der Gravur und Laserchirurgie eingesetzt wird.

In erster Linie dient Licht jedoch zur Beleuchtung. Heute gibt es eine Vielzahl von Lichtquellen und Beleuchtungskörpern. Sogenannte Lichtdesigner haben den Archetyp der Lampe längst hinter sich gelassen. Kabel, Lampenfuß, Glühbirne und Lampenschirm stehen nun nicht mehr wie früher auf der Kommode, sondern wurden in den Teppich, das Goldfischglas oder das Treppengeländer integriert. Selbst die schöne alte Glühbirne sieht ihrem sicheren Ende entgegen. Der heutige Technologiesprung ist vergleichbar mit dem einstigen Wechsel von der Kerze zur Lampe. Welche von diesen Leuchtquellen werden sich durchsetzen? Werden sie nebeneinander bestehen können? Die Prognosen konkretisieren sich. Halogenlampen eröffneten den Reigen dank der Regenerationsfähigkeit des Leuchtfadens, der die Leistung im Haushalt gefahrlos vervielfacht. Kompakte Leuchtstofflampen erweitern den Einsatz kalter Lichtquellen mit geringem Verbrauch. Da die Lichtquelle auf Wärmeemission verzichtet, kann sie problemlos in hermetisch verschlossenen Leuchtkörpern untergebracht werden. Heute werden LEDs, die bislang als einfache Kontrolllämpchen im Einsatz waren, zu eigenständigen Lichtquellen. Diese Entwicklung ist dem zunehmenden Ausbau der Halbleitertechnik zu verdanken. Diese kleinen Irrlichter sind erstaunlich langlebig (über 100 000 Stunden im Dauerbetrieb) und stoßen allerorts auf große Begeisterung. Auch elektrolumineszente Folien und Drähte sind heute zunehmend gängig in der Beschilderung und haben in der Werkzeugpalette der Lichtdesigner Einzug gehalten. Die unsichtbare Lichtquelle wird selbst zum Material oder zu einer Illusion davon: LWL-Fasern werden mit Beton oder Harz kombiniert und durchdringen selbst die dunkelsten Wände, sie ziehen sich durch „kommunizierende Kleidung" oder leuchtende Wandbehänge. Gegenstände werden von Licht bewohnt statt beleuchtet oder dem Licht ausgesetzt. Und auch das Bild bietet zunehmend Anwendungsmöglichkeiten für Licht mit der Bildverarbeitung, -erfassung und -widergabe. Diese virtuelle Materie, diese Luftspiegelung auf unserem Bildschirm ist nichts Anderes als Licht/Materie zur Darstellung von Zeichen, die gleichzeitig beleuchtet werden. Es ist ironisch, dass Licht statt zur Erleuchtung, statt all unsere Zweifel über die Realität aufzuklären, einen Schleier schafft, eine neue Dimension, die unsere Beziehung zur Materie mit der Zeit noch komplexer und rätselhafter macht. Und das, während das Licht sich mit einer Geschwindigkeit von zweihundertneunundneunzigtausend siebenhundertzweiundneunzig Komma vierhundertachtundfünfzig Kilometern pro Sekunde bewegt.

....

MATERIE LICHT

Es mag befremdlich anmuten, in einem Materialhandbuch ein Kapitel über Licht zu finden. Bei Licht stoßen wir an die Grenzen der Materie. Schon seit dem 19. Jahrhundert schwankten Wissenschaftler bei der Betrachtung von Licht zwischen dem Konzept der Schwingung (Maxwellsche Gesetze, gegen 1870) und dem Konzept der Teilchen (Max Planck führte 1899 den Begriff der Quanten ein, anschließend sprach Albert Einstein 1905 von Photonen). Bis heute ist die wahre Natur von Licht nach wie vor unbekannt, doch die beiden Theorien koexistieren: Licht ist weder eine Welle noch ein Teilchen, sondern beides zugleich.

Die Quantenmechanik, die auf hochkomplexen mathematischen Modellen basiert und für Normalsterbliche kaum verständlich ist, verwendet das duale Konzept Schwingung/Teilchen, das im Jahre 1924 von de Broglie entwickelt wurde. Damit wurden große Fortschritte beim Verständnis der Mikrowelt der Atome und Moleküle erzielt, denn bis dahin lieferte die traditionelle Physik keine zufriedenstellende Beschreibung des unendlich Kleinen. Den Quantentheorien verdanken wir unter anderem unser Verständnis jener Phänomene, die den Halb- und Supraleitern, der Radioaktivität, dem Tunneleffekt zugrunde liegen. Die Quantenmechanik ist keineswegs nur der Grundlagenforschung vorbehalten; sie macht tagtäglich konkrete Fortschritte in der Industrie möglich – damit liegt ein weiterer Beweis der Bedeutung der „Technowissenschaften" vor.

 Kommen wir zurück auf die klassischen Theorien der Physik und betrachten wir das Licht als Welle. Das vom menschlichen Auge sichtbare Licht liegt in einem Wellenlängenbereich von 0,38 bis 0,78 Mikron. Die Wellenlänge bestimmt die Farbe. Als Licht werden in der Folge auch Wellenlängenbereiche wie Infrarot und Ultraviolett bezeichnet, die für das menschliche Auge unsichtbar sind.

ERZEUGUNG VON LICHT

Es gibt verschiedene Möglichkeiten, Licht zu erzeugen. So geben Sonne und Sterne mehr Strahlung ab, als sie aufnehmen, die sogenannte Himmelsstrahlung; bestimmte lebende Organismen, darunter Leuchtkäfer und gewisse Quallenarten, erzeugen Licht durch chemische Reaktion (man spricht von Biolumineszenz); auch bei Verbrennung entsteht Licht, vom Freudenfeuer über Kerzen bis hin zu Petroleumlampen; Blitze (Plasma), Laser und Fluoreszenz sind Lichtquellen im Quantenbereich – doch das am weitesten verbreitete Mittel, Licht zu erzeugen, ist nach wie vor die elektrische Lampe. Elektrizität wird also durch Erhitzung oder Quantenphänomene in Licht umgewandelt, ob mit einer Glühbirne, Leuchtstoffröhren, Leuchtdioden, Fernsehröhre. All das ist heute Teil unseres Alltags.

MESSUNG VON LICHT

Stärke
Die Lichtstärke oder -intensität (Iv) wird in Candela gemessen und in Watt (W) angegeben. Es handelt sich um die von einer Lampe aufgenommene elektrische Leistung. Theoretisch steigt mit wachsender Leistung der Lichtquelle auch die Lichtintensität. Die Lichtausbeute hängt jedoch auch vom Lampentyp ab.

Lichtstrom und Lichtleistung
Der Lichtstrom beziehungsweise Lichtfluss wird in Lumen (lm) gemessen. Dabei handelt es sich um die von einer Lichtquelle emittierte Lichtmenge. Die Lichtausbeute wird in Lumen pro Watt (lm/W) gemessen.
Dabei handelt es sich um das Verhältnis zwischen dem Lichtstrom und der aufgenommenen Leistung.
So besitzt eine Glühlampe mit 40 W einen Lichtstrom von 415 lm. Ihre Lichtausbeute beträgt demnach 10,4 lm/W. Eine 36-W-Neonröhre besitzt einen Lichtstrom von 3 350 lm, das heißt eine Lichtausbeute von 93 lm/W. Bei identischem Verbrauch ergibt die Leuchtstoffröhre also das neunfache Licht.

Lebensdauer
Die Lebensdauer (D) einer Lichtquelle wird in Stunden (h) gemessen. Dabei handelt es sich um die Funktionszeit einer Lichtquelle, bevor diese unbrauchbar wird.
Die Lebensdauer der Lichtquellen variiert zwischen 1 000 h bei einer Standardglühbirne, 12 000 h beispielsweise bei einer Leuchtstoffröhre und bis zu 100 000 h bei bestimmten LEDs.

Farbtemperatur
Die Farbtemperatur wird in Kelvin (K) angegeben. Es handelt sich um die sichtbare Farbe von Licht.
Je höher die Farbtemperatur (> 5 500 K), desto „kälter" das Licht (reich an Blautönen, ähnlich wie Tageslicht). Je niedriger (< 3 300 K), desto „wärmer" der Ton (reich an Rot- und Gelbtönen).
So hat eine normale Glühlampe eine Farbtemperatur von 2 700 K und damit einen warmen Ton. Dasselbe gilt für Halogenlampen. Eine „Tageslicht"-Neonröhre hingegen hat eine kalte Farbe mit der Temperatur 6 000 K.

Farbwiedergabeindex
Der Farbwiedergabeindex wird mit Ra angegeben. Es handelt sich um die Fähigkeit einer Lichtquelle, die Farben des von ihm erleuchteten Gegenstands zu reflektieren. Gängige Werte fluktuieren zwischen 50 („schlecht") und 100 („sehr gut"). Unter 50 ist der Farbwiedergabeindex zu vernachlässigen.
Bei Glühlampen beträgt der Ra meist 100, bestimmte Leuchtstoffröhren können jedoch einen Ra von nur 66 aufweisen, was auf einen geringeren Sehkomfort hinweist.

400 nm	SICHTBARES LICHT	700 nm

ultraviolett | violett | blau | grün | gelb | orange | rot | infrarot

LICHTSPEKTRUM

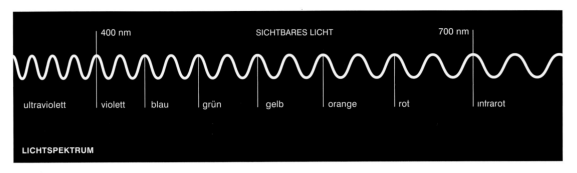

	Leistung (W)	Lichtausbeute (lm/W)	Farbtemperatur (K)	Durchschnittliche Lebensdauer (h)	IRC
GLÜHLAMPE					
Standard	15–1000	8–18	2600–2900	1000	100
Halogen Netzspannung	50–2000	13–20	3000	2000	100
Halogen Niederspannung	15–100	16–22	3000	2000–4000	100
ENTLADUNGSLAMPEN					
Metallhalogenid	50–2000	70–100	3000–6000	6000–8000	65–85
Hochdruck-Natrium	35–1000	50–150	2000–2500	8000–24000	80
FLUORESZENZ					
Leuchtstoffröhren	18–36–58	60–100	2700–6500	8000–12000	66–98
Kompakt, Energiesparlampen	5–23	40–60	2700–3000	8000	85
Kompakt, mit integriertem Vorschaltgerät	5–55	80–95	2700–4000	8000–12000	85
LED	1–3	12–60	60–90	50000–100000	75–80

VERGLEICH DER VERSCHIEDENEN LICHTQUELLEN

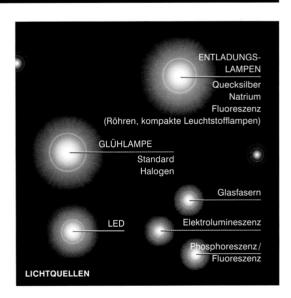

ENTLADUNGS-
LAMPEN
Quecksilber
Natrium
Fluoreszenz
(Röhren, kompakte Leuchtstofflampen)

GLÜHLAMPE
Standard
Halogen

Glasfasern

LED | Elektrolumineszenz

Phosphoreszenz /
Fluoreszenz

LICHTQUELLEN

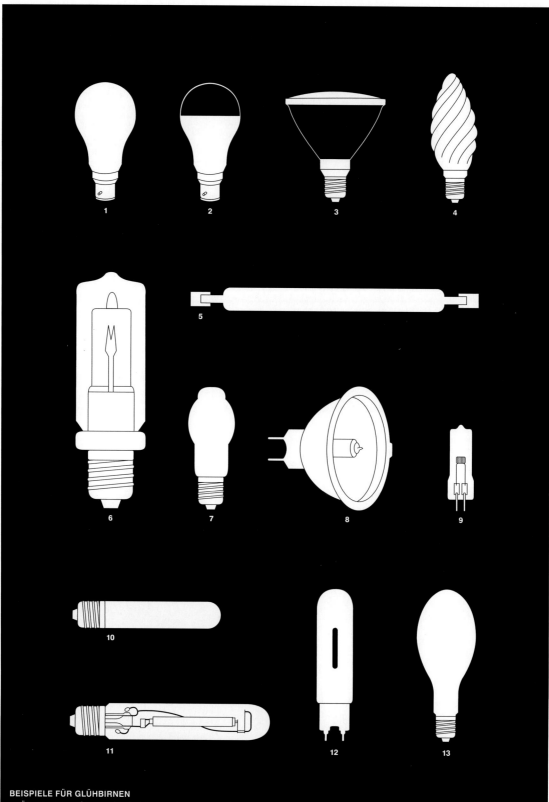

BEISPIELE FÜR GLÜHBIRNEN
GLÜHLAMPEN: **1** Standard **2/3** Mit integriertem Reflektor **4** Design **5** Tungsten-Lampe mit doppeltem Sockel **6/7** Tungsten-Lampe mit doppeltem Gehäuse **8** Tungsten-Halogen-Niederspannungslampe mit dichroischem Reflektor **9** Tungsten-Halogen-Niederspannungslampe, Miniaturausführung
ENTLADUNGSLAMPEN: **10** Metallhalogenid **11** Hochdruck-Natriumdampflampe **12** Weißes Natrium **13** Fluoreszente Glühbirne

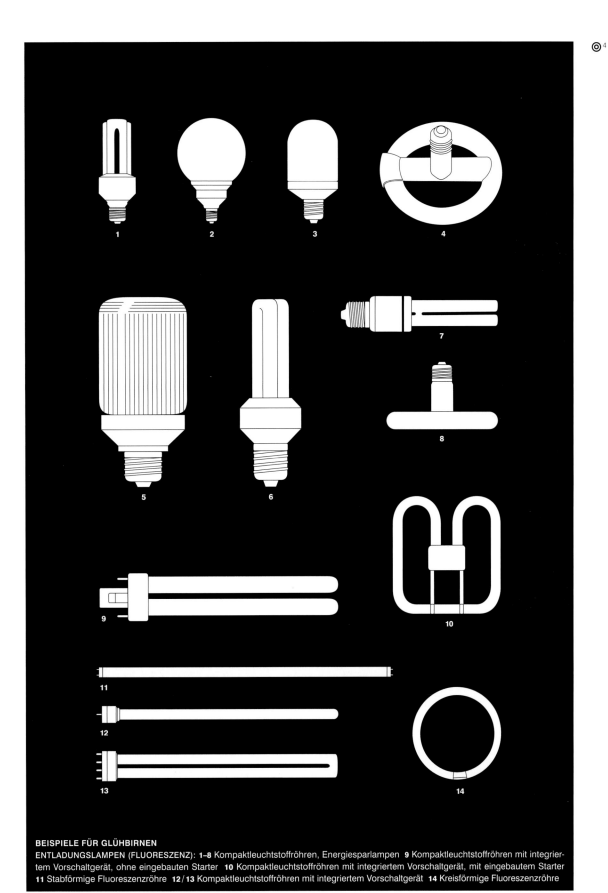

BEISPIELE FÜR GLÜHBIRNEN

ENTLADUNGSLAMPEN (FLUORESZENZ): **1–8** Kompaktleuchtstoffröhren, Energiesparlampen **9** Kompaktleuchtstoffröhren mit integriertem Vorschaltgerät, ohne eingebauten Starter **10** Kompaktleuchtstoffröhren mit integriertem Vorschaltgerät, mit eingebautem Starter **11** Stabförmige Fluoreszenzröhre **12**/**13** Kompaktleuchtstoffröhren mit integriertem Vorschaltgerät **14** Kreisförmige Fluoreszenzröhre

So ändern Natriumdampflampen bei Tunnelbeleuchtungen (mit IRC 25) völlig unser Farbempfinden.

LICHT UND INNOVATION

Heute hängt die Beherrschung von Lichtphänomenen eng mit Fragen der Energie und ihrer Erzeugung zusammen. Hinter den aktuellen Forschungen und Innovationen stehen Überlegungen zur Sicherheit und Autonomie (aufgrund der hohen Stromabhängigkeit) sowie des Verbrauchs (Stromeinsparungen). Neben der Optimierung existierender Lichtquellen – zum Beispiel der Umwandlung von LEDs zu eigenständigen Lichtquellen oder der Verbreitung von OLEDs (Organic Light-Emitting Diodes) als Ersatz für Flüssigkristallanzeigen – werden Fortschritte in folgenden Bereichen erzielt:

· **Schwachstrom (Schutzklasse III):** bringt Vorteile unter anderem bei Fragen der Sicherheit und Energieeinsparung.

· **Delokalisierung der Stromquelle:** beispielsweise mit Glasfasern. So können Fasern gefahrlos im Wasser verwendet werden. Bislang waren Leuchtgeräte und Wasser nicht kompatibel.

· **Batterien:** Die zunehmende Leistungsfähigkeit der Batterien schafft immer größere Autonomie.

· **Induktionslampen**.

GRUPPE	PERIODE	I	II											III	IV	V	VI	VII	VIII
K	1	1 **H** Wasserstoff																	2 (EG) **He** Helium
L	2	3 (EM) **Li** Lithium	4 (EM) **Be** Beryllium											5 (NM) **B** Bor	6 (NM) **C** Kohlenstoff	7 (NM) **N** Stickstoff	8 (NM) **O** Sauerstoff	9 (NM) **F** Fluor	10 (EG) **Ne** Neon
M	3	11 (EM) **Na** Natrium	12 (EM) **Mg** Magnesium											13 (EM) **Al** Aluminium	14 (NM) **Si** Silicium	15 (NM) **P** Phosphore	16 (NM) **S** Schwefel	17 (NM) **Cl** Chlor	18 (EG) **Ar** Argon
N	4	19 (EM) **K** Kalium	20 (EM) **Ca** Calcium	21 (ÜE) **Sc** Scandium	22 (ÜE) **Ti** Titan	23 (ÜE) **V** Vanadium	24 (ÜE) **Cr** Chrom	25 (ÜE) **Mn** Mangan	26 (ÜE) **Fe** Fer	27 (ÜE) **Co** Cobalt	28 (ÜE) **Ni** Nickel	29 (ÜE) **Cu** Kupfer	30 (ÜE) **Zn** Zink	31 (EM) **Ga** Gallium	32 (NM) **Ge** Germanium	33 (NM) **As** Arsen	34 (NM) **Se** Selen	35 (NM) **Br** Brom	36 (EG) **Kr** Krypton
O	5	37 (EM) **Rb** Rubidium	38 (EM) **Sr** Strontium	39 (ÜE) **Y** Ytrium	40 (ÜE) **Zr** Zirconium	41 (ÜE) **Nb** Niobium	42 (ÜE) **Mo** Molybden	43 (ÜE) **Tc** Technetium	44 (ÜE) **Ru** Ruthenium	45 (ÜE) **Rh** Rhodium	46 (ÜE) **Pd** Palladium	47 (ÜE) **Ag** Silber	48 (ÜE) **Cd** Cadmium	49 (EM) **In** Indium	50 (EM) **Sn** Zinn	51 (EM) **Sb** Antimon	52 (NM) **Te** Tellur	53 (NM) **I** Iod	54 (EG) **Xe** Xenon
P	6	55 (EM) **Cs** Caesium	56 (EM) **Ba** Barium	57–71 **Lanthanoide**	72 (ÜE) **Hf** Hafnium	73 (ÜE) **Ta** Tantal	74 (ÜE) **W** Tungsten	75 (ÜE) **Re** Rhenium	76 (ÜE) **Os** Osmium	77 (ÜE) **Ir** Iridium	78 (ÜE) **Pt** Platin	79 (ÜE) **Au** Gold	80 (ÜE) **Hg** Quecksilber	81 (EM) **Ti** Thallium	82 (EM) **Pb** Blei	83 (EM) **Bi** Bismut	84 (EM) **Po** Polonium	85 (NM) **At** Astat	86 (EG) **Rn** Radon
Q	7	87 (EM) **Fr** Francium	88 (TG) **Ra** Radium	89–103 **Actinoide**	104 (ÜE) **Rf** Rutherfordium	105 (ÜE) **Db** Dubnium	106 (ÜE) **Sg** Seaborgium	107 (ÜE) **Bh** Bohrium	108 (ÜE) **Hs** Hassium	109 (ÜE) **Mt** Meitnerium	110 (ÜE) **Uun** Ununnilium	111 (ÜE) **Uuu** Unununium	112 (ÜE) **Uub** Ununbium	113 **Uut** Ununtrilium	114 **Uuq** Ununquadium	115 **Uup** Ununpentium	116 **Uuh** Ununhexium	117 **Uus** Ununseptium	118 **Uuo** Ununoctium

Lanthanoide	57 (SE) **La** Lanthan	58 (SE) **Ce** Cer	59 (SE) **Pr** Praseodym	60 (SE) **Nd** Neodym	61 (SE) **Pm** Promethium	62 (SE) **Sm** Samarium	63 (SE) **Eu** Europium	64 (SE) **Gd** Gadolinium	65 (SE) **Tb** Terbium	66 (SE) **Dy** Dysprosium	67 (SE) **Ho** Holmium	68 (SE) **Er** Erbium	69 (SE) **Tm** Thulium	70 (SE) **Yb** Ytterbium	71 (SE) **Lu** Lutetium
Actinoide	89 (SE) **Ac** Actinium	90 (SE) **Th** Thorium	91 (SE) **Pa** Protactinium	92 (SE) **U** Uranium	93 (SE) **Np** Neptunium	94 (SE) **Pu** Plutonium	95 (SE) **Am** Americium	96 (SE) **Cm** Curium	97 (SE) **Bk** Berkelium	98 (SE) **Cf** Californium	99 (SE) **Es** Einsteinium	100 (SE) **Fm** Fermium	101 (SE) **Md** Mendelevium	102 (SE) **No** Nobelium	103 (SE) **Lr** Lawrencium

ORDNUNGSZAHL — 45 (ÜE)
Rh Rhodium
ELEMENTNUMMER

EM = Einfache Metalle
ÜE = Übergangselemente
NM = Nichtmetalle
SE = Seltene Erden
EG = Edle Gase
AG = Alle Gruppen

PERIODENSYSTEM DER ELEMENTE

Das Periodensystem der Elemente basiert auf den Forschungen des Chemikers Dmitri Mendelejew (1834–1907). Das Verzeichnis aller chemischen Elemente ist aufsteigend nach der Masse ihrer Atome aufgebaut. Die Ordnungszahl entspricht der Anzahl der Protonen im Atomkern, für ein elektrisch neutrales Atom gibt diese Zahl deshalb gleichzeitig die Anzahl der Elektronen an, die um den Zellkern kreisen. Diese Elemente können unter normalen Temperatur- und Druckbedingungen (0°C und 1 Atmosphäre) teils in flüssiger Form (nur Brom und Quecksilber), teils gasförmig oder fest auftreten. Die meisten Elemente zählen zu den Metallen (mit mehreren Untergruppen wie den Alkalimetallen, den Metalloiden, den Lanthanoiden ...), der Rest zählt beispielsweise zu den Gruppen der Nichtmetalle, Edelgase oder Halogene.

MATERIALKATALOG

Bekleidung   Landwirtschaft   Lederwaren   Klempnerei

Klebstoffe   Maschinenbau   Möbel   Aeronautik

Schiffsbau   Schuhwerk   Spielwaren   Sport

Geschirr und Besteck   Schienentransport   Verlagswesen   Anmalen, Anstreichen

Beleuchtungskörper   Verpackung   Nahrungsmittelindustrie   Abdichtung

ACRYLNITRIL-BUTADIEN-STYROL (ABS)

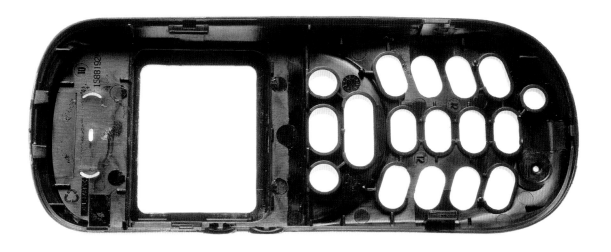

Höchsttemperatur im Dauereinsatz: 80–95°C
Glasübergangstemperatur (Erweichungspunkt):
105–115°C

ABS ist ein Copolymer (Verbindung mehrerer Polymere): Acrylnitril-Butadien-Styrol. Bei ABS handelt es sich um einen amorphen Thermoplasten, der vor allem in der Industrie eingesetzt wird, um die mechanischen Eigenschaften von Standard- oder schlagfestem Polystyrol (PS) zu verbessern und seine Anwendungsmöglichkeiten zu erweitern. Im Vergleich zu PS besitzt ABS eine höhere Temperaturbeständigkeit (über 100°C), eine bessere Chemikalienbeständigkeit und lässt sich gleichzeitig sehr einfach mit allen traditionellen Kunststoffverarbeitungstechniken bearbeiten (einfacher Spritzguss, gute Extrusion und Warmformung, problemloses Kleben und Schweißen). Deshalb ist ABS ein guter Kompromiss zwischen Beständigkeit, niedrigen Kosten und Ästhetik. Dieser Werkstoff erlebt derzeit einen starken Aufschwung

und findet in zahlreichen Alltagsgegenständen Verwendung. ABS eignet sich für Anwendungen im Innenbereich und muss bei Anwendungen im Außenbereich unbedingt mit UV-Stabilisierungsmitteln verstärkt werden. ABS ist in der Regel undurchsichtig und wurde erst vor relativ kurzer Zeit in transparenter Form eingeführt. Verwendung im Automobilbau (Armaturenbrett, Scheinwerfergehäuse, Kühlergrill usw.), in der Elektronik (Telefongehäuse, Fernseher usw.), bei Haushaltsgeräten (z. B. Staubsaugergehäuse), Spielzeug und Einrichtung (Büromöbel).

Stärken: gute Verarbeitung und Eignung für Dekoranwendungen, schönes Finish, günstiger Preis
Schwächen: geringe Beständigkeit gegenüber Chemikalien, UV-Licht und Lösemitteln

AEROGELE

Dichte: 3 mg/cm³ und mehr

Aerogele sind vergleichbar mit herkömmlichen Gelen, enthalten jedoch statt des üblichen Flüssigkeitsanteils Gase. Dadurch entstehen Materialien mit sehr niedriger Dichte, die eine hervorragende Wärmeisolationsfähigkeit besitzen. Sie wurden erst in den 1930er Jahren entwickelt. Es gibt heute Aerogele auf Silikatbasis (sog. Glas-Aerogele oder Glas-Nanogele), Zinn-, Aluminium- oder Kohlenstoffbasis.

Aerogele aus amorphem Silikat sind die einzigen festen Dämmstoffe, die leistungsfähiger als Luft sind. Sie bestehen zu 97 % aus Poren und einem sehr geringen Siliciumdioxidanteil. Ihre ultraleichte Körnung besitzt außergewöhnliche Vorteile: eine drei- bis vierfache Isolationsfähigkeit gegenüber herkömmlichen Produkten bei gleichzeitiger Lichtdurchlässigkeit. Die perfekte Transparenz wurde zwar noch nicht erreicht, doch für manche Anwendungen wie z. B. im Bau ist dies nicht immer erfor-

derlich. Mit Glasaerogel aufgefüllte Doppelverglasungen sind besonders im Hinblick auf Energieeinsparungen bei Museen, Hallen, Dachfenstern, Zwischenwänden usw. interessant. In der Raumfahrt sind Siliciumdioxid-Aerogele in der Lage, den für Raumsonden gefährlichen Kometenstaub zu absorbieren oder „einzufangen", und dienen als Wärmedämmmaterial für Astronauten und Roboter der NASA. Sportbekleidung für klimatische Extrembedingungen enthalten heute ebenfalls manchmal Aerogele; sie sind besonders leicht und sehr gut isolierend.

Stärken: hervorragender Wärme- und Schalldämmstoff, lichtdurchlässig, beständig, nicht feuchtigkeitsempfindlich, UV-stabil, sehr leicht

Schwächen: brüchig, spröde, keine perfekte Transparenz, schwierige Herstellung, Preis

A

ALUCOBOND®

Alucobond® ist eine Handelsbezeichnung der Firma ALCAN. Es handelt sich um eine Verbundplatte, bestehend aus zwei Aluminium-Deckblechen und einem Kunststoffkern aus Polyethylen. Zu den Vorteilen zählen eine absolut glatte Oberfläche und minimales Gewicht. Alucobond® wird in einem kontinuierlichen Fertigungsprozess mit variabler Kerndicke, je nach der Plattenstärke (2 bis 6 mm), gefertigt und auf Format geschnitten (Breite bis 1 575 mm, Länge max. 8 000 mm).

Alucobond® ist steif, witterungsbeständig, schlag- und bruchfest, schwingungsdämpfend und feuerfest; es lässt sich äußerst problemlos herstellen und mit herkömmlichen Baustellenwerkzeugen montieren. (Zu den Bearbeitungsmöglichkeiten zählen u. a. Biegen, Zuschneiden, Sägen, Stanzen, Kleben, Heißluftschweißen und Bedrucken.)

Die zahlreichen Einsatzmöglichkeiten von Alucobond® umfassen den Außen- (Fassaden, Vordächer, Wandverkleidungen) und Innenbereich (abgehängte Decken, diverse Verkleidungen, Leuchtschilder, Beschilderungen, Messebau, POS-Material, Leichtmöbel usw.).

Es stehen eine Vielzahl von Alucobond®-Varianten zur Verfügung, darunter Dibond® (thermolackierte Aluminium-Platten) und Tecu®Bond, das statt einer Aluminium- eine Kupferoberfläche aufweist.

Stärken: Leichtigkeit, hohe Steifigkeit, ebenmäßige Oberfläche, Feuerfestigkeit, zahlreiche Standardfarben, saubere Schnittfläche, sofortige Einsatzfähigkeit, problemlose Montage
Schwäche: Preis

A

ALUMINIUM (Al)

Dichte: 2 700 kg/m³
Schmelzpunkt: 660°C

Aluminium wird seit Ende des 19. Jh.s verwendet, zunächst als seltenes Metall in Schmuckstücken oder Skulpturen. Durch seine mechanische Herstellung wurde es „gewöhnlich" und fand in der Industrie breiten Einsatz. Sein wichtigster Konkurrent sind Kunststoffe. Der hohe Energieaufwand bei der Herstellung hemmt seinen massiven Aufschwung; andererseits ist es recycelbar. Aluminium ist im Mineral Bauxit weltweit im Überschuss vorhanden. Es kann fast rein (massiv oder in Form von Schaum), als Aluminiumlegierungen oder Bestandteil von Legierungen in Verbindung mit Stahl, Zink, Kupfer, Titan usw. eingesetzt werden.

Dieses amagnetische Metall ist äußerst korrosionsbeständig. Als stark reflektierender Werkstoff wird Aluminium bei der Herstellung von Spiegeln verwendet. Obwohl seine elektrische Leitfähigkeit niedriger als bei Kupfer ist, wird Aluminium manchmal aus Gewichtsgründen vorgezogen. Es lässt sich problemlos schweißen und löten. Aluminiumlegierungen (auf Kupfer, Mangan, Zink usw.) besitzen überaus interessante Form- und Gusseigenschaften sowie minimale Schrumpfung.

Es eignet sich hervorragend für die Oberflächenbearbeitung, z. B. Lackanwendungen speziell für die Architektur sowie anodische Metallfärbung, wobei die Dekor- und Schutzschicht durch chemischen Niederschlag einer dünnen Aluminiumschicht (Aluminiumoxid) entsteht.

Zu den wichtigsten Anwendungsgebieten zählen der Bau- und Inneneinrichtungssektor (Tischlerei, Tür- und Fenstereinfassungen), Luft- und Raumfahrt, Nahrungsmittelindustrie (Aluminiumfolie, Verpackungen, Aludosen etc.), Küchengeschirr usw.

Stärken: leicht, korrosionsbeständig, ästhetische Variantenvielfalt, Recyclingfähigkeit
Schwäche: Preis

A

ARCHITEKTUR-KERAMIK

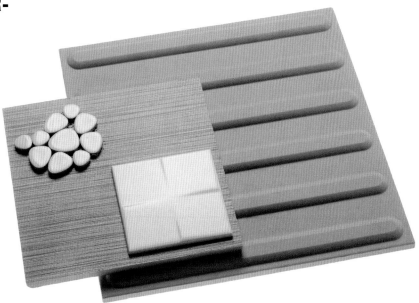

Der Begriff „Keramik" hat zahlreiche Bedeutungen. In der Architektur bezeichnet er meist Keramikplatten oder Fliesen, die mithilfe eines Brennverfahrens aus Naturerde gefertigt werden. Es werden folgende Architektur-Keramiken unterschieden:

· **Fayencefliesen:** Der poröse, aus Kaolin gewonnene „Biskuit" wird mit einer undurchsichtigen oder transparenten Glasur versehen. Fayencefliesen weisen eine relativ hohe Stoß- und Temperaturwechselempfindlichkeit auf und werden überwiegend im Innenbereich verlegt.

· **Terrakotta:** Getönter, gebrannter Lehm. Terrakotta ist porös, frostempfindlich und leicht zerbrechlich und wird vorwiegend als Wandverkleidung eingesetzt.

· **Steingut:** Ton-Sandstein-Mischung. Steingut ist porös, frost- und kratzempfindlich, jedoch stoßfest genug, um auf Innenböden verlegt zu werden.

· **Steinzeug:** Das relativ abriebfeste Steinzeug ist für das Verlegen auf klassischen Böden geeignet.

· **Feinsteinzeug:** Gesintertes Ton- und Feldspatgemisch.

Feinsteinzeug ist extrem hart, kratzfest, nicht porös und frostbeständig und eignet sich somit ausgezeichnet als Belag von stark beanspruchten Böden, Fassaden etc. Feinsteinzeug kann in verschiedenen Ausführungen glasiert werden und so unterschiedlichstes Aussehen annehmen. Feinsteinzeugfliesen werden gegossen, gepresst oder aus zugeschnittener, extrudierter Keramikmasse gezogen.

· **Industriefliesen:** Die dicken, abriebfesten Industriefliesen werden aus Ton, Feldspat, Schiefer und Siliciumdioxid hergestellt und in vielen Bereichen angewendet (z. B. für rutschfeste Böden).

Stärken: Aussehen, Pflege, Abriebfestigkeit, Wasserdichtigkeit
Schwäche: Verarbeitung

A

ASPHALT

Dieser Sammelbegriff umfasst unterschiedlichste Materialien. Mit Asphalt meint man meist Bürgersteige und Straßen. Häufig wird er anstelle eines korrekteren Begriffs wie Asphaltsplitt, Teer oder gar Bodenbeton verwendet. Im allgemeinen Sprachgebrauch assoziiert man mit diesem Material einen unmenschlichen, urbanen Kontext, aber auch starken Autoverkehr und die Erdöl verarbeitende Industrie im Allgemeinen. In Wirklichkeit handelt es sich bei Asphalt um ein in der Natur vorkommendes Material, das vom Menschen seit der Antike genutzt wird.

Asphalt ist ein kohlenwasserstoffhaltiges Kalkgestein (Bitumen) und wird meist in Form von fettigem Pulver abgebaut. Durch die enge Verbindung zwischen dem Gestein und einem Kohlenwasserstoff entsteht ein festes, leicht klebriges, formbares und wasserdichtes Material. Und gerade diese Eigenschaft ist beim Asphalt gefragt: seine Fähigkeit, sich optimal anzupassen, Risse abzudichten und eine undurchlässige Schutzschicht zu bilden. Deshalb wird Asphalt überwiegend im Bauwesen eingesetzt: zur Abdeckung von Dachterrassen; zur Abdichtung des Schiffsrumpfs bei alten Kähnen; auf Verkehrswegen, wo Abflüsse kanalisiert werden müssen, ohne dass dabei Staub anfällt. Asphalt wird erhitzt und somit teilweise verflüssigt. Anschließend werden Mineralstoffe beigemengt. Eine weitere Möglichkeit ist die Verarbeitung des Ausgangspulvers durch Pressverfahren zu Bodenfliesen, die überaus dicht und stoßfest sowie chemikalienbeständig sind.

Stärken: Dichtigkeit, Trägheit der Fette und Kohlenwasserstoffe, Verformbarkeit

Schwäche: evtl. schädliche Ausdünstungen

B

BAKELIT
PF: Phenol-Formaldehyd
oder Phenol

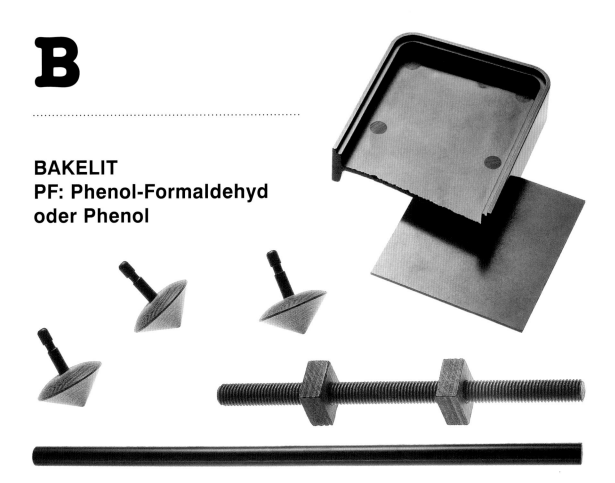

Bakelit, ein duroplastischer Kunststoff auf der Basis von semikristallinem Polyamid, ist mehr ein Markenname als eine chemische Bezeichnung. Bakelit zählt zur Familie der Formaldehyd- und Phenolharze und war um 1900 der erste industriell hergestellte Kunststoff. Seinen Namen verdankt es seinem Erfinder, dem belgischen Chemiker Leo Baekeland. Es zählt immer noch zu den leistungsfähigsten Duroplasten, wird heute jedoch oft durch andere, günstigere Polymere ersetzt. Seine elektrische Isolationsfähigkeit und sein Wärmewiderstand machten Bakelit von Anfang an sehr beliebt und es fand bald Anwendung bei Telefongehäusen, Steckdosen und elektrischen Schaltern, Getrieben, Küchenwerkzeug (Kochtopfgriffe), Spielzeug und Schmuck. Mit seinem altertümlichen Charme hielt Bakelit später Einzug in Designer-Galerien und Antiquitätenläden und erhebt diverse Gegenstände aus „Plastik" zu Sammlerstücken. Bakelit ist hart, haltbar und weist einen hohen mechanischen Widerstand auf. Es wird neuerdings u. a. auch bei Haushaltsgeräten, in der Elektronik, der Luft- und Raumfahrt angewendet. Außerdem findet man Bakelit oft auf Kaffeehaustischen als Aschenbecher.

Die dreidimensionale Verarbeitung dieses Harzes erfolgt durch Thermokompression in Stahlformen.

Es existiert in Form von „bakelisiertem", d. h. mit Bakelit durchtränktem Papier, dem ersten Untergrund für Schaltkreise und elektronische Leiterplatten.

Auch Holz lässt sich „bakelisieren" und wird damit zu einem hoch widerstandsfähigen Verbundwerkstoff, der in der Mechanik (Ritzel, Zapfen usw.) oder beim Erstellen hochpräziser Modellvorlagen Einsatz findet.

Stärken: elektrischer Isolator, hoher Wärmewiderstand, Härte, Beständigkeit, hoher mechanischer Widerstand
Schwäche: hohe Kosten

B

BAMBUS

Bambus zählt ebenso wie Weizen zur Familie der Gräser mit 80 Unterfamilien und 1 200 Arten. Bambus besteht aus einem Wurzelstock, einem hohlen, segmentierten Halm (auch „Rohr") und Blättern. Bambus zeichnet sich durch sein schnelles Wachstum aus: Manche Arten wachsen über einen Meter pro Tag, können über 30 Meter hoch werden und einen Umfang von 35 Zentimetern erreichen!

Bambusse kommen natürlich auf der ganzen Welt außer in Europa vor, wo jedoch heute bestimmte Arten angebaut werden. Sie sind sehr widerstandsfähig im Vergleich zu ihrem Gewicht, u. a. aufgrund der Faserlänge, und lassen sich mit hoch leistungsfähigen Verbundstoffen vergleichen. Aufgrund ihres schnellen Wachstums bietet diese Pflanze Abhilfe gegen die Bodenerosion. Als erneuerbarer Werkstoff kommt sie regelmäßig im Kontext der nachhaltigen Entwicklung zum Einsatz.

Allerdings können aufgrund der starken Rissneigung keine herkömmlichen mechanischen Bauweisen verwendet werden. Bambus kann nur durch Verknüpfungen verbunden werden, was das entsprechende formale Register stark einschränkt. In Asien wird Bambus häufig im Gerüstbau eingesetzt (bis zu 400 Metern Höhe!).

Bambus findet auch in Endprodukten zunehmend Anwendung: Lamellen, Parkett, Furnier, Gewebe usw. weisen eine hohe Abriebfestigkeit und eine gute Dimensionsstabilität auf. Bambusfasern werden auch bei der Herstellung von Papier und Textil verwendet.

Stärken: Leichtigkeit, Beständigkeit, Biegefähigkeit, Preis, schnelles Wachstum

Schwächen: Rissneigung, Dimensionsbeanspruchung, eingeschränkte Verbindungsmöglichkeiten

B

BETON, HERKÖMMLICHER

Ausgehend von Zementbeton (enthält Zement, Gesteinskörnungen, Wasser, Zusätze und Luft) werden verschiedene „Betonwerkstoffe" unterschieden, darunter:

· **Stahlbeton:** Aufgrund der strukturellen Schwäche von Zementbeton – Druckfestigkeit, jedoch kaum Zug- bzw. Biegefestigkeit – muss ein Betonbau bei Zug- und Biegebelastung (z. B. Brücke, Balken) eine Bewehrung (Armierung) aus Stahl aufweisen. Bewehrter (armierter) Beton weist eine hohe Zugfestigkeit auf.

· **Spannbeton:** Wird eingesetzt, wenn Stahlbeton nicht leistungsfähig genug ist. Ähnlich einer Feder komprimiert die Armierung den Beton im Ruhezustand und ist bei Belastung in der Lage, sich auszudehnen. Der Beton dehnt sich aus, ohne eine unzulässige Zugbelastung zu verursachen. Es wird zwischen „vorgespanntem" und „nachgespanntem" Beton (letzterer ist leistungsfähiger) unterschieden, je nachdem, ob die Bewehrungsspannung vor oder nach dem Abbinden des Betons angelegt wird.

· **Porenbeton:** Ein Leichtbeton, der sich aus flüssigem Zement, feinem Sand und einem Zuschlag (z. B. Aluminiumpulver) zusammensetzt. Dieses löst durch chemische Reaktion beim Kontakt mit dem im Zement enthaltenen Kalk eine „Blasenbildung" aus. So erhält man einen Beton mit Zellenstruktur, der sich ideal für Fertigformteile (Blöcke, Platten für Trennwände usw.) eignet. Gute Wärmedämmung, leicht zuzuschneiden (mit einer gewöhnlichen Säge), doch kaum stoßfest.

· **Betonfertigteile:** Werden aufgrund ihres eleganten Aussehens in der Architektur z. B. für Fassadenanwendungen verwendet.

Stärken: Preis, große formale Freiheit, Haltbarkeit, Beständigkeit, Verarbeitung vor Ort
Schwächen: Gewicht, Verarbeitungszeit

B

BIOPOLYMERE

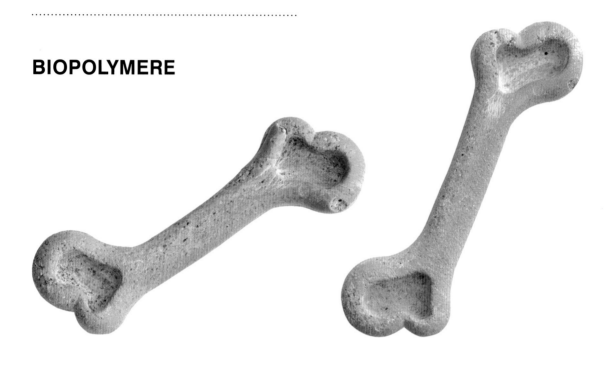

Angesichts der drohenden Knappheit der Erdölvorkommen wird fieberhaft nach Alternativen geforscht. In diesem Zusammenhang ist die Rede von Biokunststoff, biobasierten Polymeren, Biopolymeren oder Agropolymeren. Doch die genaue Bedeutung dieser Ausdrücke ist nicht immer ganz klar, und so werden beispielsweise sowohl biobasierte als auch biologisch abbaubare Materialien als „Biokunststoff" bezeichnet.

Biobasierte Polymere sind an sich nichts Neues. Seit langem verfügen wir über das Know-how, aus Biomasse – die Gesamtheit der tierischen und pflanzlichen organischen Stoffe – z. B. Latex oder andere pflanzliche Harze, Biopolymere herzustellen. Polymere sind untrennbar mit der Kohlenstoffchemie verbunden, dieses Element kann jedoch auf unterschiedliche Art gewonnen werden. Angestrebt wird die Unabhängigkeit von fossilen Ressourcen, was mit biobasierten Produkten erreicht werden kann. Man unterscheidet zwischen bekannten und erprobten Polymeren, die jedoch mithilfe erneuerbarer Ressourcen hergestellt werden, wie beispielsweise PE oder PET, die all ihre Eigenschaften beibehalten, und neuen Arten von Polymeren, für deren Produktion Stärke, Zellulose, Chitin aus Krabbenpanzern, Algen usw. verwendet wird. Biobasiert bedeutet also nicht automatisch, dass ein Produkt auch biologisch abbaubar ist.

Der Begriff Biopolymere wird hier mit der Familie der abbaubaren Polymere gleichgesetzt, ungeachtet ob es sich um biobasierte, also aus erneuerbaren Rohstoffen stammend, häufig aus der Landwirtschaft oder erdölbasierte Produkte handelt. Sie werden in vier Kategorien eingeteilt:

• **Biologisch abbaubar:** Der Werkstoff wird zu 90% biologisch abgebaut, die restlichen 10% haben keine toxische Wirkung. Beim Abbau (aerob oder anaerob – mit oder ohne Sauerstoff) werden Kohlenstoffdioxid, Wasser, Mineralsalze und andere Stoffe zugeführt und es entsteht neue Biomasse. Natürliche Ausgangsstoffe, die nicht chemisch verändert werden, gelten automatisch als biologisch abbaubar. Es existieren verschiedene Arten von biologisch abbaubaren Polymeren: aus Biomasse wie Mais-, Kartoffel- und Reisstärke; Polymere, die Zellulose oder tierisches oder pflanzliches Eiweiß enthalten (Kasein, Kollagen, Gelatine bzw. Soja); Extrakte aus Mikroorganismen (durch Fermentierung erzeugte bakterielle Polymere); aus erneuerbaren Monomeren wie Polylactide (PLA) und schließlich synthetisch oder chemisch hergestellte Polymere (z. B. aromatische Copolyester).

B

BIOPOLYMERE

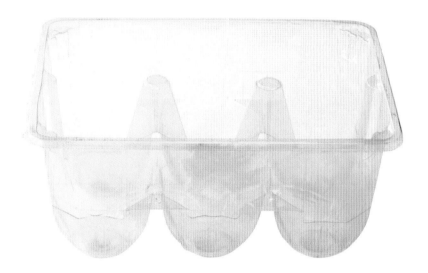

Bei den PLA ist heute dennoch Vorsicht geboten, denn sie sind zwar biologisch abbaubar, werden jedoch auf Basis von genverändertem Mais hergestellt.

• **Kompostierbar:** Die nach dem biologischen Abbau verbleibenden kleinen Reststoffe machen weniger als 10% der Ausgangsmasse aus und haben keine toxischen Auswirkungen auf den so entstandenen Kompost.

• **Biofragmentierbar:** Eine Mischung aus synthetischen Polymeren wie PE mit pflanzlichen oder mineralischen Bestandteilen. Die natürlichen Bestandteile verschwinden vollständig, das synthetische Polymer wird sichtbar abgebaut, löst sich jedoch nicht auf.

• **Oxo-(bio)abbaubar:** Thermoplaste mit Zusatzstoffen, die sich zersetzen, deren Resttoxizität jedoch nicht bestimmt wurde und somit nicht nachgewiesen ist.

Diese vollständig oder teilweise abbaubaren Biopolymere werden heute in erster Linie für Wegwerfprodukte verwendet, für Einwegverpackungen, Tragetaschen, Frischhaltefolien usw. Was die Haltbarkeit und Widerstandsfähigkeit betrifft, können sie mit den herkömmlichen recycelbaren Modellen allerdings (noch?) nicht mithalten.

Stärken: Reduzierung des Verbrauchs fossiler Ressourcen, ideal für die Verpackungsindustrie und die Landwirtschaft

Schwächen: Resttoxizität, erneuerbare Ressourcen mit hohem Wasserverbrauch (Mais)

B

BLEI (Pb)

Dichte: 11 300 kg/m³
Schmelzpunkt: 327°C

Blei ist ein graues Schwermetall, das schon seit Jahrtausenden verwendet wird. Alchimisten versuchten einst dieses sagenumwobene Metall in Gold zu verwandeln. Es wird u. a. aus Galenit gewonnen, einem stark bleihaltigen Erz, und kommt in reiner Form sehr selten vor. Blei weist eine hohe Korrosions- und Chemikalienbeständigkeit auf. Es schmilzt bei niedrigen Temperaturen, lässt sich leicht verarbeiten und ist bei Raumtemperatur form- und dehnbar. Dennoch mussten die zahlreichen Anwendungen aufgrund seiner Toxizität stark eingeschränkt werden. Zu den Anwendungsbereichen von Blei zählten früher Sanitärinstallationen, Farben (bleihaltige Pigmente), Munition, Geschirr, Dachdeckung und Regenrinnen (heute meist aus Zink). Da eine Bleivergiftung das Nervensystem schädigen kann, ist der Einsatz in einigen Ländern mittlerweile verboten.

Als Legierung in Verbindung mit Zinn oder Antimon diente Blei zur Herstellung der ersten Schriftzeichen für den Buchdruck.
Heute wird es als Antiklopfmittel in Kraftstoffen für Autos, zum Schutz vor Röntgenstrahlen, in Pigmenten, als Legierung beim Schweißen, als Munition und insbesondere in Elektrobatterien eingesetzt. Beim Batterierecycling wird das Blei wiederverwendet. Ein Großteil der weltweiten Bleigewinnung entstammt dem Recycling.

Stärken: formbar, dehnbar, niedriger Schmelzpunkt, korrosions- und chemikalienbeständig
Schwächen: Toxizität, Gewicht

B

BOROSILIKAT (PYREX®)

Das unter dem Markennamen Pyrex® bekannte Borosilikatglas weist dank seines niedrigen Wärmedehnungskoeffizienten eine hohe Hitze- (bis 400°C) und Temperaturwechselbeständigkeit auf. Zudem ist es äußerst widerstandsfähig gegen chemikalische Substanzen. Seine außergewöhnliche Beständigkeit ist auf den Zusatz von Borsäure zu der Glasmischung aus Sand, Natriumcarbonat, Aluminiumoxid, Pottasche und Kalk zurückzuführen. Borosilikatglas ist besonders hart und weist eine geringere Dichte als Normalglas auf.

Aus Borosilikatglas gefertigtes Geschirr (wie Kochgeschirr, Teller) ist spülmaschinenfest. Pyrex®-Glas wird für die Herstellung von Laborgläsern, Neonröhren, Industrieröhren und -säulen und Teleskopspiegeln verwendet. Ferner wird Borositglas für die dauerhafte Verglasung von radioaktiven Abfällen eingesetzt.

Obwohl Borositglas problemlos einem plötzlichen Temperaturanstieg widersteht, ist es insbesondere bei hoher Glasstärke gegenüber starken Temperaturabfällen weniger beständig (es sollte also vermieden werden, eine Pyrex®-Form direkt aus dem Backofen in den Kühlschrank zu stellen, ohne sie vorher abkühlen zu lassen).

Die Verarbeitung von Borositglas ist aufgrund seines hohen Schmelzpunktes komplizierter als die von Normalglas. Es kann von Hand oder mechanisch gepresst (geformt) und geblasen werden. Ferner ist es möglich, verschiedene Glasstücke zu verschweißen oder bestimmte Teile für eine endgültige Formgebung erneut zu erhitzen (Schnabel von Laborbechergläsern). Die Glasobjekte werden anschließend zur Beseitigung der Restspannung erneut gebrannt.

Stärken: äußerst temperaturbeständig, chemikalienbeständig
Schwächen: Preis, mittelmäßige optische Eigenschaften

B

BRONZE

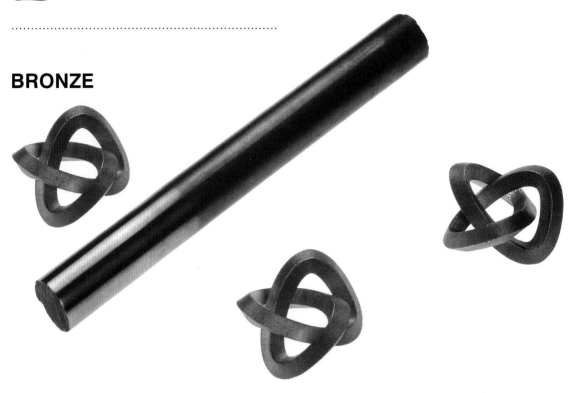

Dichte: 8 400–9 200 kg/m³
Schmelzpunkt: 1 250–1 300°C

Bronze ist eine <u>Legierung von Kupfer</u> (über 60%) <u>und Zinn</u> (3 bis 25%). Es ist eines der legendärsten Metalle in der Geschichte der Metallurgie, da es lange vor dem Auftauchen von Eisen und Stahl entwickelt und massiv eingesetzt wurde. Es eignet sich hervorragend für die Gießerei im klassischen Sand- oder Schalenguss. Seine Gießtemperatur beträgt ca. 1 300°C. Es lässt sich im TIG- und MIG-Verfahren gut schweißen und löten (auf Zinn und Silber).
Bronze besitzt eine hohe Beständigkeit gegenüber Verschleiß und Reibung sowie eine hohe Korrosionsfestigkeit, insbesondere im Kontakt mit Stahl. Diese Qualitäten werden bis heute im Maschinenbau sehr geschätzt. Außerdem besitzt Bronze eine gute elektrische Leitfähigkeit.

So verbessert der Zusatz von Blei die Verarbeitbarkeit von Bronze, Zink seine Formbarkeit, Phosphor seine mechanischen Eigenschaften etc.
Bronze ist besonders bei Kunstgegenständen, Skulpturen und Glocken beliebt. Mit der Zeit nimmt es durch Korrosion eine charakteristische grünlich-graue Färbung an. Es wird nach wie vor bei Leitungsarmaturen (edleres Metall als Zinn) verwendet und war lange Zeit ein Ausgangsstoff für mechanische Reibungsteile wie Getriebe und Lager. Heute wird es weitgehend durch Kunststoffe und andere, günstigere Metalllegierungen ersetzt.

Stärken: Edelmetall, ausgezeichnete Gussfähigkeit, hohe Verschleißfestigkeit
Schwächen: schwer, teuer

C

CELLULOSEACETAT (CA)

Höchsttemperatur im Dauereinsatz: 45–70°C
Glasübergangstemperatur (Erweichungspunkt):
100–130°C

Celluloseacetat – auch Celluloid genannt – ist ein amorpher Thermoplast, der durch Transformation von Baumwoll- und Holzzellulose gewonnen wird. Dieser Kunststoff mit weichem Griff und glänzendem, hoch transparentem Finish weist eine hohe Schlag- und Kratzfestigkeit auf. Der früher sehr beliebte Werkstoff kommt neuerdings aufgrund seiner angenehmen haptischen Eigenschaften und seiner Eignung für Dekoranwendungen wieder vermehrt zum Einsatz. Seine chemische Beständigkeit ist gering: Celluloseacetat bietet eine schwache Farbtonhaltung und entwickelt bei der Zersetzung einen charakteristischen Essigsäuregeruch (das sog. „Essigsyndrom"). Celluloseacetat ist nicht für den Nahrungsmittelkontakt geeignet, stark lösemittelempfindlich und kaum temperaturbeständig.

Zu seinen Anwendungen zählen Filmrollen (Ersatz für Cellulosenitrat), Celluloselacke, Schraubendrehergriffe, Kugelschreibergehäuse, Brillengestelle (Schildpattimitat) und Viskose oder Rayon in Form von extrudierten Fasern (sog. „Kunstseide" auf Basis von Viskosefasern).
Es gibt verschiedene Varianten von Celluloseacetat.

Stärken: Schlag- und Kratzfestigkeit, gute Haptik, Ästhetik, Transparenz, Schildpattimitat
Schwächen: schwache Temperatur- und Chemikalienfestigkeit

C

CHEMIEFASERN, NATÜRLICHE

In der Kategorie der Chemiefasern (Kunstfasern) unterscheidet man natürliche Chemiefasern (entstanden durch chemische Behandlung natürlicher Polymere pflanzlicher oder tierischer Herkunft, darunter Zellulose und bestimmte Proteine) und synthetische Chemiefasern (aus Polymeren der Petrochemie).

Die größte Gruppe der Fasern aus natürlichen Polymeren sind die Zellulosefasern, die aus Holz gewonnen werden. Aus ihnen wird z. B. Viskose hergestellt. Außerdem findet man bestimmte Fasern aus Milchkasein, Alginsäure der Algen (ihre Salze, die sog. Alginate, lösen sich in heißem Wasser auf) sowie weiteren pflanzlichen Substanzen.

Die Filamente werden im Extrusionsverfahren durch eine Spinndüse gezogen. Durch unterschiedliche Düsenformen werden verschiedene Produkteigenschaften wie Glanz, Beständigkeit, Isolationsfähigkeit, Haftung usw. erzielt. Endlosfasern bzw. Spinnfasern können mit anderen Fasern wie Wolle oder Baumwolle zu Fäden vermischt werden.

Viskose, eine praktisch reine Zellulosefaser, ist mechanisch und chemisch beständig sowie saugfähig. Sie findet bei der Herstellung von Bindfaden, Kleidung, Feinwäsche und Einrichtungsstoffen breite Anwendung. Außerdem dient Viskose zur Herstellung von Cellophan und biokompatiblen Filtermembranen. Viele „pflanzliche" Schwämme bestehen aus Viskose.

Zellulose kann je nach Verfahren und Zusätzen auch zu Cuprocellulose (Auflösung der Zellulose in ammoniakhaltigem Kupferoxidhydrat) oder Zelluloseacetat verarbeitet werden.

Stärken: pflanzliche oder tierische Herkunft, mechanische und chemische Beständigkeit, Anpassungsfähigkeit
Schwäche: chemische Behandlung notwendig

C

CHEMIEFASERN, SYNTHETISCHE

Synthesefasern haben im Gegensatz zu natürlichen Chemiefasern ihren Ursprung in der Petrochemie. Die Herstellung erfolgt aus thermoplastischen Polymeren wie Polyamid (daraus entstehen Nylon®, Polyamid 6-6 usw.); Polyester (z. B. Tergal®, Dacron®); Polyvinyl (z. B. Rhovyl®) und Polyacryl (z. B. Dralon®). Die Fasergewinnung basiert auf der Extrusion einer Polymerlösung oder -schmelze mithilfe verschiedener Spinndüsen, fallweise in trockener Atmosphäre, im Fällbad oder einfach an der Luft (Trockenspinnen, Nassspinnen oder Schmelzspinnen).

Aufgrund des maßgeschneiderten Herstellungsprozesses sind diese Fasern überaus gleichmäßig. Eigenschaften wie Feinheit, Leichtigkeit, Härte, Festigkeit, Wärmeleitfähigkeit, Bruchdehnung und Lichtverhalten sind beeinflussbar. In der Regel faulen diese Fasern nicht, sind kaum saugfähig, leicht zu elektrisieren und lassen sich mit anderen Fasern vermischen. Mit bestimmten Verfahren werden sie knitter- und schrumpffrei. Als Thermoplastprodukte sind sie jedoch temperaturempfindlich.

Zu den Anwendungsbereichen zählen zahlreiche Sparten wie Bekleidung und Einrichtung (sie können brillant und sehr farbstark sein), aber auch Hochleistungsanwendungen wie „technische Textilien" für Automobilbau, Sport, Medizin, Industriefilter, Bau- und Bauingenieurwesen, Luft- und Raumfahrt sowie Landwirtschaft.

Stärken: Leichtigkeit, Feinheit, Beständigkeit, Glanz, Färbung möglich, Anpassungsfähigkeit
Schwäche: Erdölprodukt

D

DIAMANT

Wie Graphit und Graphen besteht der Diamant aus reinem Kohlenstoff und ist das härteste Mineral der Erde. Er besitzt eine Härte von 10, der Höchstwert auf der Mohs'schen Härteskala, und liegt damit über Korund, Topas und Quarz. Diamant kann nur von einem Diamanten geritzt werden. Spezielle Temperatur- und Druckbedingungen, die nur in großen Tiefen des Erdmantels zu finden sind, begunstigen das Auskristallisieren von Kohlenstoff und damit die Bildung des Steins. Diamanten gelangen durch Vulkanausbrüche an die Erdoberfläche oder werden durch Erosion in Flusssedimente gespült. Vor mehreren Jahrhunderten wurden zwar berühmte Diamanten in Indien oder Brasilien gefunden, heute stammen natürliche Diamanten, die transparent, durchscheinend oder undurchsichtig sein können, jedoch vor allem aus Afrika, Russland und Australien. Die Kontrolle der Diamantvorkommen hat bereits zu Konflikten geführt. In der Goldschmiedekunst sind vor allem Diamanten von hoher Reinheit gefragt. Sie werden facettiert geschliffen, z. B. im Brillant-, Tropfen- oder Princess-Schliff. Die Bestimmung der Diamantqualität und seines Wertes erfolgt nach Farbe (von hochfeinem Weiß (D) bis gelblich getönt (M–Z); andere Farben wie Rosa, Grün, Blau und Schwarz werden als Fancy Colors bezeichnet), Reinheit (IF – lupenrein bis P3 – grobe Einschlüsse) und Gewicht (in Karat, 1 Karat entspricht 0,2 g, nicht zu verwechseln mit der Maßeinheit Karat für den Feingehalt von Gold). Der Wert eines Diamanten steigt exponentiell mit seiner Größe. Es gibt einige außergewöhnliche Diamanten wie den *Golden Jubilee* mit über 500 Karat. Der Diamant wird häufig in der Industrie für Schneide- und spanende Werkzeuge, als Elektroden oder Halbleiter und in der optischen Industrie verwendet. Hier kommen auch synthetische Diamanten zum Einsatz.

Stärken: Transparenz, Glanz, hoher Lichtbrechungsfaktor, Härte, guter Isolator, außergewöhnliche Wärmeleitfähigkeit, niedriger Ausdehnungskoeffizient, Biokompatibilität, Beständigkeit gegen Säuren und Basen
Schwächen: hoher Preis, Abbaubedingungen

E

EDELSTEINE

Als Edelsteine bezeichnet man verschiedene Arten von schönen Steinen, die relativ selten vorkommen und sich durch eine große Härte auszeichnen (über 6/10 auf der Mohs'schen Härteskala). Früher wurde der Begriff Edelstein nur für vier Steine verwendet: Diamant, Smaragd, Rubin und Saphir. Andere transparente Steine wurden als Halbedelsteine oder Schmucksteine bezeichnet und werden ebenfalls sehr geschätzt: Aquamarin, Topas, Amethyst, Granat, Turmalin usw. Daneben wurden auch häufiger vorkommende Steine und Materialien für Schmuck verwendet, darunter Bernstein, Jade, Achat, Onyx, Obsidian, Opal oder Perlen.

Heute werden all diese Steine als Edelsteine bezeichnet und nach folgenden Kriterien bewertet: Gewicht (in Karat, 1 Karat entspricht 0,2 g), Farbe, Reinheit (oder Transparenz) und Schliff. Auch ihre Herkunft und die jeweilige Mode haben Einfluss auf den Wert von Edelsteinen. Der Markt für Edelsteine beeinflusst die verschiedenen Aspekte, und jedes Stück ist einzigartig.

Schmucksteine sind meist mineralischer Herkunft, nur Perlen und Bernstein sind biologischer Herkunft. Es gibt auch synthetische Steine sowie Imitationen aus farbigem Glas. Edelsteine werden hauptsächlich für Schmuck verarbeitet. Es gibt jedoch auch industrielle Anwendungen, so werden beispielsweise Diamanten für Schneidewerkzeuge, in der optischen Industrie oder als Halbleiter eingesetzt und Rubin für Laser oder in der Uhrmacherei.

Die wirtschaftliche Bedeutung von Edelsteinen ist sehr groß und verursacht unvermeidlich Spannungen: Konflikte um begehrte Vorkommen, Ausbeutung von Bergbauarbeitern usw.

Stärken: Schönheit, Glanz, Härte, Seltenheit
Schwächen: hohe Kosten, Seltenheit, Abbaubedingungen

E

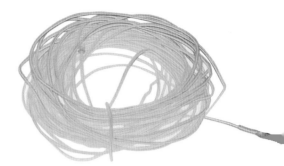

ELEKTROLUMINESZENZ (EL)

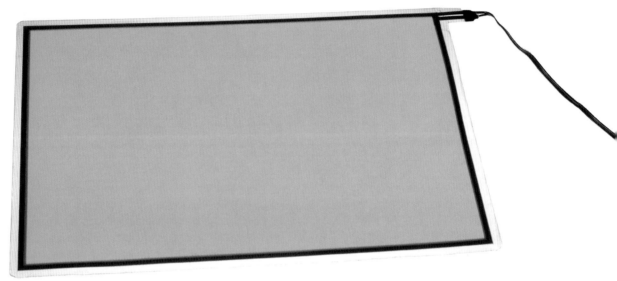

Elektrolumineszenz (EL) wurde in den 1930er Jahren im Rahmen von Armeeprojekten (z. B. zur Beschilderung von Flugzeugträgern) gemeinsam mit der NASA entwickelt. Dabei wird im Siebdruckverfahren Phosphor auf einem leitfähigen Träger aufgebracht. Eine EL-Lampe besteht aus mehreren Teilen: einer Polyesterhalterung, leitfähiger Tinte, Phosphor, einer Elektrode sowie einer Schutzkapsel.

Phosphor reagiert auf elektrischen Strom durch Emission eines schwachen Lichts, das für viele Beschilderungsanwendungen und Rückstrahler ausreicht (Anzeigen, Telefondisplays, Stufenleuchten, Beschilderung von Notausgängen usw.).

Heute sind weiche EL-Folien sowie Drähte gängig. Das erzeugte Licht ist meist blau. Es können jedoch mehrere Farben erzeugt werden, entweder durch Variation von Versorgungsspannung und Frequenz oder durch Umwicklung der Drähte bzw. Abdeckung der Folien mit Farbfiltern.

Elektrolumineszenz ist keine eigentliche „Lichtquelle". Daraus ergeben sich Vor- und Nachteile: Sie ermöglicht zwar keine Leselampe am Nachttisch, jedoch eine starke und nachts weithin sichtbare Beleuchtung, z. B. für Werbeschilder. In Städten entsteht dadurch keine „Umweltverschmutzung" durch Licht, was heute einen besonderen Vorteil darstellt. Dieser Träger erfreut sich besonders bei Designern zunehmender Beliebtheit, da er sich in Form einer dünnen, biegsamen, farbigen, verformbaren Folie mit programmierbaren Effekten nutzen lässt.

Stärken: geringer Stromverbrauch, geringe Stärke, lange Lebensdauer, Leichtigkeit, Elastizität, erhitzt sich nicht
Schwächen: hohe Spannung, benötigt einen Transformator, Restbrumm

E

ELFENBEIN

Elfenbein – oder <u>Dentin</u> – ist ein kalziumhaltiger, organischer Stoff und galt seit jeher als kostbares Material. Es ist strahlend weiß und bildet die Zähne bzw. Stoßzähne bestimmter Tiere wie Elefanten oder anderer Säugetiere, darunter Nilpferde, Walrösser und Warzenschweine. Seit Menschengedenken sammelt und schnitzt der Mensch Elfenbein und verarbeitet es zu Messergriffen, religiösen Gegenständen, Knöpfen, Billardkugeln, Klaviertasten u. a. Das holzähnliche Material weist konzentrische Wachstumsmarkierungen auf und quillt im Kontakt mit Feuchtigkeit auf. Seine Nutzung bedroht heute das Überleben einiger Tierarten. Der Elfenbeinhandel ist in manchen Ländern heute stark eingeschränkt oder sogar untersagt.

Aufgrund seiner Seltenheit und der hohen Preise sind zahlreiche Imitate aufgetaucht: <u>fossiles Mammutelfenbein</u>, das in Sibirien im Überfluss vorhanden ist; Tagua- oder <u>Elfenbeinnuss</u> (nur kleine Stücke); Rinder- oder Kamelknochen (vergilben leicht, weniger fein als echtes Elfenbein); <u>Ivoirine</u> (Kunstelfenbein aus Pulver mit Kunststoffbindemittel in unterschiedlicher Proportion, lässt sich formen) oder Kunststoffe, die dem Aussehen von Elfenbein oft täuschend ähneln.

Elfenbein färbt sich mit der Zeit zwar gelb, doch durch einige Rezepte aus Großmutters Fundgrube lässt sich seine weiße Farbe wieder herstellen: mit Zitronensaft, im Milchbad, mit Wasserstoffperoxid oder Schwefelkarbonat.

Stärken: kostbar, symbolisch behaftet, widerstandsfähig
Schwächen: Preis, UV-lichtempfindlich: tendiert mit der Zeit zur Vergilbung, eingeschränkte Beschaffungsmöglichkeit

E

ENTLADUNGSLAMPEN – FLUORESZIERENDE LEUCHTSTOFFLAMPEN

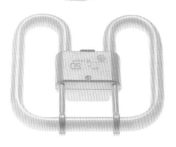

Im Handel sind heute die verschiedensten fluoreszierenden Leuchtstofflampen erhältlich. Am bekanntesten ist zweifellos die im Volksmund fälschlicherweise als „Neonröhre" bezeichnete Leuchtstofflampe.

Diese Lampen erfordern einen Zündapparat oder Starter sowie einen Strombegrenzer. Eine Leuchtstoffbeschichtung aus fluoreszentem Pulver wird an der Innenseite des Glasgehäuses aufgebracht. Dieses Pulver wird durch die unsichtbare UV-Strahlung angeregt, die in der Röhre durch Niederdruck-Gasentladung von Quecksilberdampf oder Argon entsteht, und verwandelt die Emission in sichtbares Licht.

Neueren Datums ist eine breite Palette von fluoreszierenden Leuchtstofflampen, bei denen der Strombegrenzer bereits in den Leuchtkörper integriert wurde. Der Sockel ist identisch mit Standardglühbirnen, so dass sie mit herkömmlichen Lampen verwendet werden können.

Fluoreszierende Leuchtstofflampen sind anfälliger auf wiederholtes Ein-/Ausschalten und erreichen ihre max. Leuchtkraft erst nach einer bestimmten Zeit.

Fluoreszierende Lampen erhitzen sich kaum (vor allem im Vergleich zu Glühbirnen) und eignen sich deshalb für vielerlei Materialien im Direktkontakt mit einfachem Konvektionskreislauf. Deshalb können die Lampenschirme auch aus Papier oder Stoff hergestellt werden.

Leuchtstofflampen werden oft bei der Beleuchtung von Büroräumen, Klassenzimmern, Vertriebslokalen und vermehrt auch im Heimbereich eingesetzt.

Stärken: lange Lebensdauer, reduzierte Instandhaltung, erweiterte Farbpalette, niedriger Stromverbrauch, hohe Formenvielfalt, geringe Erhitzung

Schwächen: Kosten, Einschaltzeit

E

ENTLADUNGSLAMPEN –
NATRIUM-, QUECKSILBER-
DAMPFLAMPEN

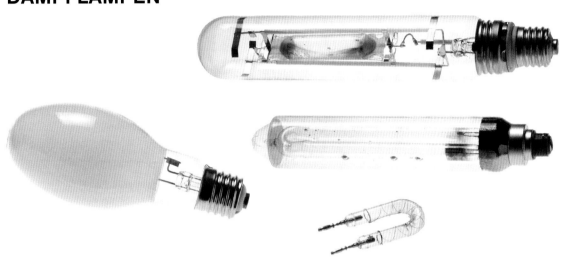

Bei Entladungslampen entsteht Licht durch elektrische Entladung in einer Glühbirne, die einen oder mehrere Metalldämpfe, ein oder mehrere Edelgase und manchmal unterschiedliche chemische Verbindungen enthält. Bei Anlegen einer ausreichenden Spannung entsteht ein Lichtbogen, der durch die Wärmeentwicklung zum Verdampfen der vorhandenen Substanzen führt, bis sich die Leuchtkraft progressiv stabilisiert (Einschaltphase).

Eine Quecksilberdampflampe gibt bläuliches Licht ab; mit Natrium wirkt das Licht orange bis gelb, mit Neon rot, mit Xenon fast weiß.

Zu den bekanntesten Entladungslampen zählen heute Natriumdampflampen, Quecksilberdampflampen und Neonröhren.

Im Gegensatz zu Glühlampen können diese Lampen nicht direkt an die Stromversorgung angeschlossen werden, es sind Betriebsgeräte wie Strombegrenzer, Zünder usw. erforderlich.

Sie besitzen eine lange Lebensdauer, sind jedoch sehr empfindlich gegenüber Spannungsvariationen; das Einschalten (und Wiedereinschalten) erfolgt verzögert.

Aufgrund des hohen Lichtstroms eignen sich diese Lampen optimal für öffentliche Außenbeleuchtungen, im Innenbereich für Räume mit besonderer Deckenhöhe (Ateliers) sowie für starke Beleuchtungsanwendungen (Schaufenster, Großmärkte, Sportanlagen).

Stärken: hohe Lichtausbeute, Außenanwendungen, Lebensdauer
Schwächen: Kosten, Farbwiedergabe-Index, besondere Behandlung beim Recycling

E

EPOXY oder EPOXID
POLYEPOXID (EP)

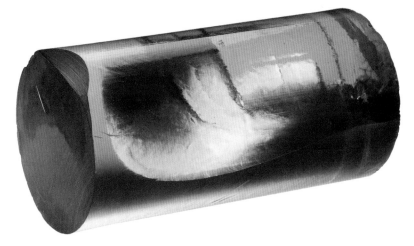

Es handelt sich um <u>amorphe Thermoplaste</u> in Form von Flüssigharz in Verbindung mit Katalysatoren.

Polyepoxide treten oft im Zusammenhang mit Fasern, z. B. Glas- oder Kohlenstofffasern auf. Sie ähneln in ihren Eigenschaften ungesättigten Polyestern, sind jedoch wesentlich leistungsfähiger. Nur die Abbindezeit ist länger, was Nachteile in der industriellen Verarbeitung mit sich bringt.

Sie zeichnen sich durch eine hervorragende Adhäsion auf sämtlichen Oberflächen aus.

Sie können ohne Zusätze anderer Materialien als Harzeinschluss verwendet werden. Da sie auch hier gegenüber ungesättigten Polyestern eine überragende Transparenz aufweisen, sind sie besonders bei Einrichtungsgegenständen beliebt.

Die Verarbeitung erfolgt durch Gießen, Durchfeuchtung, Ummantelung und Wickeln. Aufgrund der geringen Schrumpfung ist Epoxy sehr zuverlässig bei der Herstellung von Präzisionsteilen.

In Pulverform lässt sich Epoxidharz auch durch Pressen oder Transfer formen.

Wichtigste Anwendungen: Zweikomponentenkleber vom Typ Araldite® (Einsatz zum Fügen von Flugzeugtriebwerken!), Klebstoffe, Korrosionsschutzbeschichtungen, Ummantelungen von elektrischen Bauteilen (Motoren, Spulen), hochleistungsfähige Verbund- und Sandwich-Stoffe (Hubschrauber-Rotorblätter, Schiffsmasten etc.)

Stärken: exzellente mechanische und chemische Beständigkeit (organische Lösemittel, Basen und schwache Säuren), Transparenz, hervorragende Wärmebeständigkeit (bis 150–200°C), geringe Schrumpfung beim Formen

Schwächen: lange Abbindezeit, heikle Verarbeitung (u. a. Toxizität)

F

FARBVERÄNDERNDE STOFFE

Es existieren verschiedene Werkstoffe, die je nach Umgebung ihre Farbe verändern können. Dazu zählen:

· **Thermochrome Werkstoffe:** Sie verändern ihre Farbe je nach Temperatur. Thermochrome Effekte können reversibel oder irreversibel sein. Erreicht werden diese Veränderungen in unterschiedlicher Intensität mit einigen Flüssigkristallen (mesomorphe Körper, die einen Zustand zwischen amorph und kristallin aufweisen) und eingeschlossenen Pigmenten, die als „Leuco Dyes" bezeichnet werden. Mit Flüssigkristallen wird das beste Ergebnis erzielt, dafür ist jedoch der Temperaturspielraum, in dem sie ihre Farbe ändern, relativ begrenzt; der Farbwechsel ist auf eine veränderte Reflexion der Lichtwellenlänge auf ihre Struktur zurückzuführen. Thermosensible Tinte mit Leuco Dyes – Farbpigmente, die unter Wärmeeinfluss verblassen und bei Abkühlung ihre Farbe wiedergewinnen – reagiert auf eine größere Temperaturbandbreite zwischen ca. –25°C und +66°C. Zu den Anwendungsbereichen zählen: Temperaturanzeiger wie Thermometer, „intelligente" Etiketten, Markierungen gegen Produktfälschungen, die bei Wärmeeinwirkung angezeigt werden, Frischeanzeiger usw.

· **Photochrome Werkstoffe:** Sie verändern ihre Farbe unter UV-Einstrahlung. Zum Einsatz kommen photochrome Werkstoffe unter anderem in Brillengläsern.

· **Hydrochrome Werkstoffe:** Sie verlieren ihre Farbe beim Kontakt mit Wasser oder Feuchtigkeit.

· **Elektrochrome Werkstoffe:** Sie verändern ihre Farbe, sobald elektrischer Strom durch sie hindurch fließt. Die Farbveränderung kann entweder durch Erwärmung erfolgen, wodurch die termochromen Eigenschaften des Materials ausgelöst werden, oder durch eine Redoxreaktion. Heutzutage werden beispielsweise elektrochrome Gläser hergestellt.

Stärken: changierende Farbeffekte

Schwächen: begrenzter Temperaturspielraum bei thermochromen Werkstoffen, Preis, Stabilität und Lebensdauer

FASERBETON

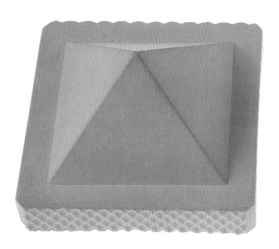

Der mechanische Widerstand von Zementbeton (eine Mischung aus Zement, Gesteinskörnungen, Wasser, Zusätzen und Luft) kann durch Hinzufügen von Fasern verbessert werden. Dadurch entfällt der Bedarf für Armierungen und die Verarbeitung des Betons wird vereinfacht.

Wie bei Verbundstoffen wird das Material durch Metall-, Glas-, Polymer- aber auch Pflanzenfasern verstärkt. Meist sind die Fasern kurz (wenige Zentimeter Länge) und dünn (rund 1 mm Durchmesser). Die endgültigen Leistungen des Betons werden durch diese beiden Parameter bestimmt. Faserbeton ist meist rissfester, da die Fasern sich im Material verteilen und ihm eine Struktur verleihen. Er weist eine höhere Stoß- sowie Flammfestigkeit auf und ist dehnbarer.

Je nach Art der verwendeten Fasern besitzt der Beton unterschiedliche Eigenschaften: Metallfasern bieten eine höhere Chemikalienbeständigkeit, Dauerhaltbarkeit und Abriebfestigkeit; mit Polypropylenfasern wird hingegen die Schrumpfung reduziert.

Es gibt auch „Ultra-Hochleistungs-Faserbeton", der sich aus Mikrofasern zusammensetzt und eine optimale Leistung bietet. Heute werden Fertigteile und Hochleistungsbauten aus diesem Beton hergestellt.

Glasbeton oder GRC (Glass Reinforced Concrete) ist ein glasfaserverstärkter Beton, der häufig bei Fertigteilen für Verkleidungen eingesetzt wird (z. B. Vorhangfassade).

Stärken: rissfest, erhöhte Flammfestigkeit, dehnbarer als herkömmlicher Beton, einfach verarbeitbar

Schwächen: Preis, heikle Verarbeitung auf der Baustelle

FASERN, PFLANZLICHE

Die hauptsächlich aus Zellulosefasern bestehenden pflanzlichen Fasern werden aus verschiedenen Teilen der Pflanzen gewonnen: aus dem Samenkorn der Baumwolle, der Frucht des Kapokbaumes und der Kokosnuss, dem Stängel bei Leinen, Hanf und Jute sowie den Blättern bei Palmen und Bananenstauden.

Baumwolle

Baumwolle ist so alt wie die Menschheit! Sie wächst in feuchtwarmen subtropischen Regionen (USA, China, Indien, Ägypten usw.). Man unterscheidet heute zahlreiche Baumwollsorten (kleine Stauden), darunter „indische Baumwolle" mit dicken, kurzen Fasern, die kommerziell wenig genutzt wird, „ägyptische Baumwolle" mit langen, dünnen Fasern – die schönste Baumwolle der Welt! – sowie die meistverbreitete, klassische Baumwolle, auch als „Upland-Baumwolle" bezeichnet.

Baumwollfasern entstehen als Samenhaare mit der Frucht. Sie werden im Allgemeinen mechanisch, auf bestimmten Plantagen jedoch noch händisch geerntet. Anschließend wird Baumwolle auf unterschiedliche Arten behandelt und gesponnen. Die Geschichte der Baumwolle hat auch gesellschaftliche, politische und wirtschaftliche Hintergründe und steht stellvertretend für die Geschichte der Arbeit und der Sklaverei, aber auch der Lobbys und Märkte.

Die Baumwollfaser ist von Natur aus weiß bis braun. Sie ist hohl und leicht; ihre Zellulosewand garantiert hohe Saugfähigkeit (und somit guten Tragekomfort), lässt sich leicht einfärben, ist pflegeleicht, widerstandsfähig und relativ elastisch. Die Baumwollproduktion macht über 80% der Naturfaserproduktion aus. Die Baumwollkultur verursacht umfangreiche Umweltverschmutzung durch Pestizide, Düngemittel usw. Als Versuchsfeld für genetisch veränderte Organismen zählt dieser Bereich in unserem heutigen Kontext der nachhaltigen Entwicklung zu den Verbesserungszielen. Neuerdings ist viel von biologischer Baumwolle (ohne Düngemittel und Pestizide) und Fair Trade die Rede. Leider sind die meisten heute

F

FASERN, PFLANZLICHE

erhältlichen Baumwollen gar nicht so natürlich, sondern äußerst chemikalienaufwändig.

Leinen

Diese in Zonen mit gemäßigtem Klima angebaute Faser ist ebenso wie Baumwolle <u>hohl</u> und daher leicht, saugtahig und widerstandsfähig (vor allem verschleißfest), solide, aber leicht knitterbar. Leinen wird viel für Haushaltswäsche und Kleidung verwendet, kann jedoch auch als Gemisch in Einrichtungsstoffen und technischen Geweben (Postsäcke, Keilriemen usw.) und für bestimmte Papiersorten wie Banknoten eingesetzt werden. Aus den Samen wird auch Leinsamenöl gewonnen, das aufgrund seiner schnellen Trocknung bei Farben und Lacken Anwendung findet.

Hanf

Hanf ergibt ebenfalls <u>hohle</u>, <u>leichte</u> Fasern, die sehr beständig und saugfähig sind. Hanf besitzt einen raueren Griff als Leinen und wurde früher viel bei Schnüren und Seilen sowie bestimmten Geweben für die Bekleidung eingesetzt. Heute kommt Hanf in erster Linie bei Papier (Zigarettenpapier, Filterpapier) sowie als Zusatzstoff bei Thermoplasten vor. Außerdem wird „Hanfwolle" als Dämmstoff im Bauwesen eingesetzt. Die Hanfkultur ist durch ihren CO_2-Verbrauch interessant für die nachhaltige Entwicklung.

Weitere pflanzliche Fasern tauchen neuerdings im Textilbereich auf: <u>Ananas-</u>, <u>Bambus-</u>, <u>Algenfasern</u> bzw. Fasern aus der Mais- und Rübenverarbeitung (siehe Materialkarte Biopolymere S.128). Bestimmte Vliesstoffe werden direkt aus <u>Baumrindenextrakten</u> hergestellt (z. B. afrikanischer Riesenficus).

FASERN, TIERISCHE

Tierische Fasern werden entweder aus Säugetierhaaren hergestellt oder auf natürliche Weise von Insekten oder Spinnen gesponnen. Die wohl bekanntesten Sorten sind Schafwolle und Seide. Zur Herstellung von Mohair dient das Haar der Angoraziege ebenso wie Lama-, Alpaka-, Kamelhaar und Angorahasenfell. Ursprünglich wurden Tierhaare einfach gefilzt und zu Faden verarbeitet, der anschließend gewebt oder gestrickt wurde.

Wolle

Der Begriff „Wolle" bezieht sich meist auf Schaffell. Nach dem Scheren wird die Wolle (kurze bzw. lange Keratinfasern) gewaschen, kardiert bzw. gekämmt und gesponnen. Sie besitzt hervorragende Wärmeeigenschaften (Schutz vor Kälte und Hitze), ausgezeichnete Absorptionsfähigkeit (kann 18% ihres Eigengewichts an Wasser aufnehmen!) und ist kaum brennbar.

Seide

Seide wird von der Seidenspinnerraupe (Maulbeerspinner, Bombyx mori) abgesondert. Die Zucht dieser Seidenraupen heißt „Seidenzucht". Der zum Kokon versponnene Seidenfaden ist eine lange, dünne, weiche und leichte Faser, die von den Chinesen seit Jahrtausenden genutzt wird. Die Festigkeit des Seidenfadens in Anbetracht seiner geringen Stärke ist vergleichbar mit Stahl! Seide ist relativ biegsam und elastisch, saugfähig und glänzend. Sie macht nur einen Bruchteil der weltweiten Faserproduktion aus und ist bis heute ein teures Luxusprodukt geblieben. Man spricht von „Wattseide" als dem anfänglichen Ausstoß von Seidenmasse; bei „Seidenkrepp" handelt es sich um gedrehte Wattseidenfäden (charakteristischer Spiraleffekt im Gewebe); und „Roh- oder Wildseide" (die berühmte Shantungseide) stammt von wild lebenden Raupen oder Spinnen, die sehr kleine Mengen sekretieren. Seide lässt sich auch mit anderen Fasern mischen. Verwendung für Feinwäsche, Bekleidung, Besatz- und Einrichtungsstoffe usw.

F

FILZ

Filz ist ein Vliesstoff aus Wollfasern oder Tierhaar (Ziege, Schaf, Kamelhaar usw.), die ohne äußeres Bindemittel untrennbar verschlungen werden. Die Filzbildung erfolgt aufgrund ihrer Eigenstruktur (die schuppige Oberflächenstruktur von Wolle bedingt das Filzvermögen) unter Einwirkung von Feuchtigkeit, Wärme und Druck. Das Filzen ist eine sehr alte Technik, bei der Fasern und Haare unter Wasser mit Seife oder Tonerde verarbeitet werden. Das dadurch entstandene Vlies wird gewalkt und gepresst, um einen Zusammenhalt zu erzielen. Nach dem Trocknen ist Filz ein solides Material, das sich scheren und abschleifen lässt, um ihm eine schöne Oberfläche zu verleihen. Filz kann leicht eingefärbt, zugeschnitten und genäht werden und eignet sich hervorragend zur Formgebung durch Druckformen. So werden bspw. Hüte und Schuhe erzeugt.

Heute gibt es auch Nadelfilze (Nadelvlies) aus Fasern und Polymerharz (Polyester, Polyamid, Polypropylen usw.).

Alle diese Filze können optimiert und als Lärm- und Wärmedämmmaterial oder Aufprallschutz eingesetzt werden und von einem wasserundurchlässigen in einen -absorbierenden Zustand verwandelt werden. Zahlreiche industrielle Anwendungen: Schmierdichtungen bzw. wasserabweisende Dichtungen, öl- oder feuchtigkeitsabsorbierende Teile, Farbübertragwalzen, Polieren und Krispeln von Leder, Verkleidung von Bügelpressen, Schallschutz, Stuhlkufen u. a.

Stärken: stoß- und vibrationsfest, wasserundurchlässig oder -absorbierend, lärm- und wärmedämmend, Filtermaterial, Abriebfestigkeit, Verschleißfestigkeit, leicht formbar, Elastizität, Recyclingfähigkeit (natürliche Filze)

Schwächen: Gewicht, eingeschränkter Zusammenhalt

F

FISCHHAUT, GALUCHAT

Fischhaut wird seit Langem in der Luxustischlerei und Etuimacherei (Salzgefäße, Tabakbeutel, Dolch- und Säbelgriffe), aber auch für Bekleidung eingesetzt. Bei Galuchat handelt es sich um Haut von Haifisch, Katzenhai oder Rochen, die ihren Namen dem im Dienste König Ludwigs XV. stehenden Gürtlers Galuchat verdankt, der diese in der westlichen Welt einführte. Galuchat ist ein seltenes, kostbares und exotisches Leder, das vorwiegend in Asien verarbeitet wird. Sein charakteristisch genarbtes Aussehen, das insbesondere am Rückgrat der Fische zu sehen ist, erinnert nach dem Schleifen an Elfenbein.

Die abgezogene, gewaschene, entwässerte, auf der Außenseite durch Abstrahlen und auf der Innenseite durch Abschaben gereinigte Haut durchläuft vor dem Glätten, und evtl. dem Schleifen und Einfärben, je nach Verwendungszweck zahlreiche Vorbereitungsschritte. Geschliffenes, grün gefärbtes Galuchat ist häufig anzutreffen. Ungeschliffen kann sich Fischhaut als sehr scheuernd erweisen.

Im Zeitalter des Art Déco erfreuten sich mit Galuchat bezogene Möbel großer Beliebtheit, kamen jedoch schnell wieder aus der Mode. Heute findet Galuchat wieder bei Luxuslederartikeln, Schmuck und einigen Möbeln Anwendung.

Das Leder anderer Fischarten wie Lachs oder Barsch wird ebenfalls verarbeitet. Paradoxerweise sind alle Häute von Wassertieren nicht wasserdicht. Manche werden heute gegerbt und behandelt, um sie waschbar zu machen. Auch sie werden gerne bei der Herstellung von Luxusaccessoires, Kleidung und Schuhen verwendet. Da die Größe der Haut von der Größe der Fische abhängt, sind diese relativ klein.

Stärke: Aussehen
Schwächen: Preis (Galuchat), kleine Größe

F

FORMGEDÄCHTNIS-
LEGIERUNGEN (FGL)

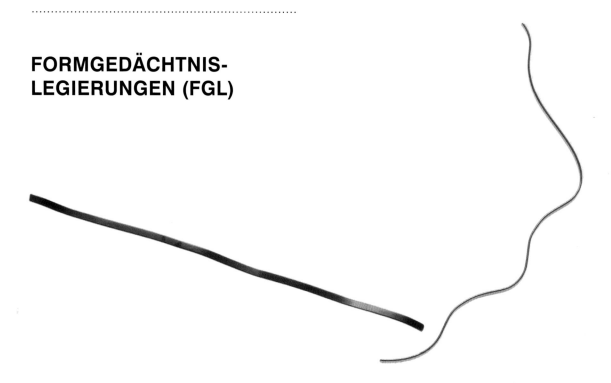

Die in den 1950er Jahren entdeckten Formgedächtnislegierungen (FGL) haben die bemerkenswerte Eigenschaft, sich temperaturabhängig zu verformen und danach ihre ursprüngliche Form wieder anzunehmen. FGL waren lange Zeit hindurch militärischen Anwendungen vorbehalten. Manche wurden aufgrund ihrer Biokompatibilität zunächst auch in der Medizin eingesetzt (Arterien-Stents usw.) und kommen heute u. a. in der Luft- und Raumfahrt und bei Sicherheitsausrüstungen (Mikromechanik) zur Anwendung.

Die Formwandlung erfolgt nicht durch Atomdiffusion in einem Festkörper – dies würde zur Änderung der chemischen Struktur des Materials führen –, sondern durch einen Schereffekt ganzer Atomgruppen: Die Atome ändern ihre Position nicht. Da sich die atomare Zusammensetzung nicht grundlegend ändert, spricht man von Verschiebungstransformation; diese ermöglicht die scheinbare „Erinnerung".

Ihre Eigenschaften sind stark abhängig von der chemischen Zusammensetzung und ihrer thermomechanischen Behandlung, die heikel und kostspielig ist. Der „Formgedächtniseffekt" (FGE) ist in zahlreichen Legierungen zu finden: Kupfer-Zink, Nickel-Titan usw. und wird seit Kurzem in Polymeren und bestimmten Keramikwerkstoffen untersucht. Die in Polymeren auftretenden Kräfte sind wesentlich schwächer als bei Metallen, in Keramiken hingegen zwar schwach, jedoch viel reaktiver.

Je nach dem eingesetzten Material ergeben sich durch das Formgedächtnis entgegengesetzte Anwendungen: Mit Metalllegierungen wird eher ein Kontakt, also eine Leitung hergestellt (Steckverbinder, Schalter), mit Polymeren oder Keramik eher eine Isolierung, also eine Trennung des Kontakts.

Stärken: Miniaturanwendungen, Biokompatibilität, Zuverlässigkeit
Schwächen: Preis, Eignung nur bei kleinen Anlagen

F

FORMSPERRHOLZ

Eine der spektakulärsten Varianten von Sperrholz ist Formsperrholz. Es wird nicht wie eine Standard-Sperrholzplatte plan verpresst, sondern besteht aus verleimten Furnierlagen, die in speziellen Formen gekrümmt und ausgeformt werden. Zahlreiche Hersteller bieten eine Vielzahl von Standardprodukten an (Halbzylinder, Viertelholz, Sitzschalen usw.), die später durch Zuschnitt auf die Anwendungsprofile abgestimmt werden. Die Verwendung von Standardprodukten ist wesentlich günstiger als die Anfertigung einer individuellen Form. Beim Formen gibt es zwei verschiedene Methoden: Mit Form und Gegenform (in der Industrie sind beheizbare Metallformen im Einsatz, während im Handwerk auch Holzformen vorkommen können) oder „Taschen", wobei die Platten unter Vakuum in einer warmverschweißten Kunststofftasche gegen die Form gepresst werden.

Formsperrholz eröffnete beim zweidimensionalen Formen eine Vielzahl von Gestaltungsmöglichkeiten und fand überwiegend im Möbelbau Anwendung. Heute sind bestimmte Hersteller in der Lage, ergonomisch ansprechende 3D-Produkte anzubieten. Die Furnierlagen werden in Faserrichtung zerkleinert, auf einem Gewebe verleimt, anschließend gefügt und in Form gepresst. Diese Splittertechnik sorgt für bessere Verformbarkeit.

Bei Weichhölzern werden auch Furniere aus besonderen Hölzern oder Massivhölzer verwendet, die einem speziellen thermomechanischen Prozess unterzogen werden und hervorragende Verformungseigenschaften aufweisen. Beispiele dafür sind Bendyply® (dreilagiges Sperrholz) und Bendywood® (biegbares Massivholz).

Stärken: elegantes Aussehen, große Formenvielfalt, gute Formfestigkeit, gute Dimensionsstabilität

Schwächen: Kosten, Verarbeitung schwierig (Form notwendig), komplizierter Schnitt

F

FURNIERE

Ursprünglich wurden nur Edelholzfurniere hergestellt. Heute werden im Wesentlichen drei Techniken für Vollholz eingesetzt:

· **Sägen:** Die älteste Technik, wird von Hand ausgeführt. Sägefurniere behalten ihre natürliche Farbe und haben eine Dicke von einem bis mehreren Millimetern. Wegen der begrenzten Produktion werden sie nur bei Restaurationsarbeiten von alten Möbeln verwendet.

· **Messern:** Das zunächst getrocknete Holz wird mit einer großen Cutterklinge geschnitten. Die Furnierblätter sind einige zehntel Millimeter bis sechs oder sieben zehntel Millimeter dick. Meist werden Edelhölzer für die Tischlerei gemessert. Je nach Ausrichtung des schräg zum Messer eingespannten Blocks (Flitch) lassen sich verschieden starke Maserungen und Muster erzielen. Die Furnierblätter werden oft in Paketen zusammengestellt, um zusammenhängende dekorative Muster zu ermöglichen. Ihre Größe wird durch den Baumdurchmesser bestimmt.

· **Rundschälen:** Die getrockneten Furnierblöcke werden in die Schälmaschine wie in eine Drehbank eingespannt. Der Stamm wird gegen das laufende Messer gedreht und nach dem Prinzip des Bleistiftspitzers zu einem Furnierband verarbeitet, das auf die gewünschte Breite zugeschnitten wird. Die Furnierblätter haben eine Dicke von mehreren zehntel Millimetern bis einigen Millimetern. Diese weniger hochwertige Furnierart ist am stärksten mechanisiert; gearbeitet wird mit Sperrholz und verschiedenen Verpackungen. Neben dem klaren Größenvorteil bietet diese Technik jedoch eingeschränkte Gestaltungsmöglichkeiten.

Es wird auch sog. „künstliches" Furnierholz durch Schälen oder Sägen von Verbundholz hergestellt. Zahlreiche Dekoreffekte sind möglich.

Stärken: dünn, ästhetisch ansprechend
Schwächen: geringe Bruchfestigkeit der Furnierblätter, Preis (bestimmte Furniere)

G

GALLIUM (Ga)

Dichte: bei 20 °C als Feststoff 5,9 g/cm³
Schmelzpunkt: 29,76 °C

Gallium ist ein sehr ungewöhnliches Metall, denn es schmilzt bereits bei einer Temperatur von 29,76°C, also sprichwörtlich in der Hand. Es kommt in geringen Mengen z. B. in Bauxit oder Zinkerz vor. Der wichtigste Lieferant ist heute China. Dmitri Mendelejew sagte die Existenz dieses Metalls in seinem Periodensystem voraus und nannte es Eka-Aluminium. Das chemische Element wurde 1875 vom französischen Chemiker Lecoq de Boisbaudran entdeckt. Der Name Gallium kommt von dem lateinischen Wort Gallus, d. h. Hahn (franz. „le coq"!). Die Bezeichnung wird jedoch meist fälschlicherweise mit dem lateinischen Gallia für Gallien in Verbindung gebracht, weshalb auch der deutsche Wissenschaftler Clemens Winkler das chemische Element, das er entdeckte, Germanium nannte.
In reiner Form und im festen Zustand ist es silberfarben und ist leicht zerbrechlich wie Glas. Durch Unterkühlung (ein metastabiler Zustand, bei dem ein Stoff bei einer Temperatur, bei der er eigentlich fest sein müsste, im flüssigen Aggregatzustand gehalten wird) kann Gallium flüssig gehalten und z. B. als Ersatz für Quecksilber in Thermometern eingesetzt werden. Bei der Aushärtung steigt sein Volumen um ca. 3%, wie bei Wasser, wenn es gefriert. Dieser Aspekt muss bei seiner Lagerung berücksichtigt werden.
Zum Einsatz kommt Gallium hauptsächlich in einer Verbindung mit Arsen als Galliumarsenid, einem beliebten Halbleiter. Auch bei bildgebenden Verfahren in der Medizin wird Gallium z. B. für die Szintigrafie verwendet. Darüber hinaus dient es zur Herstellung von hochglänzenden Spiegeln.

Stärken: Halbleiter in legierter Form, ungiftig; attraktive, metallischglänzende Erscheinung
Schwächen: schlechter elektrischer Leiter, im festen Zustand zerbrechlich, Zunahme des Volumens beim Übergang vom flüssigen in den festen Zustand

G

GIPS

Gips ist ein uraltes Material, das in der Regel aus Kalk-Gips (Selenit) und Wasser hergestellt wird. Zahlreiche Zusätze (Additive, Abbindeverzögerer usw.) ergänzen die Basisrezeptur. Kalk-Gips wird gebrochen und gebrannt, anschließend gemahlen und bildet so ein mehr oder weniger feines weißes Pulver, das die Eigenschaft hat, mit Wasser auszuhärten. Dieses „Abbinden" ist irreversibel. Trotz des schnellen Abbindens kann das Austrocknen von Gips sehr lange dauern (je nach Masse bis zu mehrere Tage).

Die Gipsqualität hängt stark von der Feinheit des Pulvers ab, aber auch von der Erfahrung des Gipsers beim Anrühren und Auftragen. Es werden verschiedene Varianten angeboten: Formgips, Knetgips, Sprühgips, Spachtelgips usw. Gips lässt sich mit Farbstoffen einfärben, z. B. um Steinimitate zu erzeugen.

Stuck – Kalk und Gips – wurde früher oft mit einem Anteil Marmorpulver als billiger Ersatz für Vollmarmor eingesetzt.

Fasergips wird mit Glycerin, Sisal, Hanf versetzt und dient beim Formguss sowie bei der Herstellung von Gesimsen – ein im 19. Jh. sehr gefragtes Dekor.

Im Bauwesen wird Gips als Putz oder in Form von einsatzfertigen Platten (nicht tragende Wände) verwendet. Er kann wasserdicht gemacht oder mit stoß- und kratzfesten Beschichtungen versehen werden.

Polyestergips ist ein besonders widerstandsfähiges Material, das einen Kompromiss zwischen Harz, Gips und Porzellan darstellt. Die Oberfläche ist glatt und fein und wird u. a. in der Bildhauerei geschätzt.

Stärken: leichte Verarbeitung, Kosten, gute Flammfestigkeit
Schwächen: feuchtigkeitsempfindlich, lange Trocknung, mittelmäßige Abriebfestigkeit

G

GLASFASER

Wird geschmolzenes Glas bei hoher Geschwindigkeit gezogen, entstehen dünne Fäden (5 bis 20 Mikrometer dick), die direkt auf eine Spindel gewickelt werden. Anschließend werden die Fasern je nach Verwendungszweck verwoben, verarbeitet oder zugeschnitten oder können zu Pulver verarbeitet werden. Für ihre Herstellung können mehrere Glaszusammensetzungen eingesetzt werden.

Meist wird Glasfaser als Verstärkung von Verbundstoffen auf Polymerharz- oder Betonbasis (Faserbeton) eingesetzt und bleibt unsichtbar. Dabei verbessert sie bei gleichzeitiger hoher Gewichtseinsparung die mechanische Struktur und Steifigkeit des jeweiligen Werkstoffes erheblich. Verwobene Glasfasern werden als „Glasfasermatte" bezeichnet und existieren in zahlreichen Ausführungen (unterschiedliche Dicken, unidirektional oder multidirektional verwoben).

Glasfaser ist chemisch träge, stoßfest und isolierend. Bei Glas-Lichtwellenleitern wird ein Barren reines, dotiertes Silicium in einem auf ca. 2000°C geheizten Ofen bei einer Geschwindigkeit von ca. 1 km/h zu einer mehrere hundert Kilometer langen Faser gezogen.

Lichtwellenleiter kommen bei komplexen Beleuchtungsaufgaben und der Informationsübertragung (Datenverarbeitung, Telekommunikation, Videosignal, Medizin etc.) zum Einsatz. Sie bestehen aus einem Kern und einem Mantel aus Glas, dessen Brechungsindex entsprechend gewählt wird, um das Licht entlang der Glasfaser zu leiten. Lichtleitfasern sind elastisch, transparent, hervorragende Lichtleiter, werden häufig gebündelt und existieren auch als polymere Lichtwellenleiter.

Stärken: Gewicht, Struktureigenschaften, chemische Trägheit, Isolation, Lichtübertragung
Schwäche: Zerbrechlichkeit

G

GLASKERAMIK

Durch Erhöhung des Siliciumdioxidanteils oder, wie bei Borosilikatglas, die Beimischung chemischer Wirkstoffe zur Stabilisierung der Glasdimensionen kann die Ausdehnung von Glas stark begrenzt werden. Das gleiche Ergebnis wird durch Entglasen, d. h. durch eine Teilkristallisation des Glases, erreicht.

Glaskeramik wurde in den 1950er Jahren dank eines Verarbeitungsfehlers im Corning Lab entdeckt. Ein überhitzter Ofen und ein länger als vorgesehen bei hoher Temperatur erhitzter Glasblock führten zur Entstehung eines weniger transparenten Glases, das versehentlich mit einem metallischen Klang zu Boden fiel, jedoch nicht zerbrach. Anschließend stellte man fest, dass dieses Glas außer den genannten Eigenschaften zudem hitzebeständig ist, da es über einen Wärmeausdehnungskoeffizienten von praktisch Null verfügt.

Bei der Herstellung von Glaskeramik muss insbesondere auf die Kristallisation des Werkstoffes geachtet werden, der die natürliche Tendenz aufweist, willkürlich zu erstarren. Hierfür wird die Erstarrungstemperatur (Keramisierung bei 800°C) genau überwacht, damit die Kristalle genügend Zeit haben, sich zu formen, wobei jedoch gleichzeitig die Kristallisation so minimiert wird, dass die Eigenschaften des Glases, seine Härte und zum Teil auch seine Transparenz erhalten bleiben, es jedoch gleichzeitig die Eigenschaften von Keramik übernimmt.

Stärken: ausgezeichnete dimensionale Stabilität und Temperaturbeständigkeit, wesentlich höhere mechanische Beständigkeit (Widerstand und Zähigkeit) als Normalglas

Schwächen: undurchsichtig oder durchscheinend, aber nie transparent

G

GOLD (Au)

Dichte: 19 300 kg/m^3
Schmelzpunkt: 1 063°C

In seiner reinen Form als Nugget ist Gold sicherlich das symbolhafteste und wertvollste Metall, ein Synonym für Wohlstand. Es besitzt einen hohen Stellenwert, da der Goldeffekt nur durch echtes Gold erzielt werden kann, selbst in geringsten Mengen. Gold wird bei Schmuck (etwa ein Drittel der weltweiten Produktion), Beschichtungen (Blattgold mit einem Durchmesser bis zu 1/10 000 mm, Farbstoffe, Pigmente usw.), in der Elektronik, Medizin, Kosmetik, Lebensmittelindustrie, Nanotechnologie und natürlich als Goldreserve der Banken (ebenfalls rund ein Drittel der Weltproduktion) verwendet. Ein zertifizierter Goldbarren wiegt zwischen 995 und 1 005 g und muss einen Feingehalt von mindestens 995/1 000 besitzen, d. h. einen Anteil von 995 g reinem Gold bei einem Gesamtgewicht von 1 000 g.
Der Goldanteil im Metall wird mit dem eingestanzten Feingehalt bzw. in Karat (24 Karat entsprechen 100% reinem Gold) angegeben.

Aus Legierungen mit anderen Metallen entstehen Gelb-, Weiß- und Rotgold, die sich zu 75% aus Gold und einem jeweils variierenden Anteil von Silber und Kupfer zusammensetzen. Blaugold ist eine Mischung aus Gold und Eisen, die einer thermischen Oberflächenbearbeitung unterzogen wurde, Purpurgold entsteht aus Gold und Aluminium. Gold ist sehr gut formbar und lässt sich einfach durch Kalthämmern und Dehnen be- oder als Blattgold verarbeiten. Vergoldetes Silber wird als Vermeil bezeichnet.
Durch seine hervorragende elektrische Leitfähigkeit wird es in kleinen Mengen auch für präzise Anwendungen in der Elektronik genutzt.

Stärken: dehnbar, formbar, korrosionsfest, biokompatibel, hervorragender thermischer und elektrischer Leiter, Lebensmittelindustrie
Schwächen: Seltenheit, Preis, schlechte mechanische Eigenschaften

G

GRANIT

Granit ist ein <u>kristallines, saures, magmatisches Tiefengestein</u> (Plutonit) und ein wichtiger Bestandteil der Erdkruste, der im Wesentlichen aus <u>Feldspat</u>, <u>Quarz</u> und <u>Glimmer</u> besteht. Seine Mineralstoffe sind in Form der charakteristischen <u>Körnung</u> mit dem Auge erkennbar. Es gibt eine Vielzahl verschiedener Granite (über 500 Farbschattierungen sind bekannt), am meisten verbreitet sind schwarzer, graufleckiger und rosa Granit.

Der Begriff <u>Granit</u> besitzt verschiedene Bedeutungen. Neben der oben genannten Gesteinsart handelt es sich in der Allgemeinsprache um jegliches Gestein mit körnigem Aussehen, das wasserabstoßend und in seiner Struktur kohärent ist. Unter „künstlichem Granit" versteht man Beton aus Marmorgranulat, der behauen eine ähnliche Oberfläche aufweist wie natürlicher Granit. „Belgisch Granit" bezeichnet eine dunkelgraue Gesteinsvariante mit hellen Einschlüssen.

Granit lässt sich hervorragend polieren, doch aufgrund der körnigen Struktur ist die präzise Behauung schwierig.

Er ist nicht porös, verschleißfest und weist eine geringe Dichte auf (rund 3 000 kg/m³).

Granit wird in erster Linie als Baumaterial für Außen- und Innenanwendungen (Küchenarbeitsflächen), in der Bildhauerei sowie bei Grabsteinen verwendet.

Bestimmte <u>Gneisarten</u> <u>(Orthogneis)</u> bestehen ebenfalls aus Feldspat, Quarz und Glimmer und sind bei der Metamorphose von Granit entstanden. Sie werden meist im Bauwesen eingesetzt.

Stärken: Verschleißfestigkeit, Wasserundurchlässigkeit, schöner Schliff, im Übermaß vorhanden

Schwäche: körnige Struktur verhindert bestimmte Feinbearbeitungen

G

GUSSEISEN

Dichte: ca. 7 800 kg/m³
Schmelzpunkt: 1 100–1 300°C

Gusseisen wird in Hochöfen aus Eisenerz und Koks gewonnen. Durch das Erhöhen der Temperatur wird der Schmelzpunkt erreicht und aus den Hochöfen fließt das Gusseisen in Form einer Mischung aus Eisen, Kohlenstoff und Verunreinigungen. Gusseisen enthält 2 bis 6% Kohlenstoff und wird in drei große Kategorien eingeteilt:
· **Weißes Gusseisen:** Es wird hauptsächlich in Form gegossen, ist nicht bearbeitungsfähig, sehr hart und zerbrechlich, äußerst verschleißbeständig und besitzt eine weiß glänzende Oberfläche. Es wird für Ziergegenstände und in der Kunstgießerei verwendet.
· **Graues Gusseisen:** Seine Anwendung ist sehr weit verbreitet. Es ist einfach zu bearbeiten, korrosionsbeständig und schwingungsdämpfend. Oftmals besitzt es im Kern und an der Oberfläche unterschiedliche Eigenschaften. Die Wärmebehandlung von Gusseisen sorgt

für eine harte und verschleißfeste Oberfläche, bei der die Elastizität und Biegsamkeit erhalten bleiben.
· **Gusseisen mit Sphärographit/Sphäroguss (GJS):** Graues Gusseisen, bei dem durch Zugabe von 0,1% Magnesium die Morphologie verändert und die Eigenschaften verbessert werden (vergleichbar mit Stahl). Diese Art von Gusseisen findet verstärkt in der Mechanik Anwendung (Motorblöcke, Bremsscheiben, Kurbelwellen usw.).
Die Gusseisenproduktion dient hauptsächlich der Herstellung von Stahl (Roheisen), doch findet Gusseisen auch in Bereichen wie Mechanik, Straßeneinrichtungen, Maschinen- und Anlagenbau, im Bauwesen sowie für Schornsteine, Kachelöfen, Kochtöpfe usw. Anwendung.

Stärken: Preis, komplexe Formgebung möglich, hohe Druckbeständigkeit
Schwächen: Gewicht, kaum bearbeitungsfähig, kaum schweißbar, brüchig, korrosionsanfällig

H

HALBLEITER

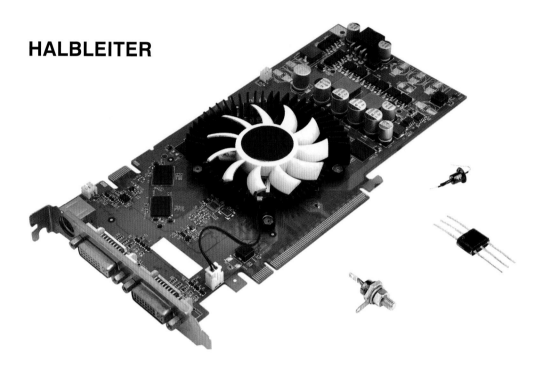

Halbleiter sind <u>ambivalente kristalline Stoffe</u>, die sowohl isolierend als auch leitend sein können. Bei Temperaturen um den absoluten Nullpunkt (−273,15°C) sind sie elektrische Isolatoren, bei Raumtemperatur hingegen Stromleiter. Somit sind sie zwischen den echten elektrischen Isolatoren und den Metallen, die für ihre hervorragende Leitfähigkeit bekannt sind, einzuordnen. Erstaunlicherweise wird genau diese Stellung in der „Mitte" heute im Bereich der elektronischen Anwendungen sehr geschätzt. Bei Dioden, Transistoren, Solarzellen, integrierten Schaltungen, Halbleiterlasern, OLEDs usw. spielen Halbleiter heute eine wichtige Rolle.

Die bei den Halbleitern festgestellten Eigenschaften lassen sich anhand der <u>Bändertheorie</u> erklären: In einem Feststoff können die Elektronen bestimmte Energiewerte (Valenzen) annehmen, sodass dicht beieinander liegende Elektronenzustände zu sogenannten Bändern verschmelzen. Zwischen diesen Bändern gibt es erlaubte und verbotene Zonen. In einem Metall bewegen sich die Elektronen praktisch im gesamten Material, und da der Abstand (verbotene

Zone) zwischen den Bändern sehr gering ist, wechseln die Elektronen vom voll besetzten „<u>Valenzband</u>", wo sie ein „Loch" hinterlassen, zum „<u>Leitungsband</u>". Bei den Isolatoren befindet sich zwischen diesen beiden Bändern eine sehr breite verbotene Zone, auch Bandlücke genannt, die den Übertritt der Elektronen zum Leitungsband verhindert, wodurch es ihnen nicht möglich ist, sich frei zu bewegen und den Strom zu leiten. Bei Halbleitern ist diese Lücke eher schmal, und durch äußere Beeinflussung (Energiezufuhr in Form von Wärme, Elektromagnetismus oder Licht) schaffen die Elektronen den Übertritt zum Leitungsband und können sich innerhalb des Materials bewegen und Strom leiten. Zur Familie der Halbleiter gehören u. a. Silizium, das häufig angewandt wird, aber auch Germanium, Diamant, Siliziumkarbid, Galliumarsenid, Zinkoxid, Kupferchlorid, Titandioxid.

Stärken: gezielte Steuerung der Leitfähigkeit, Miniaturisierung
Schwächen: Wiederverwertung, strategisch problematisch

H

HALOGEN-GLÜHLAMPEN

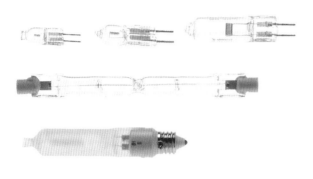

Halogen-Glühbirnen funktionieren nach demselben Prinzip wie gewöhnliche Glühlampen, es wurden jedoch Halogenverbindungen (Iod und Brom) zum Inertgas hinzugefügt und mit einer Quarzschicht umhüllt. Sie verursachen einen permanenten chemischen Regenerierungszyklus des Tungstendrahts. Der Temperaturanstieg ist zwar höher, gleichzeitig wird jedoch die Lichtausbeute und Lebensdauer durch diese permanente Regenerierung des Drahts verbessert.

Halogenlampen sollten vorzugsweise im Dauerbetrieb verwendet und nicht ständig ein- und ausgeschaltet werden, um die Regenerierung zu fördern. Halogen-Glühlampen sind in zwei Ausführungen erhältlich: mit Netzspannung (220 Volt) und Niederspannung (unter 50 Volt, meist 12 Volt). Die max. Spannung für den menschlichen Körper ohne Todesgefahr beträgt 50 Volt bei Wechselstrom und 120 Volt bei Gleichstrom. Niederspannungs-Halogenlampen bieten daher eine hohe Sicherheit und ermöglichen zugängliche Installationen, offen liegende Drähte usw.

Diese besonders für Geschäfts- und Ausstellungsräume genutzten Lampen erfordern eine spezielle Handhabung: Aufgrund des Belüftungsbedarfs werden oft abgehängte Decken eingezogen und die Materialwahl muss den hohen Temperaturen entsprechen (kein Papier, sondern eher Keramik oder Glas).

Stärken: Lebensdauer, Niederspannung möglich, daher mehr Sicherheit, große Lichtausbeute, konzentriertes Lichtbündel

Schwächen: Niederspannung erfordert Transformatoren, daher erhöhter Platzbedarf, hohe Temperaturen, Brandrisiko

H

HARTGLAS

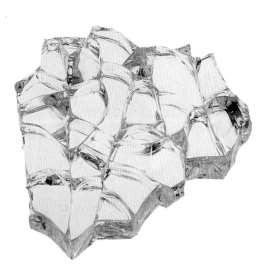

Die Vorspannung von Glas erfolgt über ein thermisches oder chemisches Verfahren, bei dem auf der Glasoberfläche Druckspannungen entstehen, wodurch das Glas stoßfest gemacht wird. Da der Verdichtungsdruck sehr hoch ist, zerfällt das Glas beim Bruch in kleine, unscharfe und somit ungefährliche Teile.

Die Fertigung von thermisch vorgespanntem Glas basiert auf bestimmten Glaseigenschaften, insbesondere darauf, dass Glas über 550°C plastisch (verformbar) und darunter elastisch (steif) ist und sich je nach Temperatur ausdehnt oder zusammenzieht. Das Glas wird auf seinen Erweichungspunkt (620°C) erhitzt und dann durch Anblasen mit kalter Luft rasch abgekühlt, wodurch die Oberfläche schneller erstarrt als der Kern. Ist das Glas vollständig abgekühlt, zieht sich der Kern stärker zusammen als die Oberfläche, wodurch auf dieser Druckspannungen entstehen.

Diese Technik wird vorwiegend für Glas von einer Dicke zwischen 4 und 16 mm angewendet und ist außerhalb dieser Dicke oder bei Formteilen wesentlich schwieriger durchzuführen.

Bei der chemischen Vorspannung wird die Glasoberfläche ebenfalls komprimiert, wobei bestimmte Oberflächenmoleküle durch größere Moleküle ausgetauscht werden, wodurch eine Druckspannung erzeugt wird. Durch dieses Verfahren, das bei jeder Glasdicke und Glasform angewendet werden kann, wird das Glas besonders stoßfest. Allerdings ist es wesentlich kostenintensiver und im Allgemeinen der Luftfahrt, militärischen Anwendungen und technischen Bauteilen vorenthalten.

Stärken: starke Erhöhung der Stoßfestigkeit, ungefährlicher Bruch
Schwächen: leichte optische Verformung, Bruchrisiko während der Vorspannung, kann nach der Vorspannung nicht mehr zugeschnitten werden

HOCHLEISTUNGSBETON

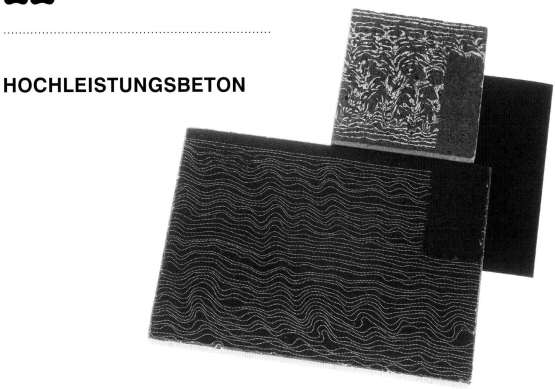

Aufgrund einer ständig optimierten Zusammensetzung weist Beton immer höhere Leistungseigenschaften auf. Deshalb ist heute von folgenden Betonsorten die Rede:

• **Hochleistungsbeton:** Diese Betonsorte bietet eine weitaus höhere Druckfestigkeit als herkömmliche Betonarten sowie hohe Beständigkeit und geringe Porosität. Er ist gut verarbeitbar, da er vor dem Abbinden flüssig ist.

• **Ultra-Hochleistungsbeton:** Diese Materialien bestehen meist aus Zement, Sand und ultrafeinem Pulver, z. B. Feinkieselerde, manchmal auch Mikrofasern (aus Metall oder Kunstfasern).

Ultra-Hochleistungsbeton bietet ausgezeichnete Druck- und Biegefestigkeit sowie hohe Verformbarkeit. Er wird flüssig vergossen und füllt daher problemlos Verschalungen, ist wenig porös und gut haltbar (gute Frost- und Abriebfestigkeit usw.). Aufgrund der feinen Körnung können sehr präzise, glatte Oberflächen hergestellt werden. Oft werden dem Gemisch Plastifizierungsmittel beigemengt, um das Abbinden zu beschleunigen: Einige

Stunden (statt 28 Tagen bei herkömmlichem Beton) sind ausreichend für einen hoch widerstandsfähigen Beton. Diese hochwertigen Betonsorten sind heute sehr beliebt in der Einrichtung und Innenarchitektur. Zu den Hauptanwendungsbereichen zählen jedoch Ingenieurbauten und künstlerische Gebilde.

Die seit Kurzem auf dem Markt angebotenen Betonsorten aus Glasfasern (siehe obige Abb.) sind aufgrund ihrer Transparenz besonders gefragt.

Stärken: Druck- und Biegefestigkeit, Verformbarkeit, schwache Porosität, Beständigkeit, Feinkörnigkeit, Präzision, glatte Oberfläche, flüssige, leichte Verarbeitung
Schwäche: Preis

H

HOLZ, RETIFIZIERTES

Retifiziertes Holz entsteht durch eine spezielle Hitzebehandlung von Holz, ähnlich der Röstung. Für die Retifikation („Heißvernetzung") eignen sich zahlreiche Holzarten, doch da die Technik relativ neu ist, werden heute in erster Linie Buche, Esche, Pappel, Fichte, Harzkiefer und Föhre verwendet. Dabei wird das Holz in einem Reaktor mit kontrollierter Atmosphäre (luftfrei) einer Temperatur von 200–260°C ausgesetzt. Dabei entsteht ein neuer Werkstoff, der nicht verrottet und wasserabweisend ist, ohne jedoch die mechanischen Eigenschaften von Holz zu beeinträchtigen. Die klassische Schrumpfung von Holz wird um 50% reduziert, das Material ist gegen Insektenbefall geschützt und wesentlich widerstandsfähiger. Retifiziertes Holz lässt sich genauso und mit den gleichen Werkzeugen bearbeiten wie nicht retifiziertes Holz (Leimen, Fügen, Hobeln, Lackieren, Streichen usw.). Nach der Retifikation nimmt das Holz je nach Stärke der Behandlung und Holzsorte eine braune oder tiefbraune Farbe an, die gleichmäßig bleibt. Retifiziertes Holz ist geruchsfrei. Durch diesen umweltschonenden Prozess, ohne den Einsatz von Chemikalien (wie bislang z. B. Kupferionen), entsteht ein im Außenbereich verwertbares Holz, das die gleichen oder sogar bessere Leistungen bietet. Dieser Werkstoff wird zunehmend erschwinglicher und findet deshalb in der Außenarchitektur Anwendung (Fassadenelemente, Straßeneinrichtungen, Fußböden, Terrassen, Gartenausstattung usw.).

Stärken: umweltschonende Behandlung, Außenanwendungen ohne weitere Behandlung
Schwächen: Preis, keine hellen Hölzer

H

HOLZPOLYMERE

Holzpolymere – auch „Flüssighölzer" genannt – sind Verbundwerkstoffe zwischen Holz und Polymeren und werden hauptsächlich aus recycelten Holzprodukten (Holzspäne, Holz- und Sägemehl) hergestellt.

Die Halberzeugnisse bestehen in der Regel aus Mischungen mit einem Holzanteil von 55 bis 70% und thermoplastischen Polymerharzen (30%), bei denen es sich häufig um Polyethylene hoher Dichte handelt.

Polymerhölzer können wie Thermoplaste mit klassischen Methoden verarbeitet werden: Spritzguss- und Extrusionsverfahren sowie traditionelle Bearbeitungsmethoden von Massivholz (Sägen, Bohren, Nageln, Schrauben usw.).

Holzpolymere kommen in zahlreichen Anwendungsbereichen zum Einsatz: Lattenroste, Fußgängerbrücken, Trittstufen, Terrassen, Schiffspontons, Schwimmbadumrandungen, Gartenmöbel usw.

Verbundwerkstoffe, die verschiedene, in Polymerharze eingebettete Fasern aus Hanf oder Leinen enthalten, werden zuweilen ebenfalls als „Polymerhölzer" bezeichnet. Es gibt zahlreiche Möglichkeiten, den pflanzlichen Ausgangsstoff mit Mischungen dieser Art zu kombinieren.

Stärken: unverrottbar, pilzbeständig, dimensionale Stabilität, Herstellung aus Holzspänen (Abfällen), Recyclingfähigkeit, ähnelt Massivholz in Griff und Aussehen, keine Schutzschicht notwendig

Schwächen: geringere mechanische Beständigkeit als Massivholz, Aussehen erinnert noch an Plastik

H

HOLZ-SPANPLATTEN

Holzspanplatten bestehen aus Holzspänen, die beleimt und mit Hochdruck verpresst werden. Die verschiedenen Spanplatten unterscheiden sich durch die Größe und Form des Spanmaterials; ihre Dichte und die Art des Leims (Duroplaste) sind bei der Kohäsion ausschlaggebend. Holzspanplatten werden meist aus dem Abfallprodukt Faserholz hergestellt. Es gibt ein- und mehrschichtige Holzspanplatten – letztere bestehen aus zwei Schichten Feinspänen, aufgefüllt mit groben Spänen.

Sie werden unbearbeitet, mit Melaminbeschichtung (Oberfläche aus Papier, bestrichen mit einem Duroplast, dem Melamin) oder Furnier (dünne Massivholzschicht, verschiedene Holzsorten; siehe Materialkarte Furniere S.147) angeboten.

Außerdem können sie später mit einem Schichtstoff (siehe Materialkarte Schichtstoffe S.210) bezogen werden.

Holzspanplatten sind feuchtigkeitsempfindlich. Abhilfe soll hier ein Markenprodukt mit deutlich verbesserter Resistenz schaffen, das derzeit auf dem Mark angeboten wird. Trotz ihres schlechten Rufs haben Holzspanplatten im Vergleich zu anderen Holzderivaten einen massiven industriellen Aufschwung erlebt.

Wichtigster Einsatzbereich ist das Bauwesen (Böden, Unterdach, Zwischenwände und einfache Möbel).

Außerdem werden sie dreidimensional zu Paletten, Verpackungen, Schiffsrümpfen, Spulenachsen usw. verpresst.

Stärken: Homogenität, Ebenheit, Preis

Schwächen: Gewicht, schlechte Schraub- und Nagelfestigkeit, geringe Biegefestigkeit, sehr schlechte Feuchtigkeitsfestigkeit, geringe Ästhetik der Schnittkanten und brüchige Oberfläche, hoher Werkzeugverschleiß

H

HORN

Horn ist ein Material tierischer Herkunft und wird aus den Hörnern, Nägeln, Krallen oder Hufen von Büffel, Zebu, Antilope, Springbock, Ziege, Widder, Gams usw. gewonnen. Wie das menschliche Haar setzt es sich hauptsächlich aus Keratin zusammen. Lange zur Herstellung von kleinen Objekten wie Brillengestellen, Messergriffen, Knöpfen, Einlegearbeiten, Schmuck und Kämmen verwendet, ging die Nutzung seit der Einführung von Kunststoffen (Galalith ist ein sehr guter Ersatz) weitgehend zurück, ist jedoch weiterhin – heute sogar zunehmend – wegen seiner natürlichen Herkunft und der traditionellen Verarbeitungstechniken beliebt. Zunächst wird das Horn wie Schildpatt mit kochendem Wasser eingeweicht und flach gedrückt, danach kann es je nach Bedarf bearbeitet (geschnitten, graviert, poliert usw.) werden. Zwei Hornstücke können miteinander wie Schuppen verbunden werden, indem man sie erhitzt und dann zusammenfügt. Das Prinzip beruht auf einer Art Vernarbungsprozess. Horn kann auch gefärbt werden, wobei jedoch jedes aus Horn gefertigte Produkt aufgrund des natürlichen Farbenspiels, der Maserung und der unterschiedlichen Transparenz ein Unikat bleibt. Dieses antistatische und antiallergische Material benötigt wie Leder besondere Pflege, damit es nicht austrocknet, reißt oder schrumpft.

Ähnlich wie Horn werden beispielsweise auch Rehgeweihe, Knochen bestimmter Tiere wie Büffel oder Giraffen und Zähne von Warzenschweinen verarbeitet.

Stärken: antistatisch, antiallergisch, Unikate
Schwächen: sehr wärmeempfindlich, pflegeintensiv, begrenzte Abmessungen

KALKSTEIN

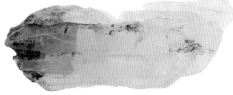

Kalkstein ist – wie Schiefer und Sandstein – weltweit im Überfluss vorhanden. Es handelt sich um Absatzgesteine, oft mit charakteristischer weißer Färbung und eingelagerten Fossilien, welche durch die Ansammlung von Muscheln, fossilen Pflanzen, Überresten von Meerestieren bzw. Chemikalienablagerungen (aufeinander folgenden Ablagerungen von Regenwasser, Gesteinsmaterial usw.) entstehen.

Kalkgestein besteht hauptsächlich aus Kalziumkarbonat (Kalzit) bzw. Magnesiumkarbonat und ist leicht wasserlöslich. Typisch ist seine Sprudelreaktion im Kontakt mit Säuren.

Vom Tonmergel über härtere Kalksteine bis zur Kreide – aufgrund der Vielzahl seiner Gesteinseigenschaften besitzt Kalk viele Anwendungsmöglichkeiten: Bestimmte Kalksteine finden als Bruch- oder Mauerstein breiten Einsatz. Andere werden in Pulverform als inaktiver Füllstoff für Kunststoffe, als Zuschlag beim Beton oder als Schmelzmittel bei der Glasherstellung eingesetzt.

Kalk entsteht durch Brennen von Kalkstein. Gebrannter Kalk ist ein starkes Trocknungsmittel für alle wasserhaltigen organischen Stoffe. Er ist stark ätzend und findet in der Industrie und Landwirtschaft Einsatz. Durch Beimischen von Wasser entsteht „gelöschter Kalk", der im Bau zur Herstellung von Putz verwendet wird.

In bestimmten Regionen ist das Wasser stark kalkhaltig. Dies hat keine gesundheitsschädigende Wirkung, doch die Verkalkung der Leitungen kann zu Problemen führen.

Stärken: im Überfluss vorhanden, leicht zu verarbeiten, Trägheit
Schwächen: weich, geringe Säurebeständigkeit

K

KAUTSCHUK, LATEX

Kautschuk ist ein natürliches Polymer. Dieses weiche, klebrige Material entstammt der Sekretion des Kautschukbaums (hevea brasiliensis) im Amazonas und leitet seinen Namen vom indianischen cao (Holz) und ochu (Träne) ab. Kautschuk erlebte durch die Erfindung eines Stabilisierungsverfahrens mit Schwefel durch Charles Goodyear im Jahre 1839 als elastischer, verformbarer und wasserfester Gummi einen rasanten Aufschwung. Neben zahlreichen anderen Anwendungen setzt sich Kautschuk in der Herstellung von Autoreifen durch, seinem bis heute wichtigsten Absatzmarkt. Kautschuk ist ein Elastomer, kann also seine Form und Größe ändern. Es lässt sich um das Zwei- bis Zehnfache verlängern, ohne zu reißen, und nimmt nach der Dehnung seine ursprüngliche Form wieder an.

Naturkautschuk (Latex) ist eine weißliche Flüssigkeit. Dieser Thermoplast muss zur Festigung mit Schwefel und Katalysatoren polymerisiert werden – man spricht hierbei von Vulkanisation. Es können zahlreiche Additive beige-

mengt werden, darunter Ruß für Reifen (erhöhte Riss- und Verschleißfestigkeit), Talk, Kreide und Antioxidantien.

Kautschuk lässt sich heute chemisch herstellen. Obwohl synthetischer Kautschuk in bestimmten Bereichen bessere Leistungen aufweist, ist Naturkautschuk nach wie vor der beste und vielseitigste Kompromiss. Dies erklärt seine nach wie vor zahlreichen Anwendungen (Automobilbau, Medizin, Ballontechnik usw.)

Stärken: Elastizität, Bruchfestigkeit, gute chemische Beständigkeit
Schwächen: schwierige Verarbeitung und Recycling (Thermoplast), Haltbarkeit

K

KERAMIKEN, TECHNISCHE

Wie bereits erwähnt (Architektur-Keramik) werden unter dem Begriff „Keramik" heute zahlreiche Werkstoffe unterschiedlichster Zusammensetzung und Anwendungsbereiche zusammengefasst. „Technische Keramiken" bezeichnen eine leistungsfähige, außergewöhnlich harte, jedoch unter bestimmten Bedingungen zugleich zerbrechliche Werkstoffgruppe, die in Bereichen zum Einsatz kommt, in denen aufgrund der hohen Ansprüche keine Standardprodukte verwendet werden können.

Diese „neuen" Werkstoffe bestehen aus Aluminiumoxid, Silicium- oder Borkarbid, Bariumtitanat, Aluminiumnitrid, Berylliumoxid, Zirkonium u. a., denen nun ebenfalls großes Interesse zuteil wird.

Technische Keramiken werden als Pulver und Fasern, als Füllstoffe und Matrix von Verbundstoffen, als Zusatzstoffe in Klebern, bei der Herstellung von Werkzeugen, als Werkstoffkomponente in der Elektrotechnik, der Medizin, im Automobil- und Raumfahrtsektor sowie in der Uhrmacherei (Uhrengehäuse) und bei der Schmuckherstellung eingesetzt.

Technische Keramiken zeichnen sich im Allgemeinen durch große Härte, Verschleiß- und Abriebfestigkeit, gute Schleiffähigkeit, hohe Temperaturbeständigkeit (über 2 000°C), elektrische Isolation und Korrosionsbeständigkeit aus.

Sie werden in Bereichen verwendet, in denen kein anderer Werkstoff mit ihnen konkurrieren kann. Einige besitzen sogar piezoelektrische und Formgedächtnis-Eigenschaften sowie eine hohe Biokompatibilität mit unserem Körper, wodurch sie in der Lage sind, menschliche Knochen zu ersetzen: Sie lösen sich auf, wenn sich diese regeneriert haben.

Stärken: außergewöhnliche Härte, hohe Temperaturbeständigkeit, Verschleißfestigkeit, Korrosionsbeständigkeit, Biokompatibilität
Schwächen: Preis, Zerbrechlichkeit

K

KERAMIKEN, TRADITIONELLE

Der Begriff „Keramik" weist zahlreiche Bedeutungen auf, bezeichnet jedoch in erster Linie gebrannten Ton. Aufgrund der Zusammensetzung der Keramikmasse und der Brenntemperatur werden zwei große Keramikgruppen unterschieden:

· **Poröse Keramiken:** Werden auch als „Terrakotta" bezeichnet und umfassen Tongut, Fayencen, Ziegelsteine usw. Glasierte Fayencen werden zu Sanitäreinrichtungen und Wandfliesen verarbeitet; Gefäße aus Terrakotta sind als Gartenschmuck, aber auch glasiert z. B. als handgefertigtes Geschirr anzutreffen.

Ziegelsteine und Dachziegel existieren in zahlreichen Formen und Ausführungen: Vollziegel, Lochziegel, Halbziegel, Vormauerziegel, äußerst hitzebeständige Feuerziegel, Hohlsteine, Gips- oder Wabensteine, Flachziegel, Schalenziegel, Hohlziegel, Falzziegel usw.

· **Versiegelte Keramiken:** Diese umfassen Steinzeug, Porzellan und Feinsteinzeug und werden als Fliesen (Wand- und Bodenfliesen) eingesetzt. Porzellan findet als Isoliermaterial (elektrische Isolation), bei Türknäufen und -griffen sowie kleinen Sanitärgegenständen Verwendung. Lichtundurchlässiges, mit kleinen schwarzen Punkten versehenes Steinzeug und weißes Porzellan wird zudem für die Herstellung von Tellern, Tassen und Vasen verwendet, die als sehr dünnes Porzellan durchscheinend sein können.

Die Verarbeitung von Keramik erfolgt heute weitgehend industriell, setzt aber dennoch handwerkliches Wissen voraus, das den gefertigten Gegenständen häufig eine besondere Note verleiht. Zudem wird die Tradition der Keramikkunst auch weiterhin fortgeführt.

K

KNORREN und WIRBEL

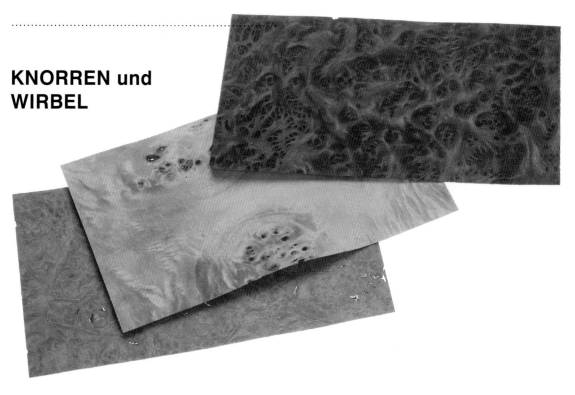

Knorren und Wirbel gelten für gewöhnlich als Abfallteile des Baums. Bei bestimmten Arten werden sie jedoch geschätzt und genutzt. Trotz der heiklen Verarbeitung und hohen Kosten sind ihre ästhetischen Qualitäten und ihre gewundenen Effekte nach wie vor sehr gefragt in der Tischlerei, für Einlegearbeiten oder zur Herstellung kleiner Gegenstände. Als relativ seltenes Material stehen Knorren oder Wirbel oft für besonderen Luxus (u. a. Kfz-Innenausstattung, Möbel, Schatullen und Etuis).

Nicht selten kommen Imitationen von Knorren und Wirbeln bei der Herstellung von Polymergegenständen und Kunstbeschichtungen in Architektur, Dekor und Einrichtung zum Einsatz.

Wirbel sind Auswüchse am Stamm oder krankhafte Wurzelköpfe, die sehr groß werden können. Sie entstehen meist durch Verletzungen (Insektenstiche, Pilzbefall etc.), können jedoch zum Teil auch künstlich erzeugt werden. Knorren werden nie als Vollholz verwendet, sondern stets als Furnier mit einer Vielzahl von Knoten in verschlungenen Motiven. Zu den klassischen Knorrenarten zählen Nussholz, Ulme, Birke, Thuya (Lebensbaum), Ahorn.

Wirbel werden vom Wurzelstock des Baums gewonnen und halbrund geschnitten. Sie haben wirre, marmorierte Fasern. Diese Furniere sind sehr schwer zu bearbeiten und weisen zahlreiche Fehler und Löcher auf, die später gefüllt werden müssen.

Stärke: Aussehen
Schwächen: Preis, schwierige Verarbeitung, geringe Haltbarkeit

K

KOHLE-, BASALT-, ARAMIDFASERN

Kohlefasern

(auch Kohlenstoff- bzw. Carbonfasern genannt) werden durch Erhitzung und Schmelzen von Polymerfasern, meist Polyacrylonitril (PAN), unter spezifischen Bedingungen (1 100–1 500°C) hergestellt. Sie bestehen zu über 90% aus Kohlenstoff und sind sehr elastisch. Durch eine Graphitisierung bei 2 500 bzw. 3 000°C werden ihre Leistungen verbessert (Fasern mit „hohem Modulus"). Kohlefasern besitzen eine sehr hohe Zugfestigkeit. Sie werden gesponnen und anschließend gewoben. In Verbindung mit einer Matrix wie Harz bilden sie besonders leistungsfähige strukturelle Verbundstoffe.

Basaltfasern

werden durch Extrusion von Schmelzbasalt mit feinen Spritzdüsen hergestellt. Dadurch entstehen durchgängige Fasern. In Textilanwendungen weisen sie eine höhere Flammfestigkeit auf als Glasgewebe, das schnell bricht. Basaltfasern sind günstiger als ähnliche Werkstoffe. Sie werden für Schutzkleidung verwendet – bei Kontakt mit der Haut können jedoch Irritationen auftreten. Sie sind hitzebeständig und korrosionsfest und kommen in zahlreichen Verbundstoffen vor.

Aramidfasern

können bei Temperaturen bis zu 180°C eingesetzt werden. Sie sind selbstlöschend und besitzen eine hervorragende Zugfestigkeit. Aufgrund ihrer geringen Dichte zählen sie zu den leichtesten Verstärkungsfasern. Kevlar® (eingetragene Marke von DuPont de Nemours) bezeichnet eine Reihe von Aramidfasern mit sehr hoher Zugfestigkeit. Aramidfasern besitzen eine hohe Schlagzähigkeit (starke Dehnung), sind jedoch weniger druckbeständig als Glasfasern (verminderte Haftung zwischen Faser und Harz). Zum Schneiden sind Spezialwerkzeuge (Keramikscheren) erforderlich. Sie sind UV-lichtempfindlich.

KOHLENSTOFF (C)

Zu den Elementen im Periodensystem, die besondere Aufmerksamkeit auf sich ziehen und Erstaunen oder Polemik auslösen, zählt mit Sicherheit auch Kohlenstoff, ebenso wie Silizium ein kristallines Element. Kohlenstoff ist seit der Antike bekannt und überall zu finden. Er kommt in reiner Form einerseits transparent und sehr hart als Diamant, andererseits schwarz, opak und sehr brüchig als Graphit vor. Außerdem ist er in Kohle, einem weit verbreiteten Brennstoff, enthalten. Darüber hinaus findet man ihn in Polymeren, die auf der Kohlenstoffchemie basieren. Kohlenstoff steht auch für den gesamten Bereich der Kohlenstoff-Nanoröhren aus der Familie der Fullerene, Moleküle aus Kohlenstoff in verschiedenen geometrischen Formen mit vielfältigen, erstaunlichen Eigenschaften, die im Mittelpunkt zahlreicher Forschungsprojekte, Umwelt- und Gesundheitsfragen stehen. Des Weiteren ist Kohlenstoff in zwei weithin bekannten Gasen enthalten: Kohlenstoffmonoxid (CO), ein farb- und geruchloses Gas, das tödlich sein kann, und Kohlenstoffdioxid (CO_2), ein von Lebewesen, Industrie, Autos usw. ausgestoßenes Gas, das einerseits schädlich, andererseits aber unverzichtbar ist. Auch in Kohlenwasserstoffen, eine Verbindungen aus Kohlenstoff und Wasserstoff, sowie in kohlensaurem Kalk und Kohlehydraten ist Kohlenstoff zu finden. Sein Isotop Kohlenstoff-14 (C-14) ist radioaktiv und wird beispielsweise zur Datierung von Fundstücken aus archäologischen Grabungen genutzt. Schließlich macht Kohlenstoff in Form von Graphen von sich reden: Graphit, das aufgrund einer zweidimensionalen Kristallstruktur eine sehr dünne Schicht bildet und unter anderem in der Elektronik vielversprechende Anwendungen findet. Die Graphen-Grundlagenforscher erhielten 2010 den Nobelpreis für Physik.

Stärken: je nach Form: guter elektrischer Leiter (Graphit), guter elektrischer Isolator und guter Wärmeleiter (Diamant), brennbar, hart, transparent, opak, tiefschwarz

Schwächen: Umweltbelastung, Radioaktivität und giftig in bestimmten Formen

K

KORK

Kork wird aus der Rinde bestimmter Baumarten wie Kork-eiche gewonnen. Als notwendige Schutzschicht, bspw. gegen Unwetter oder Insekten, bietet dieses Material für den Baum den Vorteil, atmungsaktiv zu sein. Es dauert mindestens neun Jahre, bis ein Baum eine verwendbare Korkschicht gebildet hat.

Kork ist dem Menschen seit der Antike bekannt, denn Spuren davon sind u. a. in Ägypten oder im alten Rom zu finden. Eines der heute führenden Kork produzierenden Länder ist Portugal.

Zu den wichtigsten Korkanwendungen zählt natürlich die Herstellung von Weinflaschenkorken, die teils aus einem Stück gefertigt werden, in manchen Fällen jedoch aus geformtem Korkagglomerat bestehen. Dieses bieg-same, leichte und wasserabweisende Material (langsame Zersetzung in Wasser) ist ein guter Wärme-, Lärm- und Schwingungsisolator. Aufgrund seiner Vorzüge wird er gern als Baustoff verwendet, z. B. als Wand- oder Boden-dämmmaterial. In groben Stücken oder als gemahlenes Granulat, agglomeriert mit künstlichem Klebstoff oder natürlichem Harz, aber auch dem im Blut enthaltenen Albuminkleber, stellt Kork einen leistungsfähigen, erneu-erbaren Werkstoff für zahlreiche Einsatzbereiche dar. Lange Zeit hindurch war Kork für Funktionen unentbehr-lich, die heute von Kunststoffen übernommen werden, darunter Dichtungen oder Schuhsohlen. Nach wie vor enthalten ist er in der Zusammensetzung von Linoleum, wird jedoch z. B. bei der Flaschenkorkenherstellung zu-nehmend durch Polyethylen ersetzt.

Stärken: leicht, antistatisch, elastisch, Wärme- und Lärmdämmstoff, schwingungshemmend, wasserabweisend, Preis, erneuerbar

Schwächen: lange Gewinnungsdauer (mehrere Jahre), geringe Stärke (einige Zentimeter)

K

KRISTALLGLAS

Die ersten sowohl dicken als auch harten Gläser mit hohem Bleioxidanteil wurden Ende des 15. Jh.s in Böhmen gefertigt. Die Herstellungstechnik wurde im 17. Jh. in England verfeinert, wo Glas mit höherem Glanz und Brechungsindex produziert wurde, das sich einfacher und länger bei niedrigeren Temperaturen bearbeiten lässt. Bleiglas mit einem Bleioxidanteil von mind. 24% wird als Kristallglas bezeichnet. Ab einem Bleioxidanteil von 50% spricht man von Strass, bei einem Anteil von über 60% erhält man ein sehr dichtes Glas, das in der Medizin zum Schutz vor Röntgenstrahlen zum Einsatz kommt.

Kristallglas wird natürlich in erster Linie zur Herstellung von Trinkgläsern verwendet. Es ist besonders klar, durchsichtig, klangvoll und äußerst widerstandsfähig gegen Entglasung (irreversible Trübung) und gehört seit jeher zur Aussteuer der idealen Braut.

Bei Kristallglas wird der Begriff „Kristall" erstaunlicherweise völlig falsch verwendet, denn es handelt sich in erster Linie um Glas und somit um einen amorphen und nicht kristallinen Werkstoff, dessen molekularer, atomarer und ionischer Aufbau das genaue Gegenteil des kristallinen, regelmäßigen und strukturierten Gefüges von Metall, Salz, Zucker oder Edelsteinen darstellt!

Als Flüssigkristall wird eine Substanz in einem Zwischenstadium zwischen flüssig und fest kristallin bezeichnet. Die verschiedenen Phasen von Flüssigkristallen weisen u. a. unterschiedliche optische Eigenschaften auf, was bei LCD-Bildschirmen genutzt wird.

Stärken: Glanz, Härte, Transparenz
Schwächen: hoher Wärmedehnungskoeffizient, Zerbrechlichkeit

K

KUPFER (Cu)

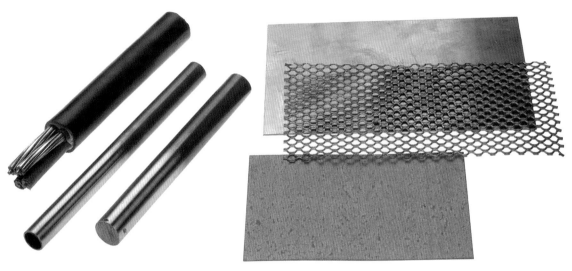

Dichte: 8 800–9 250 kg/m³
Schmelzpunkt: 1 083°C

Kupfer ist das wahrscheinlich erste vom Menschen verwendete Metall, da es in reiner Form, allerdings nur spärlich, auf Erden vorkommt. Meist findet man es in Form von Sulfid, das einfach zu verarbeiten ist. Es handelt sich um ein bräunlich-oranges Metall, das aufgrund seiner elektrischen Leitfähigkeit geschätzt wird (95 % gegenüber Silber, dem leitfähigsten Metall).
Darüber hinaus besitzt es eine hervorragende Wärmeleitfähigkeit, ausgezeichnete Korrosionsfestigkeit (Kupfer nimmt beim Korrodieren eine grünlich-blaue Färbung an) und einen relativ schwachen Reibungskoeffizienten. Das sehr biegsame Metall lässt sich leicht durch Umformung verarbeiten. Es ist gut mit Silber oder Zinn zu verlöten. Im ausgeglühten Zustand sind seine Eigenschaften allerdings mittelmäßig, können jedoch durch Kaltverformung verbessert werden.

Zu den wichtigsten Anwendungsgebieten zählen: Wasserrohre, elektrische Drähte und Komponenten (die Hälfte der weltweiten Kupferproduktion ist der Herstellung von elektrischen Leitern vorbehalten) sowie das Bauwesen (Dachdeckung).
Kupfer wird auch oft in Metalllegierungen verwendet und ergibt in Verbindung mit Zink Messing, in Verbindung mit Zinn Bronze, mit Nickel oder Aluminium wird es zu Aluminiumbronze.
Übrigens kommt Kupfer, das als Spurenelement lebensnotwendig ist, im Hämoglobin der Königskrabbe vor und dient dem Sauerstofftransport (beim Menschen übernimmt Eisen diese Aufgabe). Deshalb haben diese Gliederfüßer blaues Blut (Kupferoxidation).

Stärken: elektrische Leitfähigkeit, Korrosionsfestigkeit, Verformbarkeit
Schwächen: hoher Preis, schwierige Verarbeitung

L

LACK

Lack ist eine uralte Form der Oberflächenbeschichtung für eine Vielzahl von Materialien: Holz, Bambus, Metall, Leder usw. Die vor mehreren Jahrtausenden in China entwickelte Lackiertechnik ist bis heute in Asien eine geschätzte Tradition. Natürlicher Lack wird in mehreren aufeinander folgenden, hauchdünnen Schichten einer bestimmten, von verschiedenen Bäumen gewonnenen Latexart aufgetragen. Dadurch entsteht eine beständige, wasserundurchlässige Oberfläche. Die harzhaltige Kautschukmilch besitzt hervorragende Haftungs- und Glanzeigenschaften. Nach dem Trocknen bildet sie einen nicht porösen, nicht löslichen Film. Ein schöner Lack zählt mindestens sieben Schichten; bei bestimmten Werkstücken können es bis zu 14 oder 18 aufeinanderfolgende Schichten sein. Das Lackieren erfordert viel Geduld, denn zwischen den einzelnen Schichten ist jeweils ein Glattschliff notwendig. Das Einfärben von Lack erfolgt durch Zufügen von Eisenoxid (Schwarzlack), Quecksilbersulfid (Rot), Arsensulfid (Gelb) usw. Diese

Lacke weisen eine unvergleichliche Tiefenwirkung und hohen Glanz auf.

Industrielle Lacke sind in dicker Schicht aufgetragene Oberflächenfarben (Acryl, Harz usw.) – es handelt sich also um Lackimitate. Glanzlack ist weniger porös und damit widerstandsfähiger als Mattlack. Diese Lacke eignen sich heute hervorragend als Schutzbehandlungen für Holz oder Metall etc. Das Auftragen erfolgt stets auf gut vorbereitetem Untergrund (Spachtelmasse z. B. auf Holz oder Metall) durch Sprühen, anschließend wird der Lack evtl. ausgehärtet (bei Harzpulver).

Stärken: Glanz, Tiefe, Wasserundurchlässigkeit
Schwächen: Preis, langwierige Verarbeitung, Splitter sind irreparabel

L

LANGSPANPLATTEN (OSB)

Seit rund zwanzig Jahren werden OSB-Platten (Oriented Strand Board) angeboten, die aus großen, länglichen Schälspänen (Stärke 0,3 bis 0,4 mm, Länge 6 bis 8 cm) bestehen. In den Deckschichten werden die Späne generell in Längsrichtung ausgerichtet, während sie in den Mittellagen kreuzweise angeordnet sind. Die mechanischen Eigenschaften dieser Platten ähneln dem Sperrholz, sie sind jedoch wesentlich schwerer. Es gibt verschiedene Arten; die Anzahl der überkreuzten Schichten, Größe der Späne, Holzart usw. können unterschiedlich sein.

Diese Platten sind wirtschaftlich und umweltschonend, da potenziell sämtliche Teile eines Baums sowie bestimmte Holzabfälle genutzt werden können.

Eine der bekannten Marken für diese Art von Platten ist Triply-OSB. Als Mittelweg zwischen Spanplatte und Sperrholz besteht dieses Material aus Holzlamellen (meist Kiefer) in drei überkreuzten Schichten, die mit feuchtigkeitsbeständigen Heißleimen verbunden sind.

Aus OSB-Platten werden z. B. I-Balken gefertigt, die eine Alternative zu Vollholz- und sogar Metallbalken darstellen.

OSB-Platten werden in erster Linie im Bauwesen als Böden, Verschalungen und Verpackungen verwendet. Ihre besonderen ästhetischen Eigenschaften wurden von manchen Möbeldesignern gezielt genutzt.

Stärken: Kosten, Homogenität, höhere mechanische Beständigkeit (Biegefestigkeit) und bessere Feuchtigkeitseigenschaften als Spanplatten

Schwächen: Gewicht, mittelmäßige Schraub- und Nagelfestigkeit, unregelmäßige Schnittkanten, Werkzeugverschleiß

L

LASER

Das Wort Laser ist aus den Anfangsbuchstaben der englischen Bezeichnung „Light Amplification by Stimulated Emission of Radiation" („Lichtverstärkung durch induzierte Strahlungsemission") abgeleitet. Dieses Prinzip der stimulierten Emission wurde von Albert Einstein schon in den 1920er Jahren beschrieben. Laser ist eine hoch konzentrierte künstliche Lichtquelle. Sie ist bemerkenswert geordnet und kohärent. Die gesamte Lichtenergie geht von einer einzigen Welle aus und nicht wie bei anderen natürlichen Lichtquellen von unabhängigen, ungeordneten Wellenzügen. Deshalb ist seine Frequenz perfekt definiert und mitunter auch ein Grund, weshalb Laserlicht monochromatisch ist.

Es gibt verschiedene Lasertypen, deren Eigenschaften (Stärke, Emissionswellenlänge) und Anwendungsgebiete unterschiedlich sind. Man unterscheidet Kristalllaser (auf der Basis von Feststoffen – Kristall oder Glas – zur Photonenemission), Gaslaser, Halbleiterlaser, Freie-Elektronen-Laser, Glasfasern- und Farblaser.

Außerdem werden Laser anhand ihrer Gefahrenklasse eingeteilt: von Klasse I (geringe Stärke, ungefährlich für das Auge, Einsatz z. B. bei DVD-Geräten oder Druckern) bis zu Klasse IV (echte Gefahr für das Auge, ob durch direkten Strahl, Rückstrahlung oder Beugung).

Heute sind zahlreiche Laseranwendungen im Einsatz, allen voran in der Beleuchtung, aber auch für Schnitte und Mikromaterialbearbeitung, Mikrochirurgie, Rüstung, Holografie, Druck, Lese- und Speichergeräte für elektronische Daten, Telekommunikation.

Stärken: konzentriertes Lichtbündel, zahlreiche Anwendungen, Präzision

Schwächen: Preis, monochromatisch, heikle, gefährliche Handhabung bei manchen Lasern

L

LED

Leuchtdioden (kurz LED für Light Emitting Diode bzw. lichtemittierende Diode) sind eine Erfindung neueren Datums. 1962 wurde die erste Leuchtdiode im sichtbaren Lichtspektrum von Nick Holonyak gebaut. Dieses kleine Bauelement (Größe: einige Millimeter) basiert auf der Halbleitertechnologie.

Infrarot-LEDs sind älter und werden z. B. für ferngesteuerte Funktionen eingesetzt. Lange Zeit beschränkte sich der Einsatz von LEDs auf Kontrolllämpchen, heute erschließen sie sich jedoch weite Einsatzbereiche z. B. in der Beleuchtungstechnik (Taschenlampen, Verkehrsampeln, Stimmungsbeleuchtung in Geschäften, Kfz-Blinklichter usw.) Die geringe Lichtausbeute wird heute durch beachtliche Verbesserungen in der Halbleitertechnik wettgemacht. Schon in naher Zukunft sollen LEDs gar die herkömmlichen Glühbirnen im Heimbereich ersetzen. Ihre Vorteile könnten eine echte Revolution für die Beleuchtungsbranche bedeuten.

Die derzeit erforschten organischen Leuchtdioden (OLED, kurz für Organic Light Emitting Diode) versprechen neue Entwicklungen z. B. bei Bildschirmanwendungen. Sie funktionieren wie LEDs, nutzen jedoch Halbleiter auf Kohlenstoffbasis. Sie könnten demnächst Flüssigkristall- oder Plasmabildschirme ersetzen.

Stärken: geringer Stromverbrauch, bislang unerreichte theoretische Lebensdauer (zehn Jahre im Dauerbetrieb!), praktisch keine Instandhaltung, Niedrigspannung praktisch ohne Erwärmung, daher hohe Sicherheit, klein

Schwächen: hohe Kosten, weiße Lichtfarbe schwer zu erzielen

L

LIQUIDMETAL®

Liquidmetal® ist eine von Liquidmetal® Technologies eingetragene Marke für eine innovative Palette von amorphen Metalllegierungen. Diese „metallischen Gläser", die bei Raumtemperatur nicht flüssig sind, weisen eine außergewöhnliche Molekularstruktur und überragende Verarbeitungseigenschaften auf, die ihnen verblüffende Qualitäten wie Härte, Beständigkeit und Elastizität verleihen. Sie vereinen die Vorzüge von Metall und Kunststoff und lassen sich wie Polymere verarbeiten, da sie sich bspw. in hochpräzise Formen gießen lassen. Sie absorbieren Schwingungen, sind abriebfest und trotzdem leicht, korrosionsbeständig und biokompatibel. Durch den meist niedrigen Schmelzpunkt können sie einfacher und kostengünstiger verarbeitet werden. Je nach Zusammensetzung lassen sich sämtliche Eigenschaften metallischer Gläser steuern, darunter neben den oben genannten Eigenschaften auch die elektrische und thermische Leitfähigkeit, Dauerfestigkeit und Dichte.

Liquidmetal® besitzt bereits zahlreiche Anwendungsgebiete, darunter Beschichtungen, Rüstung, Elektronik, Medizin, Sport, Luft- und Raumfahrt, Uhrmacherei, Schmuckherstellung usw.

Stärken: härter und solider als Titan, höhere Elastizität, Leichtigkeit, Abriebfestigkeit, Korrosionsfestigkeit, Biokompatibilität, hoch präzise Formbarkeit, mikroskopisch genaue Details
Schwäche: Preis

L

LITHIUM (Li)

Dichte: 0,53 g/cm³
Schmelzpunkt: 180,5°C

Lithium ist der Feststoff mit der geringsten Dichte, den wir kennen. Es ist ein weiches, reaktionsfreudiges Alkalimetall, das in Kontakt mit Luft und Wasser sehr schnell oxidiert, wobei seine Farbe von silbrig-weiß zu schwarz übergeht. Daher muss es zum Schutz in Mineralöl aufbewahrt werden. Es kommt in der Natur nicht in Reinform vor und wird häufig als Ionenverbindung aus Mineralen wie Pegmatit, Ton oder Solen gewonnen. In winzigen Mengen ist es auch in Lebewesen (vom Plankton bis zu Wirbeltieren) zu finden.

Lithium wurde erst 1923 in der Industrie eingeführt. Sein Vorkommen ist nur an wenigen Orten wie z.B. in Bolivien, Chile, Argentinien oder China bekannt und der Abbau rentabel. Lithium wird bei der Herstellung bestimmter hitzebeständiger Glas- und Keramikarten, in Metalllegierungen für die Luftfahrt und in den berühmten Lithium-Batterien und -Akkus verwendet. Lithium wird außerdem trotz seiner unbestrittenen Toxizität in bestimmten Formen und unter gewissen Bedingungen in der Medizin eingesetzt. Mit Lithiumsalzen können manisch-depressive Störungen, Zwangs- und Schlafstörungen behandelt werden, darüber hinaus wirken sie antiallergisch. Lithiumchlorid und -bromid haben austrocknende Eigenschaften. In Wasserstoffbomben dient Lithiumdeuterid als Brennstoff. Der Besitz des Isotops Lithium-6 ist wegen seiner Radioaktivität reglementiert.

Aufgrund der hohen Nachfrage durch jüngste Entwicklungen in der Informatik-, Mobiltelefon- und Automobilbranche ist der Preis für dieses Material stark angestiegen.

Stärken: leicht, großes elektrochemisches Potenzial, therapeutische Eigenschaften

Schwächen: sehr reaktionsfreudig: luft- und wasserempfindlich, oxidiert schnell, korrosiv; in bestimmten Formen giftig

M

MAGNESIUM (Mg)

Dichte: 1 740 kg/m³
Schmelzpunkt: 650°C

Magnesium gehört nach Aluminium und Eisen zu den häufigsten Metallen der Erde und ist auch im Salzwasser der Meere enthalten. Zwar besitzt es im Vergleich zu anderen Metallarten schlechte mechanische Eigenschaften, doch sein geringes Gewicht (leichter als Aluminium) macht es in spezifischen Bereichen zu einem sehr gefragten Material, z. B. bei Gehäusen von Fotoapparaten oder Laptops. In der Luft- und Raumfahrt sowie in der Automobilindustrie wird es mittlerweile auch verstärkt verwendet, da ein geringeres Gewicht in diesen Bereichen mit Energieeinsparungen gleichzusetzen ist.

Magnesium wird für verschiedene Legierungen, insbesondere mit Aluminium zur Herstellung von Dosen oder Profilen verwendet.

Magnesium ist weißlich-grau und läuft bei Kontakt mit Luft schnell an. In Form von Pulver oder Spänen ist es bei Kontakt mit Sauerstoff oder Wasser leicht entflammbar. Diese überraschende Eigenschaft wurde zu Beginn der Fotografie für Blitzlicht genutzt, da die entstehende Flamme sehr hell ist. Für die Verarbeitung hingegen stellt diese Eigenschaft ein großes Problem dar.

Magnesium wird in der Chemie und Pharmazeutik als Reagens genutzt. Magnesia bzw. Magnesiumoxid wird in der Landwirtschaft und im Sport verwendet, bspw. in Form eines haftenden Pulvers beim Turnen oder Klettern.

Magnesium spielt auch in unserer Ernährung eine wichtige Rolle. Ein Magnesiummangel kann u. a. zu Depressionen oder Krämpfen führen. Nicht umsonst wird Schokolade durch den Magnesiumgehalt von Kakao eine wohltuende Wirkung zugeschrieben!

Stärken: leicht, im Überfluss vorhanden, gesund
Schwächen: Entflammbarkeit, schwierige Verarbeitung

M

MAGNETE

Bestimmte Materialien weisen ein (permanentes oder reversibles) Magnetfeld auf: Sie üben eine Anziehungskraft auf andere Materialien wie Eisen oder Nickel aus. Es gibt natürliche Magnete, darunter Magnetit, oder die seltenen Lanthanoide sowie künstliche Magnete, die durch die Einwirkung eines starken Magnetfelds erzeugt werden.

Magnete sind zweipolig und zeichnen sich durch einen Nord- und Südpol aus. An diesen beiden Extremitäten ist die Anziehungs- bzw. Abstoßungskraft am stärksten. Zwei gleichartige Pole stoßen sich ab, während sich zwei entgegengesetzte Pole anziehen.

Der Kompass funktioniert mit einer Magnetnadel, die unweigerlich die Peilung des magnetischen Nordens anzeigt.

Die im Alltag gebräuchlichen einfachen Magneten bestehen meist aus Eisenoxid und Titan. Ihre „Kraft" ist unterschiedlich.

Außerdem gibt es Elektromagnete, die ihre Magnetkraft nur bei Stromversorgung ausüben. Sie finden sich häufig in Türöffnungssystemen und könnten in naher Zukunft bei Transportmitteln für eine Schwebebewegung (ohne Reibung) sorgen.

Manche Materien sind „magnetisch", andere jedoch nicht: Sie bieten Magneten keinen Halt. In manchen Fällen kann dies ein Identifizierungskriterium sein. So sind z. B. die meisten rostfreien Stähle amagnetisch.

Im Bereich Farben und Lacke können durch Magnetisierung der Metallpigmente die Lichteigenschaften verändert werden. So kann bei Farbbeschichtungen eine Tiefenwirkung mit 3D-Effekt erzielt werden.

Stärken: Anziehungskraft, weiche Magnete möglich, reibungsfreie Bewegungen
Schwächen: beschränkte Verarbeitbarkeit, schwierige Fertigung

M

MARMOR

Marmor ist ein metamorphes Gestein, das durch Umwandlung von Sedimenten entsteht. Es besteht vorwiegend aus Kalziumkarbonat und ist kalkartig. Marmor ist sehr dicht (rund 2 700 kg/m³) und bruchfest. Am schönsten ist Marmor in poliertem Zustand. Die charakteristische „Marmorierung" ist sehr gefragt und hängt meist mit der Präsenz von Metalloxiden zusammen. Es gibt zahlreiche Marmorarten unterschiedlicher Herkunft und Zusammensetzung. Auch polierbare Kalke werden als Marmor bezeichnet. Sie weisen ähnliche Eigenschaften auf (Härte, Dichte, Polierbarkeit). Unterschieden werden weißer Marmor (z. B. Kalzitmarmor aus Carrara), beiger, blauer, schwarzer, grauer, rosa, roter, gelber, grüner und violetter Marmor.

Am weitesten verbreitet ist Marmor im Bauwesen – die verschiedenen Verarbeitungstechniken werden als „Marmorwerk" bezeichnet – in Form von Bodenfliesen oder Wandverkleidungen für den Innen- und Außeneinsatz (nicht alle Sorten). Auch Gegenstände und Skulpturen werden aus Marmor gefertigt. Weitaus weniger bekannt ist Marmor als Bestandteil bestimmter Zahnpasten!

Als „Marbrieren" bezeichnet man eine eigene, gängige Maltechnik, mit der Marmorstrukturen imitiert und Stuck- und Farbeffekte erzielt werden.

In der Mechanik wird eine absolut glatte Oberfläche ebenfalls als Marmor bezeichnet und dient als Referenz. Solche Oberflächen werden heute aus bearbeitetem Gusseisen hergestellt.

Stärken: Aussehen, Härte, Dichte, poliertes Finish
Schwächen: Preis (bestimmte Arten), Gewicht, Porosität (kann lackiert oder gewachst werden)

M

MASSIV-HÖLZER

1 TANNE (Nadelholz)
Dichte: 400–600 kg/m³
Cremeweißes Holz, wenig Geruch. Aussehen ähnlich wie Fichte, jedoch weniger haltbar. Verwendung in der Schreinerei und Zimmerei.

2 FICHTE (Nadelholz)
Dichte: 400–550 kg/m³
Gelblich-weißes Holz. Splintholz ohne Besonderheiten. Einsatz sehr ähnlich der Tanne, aufgrund seiner glatteren Faserung auch für feinere Tischlerarbeiten geeignet. Meist werden junge Fichten als Weihnachtsbäume verwendet.

3 KAMBALA (Laubholz)
Dichte: 950–1 100 kg/m³ (nicht schwimmend!)
Sehr hartes, schweres Holz mit fast schokoladebrauner Färbung. Sehr hohe mechanische Widerstandsfähigkeit, Einsatz bei Dachaufbauten und Parkettböden.

4 EICHE (Laubholz)
Dichte: 600–800 kg/m³
Hellgelbes bis dunkelbraunes Holz. Charakteristischer unbrauchbarer Splint. Haltbares, grobkörniges Holz. Je nach Schnitt mit spezifischer Maserung. Gebräuchliche Verwendungsarten: Parkettboden, Dachgebälk, Böttcherei, Tischlerarbeiten für Innen- und Außenanwendungen.

5 ZEDER (Nadelholz)
Dichte: 400–500 kg/m³
Cremefarbenes bis rötlichbraunes Holz. Glatte Fasern, feinkörnig. Bisweilen leicht brüchig. Hervorragende Stabilität und Haltbarkeit. Sehr schönes Lackfinish. Verwendung in der Tischlerei und für Außenanwendungen.

6 BIRKE (Laubholz)
Dichte: 500–600 kg/m³
Cremeweißes, mittelhartes Holz, einheitlich und gut zu bearbeiten. Einsatz beim Drechseln, als Kisten- und Sperrholz.

M

MASSIVHÖLZER

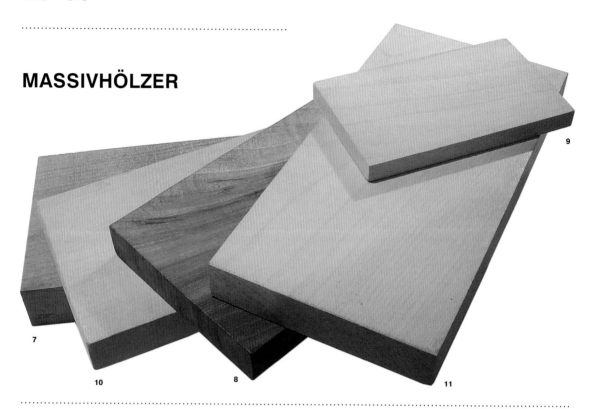

7 KIRSCHHOLZ (Laubholz)

Dichte: 600–700 kg/m³

Hellrotes bis rosafarbenes Holz. Feinkörnig und homogen. Splint verwendbar. Sehr schönes poliertes Finish. Verwendung bei rustikalen Möbeln, in der Tischlerei, als Vollholz oder Furnier.

8 NUSSHOLZ (Laubholz)

Dichte: 600–750 kg/m³

Graues bis braunes Holz, Maserung, Marmorierung, hohe Dichte, leicht zu verarbeiten, feinkörnig, eher hart. Schönes poliertes Finish. Wird viel in der Tischlerei, als Vollholz oder Furnier, zur Waffenherstellung und beim Drechseln verwendet.

9 PAPPEL (Laubholz)

Dichte: 400–500 kg/m³

Weißes bis gelbliches Weichholz, homogen. Häufig treten Querfasern auf. Diese leichte Holzart wird gern als Lattensteg, für Verpackungen (Camembert-Schachteln!), Streichhölzer, Pappmaché oder Rohmöbel verwendet.

10 LINDE (Laubholz)

Dichte: 450–500 kg/m³

Weißes Holz, das leicht ins Rosa übergehen kann, ohne spezifischen Splint. Wachsartiger Griff, ranziger Geruch. Gleichmäßige, gerade Fasern. Mittelmäßige mechanische Eigenschaften, ziemlich brüchiges Weichholz. Tendiert dazu, sich zu verziehen und zu spalten. Wird oft für Skulpturen, beim Drechseln, Formgeben, zur Herstellung von Formen, Klaviertasten usw. verwendet.

11 BERGAHORN (Laubholz)

Dichte: 550–750 kg/m³

Cremeweißes Holz mit glatten oder gewellten Fasern. Feinkörniges, gleichmäßiges Weichholz. Sehr beliebt im Geigenbau, beim Drechseln, als Furnier, ergibt ein schönes Finish. Keinesfalls für Außenanwendungen geeignet.

M

MASSIVHÖLZER

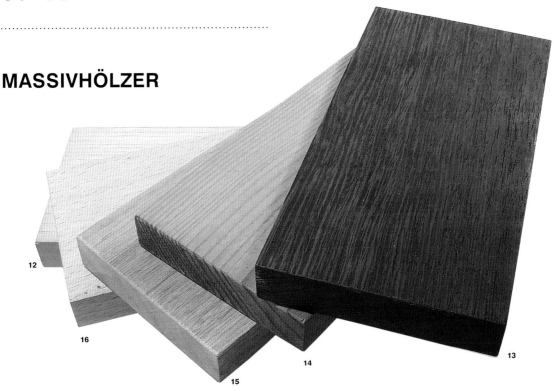

12
16
15
14
13

12 KASTANIE (Laubholz)
Dichte: 600–700 kg/m^3
Cremefarbenes bis braunes Holz, grobe Struktur, markante Ringe, kaum Splint. Einsatz bei rustikalen Möbeln, Dachgebälk, Zäunen. Hält Spinnen fern!

13 WENGE (Laubholz)
Dichte: 800–950 kg/m^3
Dunkelbraunes Holz mit enger, schwärzlicher Maserung. Eher grobkörnig, gerade Fasern. Auffälliger weißer Splint. Haltbares Holz, fäulnisbeständig. Hoher mechanischer Widerstand, gute Stoßfestigkeit, neigt jedoch zur Spaltung. Furnier, Tischlerei, Parkettboden, Sitze, Dekorholz.

14 LÄRCHE (Nadelholz)
Dichte: 550–700 kg/m^3
Orange-rotes Holz mit charakteristischem Splint, wenig verbreitet. Eines der härtesten Nadelhölzer. Für Außenanwendungen geeignet: Masten, Zäune, Parkettboden.

15 MAHAGONI (Laubholz)
Dichte: 400–800 kg/m^3
Die Familie der Mahagonihölzer umfasst eine Vielzahl von Arten. Es handelt sich um rosa- bis rotbraune Hölzer. Diese Arten bieten die schönsten Motive der Möbeltischlerei: glänzend, geflammt, drapiert, schattiert, gestreift. Sie waren besonders im 19. Jh. als Dekorfurniere beliebt. Zu den Anwendungen von Mahagoniholz zählen Furniere, Einlegearbeiten, Möbel, Tischlerarbeiten und Dekorpaneele.

16 BUCHE (Laubholz)
Dichte: 600–750 kg/m^3
Helles, weißes Holz mit charakteristischer brauner Punktierung. Amerikanische Buche ist leicht rosa. Feinkörniges, ebenmäßiges Hartholz, gering gemasert. Wird besonders beim Rundbiegen eingesetzt (z. B. das berühmte gebogene Holz von Thonet) und im Möbelbau, für Werkbanken, Schnitttische, Sessel, beim Drechseln und als Sperrholz.

M

MASSIVHÖLZER

17 OKUME (Laubholz)
Dichte: 400–500 kg/m³
Rosa- bis lachsfarbenes Holz, homogen, weich und kaum gemasert. Es weist jedoch oft Querfasern auf. Wird in der Tischlerei, bei Zierleisten und vor allem bei der Herstellung von Sperrholz eingesetzt, da es große Klumpen bildet.

18 ESCHE (Laubholz)
Dichte: 700–800 kg/m³
Weißes Holz mit grober Maserung und Körnung. Überraschend elastisches Hartholz, wird häufig beim Rundbiegen eingesetzt. Hauptanwendungsgebiete: Tischlerei, Furnier, Sportutensilien (Skier), Schiffbau und Rundholz für Möbel.

19 KIEFER (Nadelholz)
Dichte: 400–850 kg/m³
Holz mit variabler Farbe (von Rosa bis Rötlich). Viel unbrauchbarer Splint. Starker Harzgeruch. Einsatz als verleimtes Schichtholz und in der chemischen Industrie (Harzgewinnung).

20 TEAK (Laubholz)
Dichte: 550–800 kg/m³
Grünlichbraunes Holz, das bei Licht nachdunkelt und sich grau einfärbt. Mit der Zeit erhält es kupferartige Reflexe. Relativ grobkörnig, heterogene Struktur, die bei der Herstellung Probleme bereitet. Charakteristischer fettiger Griff, spezifischer ledriger Geruch. Splint muss eliminiert werden. Seine hohe Fäulnisbeständigkeit und Dimensionsstabilität machen Teakholz zu einem guten Außenholz. Mittelmäßige mechanische Beständigkeit. Verleimen und Lackieren heikel, deshalb werden Öl- oder Wachsimprägnierungen bevorzugt. Anwendungen: Schiffbau, Außenmöbel, Parkettboden u. a.

M

MASSIVHÖLZER

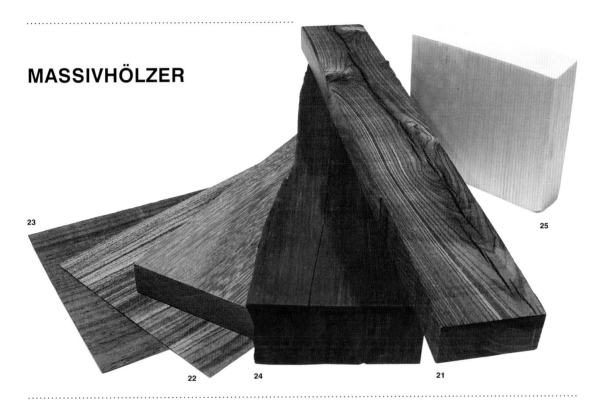

23
22
24
21
25

21 VIOLETTHOLZ (AMARANTH) (Laubholz)
Dichte: 800–950 kg/m³
Holz mit violetten Streifenmotiven. Weißer, unbrauchbarer Splint. Feinkörniger, kleinwüchsiger Baum, deshalb sehr kleine Holzstücke! Ausgezeichnete mechanische Eigenschaften: Einsatz für Furniere, Einlegearbeiten, Inkrustationen, kleine Luxusgegenstände. Vom Aussterben bedroht.

22 IROKO (AFRIKANISCHES TEAKHOLZ) (Laubholz)
Dichte: 600–750 kg/m³
Gelbes bis braunes Holz, kaum gemasert. Hohe Verarbeitbarkeit. Gute Feuchtigkeitsfestigkeit. Die Hauptanwendungen liegen in der Außenschreinerei.

23 PALISANDER (Laubholz)
Dichte: 800–1 150 kg/m³ (nicht schwimmend!)
Hell- bis dunkelbraunes Holz mit Tendenz zum Violett. Haltbares Holz mit relativ grobem Korn. Luxustischlerei, Saiteninstrumentenbau. Vom Aussterben bedroht.

24 EBENHOLZ (Laubholz)
Dichte: 1 050–1 250 kg/m³ (nicht schwimmend!)
Je nach Herkunft eine schwarze Holzart oder, bei Macassar-Ebenholz, mit ebenmäßiger, gelb-schwarzer Maserung. Sehr charakteristischer weißer Splint ist nicht verwendbar. Schweres, dichtes, sehr feinkörniges Holz. Bäume mit sehr geringem Durchmesser. Wird oft als Furnier oder zur Herstellung kleiner Gegenstände verwendet. Anwendungen: Einlegearbeiten, Tischlerei, Inkrustationen, Instrumentenbau, Nippes usw. Vom Aussterben bedroht.

25 BALSA (Malvengewächs/Laubholz)
Dichte: 100–230 kg/m³
Helles, fast weißes Holz. Extrem leicht, weich, doch brüchig. Relativ grobe Faser. Wenig kratzfest, doch ein gutes Verhältnis Gewicht/Beständigkeit als Hirnholz, deshalb wird es als einer der leistungsfähigsten Verbundstoffe eingesetzt. Anwendungen im Modellbau, als Füllmaterial von Verbundplatten, Schall- und Wärmeisolator, Schwimmer usw.

M

MESSING

Dichte: ca. 8 300 kg/m³
Schmelzpunkt: 900–925°C

Messing ist eine Legierung aus Kupfer und Zink mit einem Zinkanteil zwischen 5 und 45%. Die Farbe des Metalls variiert zwischen gelb und einem goldfarbenen Ton, der durch Polieren entsteht. Messing besitzt sehr gute mechanische Eigenschaften und lässt sich hervorragend bearbeiten, wodurch die Produktion kleiner Präzisionsteile durch Drehverfahren (bzw. Abdrehen), Gesenkschmieden oder Tiefziehen gewährleistet wird. Verfahren wie Lichtbogenschweißen oder Arbeiten mit dem Schneidbrenner sind zu vermeiden, doch zum Silberlöten ist Messing durchaus geeignet. Seine Oberfläche lässt sich hervorragend polieren. Häufig wird es für Oberflächenbearbeitungen und Verkleidungen verwendet (Lacke, Vernickelung, Chromierung usw.). In der Gießerei wird Messing zur Herstellung kleinster Gegenstände genutzt, bei der eine hohe Gusspräzision erforderlich

ist. Messing wird hauptsächlich beim Schiffbau und in der Elektrotechnik (Glühlampenfassungen oder -sockel usw.), für Leitungsarmaturen, Klempnerarbeiten (Abdichtungsanwendungen), Möbelbeschläge, Eisenwaren im Hausbau sowie bei bestimmten Dekorationsgegenständen als Goldimitation verwendet.

Für eine bessere Bearbeitbarkeit kann gewöhnliches Messing (Kupfer und Zink) mit 1 bis 3% Blei, zur Verbesserung seiner mechanischen Eigenschaften mit Zinn, Aluminium, Arsen oder Eisen veredelt werden.

Stärken: Bearbeitbarkeit, gute Beschichtbarkeit, kostengünstiger als Kupfer
Schwäche: schlechte mechanische Eigenschaften (hohe Verformbarkeit)

M

METAMATERIAL

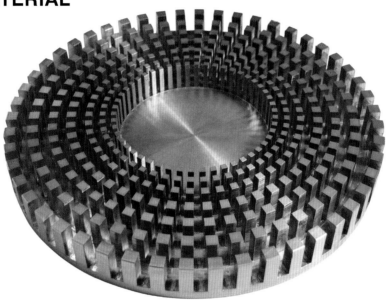

Als sogenanntes Metamaterial werden heute verschiedene Arten von Verbundmaterial bezeichnet, deren elektromagnetische Eigenschaften neuartig und nicht in natürlichen Materialen zu finden sind. Diese Metamaterialien faszinieren heutzutage sowohl die Wissenschaft als auch die Öffentlichkeit. Manche dieser Metamaterialien, wie beispielsweise schichtförmig angeordnete Glasfasern, in die Metallringe eingearbeitet sind, sind deshalb von Interesse, da sie, sobald sie einem Magnetfeld ausgesetzt sind, ein internes Magnetfeld induzieren und somit Lichtstrahlen ablenken können. Sie weisen darüber hinaus einen negativen Brechungsindex auf, derzeit im Mikrowellen- und fernen Infrarotbereich eingesetzt. Die Brechung beschreibt die Richtungsänderung einer Welle (z. B. eines Lichtstrahls), wenn ihre Geschwindigkeit sich beim Übergang von einem Medium in ein anderes verändert.

Es wird heute davon ausgegangen, dass diese Metamaterialien die Herstellung von Tarnkappen oder Schutzschilden, die unsichtbar machen, ermöglichen könnten, wie der Tarnumhang der berühmten Romanfigur Harry Potter! Auch wenn die Wissenschaft davon noch weit entfernt ist, besteht die Idee darin, ein Objekt von Licht so umfließen zu lassen, wie Wasser einen Felsen umspült, und dabei das Objekt dank des Schildes aus Metamaterial vor unseren Augen unsichtbar zu machen. Die Wellenlängen hängen von der Zusammensetzung der Metamaterialien ab – es geht also darum, Mittel und Wege zu finden, die Bestandteile möglichst klein zu halten.

Mithilfe von Metamaterialien können zudem, schwarze Löcher simuliert werden, um deren physikalische Eigenschaften besser erforschen zu können. Sie werden auch für die Herstellung von „Superlinsen", Antennen oder sogar schwimmenden Deichen eingesetzt.

Vorteile: Tarnmaterial, negativer Brechungsindex
Nachteile: noch nicht spruchreif, hochkomplexe Umsetzung

M

MITTELDICHTE FASERPLATTEN (MDF)

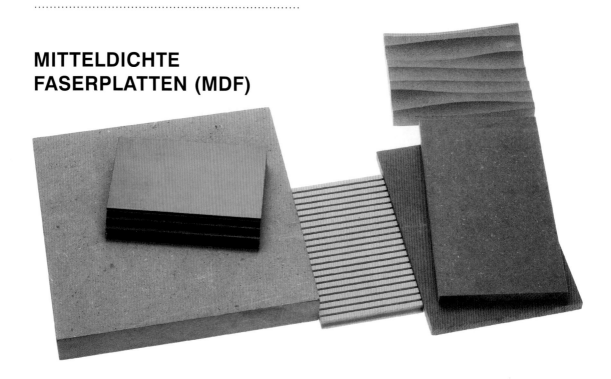

Durch Heißpressung von zerfaserter Holzmasse werden mitteldichte Faserplatten (MDF, Medium Density Fibers) hergestellt. Die Platten werden durch Reaktivierung des natürlichen Holzharzes (Lignin) oder mit synthetischem Harz verpresst, wobei der ausgeübte Druck und die Art des Bindemittels für die Dichte der Platten verantwortlich sind.

MDF ist ein relativ homogenes Material, das jedoch an der Oberfläche eine höhere Dichte aufweist als im Inneren. Es gilt als isotrop (dehnt sich gleichermaßen in alle Richtungen aus).

Es wird oft als Rückwand von Einrichtungsgegenständen, bei nicht sichtbaren Innenarchitekturelementen oder als Spanplatte verwendet und erlebt heute im Rohzustand bei Möbeln eine neue Blüte. Die Verarbeitung wird zunehmend digital gesteuert. So werden Türplatten, Dekoplatten (z. B. ausgemeißelte Platten) oder Lärmdämmplatten angefertigt, die sich für hochwertige maschinelle Endbearbeitung eignen (z. B. Lackierung).

MDF kann in der Masse gefärbt werden und steht deshalb in mehreren Farbtönen zur Verfügung.

Aufgrund seiner guten Dimensionsstabilität kann es als Untergrund für eine Vielzahl von Halbfabrikaten eingesetzt werden: Betonplatten, Bodenuntergrund (Laminatparkett).

MDF existiert auch als gerillte, biegsame Platte, die sich ideal für gekrümmte Oberflächen eignet.

Stärken: Homogenität, Glätte, Preis, mögliche Flammfestigkeit, schönes lackiertes Finish, präzisere Verarbeitung als Holzspanplatten
Schwächen: Gewicht, mittelmäßige Biegefestigkeit, schlechte Feuchtigkeitsresistenz

M

MÖRTEL

Mörtel sind <u>einfache Mischungen von Zement und Sand</u>, denen Pigmente, Farbstoffe und verschiedene Additive beigemischt werden können, um die Eigenschaften zu verändern. Mörtel werden für Endarbeiten oder als Bindemittel im Bauwesen eingesetzt, wie bei Unterputz, Verfugen, Verleimen, Abdichten etc. Sie werden traditionell von Maurern zubereitet, stehen jedoch zunehmend auch gebrauchsfertig zur Verfügung.

Es gibt eine Vielzahl von Mörteln mit spezifischen Eigenschaften und Anwendungen, darunter:

· **Klebemörtel:** auf Gipsbasis, zur Befestigung schwerer Gegenstände (z. B. Dämmplatten, Fliesen, Marmorplatten) an Wänden.

· **Korrosionsschutzmörtel:** beständig gegen Säuren, Anwendung als Baustoff in der Lebensmittelindustrie (z. B. Innenverkleidung von Kornsilos).

· **Zementkalkmörtel:** erhöht die Flexibilität z. B. bei der Anbringung von Dachziegeln.

· **Isoliermörtel:** Gemisch mit Kork und Ton, in leichtem Granulat mit isolierenden Eigenschaften.

· **Montagemörtel:** dient zum Verfügen von Leichtbausteinen, Ziegeln usw.

· **Gipsmörtel:** zur Herstellung besonders resistenter Verputze.

· **Feuerfester Mörtel:** bei der Herstellung von Öfen, Kesseln usw.

· **Dichtungsmörtel (Sperrmörtel):** schnell abbindend, zur Abdichtung von Mechanikteilen.

· **Asphaltmörtel:** z. B. für wasserdichten Betonbelag auf Flachdächern.

· **Harzmörtel:** mit Harz (Polyester oder Epoxid) als Bindemittel. Harzmörtel wird häufig bei Reparaturen oder Bodenbelägen verwendet.

N

NICHT-NEWTONSCHE FLUIDE

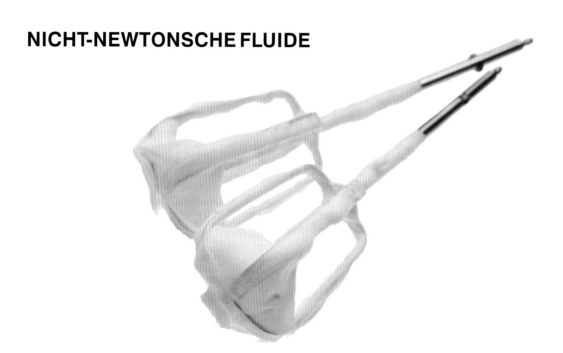

Die meisten Fluide, mit denen wir täglich in Berührung kommen, z. B. Luft oder Wasser, sind sogenannte newtonsche Fluide, d. h. ihre Viskosität hängt nur von Temperatur und Druck ab. Nicht-Newtonsche Fluide besitzen eine variable Viskosität, je nachdem welchen Beanspruchungen sie ausgesetzt sind, also beispielsweise mit welcher Geschwindigkeit sie bewegt werden. Die Wissenschaft, die sich mit dem Verhalten dieser Fluide beschäftigt, die sich den klassischen Theorien entziehen, heißt Rheologie. Bekannte Beispiele für Nicht-Newtonsche Fluide sind etwa nasser Sand oder dicker Teig aus Wasser und Maisstärke: Sie lassen sich kneten, wenn man sie behutsam bearbeitet, reagieren jedoch wie Festkörper, wenn man sie kräftig bearbeitet. Experimente haben sogar gezeigt, dass man auf Fluiden gehen kann, oder besser gesagt laufen, denn die Geschwindigkeit ist ausschlaggebend, um nicht einzusinken. Nicht-Newtonsche Fluide mit besonderem Verhalten werden eingehend untersucht, da ihr Einsatz z. B. für schusssichere Westen sehr vielversprechend erscheint.

Man unterscheidet zwischen verschiedenen Arten von Nicht-Newtonschen Fluiden, deren Verhalten teilweise zeitabhängig ist: pseudoplastische oder strukturviskose Fluide (wie bestimmte Polymere im geschmolzenen Zustand), dilatante Fluide (wie bestimmte Plastisole oder Honig), viskoplastische Fluide (mit einer Fließgrenze, wie bestimmte Farben oder Mayonnaise), thixotrope Fluide (wie Joghurt, Glutinleim, bestimmte Gele oder Treibsand) oder rheopexe Fluide (sehr selten, wie z. B. Schlagsahne).
Ebenso findet man elektrorheologische und magnetorheologische Fluide, die eine veränderliche Viskosität aufweisen, wenn sie einem elektrischen Feld bzw. Magnetfeld ausgesetzt werden. Solche Fluide werden heute bei Stoßdämpfer eingesetzt.

Stärken: variable Viskosität
Schwächen: Ihre Nutzung setzt die Berücksichtigung vieler Parameter voraus.

N

NUBUKLEDER, WILDLEDER, VELOURSLEDER

Nubuk

Nubukleder besteht aus narbenseitig geschliffenem Lamm-, Kalbs- oder Büffelleder. Durch den Schliff erhält man ein patiniertes und samtweiches Leder, das jedoch weniger empfindlich ist. Nubukleder wird häufig mit Fluor- oder Silikonharz imprägniert.

Es werden folgende Nubuklederarten unterschieden:

· **Skipper-Leder:** Mit Wachs behandeltes, zweifarbig marmoriertes Lamm-, Büffel- oder Vachettenleder.

· **Destroy-Leder:** Mit Wachs gefärbtes, verfilztes Ziegenleder mit betont unregelmäßigen Narben; die Narbenoberfläche ist glänzend.

· **Geöltes Leder:** Mit Öl gefärbtes Vachetten- oder Schafsleder.

Wildleder / Veloursleder

Wild-, Velours- oder Suedeleder bezeichnet ein aus dem Fleischspalt (der Unterseite der Haut) gewonnenes Leder (Schwein, Ziege u. a.) mit samtiger, narbenseitig geschliffener Oberfläche, bei dem sich der Narben auf der Innenseite befindet. Das auf diese Weise behandelte Leder ist qualitativ hochwertiger als normal bearbeitetes Fleischspalt-Leder.

Alcantara

Alcantara ist ein angenehm weicher Mikrofaserstoff, der in Griff und Optik an Nubukleder erinnert. Das fein gewebte Alcantara ist schmutz- und fleckempfindlich, leicht waschbar und wird häufig als Nubukimitat verwendet, ist jedoch von geringerer Qualität. Alcantara und Nubuk sind praktisch kostengleich. Suedin ist ein Stoff, der als Wildlederimitation eingesetzt wird.

Fleischspalt

Bei dem nach der Gerbung dicken Leders durch den Spaltvorgang entstandenen Fleischspalt handelt es sich um faseriges Leder, das meist geschliffen wird, um ihm ein samtartiges Aussehen zu verleihen. Der minderwertigere, kostengünstigere, jedoch widerstandsfähigere Spaltvelours ist nicht mit Veloursleder zu verwechseln.

O

OLED/PLED/PHOLED

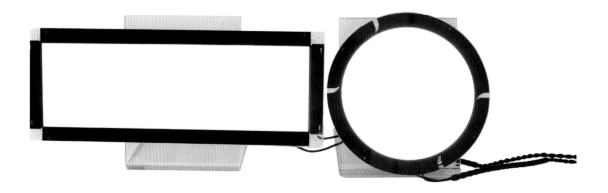

Eine OLED ist eine organische Leuchtdiode, beziehungsweise eine organische LED. Sie besteht aus organischen halbleitenden Materialien auf Kohlenstoffbasis (auch Luminophoren genannt), die zwischen zwei Elektroden übereinandergeschichtet sind. Für die Herstellung einer OLED ist ein Vakuumabscheidungsverfahren erforderlich. Die Anode – manchmal auch die Kathode – ist transparent. So entsteht eine leuchtende Fläche. Die ersten OLEDs wurden 1987 von Kodak entwickelt, ihre Anwendung im großen Stil erfolgt jedoch erst seit kurzer Zeit bei Bildschirmen für Mobiltelefone oder Digitalkameras. Die Bildschirme sind dünner und leichter als die bisher eingesetzten LCD-Bildschirme. Sie können flexibel sein und tiefere Schwarztöne darstellen, da keine Hintergrundbeleuchtung nötig ist. Ziel ist es, großflächige Leuchtpanels für Computer- oder Fernsehbildschirme oder eigenständige Lichtquellen für verschiedene Beleuchtungsapparate herzustellen.

Weitere Technologien, die sich von den OLEDs ableiten, werden entwickelt, darunter die „aus Polymeren gefertigen LEDs", die sogenannten PLED. Der Einsatz von bisweilen flüssigen Polymeren zwischen zwei flexiblen Filmen ermöglicht eine raschere und kostengünstigere Produktion, da keine Vakuumabscheidung mehr nötig ist, sondern vielmehr wie bei einem Tintenstrahldruck gearbeitet wird. Und schließlich wird derzeit fieberhaft an der Entwicklung der „phosphoreszierenden OLED", der sogenannten PHOLED (engl. Phosphorescent organic light-emitting diodes) gearbeitet, die einen höheren Wirkungsgrad erzielen soll.

Stärken: Flexibilität, bessere Farbwiedergabe (im Vergleich zu LCD), guter Kontrast, dünnes und leichtes Material, niedrige Kosten, geringer Energieverbrauch

Schwächen: geringe Lebensdauer, kleine Formate (in Entwicklung), feuchtigkeitsempfindlich, Streit um Patente

P

PAPIER

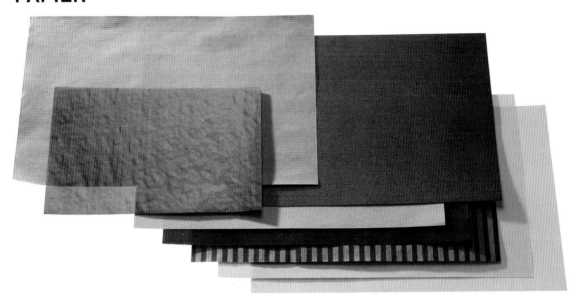

Aufgrund der Vielfalt des heutigen Papierangebotes und dessen zahlreichen Anwendungsbereichen ist es nicht möglich, einen erschöpfenden Überblick über diesen Werkstoff zu geben.

Druckerpapier (Laser-, Inkjet-Drucker)

Zwischen 60 und 160 g/m^2 (Standardgrammatur: 80 g/m^2) Dieses auch als „geripptes Papier" oder „Velin" bezeichnete Papier ist beim Druck oder Kopieren hitzebeständig bis ca. 180°C.

Das für dieses Buch verwendete Papier ist ein 130-grämmiges Matt Art Papier.

Es werden folgende Druckpapiersorten unterschieden:

· **Werkdruckpapier:** nicht geleimt, fest, 60 bis 140 g/m^2, raue Oberfläche, saugfähig, kein Druckglanz, für Text- und Stichdruck.

· **Offsetpapier:** zur besseren Haftfestigkeit geleimt, maschinenglatt, kalandriert oder satiniert, evtl. hochglänzend, 60 bis 180 g/m^2, im Offsetdruckverfahren schwarz oder bunt bedruckt, für Bücher, Zeitschriften, Kataloge usw.

· **Einseitig glattes Papier:** durch den Kontakt mit einer polierten Chromwalze auf einer Seite einheitlich glänzend.

· **Gestrichenes Papier:** mit mineralischer Streichmasse ein- oder beidseitig beschichtetes Papier. Es existieren verschiedene Sorten von gestrichenem Papier: leicht gestrichenes LWC-Papier (Light Weight Coated) mit dünner Mineralbeschichtung für den Rotations-, Offset- (sog. „Rollen-Offset") und Tiefdruck von Katalogen und Zeitungen in Farbe; modernes gestrichenes Papier mit mittlerer Strichstärke für den Bogen-Offset-, Tief- und Hochdruck und klassisches gestrichenes Papier mit hoher Strichstärke, hochwertiger Oberfläche und hervorragender Druckqualität im Bilderdruck.

· **Dünndruckpapier:** Papiergewicht zwischen 22 und 65 g/m^2, wobei heute der Schwerpunkt immer mehr auf Gewichts- und Volumeneinsparungen gelegt wird.

Dünndruckpapier kommt im Verlagsdruck bei umfangreichen Werken wie Lexika und Jahrbüchern sowie bei

P

PAPIER

religiösen Werken wie der Bibel, bei Beipackzetteln, Bedienungsanleitungen usw. zum Einsatz.

Zeitungspapier

Zwischen 45 und 55 g/m²

Dieses größtenteils aus Holzschliff und Altpapier gewonnene, mäßig helle Papier vergilbt schnell, weist jedoch in Bezug auf sein geringes Papiergewicht eine gute Opazität und hohe mechanische Beständigkeit auf.

Heute existiert zudem hochwertigeres Papier als gewöhnliches Zeitungspapier, das aus einer chemischen und mechanischen, zu 65 bis 75% gebleichten Zellstoffmischung (ISO) mit einem Papiergewicht zwischen 60 und 65 g/m² hergestellt wird.

Schreibpapier

Hefte, Notizblöcke, Umschläge, Druckerpapier etc. Dieses Papier (60 bis 100 g/m²) wird aus gebleichtem chemischem Zellstoff hergestellt, ist mineralisch beschichtet und geleimt. Die Transparenz von Pauspapier (30 bis 110 g/m²) wird durch Eintauchen in Flüssigharz erreicht.

Packpapier

Biegsames, ungebleichtes oder gebleichtes, oft einseitig glattes Verpackungspapier (40 bis 180 g/m²). Wird für die Herstellung verschiedener Verpackungen, z. B. Säcke für Zement, Düngemittel, Nahrungsmittel usw. eingesetzt.

Washi

Japanisches Papier („wa" für Japan, „shi" für Papier) wird häufig aus den Fasern von Maulbeerbäumen (kozo) oder Hanf (asa) hergestellt. Es ist für sein hochwertiges Aussehen und seine Beständigkeit bekannt und wird für Wandschirme, Möbel, Leuchten, Origami, Drachen usw. verwendet.

Hygienepapier (Toilettenpapier, Saugpapier, antistatische Wischtücher etc.), Wertzeichen- und Fotopapier weisen ebenfalls spezifische Merkmale auf und gehören zu unserem Alltag.

P

PAPPE

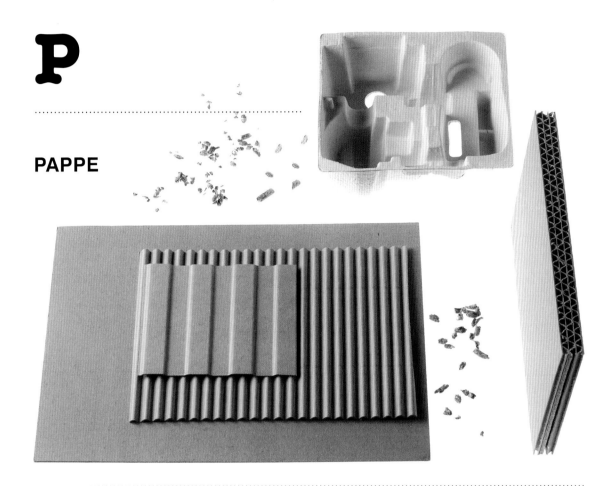

Pappe ist eine schwere Papiersorte (225 g/m² oder mehr), die entweder aus einem homogenen Blatt ungebleichtem oder gebleichtem Kraftzellstoff oder einem Verbund mehrerer unterschiedlicher Schichten besteht (wie chemischer oder mechanischer Zellstoff, Altpapier etc.).
Pappe lässt sich z. B. fett- und feuchtigkeitsabweisend sowie anlaufbeständig aufbereiten und bietet damit vielfältige Anwendungsmöglichkeiten.

Wellpappe

Wellpappe, ein Mitte des 19. Jh.s aufgetauchter Sandwich-Werkstoff, besteht meist aus zwei glatten Pappoberflächen oder Decken sowie einem gewellten oder gerippten Kern, ebenfalls aus Pappe. Dieser Wellenverlauf macht die Wellpappe quetsch- und stoßfest. Meist weisen die Wellen ein geringeres Papiergewicht auf als die Deckschichten.
Man unterscheidet bei Wellpappe verschiedene Sorten. So gibt es z. B. einseitige Wellpappe (eine Lage gewelltes Papier, eine Decklage), zweiseitige Wellpappe mit einer Lage gewelltem Papier oder auch zwei Lagen gewelltes Papier, eine Zwischenlage sowie zwei Decklagen. Dieser Werkstoff wird vor allem bei industriellen Verpackungen, im Transport sowie im POS-Bereich und für Kleinmöbel eingesetzt.

Faserguss

Faserguss ist ein Recyclingprodukt aus Papier. In Form von „Pappmaché" wird er zur Auslegung von Formen verwendet, um Verpackungen für Eier oder andere zerbrechliche Waren herzustellen. Faserguss ist quetschfest und feuchtigkeitsbeständig, kann gefärbt und bedruckt werden, ist biologisch abbaubar und recycelbar.

Stärken: Preis, Gewicht, einfache Verarbeitung, gute Isolationseigenschaften, Stoßfestigkeit, recycelbar, Recyclingmaterial
Schwächen: geringe Haltbarkeit, geringe Feuchtigkeitsbeständigkeit

P

PELZ

Pelz stammt heute zu 85% aus Pelztierfarmen, wobei Europa den größten Anteil stellt. Die genutzten Fellarten sind Nerz, Fuchs, Chinchilla, Kaninchen u. a. Felle aus der freien Wildbahn, wie Bisam, Biber, Waschbär und Kojote, stammen meist aus Nordamerika und Russland. Der Fang von Wildtieren ist regional und international streng geregelt und durch eine Fangquote vorgegeben, er erfolgt ausschließlich bei „überschüssigen" Populationen. Dennoch sind heute einige Tierarten wie Leopard, Tiger, Jaguar, gewisse Zebraarten u. a. gefährdet und dürfen nicht gejagt werden. Wilderei und illegaler Handel werfen einen Schatten auf den Ruf von Pelz.

Bis ins 19. Jh. befand sich der Pelzhandel in den Händen der Trapper und konzentrierte sich insbesondere auf Kanada. Auch heute noch werden die Felle versteigert, der Preis richtet sich nach Angebot und Nachfrage. Der nach Farbe, Größe, Geschlecht und Qualität klassifizierte Pelz wird nach dem Verkauf zu Kleidern und Gegenständen verarbeitet. Die Kunst bei der Verarbeitung liegt in der An-ordnung der verschiedenen Pelzstücke, um den Eindruck einer aus einem Stück gefertigten Einheit zu vermitteln.

Heute wird Pelz mit anderen Materialien wie Wolle und Spitze kombiniert. So werden feine Pelzstreifen mit Baumwoll- oder Seidenfaden verflochten und zieren Strick-, Häkel- und Webwaren, bei denen ihr seidiges Haar voll zur Geltung kommt.

Kunstpelz ist ebenfalls weit verbreitet. Dieser ist wesentlich kostengünstiger und ahmt die Natur in manchen Fällen hervorragend nach. Kunstpelz wird mithilfe eines dreidimensionalen Webverfahrens hergestellt, bei dem Länge und Verteilung des Fellhaares variiert werden können.

Stärken: Isolierung, Griff, Aussehen
Schwächen: Preis, illegaler Handel

P

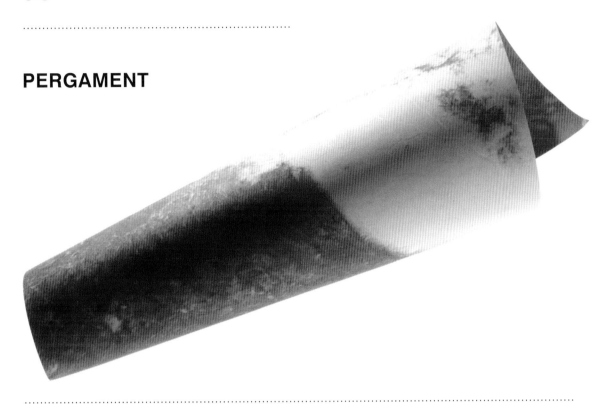

PERGAMENT

Pergament wird aus speziell bearbeiteter Tierhaut gewonnen und war (nach Papyrus) der erste Beschreibstoff. Zudem wurde und wird Pergament als Klangkörper in Musikinstrumenten, Bezugsmaterial für Möbel und Bucheinbände im Kunstverlagswesen eingesetzt. Die ersten aus gebundenen Pergamentblättern zusammengesetzten Bücher wurden als Kodizes bezeichnet. Palimpseste sind wiederbeschriebene Manuskripte auf Pergament, deren Originaltext vor dem erneuten Beschreiben abgeschabt wurde.

Zur Herstellung von Pergament wird ungegerbtes Ziegen,- Schafs-, Kalbs- oder Schweinsleder in eine Kalklösung eingelegt, anschließend gespannt, auf der Rückseite abgeschabt, mit Bimsstein geglättet und schließlich mit Kreidepulver geweißt, bis es äußerst fein oder sogar durchsichtig ist. Nach dem Trocknen kann Pergament z. B. gewachst, patiniert, gefärbt und lackiert werden. Die Qualität (Dicke, Geschmeidigkeit, Beschaffenheit, Farbe

usw.) hängt von der verwendeten Haut und dem Know-how des Pergamentmachers ab.

Pergament, das aus dem Fell tot geborener Kälber hergestellt wird, gehört zu dem beliebtesten und feinsten und wird als Velin bezeichnet.

Die Tierhäute werden in der Regel ganz und sofort bearbeitbar verkauft. Pergament kann z. B. geleimt, broschiert, bedruckt, geprägt oder mit Lasergravur versehen werden. Auch spezielle Oberflächenbehandlungen mit abperlender Appretur u. a. sind möglich.

Stärken: Feinheit, Transparenz, Geschmeidigkeit, Langlebigkeit, jedes Pergament ist ein Unikat

Schwächen: Preis, schwierige Bearbeitung, jedes Pergament ist ein Unikat

PERLMUTT

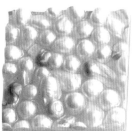

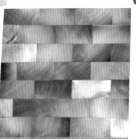

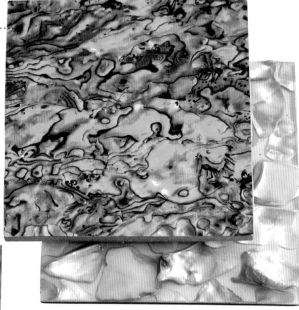

Perlmutt ist ein kostbares Biomineral, das wegen seiner irisierenden Lichteffekte gefragt ist und in der innersten Schalenschicht bestimmter Muscheln wie Perlaustern oder Bauchfüßlern wie Schnecken und Seeohren oder Kopffüßlern wie Nautilus zu finden ist. Hauptbestandteil von Perlmutt sind Aragoni-Kristalle, einer Form von Calciumcarbonat, außerdem besteht es zu geringem Anteil aus Schichten des organischen Materials Chonchiolin. Dank seiner verschachtelten Struktur ist es sehr fest. Es zählt zu den Schmucksteinen und ist besonders in Weiß mit unterschiedlichen Lichtreflexen geschätzt. Doch je nach geografischer Herkunft tritt Perlmutt in unterschiedlichen Farben auf oder kann beispielsweise grau, grün oder rosa gefärbt sein. Die oben genannten Tiere produzieren dieses Material ständig, um Schäden an ihrer Schale zu reparieren. Sie können auch Perlen um einen kleinen Fremdkörper bilden. Dabei läuft im Lebewesen eine beschleunigte Mineralisation einer ursprünglich organischen Matrix ab.

Nach dem Ablösen der äußeren Schicht einer Schale durch Schleifen oder Auflösung in Säure kann das Perlmutt flachgedrückt und bearbeitet werden: geschnitten, fein graviert, in feine Schichten zerlegt usw.

Das glatte, widerstandsfähige Material wird hauptsächlich zur Herstellung von Knöpfen, Schmuck, Einlegearbeiten sowie kleinen, kostbaren Gegenständen verwendet. Gewonnen wird es vor allem in Australien, Indonesien, auf den Philippinen, in Madagaskar und an den indischen Küsten.

Stärken: irisierende und schillernde Lichtreflexe, Festigkeit
Schwächen: teuer, geringe Tiefe

P

PHOSPHORESZENZ, FLUORESZENZ

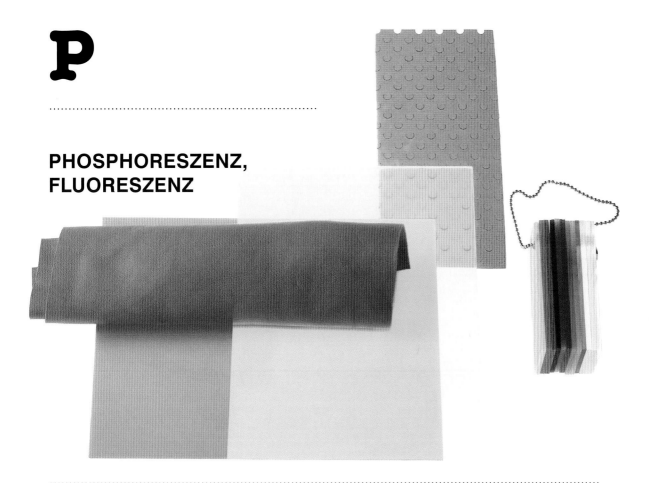

Phosphoreszenz

Gewöhnlich kehrt ein angeregtes Atom fast augenblicklich in den Ausgangszustand zurück. Bei phosphoreszenten Materialien erfolgt diese „Entregung" langsamer: Das Atom gibt aufgenommenes Licht nach und nach ab. Diese Eigenschaft wird heute weitgehend genutzt, u. a. um bestimmte Gegenstände im Dunkeln anzuzeigen, darunter bspw. Nachtlichter für Kinder oder Angelköder. Das Nachleuchten nimmt jedoch schnell ab (von einigen Minuten bis zu mehreren Stunden bei den leistungsstärksten Anwendungen).

Fluoreszenz

Wenn ein farbiger Gegenstand bestrahlt wird, absorbiert er alle Farben bis auf einige wenige, die er abstrahlt. So erscheinen uns Blätter grün, weil sie alle Farben außer Grün absorbieren. Mit Rotlicht beleuchtet, wirken sie schwarz, da sie rotes Licht absorbieren und deshalb nichts abstrahlen. Ein fluoreszierender Stoff hingegen strahlt eine bestimmte Farbe ab und absorbiert alle anderen. Er nutzt die Lichtenergie, um seine Eigenfarbe zu emittieren. Wenn man ein Material in Fluororange mit grünem Licht bestrahlt, erscheint der fluoreszierende Stoff weiterhin orange!

Das unsichtbare UV-Licht („Schwarzlicht") enthält mehr Energie als alle sichtbaren Farben. Es wird von allen fluoreszierenden Stoffen absorbiert und sichtbar gemacht, die dadurch noch heller erscheinen als herkömmliche Materialien. Fluoreszenz betrifft also keine bestimmte Farbe, sondern ein bestimmtes Material.

Fluoreszenz hängt mit der Präsenz von Licht zusammen. Im Dunkeln ist ein fluoreszenter Stoff nicht mehr sichtbar, während ein phosphoreszenter Stoff noch nachleuchtet.

P

PIEZOKRISTALLE

Piezokristalle zählen zu den intelligenten Materialien. Diese kleinen Wunder sind in der Lage, bei gerichteter mechanischer Verformung eine elektrische Spannung aufzubauen, und umgekehrt. Die ersten piezoelektrischen Phänomene wurden an einem Quarzkristall nachgewiesen, doch viele andere ferroelektrischen Stoffe besitzen ebenfalls solche Eigenschaften. Piezoelektrische Materialien werden heute oft bei sog. intelligenten Aufbauten verwendet. Meist handelt es sich dabei um Silicium- oder Germanium-Monokristalle oder technische Keramik. Diese Materialien besitzen eine nicht zentrosymmetrische Ionenstruktur. Wenn der Schwerpunkt der positiven und negativen Ladung des Materials mechanisch verschoben wird, entstehen Dipole, die zur Erzeugung eines elektrischen Felds führen. Dieses Phänomen kehrt sich um und verwandelt so das elektrische Feld in eine Bewegung. Piezokristalle werden als Sensoren oder Schalter in intelligenten Systemen genutzt: beim Einsatz von Satellitenausrüstungen; bei Systemen zur aktiven Schwingungskontrolle (bei Gebäuden, zur Prüfung von Tragbalken, Brückenpfeilern); beim Gasanzünder; bei Feuerzeugen oder Uhren ohne Aufzug; bei Sonargeräten; im medizinischen Ultraschall und bei zahlreichen Kfz-Sensoren (Federung, Regen usw.)

Stärken: starke Reduzierung des Pannenrisikos, keine Energiezufuhr, geringer Platzbedarf
Schwäche: Preis

P

POLYAMID (PA)

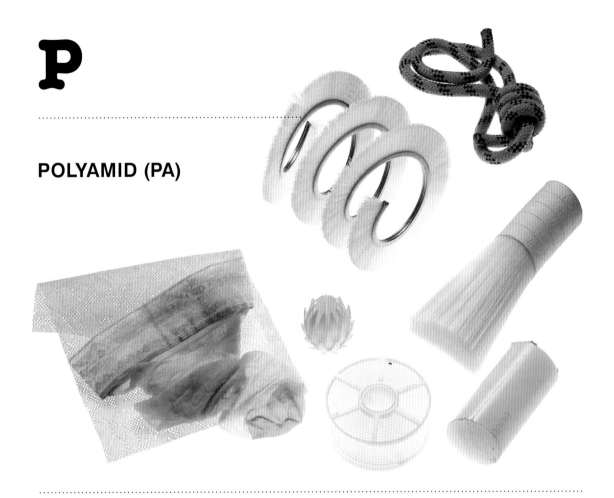

Höchsttemperatur im Dauereinsatz: 80–120°C
Glasübergangstemperatur (Erweichungspunkt): 50°C
Schmelzpunkt: 220–260°C

Polyamide sind technische Thermoplaste in teilkristallinem oder amorphem Zustand. Sie existieren in zahlreichen Varianten, wie z. B. Polyamid 6.6, das unter dem Markennamen „Nylon®" bekannt ist, oder PA 12, das als „Rilsan®" bezeichnet wird. Jede dieser Varianten zeichnet sich durch spezifische Merkmale aus.
In geschmolzenem Zustand sind Polyamide äußerst flüssig und deshalb schlecht zu extrudieren. Dennoch werden aus Polyamid Stangen und Platten hergestellt.
Die meisten Polyamidteile werden im Spritzgussverfahren gefertigt: Gehäuse für Haushaltsgeräte, Autozubehör (Nocken, Getriebe, Vergaserschwimmer etc.), Elektrozubehör (Steckdosen, Schalter usw), aber auch Sohlen für Sportschuhe, Skischuhschalen, Flexwellen zwischen LKW und Anhänger, Entgleisungsschuhe u. a.

Mit PA 6 werden im Rotationsformverfahren Fässer hergestellt; PA 12 wird u. a. als korrosionsbeständige Schutzbeschichtung für Metallteile wie Spülmaschinenkörbe eingesetzt.
Polyamide finden jedoch auch als Textilfasern breite Anwendung und werden zu Kleidern, Strumpfhosen, Bürsten usw. verarbeitet.
Polyamide lassen sich hervorragend verkleben, schweißen oder verklammern.

Stärken: gute mechanische Eigenschaften (Festigkeit, Ermüdung), die mit einem 50%igen Glasfaseranteil noch verbessert werden; geringer Reibungsfaktor (Gleitteile, Maschinenteile, Getriebe usw.), gute chemische Beständigkeit, selbstlöschend, gute elektrische Isolation
Schwächen: schlechte Wasserfestigkeit, schwierige Verarbeitung

POLYCARBONAT (PC)

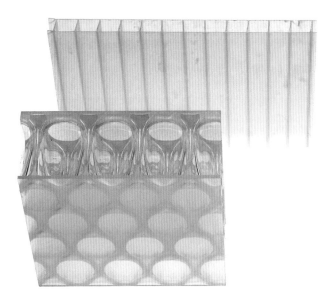

Höchsttemperatur im Dauereinsatz: 125°C
Glasübergangstemperatur (Erweichungspunkt):
140–150°C
Schmelzpunkt: 230–250°C

Polycarbonat ist ein amorpher, thermoplastischer Kunststoff mit hoher Schlagzähigkeit, der sich hinsichtlich seiner Transparenz mit PMMA messen kann und überall dort zum Einsatz kommt, wo seine hervorragenden mechanischen Eigenschaften geschätzt werden, auch wenn er etwas weniger transparent ist als PMMA.
Polycarbonat wird zu allen erdenklichen Profilen extrudiert: Platten, Zellplatten für den Gebäudebau, Kugelschutz (Folien, Profile, Rohre usw.).
Mithilfe des Spritzstreckblasverfahrens werden Hohlkörper und Behältnisse wie Babyflaschen und Trinkflaschen gefertigt.
Polycarbonat lässt sich bei ca. 190°C hervorragend zur Herstellung von u. a. Hauben, Bullaugen und Motorrad-

Windschutzscheiben thermoformen.
Unter hoher Druckeinwirkung lassen sich im Spritzgussverfahren Abdeckhauben, Zifferblätter, Formteile für Haushaltsgeräte, Optik, Schutzausrüstungen (Helme), Beleuchtungen und medizinische Geräte herstellen.
Lässt sich hervorragend verkleben, verschweißen (mit Ultraschall, durch Vibration oder Reibung), verklammern.

Stärken: gute Hitzebeständigkeit, steif bis 100–110°C, kann somit sterilisiert werden, transparent, glänzend, elektrisch isolierend, selbstlöschend, darf als Lebensmittelkontaktmaterial eingesetzt werden, hohe Schlagzähigkeit. Bei entsprechender Behandlung ist PC UV-beständig und kann in der Architektur eingesetzt werden. Seine chemische Beständigkeit ist relativ hoch, muss jedoch in bestimmten Fällen getestet und überwacht werden.
Schwächen: teuer, zähflüssig, komplizierte Verarbeitung, schlechte Beständigkeit gegen Kohlenwasserstoffe und Waschmittel

P

POLYESTER (UP)

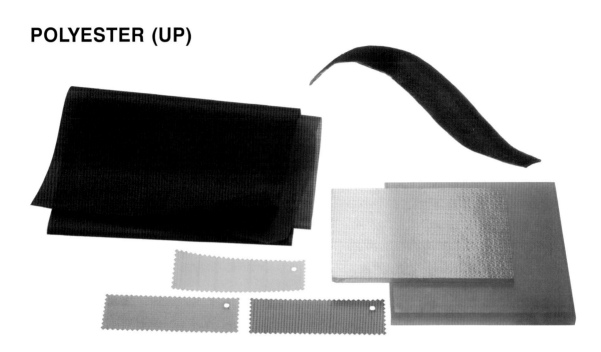

Ungesättigte Polyester sind <u>amorphe, duroplastische Harze</u> (Vorsicht, bei gesättigten Polyestern handelt es sich um thermoplastische Kunststoffe), die häufig in Flüssigform angeboten werden. Zu ihrer Verfestigung wird ein Katalysator eingesetzt. Mithilfe von Erstarrungsbeschleunigern wird die Polymerisationszeit kontrolliert. Meist werden Polyester jedoch „vorbeschleunigt" vertrieben, da die Handhabung und Dosierung von Erstarrungsbeschleunigern relativ kompliziert ist.

Polyester können Füllstoffen und Fasern zugegeben werden, um deren mechanische und elektrische Eigenschaften und Brandverhalten zu verbessern. So werden sie z. B. bei Präzisionswickelverfahren eingesetzt und sind die meistverbreitetsten Harze bei der Fertigung von Verbundstoffen (komplexe Harze plus Fasern, Glas, Kohlenstoff etc.). Durch ihre rasche Aushärtung kommen sie viel in der Industrie zum Einsatz, wo sie wirtschaftliche Lösungen ermöglichen.

Zudem werden sie auch handwerklich verarbeitet (im Kontaktverfahren oder durch gleichzeitiges Einspritzen von Fasern und Harz).

Polyester können mit zwei relativ ähnlichen Spritzgussverfahren geformt werden: dem RIM-Verfahren (<u>Reaction Injection Molding</u>) und dem RTM-Verfahren (<u>Resin Transfer Molding</u>) (siehe Verfahren: Spritzgießen S.284).

Seit Kurzem existieren vorimprägnierte Werkstoffe, die die industrielle Verarbeitung erleichtern. Dabei handelt es sich um katalysierte Harzmischungen mit zerkleinerten Fasern (BMC, Bulk Molding Compound) oder Gewebe (SMC, Sheet Molding Compound), aus denen im Heißpressverfahren z. B. Karosserieteile gefertigt werden.

Ungesättigte Polyester kommen oft zum Einsatz, z. B. als Lacke, Bindemittel, Kunststein, Karosserieteile, Badewannen, Schwimmbecken, Tanks, Schiffskörper.

Stärken: Erschwinglichkeit, gute mechanische Beständigkeit
Schwächen: komplizierte Verarbeitung (u. a. Toxizität)

POLYETHER(ETHER)-
KETON (PEEK)

Höchsttemperatur im Dauereinsatz: 200–250°C
Glasübergangstemperatur (Erweichungspunkt): 143°C
Schmelzpunkt: 334°C

Polyetherketone sind hochtechnische, polymere, thermoplastische, teilkristalline und somit undurchsichtige
Kunststoffe mit hervorragenden mechanischen Eigenschaften: hohe Verschleiß-, Biege- und Reibfestigkeit
und Schlagzähigkeit. Sie weisen eine ausgezeichnete
Chemikalien- und insbesondere Temperaturbeständigkeit von bis zu 250°C auf und sind bei normalem Einsatz
schwer entflammbar. Glasfaserverstärkt kann ihre Temperaturbeständigkeit bis zu 300°C betragen. Dank dieser
Eigenschaften stehen Polyetherketone in direktem Wett-
streit mit Duroplasten. Sie lassen sich im Spritzguss- und
Extrusionsverfahren formen, ihre Verarbeitung ist jedoch
relativ schwierig, da z. B. die Einspritztemperatur sehr
hoch sein muss. PEEK (Polyetheretherketon) wird häufig in der Metallbeschichtung eingesetzt. Zudem werden

PEEK-Fasern gefertigt, die verwoben oder im Präzisionswickelverfahren verarbeitet werden. Glasfaser- und Koh-
lenstoffmatten sind auch mit einer PEEK-Imprägnierung
erhältlich und werden zur Herstellung von langfaserigen
Verbundstoffen verwendet. Polyetherketone kommen
häufig in technischen Einzelteilen in der Automobil-, Luft-
fahrt- und chemischen Industrie zum Einsatz.

Stärken: mechanische Beständigkeit, Temperaturbeständigkeit
Schwächen: Preis, schlechte UV-Beständigkeit

P

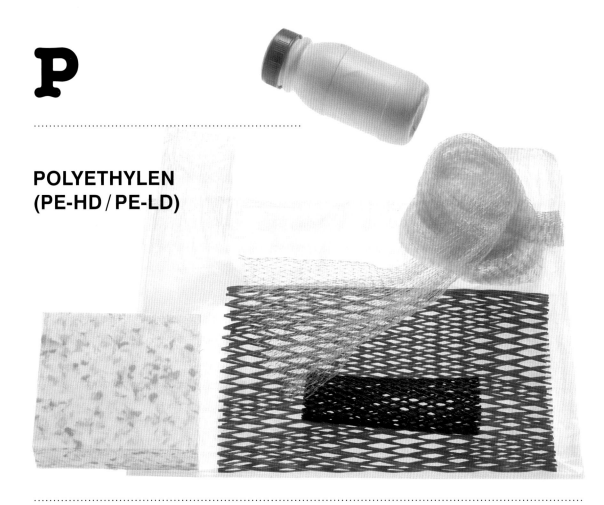

POLYETHYLEN (PE-HD / PE-LD)

Höchsttemperatur im Dauereinsatz: 65°C
Glasübergangstemperatur (Erweichungspunkt):
breite Spanne, Erweichung ab 35–50°C
Schmelzpunkt: 120–135°C

Polyethylene sind teilkristalline, thermoplastische Kunststoffe aus der Familie der Polyolefine. Unterschieden werden die biegsameren, transparenteren Polyethylene niedriger Dichte (PE-LD) und die steiferen, leistungsstärkeren Polyethylene hoher Dichte (PE-HD).
Sie zeichnen sich durch ein wachsartiges Aussehen aus (der bei der Verbrennung entstehende Rauch riecht nach Kerzenwachs), fühlen sich fettig an, sind leicht ritzbar, selbstregenerierend, leicht, ein natürliches Lebensmittelkontaktmaterial, kostengünstig und werden insbesondere in der Verpackungsindustrie eingesetzt.
Im Extrusionsverfahren werden Folien für die Landwirtschaft, Schutzfolien, Klarsichtfolien, Mülltüten, Einkaufstüten, Gasschläuche, Benzintanks, Milchflaschen u. a. hergestellt.

Im Streichverfahren dichten sie verschiedene Stoffe ab. Durch Rotationsformen werden komplexe Behältnisse wie Wannen und Leitpfosten gefertigt.
Polyethylene lassen sich auch hervorragend im Spritzgussverfahren zu Kugelschalen, Farbtöpfen, Spielwaren u. a. verarbeiten. Diese Teile sind jedoch nur bedingt ansehnlich.
Polyethylenschaum findet ebenfalls breite Anwendung als Isoliermittel in der Automobilindustrie, Sportschutz, Zubehör und Verpackungsmaterial.
Polyethylene lassen sich verschweißen und leicht verklammern, jedoch nur schwer verkleben und streichen.

Stärken: Preis, leichte Verarbeitung, gute chemische Beständigkeit, niedriger Reibungskoeffizient, hervorragende elektrische Isolierstoffe, Lebensmittelkontaktmaterial, biegsam, bis –100°C gute Schlagfestigkeit
Schwächen: hohe Sonnenempfindlichkeit, hohe Schrumpfung beim Guss, mittelmäßige mechanische Beständigkeit

POLYETHYLEN-
TEREPHTHALAT (PET)

Höchsttemperatur im Dauereinsatz: 70°C
Glasübergangstemperatur (Erweichungspunkt): 73°C
Schmelzpunkt: 255°C

PET gehört zur Familie der gesättigten und thermoplastischen Polyester und ist nicht mit den bekannteren
duroplastischen Polyestern zu verwechseln!
Mit dem Extrusionsverfahren werden aus PET Folien hergestellt, die gestreckt werden, wodurch sich ihre Beständigkeit erhöht. Aus diesen Folien werden Verpackungen,
Filmmaterial, Folien für Overhead-Projektoren, Isolierfolien
und Pausfolien für Industriezeichnungen hergestellt.
Mit dem Streckverfahren werden zudem Fäden und Fasern gefertigt, die unter den Namen Tergal® und Dacron®
bekannt sind. Diese Fasern werden bei der Herstellung
von klassischen Webwaren und „nicht gewebten" Stoffen verwendet, bei denen die Fasern miteinander verschweißt werden. Diese Stoffe werden als Isolierstoffe
oder zur Geländestabilisierung eingesetzt.

Im Spritzgussverfahren werden Elektrozubehör, Schalter-
gehäuse, Stecker, Schalter, Toasterteile und mechanische
Einzelteile (Gehäuse, Karosserieteile) sowie Vorformlinge
für Flaschen (wie Reagenzgläser) gefertigt, die erhitzt
und gezogen zu widerstandsfähigen Mineralwasser-
flaschen (oder streckgeblasenen Gefäßen) weiterverarbeitet werden. Dies ist heutzutage mit Sicherheit der am
weitesten verbreitete Verwendungszweck.
PET lässt sich nur schwer kleben, kann jedoch mit Ultraschall oder durch Erhitzen verschweißt werden.

Stärken: relativ transparent, glänzend, gute chemische und elek-
trische Eigenschaften, gute mechanische Beständigkeit, geringer
Reibungsfaktor, gute elektrische Beständigkeit
Schwächen: schlechtes chemisches Verhalten über 60°C, schlechte
Beständigkeit gegenüber Benzin, Ölen usw., schwierige Verarbeitung

POLYMETHYLMETHA-CRYLAT (PMMA)

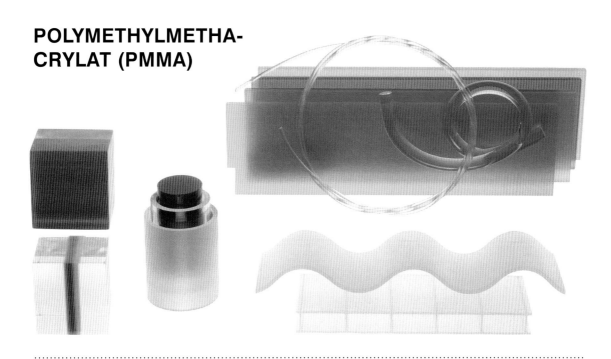

Höchsttemperatur im Dauereinsatz: 70–90°C
Glasübergangstemperatur (Erweichungspunkt):
110–130°C
Schmelzpunkt: 210–240°C

PMMA ist ein amorpher, thermoplastischer Kunststoff, der auch unter den Namen Acrylglas und Plexiglas® (Markenname) bekannt ist und z. B. in der Dekoration, Beleuchtung und bei Einrichtungsgegenständen zum Einsatz kommt. Da er einer der seltenen Kunststoffe ist, die im Schmelzverfahren als Verkleidung verarbeitet werden können, gehört er zu den „Einschlussharzen".
Im Extrusionsverfahren lassen sich hervorragend Platten, Hülsen, Rohre und Stäbe fertigen.
Seine optischen Eigenschaften (hohe Transparenz, 92% Lichtdurchlässigkeit bei einer Dicke von 3 mm) werden zur Herstellung von Glasfasern genutzt. Die extrudierten Platten lassen sich, im Wärmeofen getrocknet, zu Hauben, Bullaugen, Vitrinen, Theken u. Ä. thermoformen.

PMMA kann auch ausgezeichnet im Spritzgussverfahren zu Autoscheinwerfern, Rückstrahlern, Globen usw. verarbeitet werden.
PMMA wird meist ähnlich verarbeitet wie Holz und kann u. a. geschnitten (auch per Laser), gebohrt, gefräst, gedreht, gebogen und poliert werden.
Zudem kann es mit bei 80°C vorgekochten Lösungsmittelklebern oder polymerisierbaren Klebern (Acryl- oder UV-Kleber) gut verklebt und leicht thermisch, mit Ultraschall oder hochfrequenzgeschweißt werden.

Stärken: außergewöhnlich transparent (transparenter als Glas), gute UV-Beständigkeit, glänzend, leicht thermoformbar
Schwächen: spröde, zerbrechlich, kratzempfindlich (jedoch leicht auszupolieren), begrenzte Temperaturbeständigkeit, feuchtigkeitsempfindlich (muss vor der Verarbeitung getrocknet werden), mittelmäßige chemische Beständigkeit, brennbar (verbrennt jedoch langsam)

POLYOXYMETHYLEN (POM)

Höchsttemperatur im Dauereinsatz: 90°C
Schmelzpunkt: 170–180°C

Polyoxymethylen ist ein kristalliner, thermoplastischer Kunststoff aus der Familie der Polyacetale. Dieses technische, steife Polymer weist ausgezeichnete mechanische Eigenschaften, eine hervorragende Schlagfestigkeit und Wärmebeständigkeit auf. Ferner verfügt es über eine hohe Abriebfestigkeit, einen niedrigen Reibungskoeffizienten sowie eine hohe Ermüdungsbeständigkeit (Scharniereffekt, Federeffekt und äußerst zuverlässiges Verklammern). Polyoxymethylen wird häufig mit Polyamid verglichen, zeichnet sich jedoch durch eine höhere physikalisch-chemische Beständigkeit aus.

Zudem verfügt POM über eine geringe Wasseraufnahme sowie eine exzellente Kohlenwasserstoff- und Lösungsmittelbeständigkeit, kann jedoch nicht als Lebensmittelkontaktmaterial eingesetzt werden.

Polyoxymethylen kann im Spritzguss- und Extrusionsverfahren verarbeitet werden.

Bei technischen Bauteilen kommt es oft als Ersatzmaterial für Metall zum Einsatz und wird im Automobilbau, in Haushaltsgeräten, Skibindungen, Aerosolsprays, Einwegfeuerzeugen, bestimmten Radgetrieben und elektronischen Tastaturen verwendet.

POM ist nur bedingt klebbar, kann mit Ultraschall oder durch Erhitzen verschweißt, nicht aber hochfrequenzverschweißt werden.

Stärken: hervorragende mechanische Eigenschaften, schlagfest, hart, hohe Temperatur-, Reibungs- und Ermüdungsbeständigkeit, hohe Abriebfestigkeit, ausgezeichnete Kohlenwasserstoff- und Lösungsmittelbeständigkeit
Schwächen: kein Lebensmittelkontaktmaterial, schwer klebbar, geringe UV-Beständigkeit

P

POLYPROPYLEN (PP)

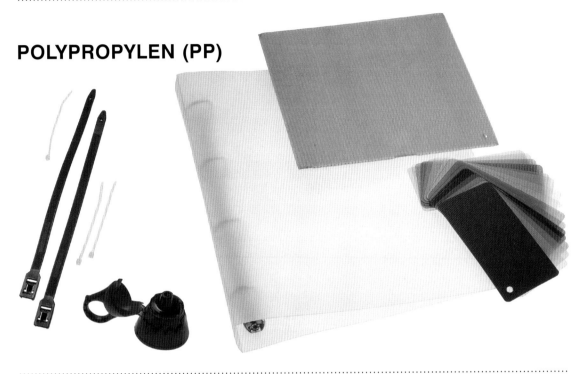

Höchsttemperatur im Dauereinsatz: 80°C
Schmelzpunkt: 165–170°C

Polypropylen ist ein teilkristalliner, thermoplastischer Kunststoff aus der Familie der Polyolefine, der lichtundurchlässig oder durchscheinend in zahlreichen bunten Farben erhältlich ist. Polypropylen ähnelt Polyethylen, weist jedoch in allen Bereichen eine bessere Leistung auf.

Im Extrusionsverfahren werden aus Polypropylen Schutzfolien, Planen, Wasser- und Gasrohre sowie Fasern gefertigt, die zu Seilen oder Schnüren geflochten werden. Zudem werden Hohlkörper, Tanks, Haushaltsgefäße und Industriebehälter extrudiert.

Im Rotationsformverfahren werden Gefäße und Spielwaren gefertigt.

Polypropylen lässt sich auch leicht im Spritzgussverfahren zu bspw. Stoßfängern und Räderwerken verarbeiten. Es zeichnet sich durch seine hohe Ermüdungsbeständig-keit aus. Gut konzipierte Fadenscharniere in Verpackungen, in der Papierindustrie oder bei Aerosolsprays können über mehrere tausend Zyklen eingesetzt werden.

Zudem kommt Polypropylen auch in zahlreichen nicht verwebten Materialien wie bei Tyvek®-Fliesen zur Anwendung.

Es lässt sich hervorragend verschweißen und verklammern, jedoch nur sehr schwer verkleben und bemalen.

Stärken: Preis, einfache Verarbeitung, gute chemische Beständigkeit, niedriger Reibungskoeffizient, hervorragender elektrischer Isolator, Lebensmittelkontaktmaterial, hohe Ermüdungsbeständigkeit (Scharniereffekt, wiederholtes Biegen), gute Schlagfestigkeit bis 0°C
Schwächen: sehr UV-empfindlich, große Schrumpfung, mittelmäßige mechanische Beständigkeit (jedoch besser als PE)

P

POLYSTYROL (PS)

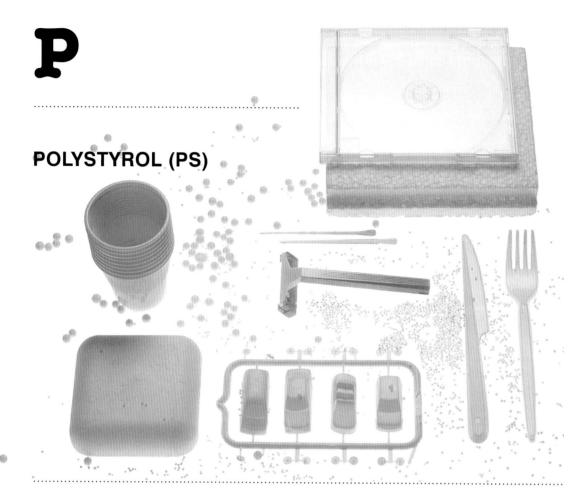

Höchsttemperatur im Dauereinsatz: 60–85°C
Glasübergangstemperatur (Erweichungspunkt): 90°C
Schmelzpunkt: 180°C

Polystyrol ist ein weit verbreiteter amorpher, thermoplastischer Kunststoff – DAS Wegwerfplastik schlechthin! Er kommt in drei verschiedenen Formen vor: in Standardform (Kristallpolystyrol), als schlagfester und als Schaumpolystyrol (PSE).
Kristallpolystyrol ist hochglänzend, aber brüchig; schlagfestes Polystyrol enthält Butadien und ist undurchsichtig, weich und schlagzäh; Schaumpolystyrol wird mit Pentan aufgeschäumt und ist ein leichter Wärme- und Schallisolator.
Aus Kristall- und schlagfestem Polystyrol werden im Spritzgussverfahren CD-Hüllen, Schalen, Spielwaren, Toilettenschränke, Gehäuse für minderwertige Küchengeräte u. a. gefertigt. Aus PSE werden verschiedene Verpackungen (Eierbehälter), Schutz- und Isoliermaterial hergestellt.

Im Extrusionsverfahren werden Polystyrolplatten für das Thermoformen und – aus Schaumpolystyrol – Isolier- und Verpackungsmaterial hergestellt.
Über 100°C ist Polystyrol sehr formbar, was das Thermoformen und dadurch die Fertigung von Joghurtbechern, Schalen und Bechern sowie Gehäusen für Haushaltsgeräte stark erleichtert.
Polystyrol lässt sich zudem leicht verschweißen, sollte jedoch nicht für Verklammerungen eingesetzt werden, die häufig gelöst werden müssen, und ist hervorragend klebbar (mit Lösungsmittel, Epoxidharzkleber, Cyanacrylat usw.)

Stärken: geringer Preis, Transparenz und schönes Aussehen von Kristall-PS (glatte, glänzende Oberfläche), ausgezeichnet zu verkleben und zu verschweißen, einfach zu beschriften, zu dekorieren, zu bedrucken und einzufärben (in intensiven Farbtönen), kann schwer entflammbar gemacht werden

Schwächen: stoß- und kratzempfindlich, extrem empfindlich gegenüber Chemikalien

POLYTETRAFLUORETHYLEN (PTFE)

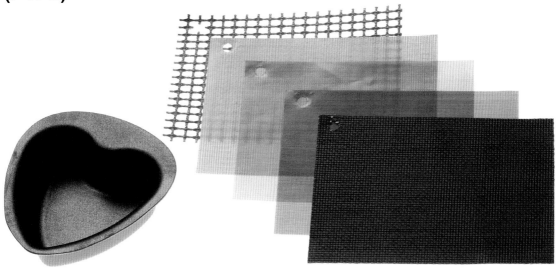

Höchsttemperatur im Dauereinsatz: 250°C
Schmelzpunkt: 327°C

Der stark kristalline, thermoplastische Kunststoff PTFE ist landläufig unter dem Markennamen Teflon® der Firma DuPont de Nemours bekannt und gehört zur Familie der fluorierten Kunststoffe, was ihm eine außergewöhnliche Temperaturbeständigkeit und fast perfekte Antihaft-Eigenschaften verleiht. PTFE ist völlig witterungs- und lichtbeständig, seine Lösungsmittelbeständigkeit ist die höchste aller organischen Polymere. PTFE ist schwer entflammbar und unter Normalbedingungen nicht brennbar. Es weist jedoch einen großen Nachteil auf: Unter Erwärmung verändert es sich zu einer äußerst zähflüssigen Masse und kann nicht mit den gleichen Geräten und Verfahren verarbeitet werden wie andere Thermoplaste (insbesondere ist keine Verarbeitung im Spritzgussverfahren möglich). Als weißes Pulver wird es wie beim Sinterverfahren für Metallpulver druckgegossen und anschließend erhitzt.

Die Abkühlung erfolgt unter starker Kontrolle. Da die Fertigung massiver Bauteile schwierig ist, wird PTFE in erster Linie im Dünnschicht- oder Streichverfahren verarbeitet. Die zu beschichtenden Oberflächen müssen vorbehandelt (geritzt, aufgeraut, sandgestrahlt) werden, wobei häufig Haftmittel zum Einsatz kommen. Auch Textilien können mit PTFE beschichtet werden (Transportbänder). PTFE wird in der Industrie in Bereichen eingesetzt, die starker Hitze ausgesetzt sind (Chemie, Nahrungsmittelindustrie, z. B. Bäckereien) sowie bei Töpfen, Pfannen, Kuchenformen und als Bügeleisensohle.

Stärken: außergewöhnliche Hitzebeständigkeit, antihaftend
Schwächen: komplizierte Verarbeitung, Preis

P

POLYURETHAN (PU)

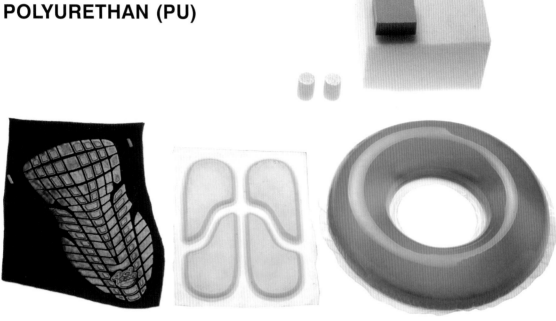

Polyurethane haben die Besonderheit, als Thermoplaste oder Duroplaste zu existieren, werden jedoch meist als Duroplaste eingesetzt. Besonders verbreitet ist ihre Verwendung in Verbindung mit Treibmitteln als Weichschaum (offenzellig, 10–60 kg/m³) für Matratzen und Kissen und als geschlossenzelliger Hartschaum, z. B. zur Wärmedämmung in Gebäuden, Kühlschränken oder Verpackungen. Außerdem gibt es Halbhartschäume, als Integralschäume und Nicht-Integralschäume, zur Herstellung von Armlehnen, Lenkrädern, Dreieck-Lenkergriffen usw.

Eine weitere Anwendung von Polyurethanen ist der Einsatz in Lacken mit hoher Abriebfestigkeit und guter chemischer Beständigkeit.

Polyurethan-Klebstoffe sind hervorragende Kleber und existieren in elastischer Ausführung.

Häufig existieren Polyurethane auch als Elastomere mit ausgezeichneten mechanischen Eigenschaften, hoher Abrieb-, Zug- und Rissfestigkeit, guter Alterungsbestän-

digkeit und einer Temperatur im Dauereinsatz von bis zu 100–120°C.

Des Weiteren werden Polyurethane immer mehr als Gel angeboten. In dieser Form wurden sie zuerst in der Medizin angewendet, sind heute jedoch auch in der Sportindustrie und in Möbeln anzutreffen.

Polyurethane lassen sich ausgezeichnet verkleben und verschweißen.

Stärken: exzellente Zug-, Riss- und Abriebfestigkeit, gute chemische Beständigkeit gegen Öle und Kohlenwasserstoffe, gute Kältebeständigkeit

Schwäche: begrenzte UV-Beständigkeit

P

POLYVINYLCHLORID (PVC)

Höchsttemperatur im Dauereinsatz: 60°C
Glasübergangstemperatur (Erweichungspunkt):
70–100°C
Schmelzpunkt: 140–170°C

PVC gehört zu den bekanntesten Kunststoffen und kommt praktisch überall zum Einsatz. PVC ist ein amorpher, thermoplastischer Kunststoff, der transparent sein kann, jedoch stets einen Blaustich aufweist. Er dominierte bis in die 1970er Jahre die Herstellung von Gebrauchsgegenständen, wird jedoch aus umwelttechnischen Gründen mehr und mehr durch PP, PET oder PE ersetzt.
Mit dem Kalanderverfahren werden Endlos-PVC-Folien für Bodenbeläge, Planen, Wachstücher, Lederimitationen für Handtaschen und aufblasbare Teile wie Bojen hergestellt.
Im Extrusionsverfahren werden aus Hart-PVC Abflussrohre, Gebäudebauteile, Platten, Fäden usw. gefertigt.
Weich-PVC kommt u. a. in Wasserschläuchen, Sitzbezügen und Ummantelungen von Kabeln zum Einsatz.

Im Spritzgussverfahren entstehen Ventile, Verbindungsstücke, Kosmetikbehälter usw.
Zur Herstellung von Verpackungsmaterial wird häufig das Thermoformverfahren eingesetzt.
Im Streichverfahren wird PVC als zähflüssige Masse zu Bezügen für Textilien oder Beschichtung von Metallteilen verarbeitet.
PVC lässt sich leicht kleben und schweißen, seine Verzierung ist jedoch schwierig.

Stärken: Preis, weich oder hart, gute chemische Beständigkeit, guter elektrischer Isolierstoff, selbstlöschend und somit im Gebäudebau unumgänglich, gut recycelbar
Schwächen: UV-empfindlich, muss speziell behandelt werden (Korrosionsschutz, wie rostfreier Stahl), in transparentem Zustand begrenzte chemische Beständigkeit, bei niedrigen Temperaturen schlechte Stoßfestigkeit (zerbrechlich bei –10°C), gibt bei der Verbrennung giftige Chlorwasserstoffdämpfe ab

Q

....

QUECKSILBER (Hg)

Dichte: 13,6 g/cm³
Schmelzpunkt: −38,8°C

Quecksilber (griechisch *Hydrargyrus*) „flüssiges Silber", ist ein Schwermetall, das die Menschheit seit der Antike fasziniert, da es als einziges Metall bei Raumtemperatur in flüssiger Form auftritt. Es muss sehr vorsichtig gehandhabt und gelagert werden, da es sich um ein Gefahrgut handelt, das bei allen Lebewesen unter anderem eine neuro- und reproduktionstoxische Wirkung zeigt. Die EU-Richtlinie 2013/23/EU reglementiert bzw. verbietet die Verwendung bestimmter, gefährlicher Stoffe, wie Quecksilber. Im gasförmigen Zustand ist es sehr beweglich, sowohl in der Luft als auch in Böden. Ein Großteil des Quecksilberausstoßes ist heute auf menschliche Tätigkeiten (Erdölraffinerien, Kohleverbrennung, Verbrennungsanlagen, Chlorindustrie usw.) zurückzuführen. Von den Alchimisten als lebendiges Silber bezeichnet, wird es seit langem zur Herstellung von Legierungen, den Amalgamen, beispielsweise mit Gold verwen-

det. Das Amalgamverfahren, ein handwerkliches Verfahren zur Gewinnung von Gold aus Flusssedimenten, ist heute sehr umstritten, da bei unkontrolliertem Abbau Quecksilber in die Umwelt gelangen und erschreckende Folgen auf Gesundheit und Natur nach sich ziehen kann. Trotz seiner Toxizität wird Quecksilber in der Medizin verwendet: Es galt früher als Unsterblichkeitselixier und Aphrodisiakum, war Grundlage des inzwischen verbotenen Mercurochrom und wird heute noch für Amalgamfüllungen genutzt. Quecksilber ist ebenfalls in Batterien, Quecksilber- und Halogen-Metalldampflampen sowie in alten Thermometern (heute verboten) zu finden. Trotz seiner Schädlichkeit gilt es in der Kernchemie und für bestimmte Messinstrumente immer noch als strategisch und unverzichtbar.

....

Stärken: präziser Temperatur- und Druckmesser, gute elektrische Leitfähigkeit, chemisch stabil, Legierungsmetall
Schwächen: hoch giftig, schwer, verdampft leicht

R

RUBIN UND SAPHIR

Rubin und Saphir sind Varietäten von Korund. Wie andere Edelsteine werden sie nach Farbe, Reinheit (Transparenz), Gewicht und Schliff bewertet.

· **Rubin:** Der Rubin erhält seine typische Farbe durch die Präsenz von Chromoxid in seiner Zusammensetzung. Dieser seltene Stein besitzt eine Härte von 9 auf der Mohs'schen Härteskala (Höchstwert 10 für den Diamanten). Er ist sehr abrieb- und verschleißfest. Heute stammen die meisten Rubine aus Myanmar, weitere Vorkommen sind in Kenia, Ceylon und Thailand zu finden. Rubine können auch synthetisch hergestellt werden und sind in diesem Fall absolut makellos. Rubine werden vor allem zur Schmuckherstellung (häufig in ovalem Schliff), in der Uhrenindustrie und bei Rubinlasern eingesetzt.

· **Saphir:** Saphire kommen in unterschiedlichen Farben vor, wobei Blau nach wie vor die weitverbreitetste ist. Es gibt sie jedoch auch farblos, Rosa, Gelb, Violett, Grün usw. Nur Rot ist den Rubinen vorbehalten. Der sehr harte Saphir besteht aus Aluminiumoxid sowie farbgebenden Substanzen (Titan und Eisen für Blau, Chrom für Rosa usw.). Die wichtigsten Vorkommen befinden sich in Australien, Thailand, Myanmar, in der Kaschmir-Region und in Montana. Natürliche wie auch synthetische Saphire werden hauptsächlich in der Schmuckherstellung verwendet. Jedoch werden synthetische Steine auch als optische Bauteile in wissenschaftlichen Instrumenten oder als feines isolierendes Substrat für elektronische Halbleiterschaltkreise eingesetzt. Aufgrund ihrer hohen Kratzfestigkeit werden sie ebenfalls für Uhrengläser oder Bildschirme von Mobiltelefonen gebraucht, sind in Xenon-Lampen, in schusssicherem Glas und zusammen mit Verbundstoffen in militärischer Schutzkleidung enthalten.

Stärken: intensive Farben, Glanz, Härte, Transparenz, hohe Abrieb- und Verschleißfestigkeit

Schwächen: Seltenheit, Kosten (außer für industriell hergestellte Steine)

S

SANDSTEIN

Sandstein ist ein Sedimentgestein aus miteinander verkitteten Sandkörnern, wobei Siliciumdioxid, Ton oder Kalkstein als natürlicher Zement wirken. Dieser kompakte Stein weist schlechte Schneideeigenschaften auf, wird jedoch häufig als Baustoff eingesetzt, z. B. in Form von Feldstein zum Pflastern. Außerdem wird Sandstein in der Bildhauerei und zur Herstellung von Schleifwerkzeugen wie Mühlsteinen verwendet.

Es gibt verschiedene Arten, die sich u. a. durch ihre Farbgebung unterscheiden: von Blaugrau über Ocker-, Rot- oder sogar Violetttöne bis hin zu Beige. Quarzit (Quarzsandstein, sehr kompakt) und Molasse (Kalksandstein) sind gängig verwendete Arten.

Sandstein ist eine harte Gesteinsart mit der Besonderheit, nach dem Abbau noch nachzuhärten. Je nach der spezifischen Bearbeitungsmethode ist er mehr oder weniger porös. Bestimmte geologische Schichten aus porösem Sandstein können als Wasser-, Erdgas- oder Erdölreserven dienen. Zu den gefragtesten Sorten zählen Sandstein mit feiner Korngröße und dichter Textur.

Der Begriff „Sandstein" wird auch für mit ca. 1 300°C gesinterte Keramik verwendet. In diesem Fall spricht man von „Sandstein-Keramik" oder „Steingut" bei wasserdichtem Material mit großer Härte, das z. B. bei Bodenfliesen zum Einsatz kommt; „emaillierter Sandstein" wird mit Porzellanbeschichtungen und Glasuren versehen und für Sanitäreinrichtungen genutzt; „Spaltplatten" (statt Formfliesen); feines „glasiertes Steingut" ist extrem widerstandsfähig und dient für Rohrleitungen, industrielle Bodenbeläge usw. Auch Geschirr wird aus sog. „Steingut" angefertigt.

Stärken: hart, kompakt, widerstandsfähig, haltbar
Schwächen: Porosität (bestimmte Sorten), feine oder grobe Korngröße

S

SCHAUMSTOFFE

Schaumstoffe – in erster Linie Polymerschaum – sind Wabenmaterialien, die große Mengen an Luft enthalten. Das leichte Material ist saugfähig, schockabsorbierend und ein hervorragender Wärme- und Lärmdämmstoff. Meist werden harte, halbharte und weiche Schaumstoffe unterschieden. Sie können offenzellig oder geschlossenzellig sein; die Wasser- oder Luftaufnahmekapazität variiert je nach ihrer Fähigkeit, nach der Verformung ihre ursprüngliche Form anzunehmen; es gibt sog. „retardierenden", „Formgedächtnis-" oder viskoelastischen Schaum, der seine Form nur sehr langsam wieder annimmt. Im Handel wird Schaum anhand seiner volumenbezogenen Masse identifiziert (in g/cm³ oder kg/m³).

Kunststoffschaum wird meist durch Expansion von Gas hergestellt, das durch einen chemischen Prozess freigesetzt wird.

Zu den häufigsten Schaumstoffen zählt Polyurethanschaum, der weich (Matratzen, Kissen, Fauteuils) oder hart (expandierter Schaum für Isolieranwendungen im Bauwesen) sein kann. Außerdem gibt es Latexschaum, der hochwertige Eigenschaften, jedoch eine schlechte mechanische Haltbarkeit aufweist und deshalb zum Schutz einen Überzug oder eine Polymerhaut benötigt. Weitere Schaumsorten bestehen aus Melamin, Polystyrol, Polypropylen, PVC, Polyethylen.

Darüber hinaus findet man auch Metallschaumstoffe, z. B. Aluminiumschaum, ein besonders leichtes, druckfestes Wabenmaterial, das als Kern von Sandwichmaterial sowie aufgrund seiner hervorragenden ästhetischen Eigenschaften verwendet wird; Kupferschaum ist ein elektrischer Leiter; Glasschaum aus Altglas wiederum wird bspw. bei Dächern als Dämmmaterial eingesetzt.

Stärken: leicht, dämmend, saugfähig
Schwächen: Haltbarkeit (Polymerschaumstoffe)

S

SCHICHTGLAS

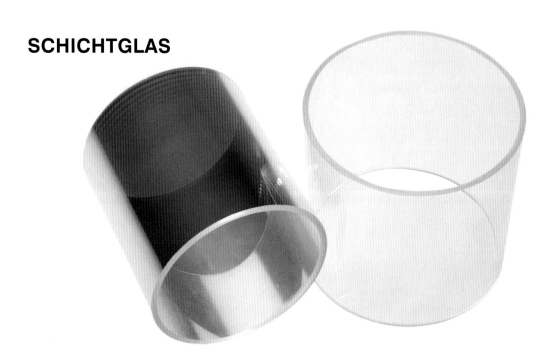

Metallbeschichtung

Flach- oder Floatglas kann aus technischen und/oder ästhetischen Gründen verschiedenen Oberflächenbehandlungen unterzogen werden. Als Schichtglas wird insbesondere industriell gefertigtes Glas bezeichnet, dessen Oberfläche mit einer extrem dünnen Metalloxidschicht beschichtet wird (unter einem Mikrometer). Dieses verändert sein Verhalten gegenüber der Sonneneinstrahlung (Energie- und Lichtkontrolle, Energieeinsparung und ästhetische Funktion). Durch Mehrfachbeschichtungen wird das Glas korrosions- und UV-beständig, abrieb- und kratzfest und weist eine Beständigkeit gegenüber bestimmten chemischen Wirkstoffen, Reinigungsmitteln, Salzsprühnebel usw. auf.

Die Beschichtung erfolgt unter Vakuum, Wärmeeinwirkung, mittels Pyrolyse in der Flüssig-, Fest- und Gasphase oder im Streichverfahren.

Mittels Beschichtung kann auch selbstreinigendes Glas, Heizglas und Filterglas gefertigt werden. Auch ist es möglich, gewisse ästhetische Effekte durch Beschichtungen zu erzielen. Ferner wird auf diese Weise sog. „Spionglas" hergestellt, das nicht verspiegelt und nur von einer Seite durchsichtig ist.

Emailliertes oder serigrafiertes Glas

Glas kann auch (industriell durch Aufspritzen, mit Pistole und Pinsel) emailliert oder serigrafiert und anschließend getempert werden. Email ist bei ca. 600°C schmelzbares Glas, das Pigmente (Metalloxide) enthält, die ihm seine Farbe verleihen. Es wird zwischen transparenten und opaken Emails unterschieden.

Bedrucktes Glas

Bedrucktes Glas ist nicht mit Schichtglas zu verwechseln. Es wurde bei seiner Fertigung auf einer Seite mit einer Reliefprägung versehen. Es existiert in zahlreichen Motiven und ist in der Architektur sehr beliebt.

S

SCHICHTHOLZ,
VERLEIMTES

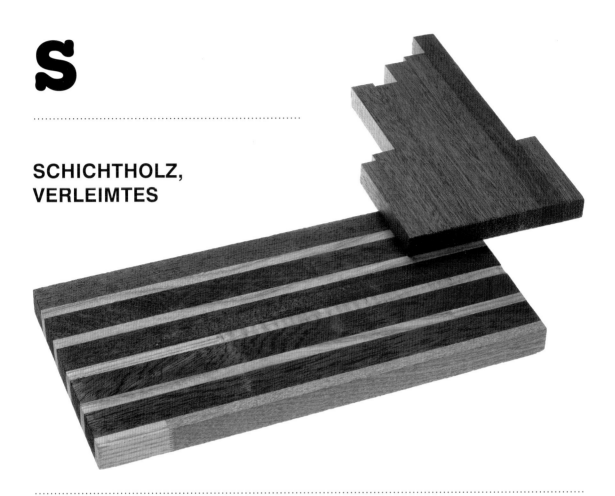

Verleimtes Schichtholz wird in erster Linie in der Architektur eingesetzt. Dabei werden Vollholzteile in Längs- und Querrichtung zusammengefügt, wobei die Holzausrichtung jeweils konstant bleibt. Als Baumaterial werden hauptsächlich Nadelhölzer verwendet. Bei der Herstellung werden die Leimflächen stets abgewechselt, damit keine Schwachstellen auftreten.

Verleimtes Schichtholz kann eine beachtliche Länge erreichen – bis 100 Meter! Außerdem lassen sich sehr elegante gekrümmte Oberflächen herstellen.

Solche Balken weisen ein erstaunliches Verhältnis zwischen Gewicht und Beständigkeit auf: Ein 3 Meter langer Balken, der 20 Tonnen trägt, wiegt ca. 60 kg bei Holz, 80 kg bei Stahl und 300 kg bei Beton! Holz ist allerdings voluminöser. Diese Technik bietet alle Vorteile von Massivholz, reduziert gleichzeitig Abfälle und sorgt für eine Vielzahl von Gestaltungsmöglichkeiten. Zu den gebräuchlichen Anwendungen von verleimtem Schichtholz zählen das Dachgebälk von Markthallen, Schwimmbäder,

Turnhallen, aber auch Einrichtung (Tischplatten, Küchenarbeitsflächen) und Möbel aus Biegeholz.

Heute bieten manche Unternehmen vorgefertigte Standardbalken an. Diese können auch vor Ort bedarfsgerecht angefertigt werden, wodurch heikle Transporte entfallen.

Es gibt zahlreiche ähnliche Produkte, die wie beim verleimten Schichtholz Holz und Metall, Holz und Kunststoff oder ganz einfach verschiedene Hölzer miteinander kombinieren und so dekorative Effekte schaffen.

Im Möbelbau werden verleimte Schichtholzplatten oftmals aus Produktionsabfällen angefertigt (Leisten).

Stärken: große Längen, niedriges Gewicht und hohe Flammfestigkeit im Vergleich zu Stahl, flexible Herstellung, Anfertigung vor Ort, wenig Abfall, Dimensionsstabilität
Schwächen: Haltbarkeit, Dicke

S

SCHICHTSTOFFE

Schichtstoffe sind hochleistungsfähige Materialien in dünnen Schichten, die als Bodenbeläge, für Möbel oder Wandverkleidungen verwendet werden. Sie werden oft auf Holzderivate wie Spanplatten oder Sperrholz aufgebracht und besitzen bessere mechanische und Wärmeeigenschaften als laminierte Spanplatten (mit einer Melaminbeschichtung – ein duroplastischer Kunststoff).

Den Kern der Schichtstoffe bilden mit einem wärmehärtenden Harz imprägnierte Zellulosebahnen, die Decklage besteht aus melaminharzgetränkten Dekorpapieren (Bild, Metallpapier oder Furnierholz). Das Ganze wird unter hohen Temperaturen eingepresst und anschließend in Standardformaten zugeschnitten. Meist werden Schichtstoffe in Platten geliefert. Bei Anbringen eines Furnierschichtstoffes auf einem Holzderivat mithilfe eines Klebers auf Neoprenbasis ist ein ausgleichender Schichtstoff erforderlich, um späteren Verformungen vorzubeugen (Krümmen).

Es können auch dreidimensionale Formen hergestellt werden: Kantinentabletts, kleine Möbelstücke, Dekorgegenstände usw.

Es gibt zahlreiche Schichtstoffhersteller; die Gestaltungsmöglichkeiten sind durch die Vielzahl der Farben und Effekte und das beidseitige Dekor des Materials nahezu unbegrenzt. So werden täuschend echte Imitationen angefertigt, die bis zur Körnung einer Holzsorte gehen können. Außerdem werden kompakte Schichtstoffe mit hoher Stärke angeboten, die als Fassadenverkleidungen zum Einsatz kommen.

Stärken: stoß- und kratzfest, unempfindlich gegen Chemikalien und siedendes Wasser, wasserfest, vielseitige Gestaltungsmöglichkeiten
Schwächen: schwierige Verarbeitung und Anwendung

S

SCHIEFER

Schiefer ist ein metamorphes Sedimentgestein, das unter hohen Temperaturen und Druck aus angehäuften Sedimenten (Ton, Schlamm) am Meeresgrund entstanden ist. Schiefer besitzt ein geschichtetes, oft glattes und glänzendes Aussehen. Die griechische Wortwurzel von „Schiefer" bedeutet „spaltbar"; tatsächlich weist dieses Gestein eine Lamellentextur auf und zerfällt entsprechend der Spaltebene. Es besteht aus Ton – sog. Tonschiefer – oder überwiegend aus Glimmer und Quarz – in diesem Fall spricht man von Glimmerschiefer. Als Ölschiefer bezeichnet man Gestein, das Bitumen (Kohlenwasserstoffe) enthält und aus denen Schieferöl gewonnen wird.

Die bekannten Schiefertafeln gehören ebenfalls zu dieser Kategorie. Sie werden in dünnen Lamellen angefertigt und ergeben Platten, die als Dachziegel, aber auch als Bodenbelag oder Schultafeln eingesetzt werden. In letzter Zeit hielten sie auch vermehrt Einzug in der Innenarchitektur als Arbeitsfläche für Küche und Bad. Ihre charakteristischen Farben reichen von Schwarz über Blaugrau (am häufigsten) oder Violett bis Rot. Schiefertafeln können Quarz, Ton, Glimmer, Feldspat, Pyrit, Chlorit und Hämatit sowie Fossilien enthalten und stehen meist in Stärken von 3 bis 9 mm zur Verfügung. Darüber hinaus (z. B. 20 bis 40 mm) spricht man von Glimmersandsteinplatten. Schiefertafeln lassen sich gut behauen und gravieren.

Stärke: ansprechendes Aussehen
Schwächen: Rissneigung, Preis (bei Schiefertafeln)

S

SCHILDPATT

Schildpatt ist ein Edelmaterial, das ebenso wie Elfenbein seit Langem vom Menschen genutzt wird. Es wird aus dem Panzer bestimmter Schildkrötenarten (insbesondere der Karett-Schildkröte) gewonnen. Seine Verarbeitung ist im Kunsthandwerk eine uralte Technik, die nur wenigen Werkstätten weltweit vorbehalten ist.

Es handelt sich um ein natürliches, leichtes Material auf Keratinbasis (wie Haar). Die Farbgebung reicht von Dunkelbraun über Honigblond bis transparent und besitzt attraktive Spiegelungen und Muster (Sprenkel). Aufgrund seiner hervorragenden Formbarkeit ist Schildpatt sehr leicht zu verarbeiten (Formen, Drehen, Profilieren, Schweißen). Schildpatt wird in Scheiben – als Inkrustation oder Furnier – oder aber massiv verarbeitet. Es besitzt die Eigenart der Autoplastik: Es genügt, Hornscheiben übereinanderzulegen und mit heißem Wasser zu übergießen. Daraus entsteht ein massiver Block, den man bearbeiten kann. Diese Autoplastik ermöglicht Reparaturen, die keine Spuren hinterlassen.

Schildpatt hat bis heute zahlreiche Anwendungsgebiete: Luxuriöse Einlegearbeiten bei Möbeln, Schmuck, Beleuchtungskörpern, Kämmen, Brillenfassungen (rutschfest!), Lederarbeiten, Kästchen, Zigarettenhaltern, Haarspangen usw.

Mit der Zeit entwickelt Schildpatt eine matte Kruste, lässt sich jedoch mit feinen Ölen pflegen.

Dieses begehrte Edelmaterial steht in beschränkten Mengen zur Verfügung und seine Beschaffung ist heute strengen Gesetzen unterworfen. Deshalb wurden Schildpattimitate entwickelt. Kunststoffe, allen voran Celluloseacetat, wurden zu relativ leistungsfähigen Substitutionsmaterialien.

Stärken: Gewicht, antiallergische, antielektrische Eigenschaften, leichte Verarbeitbarkeit, Fähigkeit zur Autoplastik

Schwächen: Preis, Beschaffung gesetzlich geregelt

S

SCHMELZBASALT

Basalt

Basalt ist ein aus der schnellen Abkühlung von Magma hervorgegangenes, weltweit verbreitetes Vulkangestein, das auch auf der dunklen Seite des Mondes vorkommt. Das grob zerkleinerte Material wird mit 1 300°C einge-schmolzen und anschließend in Formen gegossen. Durch langsame Abkühlung entstehen Fliesen, Pflastersteine, Ziegel und verschiedenste Gegenstände. Schmelzbasalt besitzt eine anthrazitgraue Farbe mit irisierenden Refle-xen, die an Metall erinnern.

Es ist sehr scheuer- und abriebfest und beständig gegen Chemikalien (Kaugummi, Graffiti usw.), Frost und Druck-verformung sowie wasserundurchlässig. Basalt besitzt zahlreiche Anwendungsbereiche: beispielsweise für Stra-ßenpflaster, Innen- und Außenfliesen, in der Industrie und Innenarchitektur.

Schmelzbasaltplatten werden bei trockenem Wetter mit Kleber und Spezialmörtel verlegt. Ihre Instandhaltung ist sehr einfach.

Lava

Lava ist ebenfalls ein hartes Gestein vulkanischen Ursprungs, das relativ porös ist und weniger Dichte als Basalt aufweist. Lavastein wird in manchen Regionen direkt als Baustoff eingesetzt oder in emaillierter Form für besonders beständige, farbige Innen- oder Außen-architekturelemente verwendet, z. B. als Küchenarbeits-platten. Das Emaillieren erfordert ein erstes Erhitzen des Gesteins (ca. 1 000°C), um Risse zu eliminieren, und anschließend mehrere Glasierungen, damit die Be-schichtung gut in das Gestein eindringt. Emaillierte Lava ist besonders beständig gegen Frost, UV-Licht, Druck, Feuchtigkeit (fault nicht), Stöße, Bakterien usw.

Stärken: hohe Beständigkeit, Preis (Basalt), einfache Instand-haltung
Schwäche: Gewicht

S

SELTENERDELEMENTE

Entgegen dem, was sich aufgrund ihrer Bezeichnung annehmen ließe, handelt es sich bei den Seltenerdelementen, auch „Seltene Erdmetalle" oder „Seltene Erden" genannt, um <u>metallische Elemente</u>, die häufiger als manch anderes, gebräuchlicheres Metall in der Erde zu finden sind. Diese Nebengruppe des Periodensystems nach Mendelejew zählt 17 Elemente, darunter Scandium, Yttrium und die oft zitierten <u>Lanthanoide</u> (Cer, Thulium, Lutetium …). Aufgrund ihrer einzigartigen optischen, chemischen, mechanischen und magnetischen Eigenschaften sind sie heute für zahlreiche hochtechnologische Anwendungen unerlässlich. Dazu gehören etwa die Miniaturisierung leistungsstarker Magnete für die Telefonie, Harddisks oder Asynchronmotoren. Darüber hinaus werden sie in der medizinischen Radiographie eingesetzt, bei Flachbildschirmen, Akkumulatoren für Elektrofahrzeuge, zum Einfärben von Spezialgläsern, beim Crackverfahren in der Erdölverarbeitung, in Katalysatoren, Leuchtmitteln, Nachtsichtgeräten, Windrädern, Supraleitern usw.

Im Allgemeinen treten diese Elemente sehr verstreut und in geringer Konzentration in anderen Mineralien auf (am häufigsten in Monazit und Bastnäsit). Ihr Abbau ist wegen seines hohen Energieaufwands schwierig und kostspielig und zudem umweltschädlich. Schätzungen zufolge verfügt China über mehr als 30% der weltweiten Vorräte und liefert 97% des weltweiten Bedarfs, ist gleichzeitig aber auch der wichtigste Verbraucher. Diese Quasi-Monopolstellung führt zu Spannungen auf politischer und wirtschaftlicher Ebene. Deshalb wird versucht, mittels Recycling kleine Mengen bereits verwendeter Seltenerdelemente zu extrahieren, was sich jedoch als aufwändig und umweltbelastend erweist und nur unter schwierigen Arbeitsbedingungen möglich ist.

Stärken: Für viele Hightech-Anwendungen sind diese Element heute unerlässlich.

Schwächen: schwierige Gewinnung, umweltbelastend, strategisch problematisch

S

SICHERHEITSGLAS

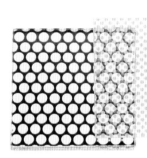  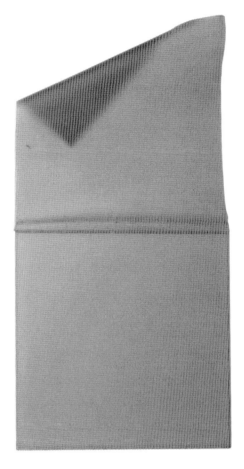

Verbundglas

Stoßfestes Verbundglas besteht aus zwei oder mehreren Glasscheiben, die bei niedrigen Temperaturen (100–150°C) durch eine thermoplastische Verbundfolie – Polyvinylbutryal (PVB) oder Ethylenvinylacetat (EVA) – miteinander verbunden werden. Bricht das Glas, bleiben die Glassplitter an der Verbundfolie haften. Diese Eigenschaft wird besonders bei Windschutzscheiben, einbruchssicherem und kugelfestem Glas geschätzt. Heutzutage wird Verbundglas jedoch auch zum Einschluss dekorativer Folien und verschiedener Materialien verwendet. So besteht handelsübliches Farbglas meist aus Verbundglas mit farbiger Verbundfolie. Motive, Bilder, Metallgitter, pflanzliche Materialien und Textilien sowie Leuchtdioden (LED) können ebenfalls in Verbundglas eingeschlossen werden.

Manche Verbundfolien werden spezialbehandelt zu UV- oder Lärmfiltern.

Drahtglas

Nach dem Schmelzprozess im Schmelzofen wird Glasfolie geformt, gewalzt und erhält eine Einlage aus rostfreien Metalldrähten, die die Stabilität des Glases erhöhen. Drahtglas kommt vor allem in öffentlichen Gebäuden, Brandschutzwänden, Glasdächern und -türen zum Einsatz.

Stärken: stoßfest, zahlreiche ästhetische Effekte möglich
Schwäche: Preis

S

SILBER (Ag)

Dichte: 10 500 kg/m³
Schmelzpunkt: 960°C

Silber ist ein graues Edelmetall mit weißem Glanz, das geschmeidig und gut formbar ist. Es ist korrosionsempfindlich („Anlaufen" der Oberfläche), hat bakterizide Eigenschaften und ist recycelbar. Oft wird es mit Kupfer (in geringem Anteil) legiert, um seine mechanischen Eigenschaften zu verbessern, oder mit Gold gemischt. In geringen Mengen fließt Silber auch in Legierungen wie z. B. Aluminium ein, um ihre mechanischen Eigenschaften zu verbessern.

Der in der Juwelier- und Goldschmiedekunst sowie bei Alltagsgegenständen wie Geschirr eingesetzte Werkstoff wird entweder „massiv" oder als einfache Legierung (in einer Stärke von einigen Mikron) eingesetzt. Auch Geldstücke und Medaillen werden aus Silber gefertigt.

Seine früher stark verbreitete Anwendung als lichtempfindliches Silbersalz in der traditionellen Fotografie und Radiografie verliert heute durch den Aufschwung der Digitalfotografie an Bedeutung. Als hervorragender elektrischer Leiter wird Silber bei Elektro- und Elektronikanwendungen (Leiter, Schalter, Kontakte, Leiterpasten und leitfähige Tinten) besonders geschätzt. Es findet auch beim Löten und Schweißen, in der Juwelierkunst, im Automobilbau sowie in der Luft- und Raumfahrt Anwendung. Bestimmte Oberflächenbeschichtungen erfordern einen Silbercyanidniederschlag. Silber wird auch bei Batterien und Spiegeln eingesetzt.

Stärken: kostbar, gut formbar, geschmeidig, hervorragender elektrischer Leiter

Schwächen: Preis, Korrosion

S

SILICIUM (Si)

Dichte: 2 329 kg/m³
Schmelzpunkt: ca. 1 420°C

Silicium ist ein chemisches Element, das in vielen Technologien eine wichtige Rolle übernimmt. Das im Sand als
Siliciumdioxid vorkommende Material ist ein Bestandteil
bei der Herstellung von Glas, Beton, Keramik und Silikon.
In dieser Form ist es auch ein effizientes Schleifmaterial
und ein leistungsfähiges Schneidwerkzeug (Sandstrahl).
Silicium – ein Halbleiter – ist darüber hinaus ein Grundstoff
der Computerrevolution. Das gehäuft auf der Erde vorkommende Material ist weder ein guter Dämmstoff noch
besonders leitfähig, deshalb war dieser Erfolg im Prinzip
keineswegs vorhersehbar. Es verhält sich umgekehrt im
Vergleich zu Metallen: Je höher die Temperatur, desto
besser seine Leitfähigkeit, und seine schwache Leitfähigkeit im reinen Zustand lässt sich durch Beimengen von
chemischen Verunreinigungen wie Bor oder Phosphor
„dopen". Die so dotierten Siliciumkomponenten funktionieren als regelrechte Schalter und Verstärker und lagen
der Entwicklung von Transistoren in den 1950er Jahren
zugrunde. In Verbindung mit Kondensatoren ermöglichen
sie die Herstellung von Speicherelementen. Damit konnte
die Theorie der Quantenmechanik nachgewiesen und in
die Praxis umgesetzt werden.
Heute werden aus hochreinen Siliciumplättchen (Durchmesser 30 Zentimeter) im Laufe zahlreicher Verarbeitungs-
operationen Millionen von Transistoren hergestellt, die in
der Lage sind, Milliarden von elektrischen Kontakten auf
Leiterplatten zu verwalten. Als wichtiger Faktor im Zuge
der Miniaturisierung scheint Silicium an die Grenzen des
Fortschritts zu stoßen. Heute zeichnen sich Lösungen
ab, die auf neuen Silicium-Dotierungen (Germanium oder
Arsen) basieren oder ihren Ersatz durch organische DNA-
Moleküle für die Informationsverarbeitung vorsehen.

S

SILIKON (SI)

Silikone bilden eine große Gruppe von <u>Elastomeren</u>, deren Härte in Shore gemessen wird und die sich untereinander durch ihre Verarbeitung oder Vernetzung (kalt oder warm) unterscheiden. Im Gegensatz zu den meisten anderen Polymeren, die der Kohlenstoffchemie entstammen, bestehen Silikone aus <u>Silicium</u>.

Als Öl, Flüssigkeit, Paste, Gummi und Harz kommen Silikone als Dämpfungsmittel, Heizflüssigkeit, Lacke, Wachse, Dichtungsmittel, elastische Membranen, Formtrennmittel, Farben u. a. zum Einsatz. Sie sind gut untereinander klebbar.

Aus Silikonen können elastische Formen hergestellt werden, in denen z. B. Polyester- und Epoxidharze gegossen werden. Bei ihrer Anwendung muss auf die Kompatibilität der Werkstoffe untereinander geachtet werden, um Probleme beim Entformen zu vermeiden.

Mit einigen Silikonen kann auf einfachem Wege ein Abdruck zerbrechlicher Gegenstände erstellt werden, ohne diese zu beschädigen (Silikone werden nicht warm und kleben nicht), wodurch Kopien antiker Gegenstände, von Statuen usw. gefertigt werden können. Silikone garantieren eine hervorragende Konturschärfe.

Durch ihre ausgezeichneten Lebensmittelkontakteigenschaften und ihre hohe Temperaturbeständigkeit sind sie besonders für den Einsatz als Küchenmaterial wie Kuchenformen und Backtücher geeignet.

Silikone altern und verschmutzen jedoch. Sie können zwar milchig-transparent hergestellt werden, vergilben jedoch schnell und weisen niemals eine vollständige Transparenz auf.

Stärken: ausgezeichnete Temperaturbeständigkeit (–50 bis 250°C), antihaftend (Formtrennmittel), gute elektrische Isolation, biokompatibel
Schwächen: Preis, mittelmäßige Alterungs-, Öl- und Lösungsmittelbeständigkeit

S

SMARAGD

Smaragd ist ein Mineral, eine Varietät von Beryll aus der Silikat-Gruppe. Seine legendäre grüne Farbe entsteht durch die Präsenz von Chrom, Vanadium und manchmal Eisen in seiner Zusammensetzung. Der Smaragd ist durchsichtig und hart (etwa 8/10 auf der Mohs'schen Härteskala), aber relativ zerbrechlich und daher schwer zu schleifen, er kann in Flusssäure gelöst werden. Kolumbien ist weltweit der größte Lieferant.

Der bereits in der Antike berühmte Smaragd ist sehr selten und gehört zu den teuersten Edelsteinen überhaupt. Je intensiver und tiefer das Grün, desto begehrter und teurer ist der Stein. Nach ihm wurde eine besondere Schliffart, der Smaragdschliff in rechteckiger Form mit abgeschrägten Ecken, benannt. Zu den berühmtesten Kristallen gehören beispielsweise der *Devonshire* mit über 1.300 Karat und ein Smaragd von 16.300 Karat, der im Topkapi-Palast in Istanbul ausgestellt ist. Andere Steine, die den gleichen beliebten Grünton aufweisen (grüner Korund aus der gleichen Familie wie Rubin und Saphir, Jade oder grüner Turmalin), können mit Smaragd verwechselt werden. Er ist zudem gut mit getöntem und geschliffenem Glas imitierbar.

Smaragde entstehen unter sehr spezifischen geologischen Bedingungen, bei denen Elemente, die in der Regel nicht zusammen vorkommen, vereint sind. Er enthält oft Einschlüsse, die manchmal beschönigend als „Jardin" bezeichnet werden. Diese werden jedoch nicht als Mangel gewertet, sondern sind bei Sammlern sehr beliebt, da sie die Einzigartigkeit des Steins ausmachen. Smaragd wird vor allem in der Schmuckherstellung eingesetzt. Im Laufe der Jahrhunderte wurden ihm jedoch auch verschiedene Eigenschaften zugeschrieben: Heilwirkung bei Verdauungsstörungen, Hör- und psychiatrischen Problemen, Stein der Weisheit und des Wissens, der die Wahrsagung erleichtert usw.

Stärken: grüne Reflexe mit je nach Blickrichtung leicht unterschiedlicher Farbtiefe, Glanz, Härte, Transparenz
Schwächen: Seltenheit, Preis, Zerbrechlichkeit

S

SOLARZELLEN

Die Sonnenstrahlung, die in einem Jahr auf die Erde auftrifft, entpricht dem 10.000-fachen weltweiten Energieverbrauch. Auf jeden Quadratmeter strahlen im Durchschnitt 1.700 kWh pro Jahr ein. Hält man sich vor Augen, dass die Sonne eine geschätzte Lebensdauer von mehreren Milliarden Jahren hat, wird deutlich, dass dieser Energiequelle der Vorzug zu geben ist.

Die Sonnenenergie wird heute vielfältig genutzt: zum Heizen und Kühlen, für chemische Verfahren wie z. B. die Meerwasserentsalzung, aber auch zur Erzeugung von Strom. Dies geschieht entweder mithilfe von Photovoltaik oder durch thermodynamische Systeme, bei denen die Wärme zunächst in mechanische und anschließend in elektrische Energie umgewandelt wird.

Bei dem 1839 vom französischen Physiker Antoine César Becquerel entdeckten photovoltaischen Effekt handelt es sich um ein physikalisches Phänomen, das bei Halbleitern beobachtet wird: Werden sie der Sonne ausgesetzt, erzeugen sie elektrischen Strom. Die Photonen treffen auf die Oberfläche der Halbleiter auf und übertragen ihre Energie an die Elektronen des Materials. Es entsteht Gleichstrom, der von feinen, miteinander verbundenen metallischen Fäden aufgefangen und zu einer anderen Solarzelle geleitet wird, bei der dasselbe Phä-

nomen zu beobachten ist, wodurch der Strom kumuliert wird. Dies wiederholt sich bis zu einer abschließenden Verbindungsklemme. Der Wirkungsgrad – also die Beziehung zwischen der produzierten elektrischen Energie und der aufgenommenen Sonnenenergie – hängt von der jeweils eingesetzten Technologie ab. Es gibt mehrere Arten von Photovoltaikanlagen. Man spricht auch von verschiedenen Generationen:

· Die erste Generation basiert, mit einigen Abwandlungen, auf der Nutzung von kristallinem Silizium in relativ massiver Form (Siliziumwafer). Die Herstellung ist energie- und kostenaufwändig und setzt den Einsatz von sehr reinem Silizium voraus. Der Wirkungsgrad beträgt maximal 20%.

· Die zweite Generation bilden sogenannte Dünnschicht-Technologien, ebenfalls auf Basis von Silizium oder Cadmiumtellurid, Kupfer/Indium/Selen etc. Diese sind leichter einsetzbar und ermöglichen größere Module und kostengünstigere Verfahren. Hierbei wird die Halbleiterschicht direkt auf ein Substrat (z. B. Glas) aufgetragen. Das Verfahren ist kostengünstiger als das zuvor erwähnte, die Zellen sind jedoch weniger leistungsfähig und einige Bestandteile können Schadstoffe enthalten (wie z. B. Cadmium).

S

SOLARZELLEN

Bei manchen Zellen kommt amorphes Silizium zum Einsatz, das zwar einen deutlich geringeren Wirkungsgrad von ca. 6% aufweist, jedoch viel geringere Kosten verursacht und eine hohe Produktflexibilität ermöglicht.

· Von der dritten Solarzellen-Generation, die sich heute noch im Entwicklungsstadium befindet, erhofft man sich einen deutlich höheren Wirkungsgrad. Die Forschung konzentriert sich auf unterschiedliche Verfahren: einerseits auf transparente Zellen, andererseits auf organische Zellen, die so biegsam und leicht sind, dass beispielsweise Textilien für die Photovaltaik eingesetzt werden könnten. Außerdem werden Versuche zur Erzeugung hybrider Solarzellen mit Farbstoffen (z. B. Heidelbeersaft) durchgeführt, die auf der Bionik basieren und annähernd wie die Photosynthese wirken.

Die wesentlichen Forschungsschwerpunkte sind die Steigerung des Wirkungsgrads, die Senkung der Herstellungskosten und die Entwicklung von Solarzellen, die möglichst einfach herzustellen sind.

Auch wenn die Sonnenenergie als erneuerbare Energie gilt, darf nicht außer Acht gelassen werden, dass für die Herstellung von Photovoltaiksystemen Energie und – wenn auch in geringen Mengen – Schadstoffe erforderlich sind und die Wiederverwertbarkeit noch nicht vollständig geklärt ist.

Solarzellen werden heutzutage in zahlreichen Bereichen eingesetzt, einzeln wie etwa in Taschenrechnern und Gartenleuchten oder zu Solarmodulen zusammengefasst. Sie können entweder kleine elektronische Geräte direkt mit Strom versorgen oder mit einem Energiespeicher verbunden werden und auf diese Weise die nötige Energie für Wohnungen, öffentliche Einrichtungen, Satelliten usw. liefern.

Stärken: garantierter langfristiger Wirkungsgrad, Zuverlässigkeit, keine Umweltbelastung durch Lärm, Bewegung, Geruch, Emissionen; die Sonne ist eine erneuerbare und kostenlose Energiequelle

Schwächen: Anfangsinvestition; die Herstellung und das Recycling sind ökologisch nicht unbedenklich

S

SOLID SURFACES

„Solid Surfaces" sind synthetische Werkstoffe, deren Spitzenreiter zweifelsohne das von DuPont de Nemours vor ca. 40 Jahren entwickelte Corian® darstellt. Heute existieren jedoch zahlreiche Konkurrenzmarken. Diese Werkstoffe bestehen aus einer Mischung aus PMMA-Harz (Acryl) und einem Füllstoff aus Aluminiumoxid und verfügen über zahlreiche Eigenschaften: Sie sind hart, kratz- und stoßfest, hitze-, flecken- und UV-beständig, beständig gegen bestimmte Säuren, sind nicht porös (schimmelbeständig), ungiftig, leicht zu verarbeiten, instand zu halten und zu reparieren und flammwidrig.

Sie sind u. a. thermoformbar (z. B. zur Herstellung von Spültischen) und können gegossen werden. Meist werden sie jedoch zu Standardplatten verarbeitet, da sie ähnlich wie Holz bearbeitet werden können. Sie können mit klassischen Werkzeugen nahtlos verklebt, zugeschnitten, geformt und geprägt werden.

Heute sind sie meist massiv oder als Furnier in der Innenarchitektur (Theken, Möbel, Wandverkleidungen, Beleuchtungskörper usw.) und im medizinischen Bereich anzutreffen (OP-Wände und -Arbeitsflächen).

„Solid Surfaces" existieren in zahlreichen Farben und Verzierungen (Einheitsfarbe, meliert, Granit- und Marmorimitation usw.). Dünn verarbeitet sind sie lichtdurchlässig.

Stärken: Härte, Widerstandsfähigkeit, Wasserbeständigkeit, Aussehen, einfache Verarbeitung
Schwäche: Preis

S

SPERRHOLZ

Sperrholz (oder Lagenholz) ist ein Sandwich-Verbund-werkstoff aus Holz und Leim, der bestimmte Mängel und Größeneinschränkungen von Holz löst. Es wird aus mehreren übereinander verleimten Furnierlagen hergestellt. Die Anzahl der Furnierlagen ist immer ungerade (3 bis 15), wobei die Fasern der Lagen abwechselnd um 90° gedreht verlaufen. Bei jeder zusätzlichen Furnierlage ist eine weitere Lage vorzusehen, um die ungerade Zahl der Lagen beizubehalten, damit sich die Platte nicht verzieht. Die Anzahl, Stärke und Holzsorte der Furnierlagen sind unterschiedlich.

Standard-Sperrholz wird häufig aus Okume gefertigt. Technischere Sperrhölzer werden auch aus finnischer Birke oder Buche hergestellt. Es ist zwischen „Buchensperrholz" mit verleimten Furnierstreifen und „Spanplatten mit Buchenfurnier" zu unterscheiden, wo nur die beiden äußeren Lagen aus Buche sind. Gängige Stärken: zwischen 1 mm und 10 mm alle mm-Stärken, danach 10, 12, 15, 18, 19, 22 mm und ab 25 mm in 5-mm-Schritten. Max. 50 mm.

Sperrholz wird u. a. im Bauwesen, für Möbel, Karosserien, Fußböden eingesetzt. Manchmal wird es mit einer glatten und einer rauen, rutschfesten Seite angeboten und findet in dieser Form bei Fußböden oder Treppenstufen Anwendung. Manche Produkte werden mit Edelhölzern beschichtet.

Stärken: hohe Dimensionsstabilität, glatte Oberfläche, homogene Maserung bei speziellen Sperrhölzern (Einsatz auch ohne Beschichtung), Vielseitigkeit, identische Beständigkeit in Längs- und Querrichtung, Brandklasse möglich, Außeneinsatz möglich (Einsatz eher in Vertikalrichtung), gute Schraub- und Nagelfestigkeit
Schwäche: geringe Biegefestigkeit

S

SPIEGEL

Der Spiegel, symbolischer Werkstoff schlechthin, reflektiert auf seiner polierten Oberfläche das Bildnis des Betrachters. Als Objekt der Begierde sowie Gegenstand von Wahrheit, Narzissmus und Magie bietet der Spiegel ein vollkommenes, spiegelverkehrtes und manchmal absichtlich verändertes Abbild der Realität (Vergrößerungsspiegel, Zauberspiegel etc.). Im Gegensatz zu natürlichen Spiegeleffekten (z. B. Licht auf Wasser) oder dem spiegelnden Glanz von Metall, die eine Betrachtung des eigenen Spiegelbildes ermöglichen, werden Spiegel meist aus einer dünnen Metallschicht (Spiegelbelag) hergestellt, die auf eine Glasplatte aufgebracht wird. Der ursprünglich aus Zinn (Verzinnen) bestehende Spiegelbelag wird heute aus Silber oder Aluminium gefertigt. Das Aufbringen der Beschichtung auf das Glas erfolgt durch die Reduktion von Silbersalz. Ein dünner Schutzüberzug aus Kupfer und eine Lackschicht schützen das Silber vor Korrosion und garantieren die Beständigkeit der Beschichtung gegen chemische und mechanische Einflüsse.

Heutzutage existieren zudem sehr feine, sorgfältig bedampfte Polymerfilme, die erstaunliche Spiegeleffekte erzeugen. Sie werden aufgeklebt oder in Glas lamelliert, wodurch einseitig durchsichtiges Glas entsteht, und reflektieren je nach Beleuchtung das Licht oder lassen dieses durchscheinen. Zum Einsatz kommen sie auf Gebäudefassaden und Schaufenstern.
Des Weiteren werden auch chemische Metallschichten auf einer dickeren PMMA- oder Polystyrol-Unterlage aufgebracht, wodurch biegsame, leichte und einfach zu verarbeitende Spiegel hergestellt werden können, die in Bereichen zum Einsatz kommen, in denen die Zerbrechlichkeit und das Gewicht von Glas ein Sicherheitsproblem darstellen.

Stärke: Reflektierung
Schwäche: Zerbrechlichkeit des Glases

S

STAHL

Dichte: ca. 7850 kg/m³
Schmelzpunkt: ca. 1500°C

Stähle sind metallische Legierungen auf Eisen- und Kohlenstoffbasis. Der Kohlenstoffgehalt (max. 2%) wie auch
der Zusatz anderer Stoffe wie Nickel, Molybdän usw. –
man spricht dann von Legierungsstählen – bestimmen
und verändern ihre Eigenschaften und ergeben Spezial-
stähle oder rostfreien Stahl.
Man unterscheidet klassische Kohlenstoffstähle (der
Großteil; diese werden zu wettbewerbsfähigen Preisen
angeboten), wärmebehandelte Stähle (gehärtet, aus-
geglüht oder angelassen), Werkzeugstähle und rostfreie Stähle (siehe Materialkarte Rostfreier Stahl S.222).
Außerdem spricht man je nach Zusammensetzung
von weichem, halbweichem, hartem und extrahartem
Stahl. Der Kohlenstoffzusatz erhöht die Härte und die
mechanische Widerstandsfähigkeit und schwächt aber
gleichzeitig seine Struktur. Bei über 2% Kohlenstoff-

anteil wird Stahl zu Gusseisen (siehe Materialkarte
Gusseisen S.159).
Stähle sind recycelbar und viele werden als „Alteisen" in
den Produktionszyklus der Schwerindustrie rückgeführt
(siehe Kapitel Materialfamilie Metalle S.40).
Ohne Legierung und rostfreie Eigenschaften weisen
sie eine geringe Korrosionsfestigkeit auf. Durch Oberflächenbehandlungen wie Galvanisieren (Zinkbeschich-
tung), Lackieren und Brünieren kann ihre Lebensdauer
verlängert werden.
Stähle finden im Schienentransport, Automobilbau,
Bauwesen (mit spezifischen Normen), Werkzeugbau,
Maschinen- und Anlagenbau, in der Möbelindustrie usw.
breiten Einsatz.

Stärken: Preis, Recyclingfähigkeit, mechanische Widerstandsfähigkeit, Verformbarkeit, Elastizität, Schlagfestigkeit, Härte
Schwächen: Gewicht, Korrosion

S

STAHL, ROSTFREIER

Rostfreie Stähle sind eisenhaltige Legierungen mit bemerkenswert hoher Korrosionsbeständigkeit. Durch Hinzufügen von Chrom (ca. 12%) wird Stahl rostfrei und bildet an der Oberfläche eine schützende Passivierungsschicht, die bei Stößen oder Kratzern in der Lage ist, sich nachzubilden. Man spricht hierbei von „selbstheilenden" Werkstoffen.

In die Zusammensetzung von rostfreien Stählen fließen auch Nickel, Vanadium und Molybdän ein. So erhöht der Zusatz von 2 bis 4% Molybdän die Korrosionsbeständigkeit von Inox (Edelstahl) bei Meeresklima. Es gibt also nicht nur einen rostfreien Stahl, sondern eine ganze Palette von Nuancen, die speziell auf die jeweiligen Anforderungen zugeschnitten sind.

Rostfreie Stähle lassen sich gut verlöten und schweißen, doch diese Verfahren erfordern im Gegensatz zu herkömmlichem Stahl besondere Sicherheitsmaßnahmen. Speziell beim Schweißen wird Edelstahl durch die Erhitzung leicht verformt.

Die meisten rostfreien Stähle sind nicht magnetisch. Zu den Einsatzgebieten zählen Bauwesen, Schiffbau, Medizin, Werkzeugbau, Küchengeräte, Nahrungsmittelsektor usw. Aufgrund ihrer breiten Anwendungsvielfalt finden sich rostfreie Stähle heute überall wieder.

Stärken: Korrosionsbeständigkeit, Kontakt mit Lebensmitteln, gute mechanische Festigkeit
Schwächen: eher teuer, schwer

S

STANDARD-GLÜHLAMPEN

Der Archetyp der Glühbirne, erfunden von Joseph Swan im Jahr 1878, weiterentwickelt von Thomas Edison: Sie besteht aus einer mit Gas (Stickstoff, Krypton oder Argon) gefüllten Glashülle und einem Tungstendraht, durch den elektrischer Strom fließt. Dadurch erhitzt sich der Draht, beginnt zu glühen und gibt Licht ab. Das in der Glühbirne vorhandene Inertgas wirkt der Oxidation des Drahts entgegen. Bei Einsatz von Halogengas spricht man von einer „Halogen-Glühlampe" (siehe Materialkarte Halogen-Glühlampen S.161).

Ursprünglich bestand der Faden aus Kohlenstoff, der die Glashülle jedoch allzu schnell verschmutzte und deshalb durch Tungsten ersetzt wurde. Dieses Metall besitzt den höchsten Schmelzpunkt (3410°C). Moderne Drähte sind spulenförmig verwickelt, um die Temperatur und damit den Anteil des sichtbaren Lichts zu erhöhen. Mit der Zeit sublimiert der erhitzte Tungsten und setzt sich auf der Glashülle ab. Der immer dünner werdende Draht reißt schließlich.

Standardglühbirnen erzielen gleich beim Anzünden ihre max. Lichtstärke – im Gegensatz zu Entladungslampen (siehe Materialkarte Entladungslampen – Fluoreszierende Leuchtstofflampen S.140 oder Materialkarte Entladungslampen – Natrium-, Quecksilberdampflampen S.141, die erst progressiv zu leuchten beginnen).

Es sind verschiedenste Formen und Gestaltungsarten dieser Glühbirnen erhältlich, die bei Deko-Beleuchtungen, Lampen mit Zeitschalter, wenig benutzten Räumlichkeiten usw. breiten Einsatz finden.

Stärken: geringe Kosten, einfachste Verwendung

Schwächen: schwache Lichtausbeute (Verhältnis Lichtstrom/Leistung), geringe Lebensdauer (ca. 1 000 Stunden), Wärmeabstrahlung, Sicherheit (220 V)

S

SUPRALEITER

Die von mehreren Nobelpreisträgern hochgelobten supraleitenden Eigenschaften bestimmter Materialien (häufig Metalle) sind sehr vielversprechend und strategisch bedeutsam. Denn diese Materialien leiten Strom bei sehr tiefen Temperaturen – die beispielsweise mithilfe von flüssigem Stickstoff erzielt werden – zwischen dem absoluten Nullpunkt bei −273,15°C und etwa −140°C ohne den geringsten Widerstand, was den absolut verlustfreien Transport elektrischer Energie ermöglicht. Durch die „Aufhebung" der auf sie einwirkenden Magnetfelder können supraleitende Materialien Magnete sogar zum Schweben bringen. Bei der Supraleitfähigkeit kommen komplexe Quantenphänomene zum Tragen, allerdings erst ab der sogenannten Sprungtemperatur, die vom jeweiligen Material bzw. der jeweiligen Legierung abhängt. Quecksilber wird z. B. bei 4,2 K zum Supraleiter und Blei bei 7 K. Die Supraleitfähigkeit ist also mit dem Resultat der Veränderung des Aggregatzustands vergleichbar. Bei manchen Materialien wie z. B. den Kupraten, bei denen

es sich um Mischoxide aus keramischen Verbindungen mit Barium, Lanthan und Kupfer handelt, kann die Supraleitung mit der konventionellen Theorie nicht erklärt werden. Sie werden „unkonventionelle Supraleiter" genannt. Eingesetzt werden Supraleiter bereits bei Teilchenbeschleunigern, als Elektromagneten für medizinische Bildgebungsverfahren oder bei Schwebebahnen. Getestet werden derzeit kalte Stromkabel sowie die Speicherung von Energie. Ob es der Wissenschaft je gelingen wird, ein Material zu finden, das bei Raumtemperatur supraleitend ist, ist ungewiss.

Stärken: widerstandsfrei, Schwebeeffekt
Schwächen: Die Supraleitfähigkeit beginnt erst bei sehr niedrigen Temperaturen.

T

THERMOPLASTISCHE ELASTOMERE (TPE)

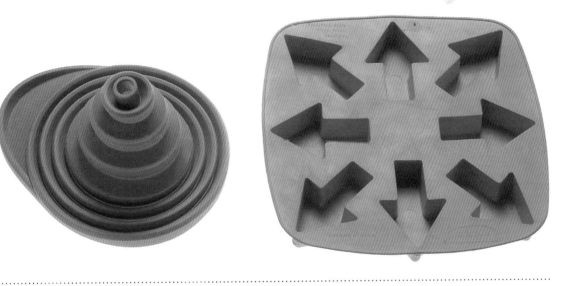

Lange Zeit standen thermoplastische Elastomere ausschließlich als duroplastische Polymere, Silikone und Kautschuk zur Verfügung, waren jedoch trotz ihrer Unverzichtbarkeit in der Industrie nur schwer zu verarbeiten (langwieriges Polymerisationsverfahren, Vulkanisation oder Vernetzung). Aus diesem Grund wandten sich die Chemiker Polymeren zu, die aus chemischen Verbindungen mit harten und weichen Phasen bestehen. Diese hybriden Werkstoffe sind heute unter dem Namen thermoplastische Elastomere (TPE) bekannt. Da die weichen Phasen bei ihrem Aufbau häufig dominieren, weisen sie eine Elastizität auf, die praktisch der von klassischen Elastomeren entspricht. Die einzige Einsatzbeschränkung ist deren Beständigkeit bei hoher Temperatureinwirkung. Die leistungsstärksten TPE sind über 100°C nicht mehr einsatzfähig.

TPE stellt jedoch einen erheblichen Fortschritt in der Elastomerherstellung dar (Rationalisierung und verkürzte Produktionszeiten), da es eine einfachere Verarbeitung,

z. B. im Spritzguss- und Extrusionsverfahren, mit klassischen Hilfsmitteln ermöglicht und zudem bis zu einem gewissen Grad recycelt werden kann.

TPE kommt in der Automobilindustrie, als Schuhsohlen, schmelzbarer Klebstoff usw. zum Einsatz.

Heute werden vier große TPE-Familien unterschieden: auf Styrol-Basis (SiS, SBS und SEBS); auf Olefinbasis (TPO) wie Polypropylen in der Hartphase und Kautschuk (EPDM) in der Weichphase; auf Polyurethanbasis (TPU) und auf Polyesterbasis (COPE).

Stärken: Elastizität, einfache Verarbeitung, Produktionskosten, Recyclingfähigkeit

Schwächen: remanente Verformung, schlechte Temperaturbeständigkeit (> 80°C)

T

TISCHLERPLATTEN

Tischlerplatten sind ein Hybrid zwischen Sperrholz und verleimtem Schichtholz. Sie besitzen einen Kern aus Vollholzlatten (Weich- oder Nadelholz) mit einem mehr oder weniger quadratischen Querschnitt. Dieser Kern erhält außen eine oder zwei Schichten (in dicker Auflage), die anschließend mit einem dünnen Edelfurnier beschichtet werden. Die Ausrichtung der Latten wird abgewechselt, um der Verformungstendenz jeder Latte entgegenzuwirken.

Die Stärken variieren zwischen 15 und 40 mm (15, 19, 22, 25 und 30 mm sind die gängigen Stärken).

Tischlerplatten sind eine der ältesten Holzvarianten und wurden lange Zeit von Tischlern eingesetzt. Heute ist diese Technik aufgrund des hohen Kostenaufwands eher selten.

Tischlerplatten bieten eine hohe Beständigkeit in Längsrichtung (Lattenrichtung).

Dieses Material eignet sich kaum für Tischplatten mit makellosem Lackfinish, da selbst mit Furnier versehene Platten aufgrund der leichten Wellenform an der Oberfläche Lattenspuren aufweisen. Dieser Makel wird meist durch Anbringung eines Umleimers aus Vollholz entlang der Schnittflächen kaschiert.

Zu den Hauptanwendungen von Tischlerplatten zählen Möbel, z. B. Regale.

Stärken: Verarbeitung ähnlich wie Vollholz, optimale Biegefestigkeit aller Holzderivate, geringeres Gewicht (wenig Klebstoff)
Schwächen: mittelmäßige Ebenheit, Preis

T

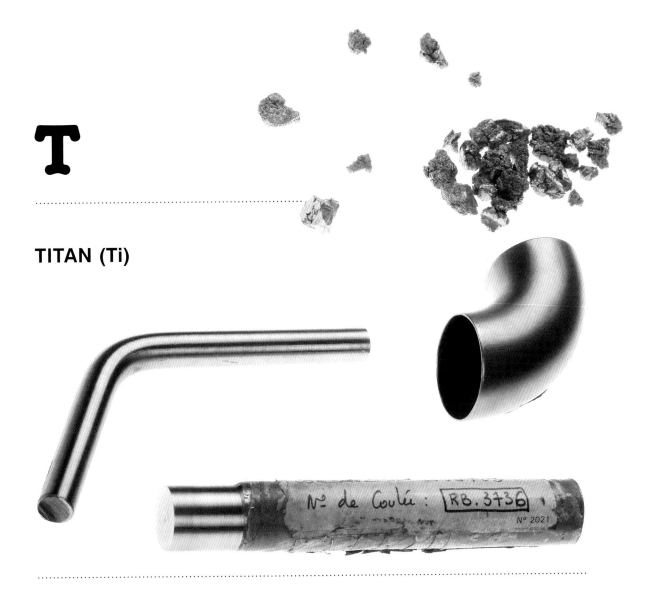

TITAN (Ti)

Dichte: 4508 kg/m³
Schmelzpunkt: 1660°C

Titan ist ein Metall, das bereits im 18. Jh. entdeckt, dennoch aber erst ab 1950 verwendet wurde. Trotz der großen Titanvorkommen auf der Erde ist seine Umwandlung in ein metallisches Produkt sehr kostenaufwändig. Titan besitzt eine hervorragende Beständigkeit im Verhältnis zum Gewicht, da es beständiger ist als Stahl und gleichzeitig 40% weniger wiegt. Seine Korrosionsfestigkeit ist ebenfalls sehr hoch. Passiviertes Titan weist eine noch höhere Beständigkeit auf als rostfreier Stahl. In Legierungen lässt es sich mit Aluminium, Molybdän oder Vanadium kombinieren, wodurch die Korrosionsfestigkeit erhöht bzw. eine Biokompatibilität erzielt wird, bspw. zur Herstellung von Prothesen. Titan ist nicht magnetisch, seine elektrische Leitfähigkeit entspricht der von rostfreiem Stahl.
Titan wird heute in vielen Bereichen der Spitzentechnologie verwendet, z. B. Brillenherstellung, Medizin, Luftfahrt, Extremsportausrüstungen. 90% des Titans dienen zur Herstellung von Pigmenten oder weißer Farbe. In Pigmentform ist Titan in Farben und Lacken sowie Kunststoffen enthalten, die dank seiner UV-absorbierenden Eigenschaften wetterbeständiger und haltbarer sind.

Stärken: Verhältnis Gewicht / Beständigkeit, Korrosionsfestigkeit, Biokompatibilität
Schwäche: Preis

V

VOLLNARBENLEDER

„Vollnarbenleder" ist ein Leder, dessen Narbenschicht voll erhalten ist (Oberseite der Lederhaut, in der die Haare verwurzelt sind). Es ist widerstandsfähig und wasserundurchlässig und wird bis hin zu einer glatten, edlen Oberfläche auf unterschiedliche Weise bearbeitet:

· **„Narbenkorrigiertes" Leder:** Bei diesem Leder wurde die Narbenschicht geschliffen, um ihm ein gleichmäßiges Aussehen zu verleihen. Manchmal wirkt dieses künstlich.

· **Anilinleder:** Durchgefärbtes, ungeschütztes, häufig aus Lammleder hergestelltes, äußerst geschmeidiges und weiches, jedoch sehr empfindliches und teures Leder.

· **Nappaleder:** Durchgefärbtes, gegen Sonnen- und Witterungseinwirkung behandeltes, geschmeidiges Leder mit etwas weniger „natürlichem" Aussehen.

· **Kernleder:** Leder, das behandelt wurde, um seinen Narben hervorzuheben.

· **Antikleder:** Schafs-, Kalbs- oder Vachettenleder, dessen Oberfläche pigmentiert und schattiert wird, um ihm ein patiniertes Aussehen zu verleihen.

Da kein Lederstück dem anderen gleicht, ist Leder ein unberechenbarer Werkstoff. Die Dicke des Narbens hängt z. B. davon ab, von welchem Tier das Leder stammt und wie es gegerbt wird. Vachettenleder ist meist zwei bis drei zehntel Millimeter dick.

Leder, bei dem nur die Narben verarbeitet werden, wird als „Narbenspalt" bezeichnet. Dieses Leder ähnelt dem Vollnarbenleder, ist jedoch dünner und geschmeidiger. Der durch den Spaltvorgang des Vollnarbenleders zudem entstandene, weniger hochwertige untere Teil wird „Fleischspalt" genannt und findet ebenfalls breite Verwendung.

Stärken: Aussehen, Verarbeitungsvielfalt, Widerstandsfähigkeit, Wasserundurchlässigkeit

Schwächen: Preis, Anfälligkeit bestimmter Verarbeitungsarten (Fleckenanfälligkeit etc.)

WABENMATERIALIEN

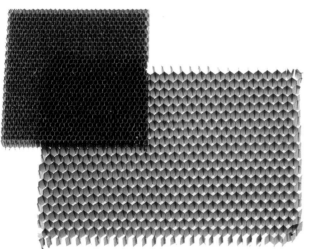

Durch die Beobachtung der Natur übernahm der Mensch das Wabenmuster der Bienen in der Materialherstellung. Es gibt verschiedenste Wabenstrukturen, die einerseits leicht, andererseits druckfest sind. Diese sog. „Wabenmaterialien" dienen in erster Linie als Kern von Sandwich-Verbundplatten und können aus Aluminium, Karton, Textil, Polymer usw. bestehen. Es wurden mehrere Herstellungsverfahren entwickelt. So werden beim Stapeln einzelne dünne Materialfolien in regelmäßigen Abständen miteinander verklebt oder verschweißt und bilden ein dehnbares Gitter im Wabenmuster (diese Technik wird oft bei Aluminium, Textil und Karton verwendet). Weitere Verfahren sind das Verkleben oder Verschweißen von dünnen Polymerrohren oder -halmen; die gleichmäßige Harzverteilung auf den Außenseiten eines Sandwichmaterials führt beim Aufweitvorgang der beiden Oberflächen zur dreidimensionalen Vernetzung von Polymerharz in Wabenform; schließlich die Extrusion.

Einer der ersten Anwendungsbereiche, in dem diese Wabenstrukturen untersucht wurden, war die Luft- und Raumfahrt, da hier eine leichte Bauweise von großer Bedeutung ist. Außerdem findet man Wabenmaterialien im Automobilbau (Absorption von Aufprallenergie, Gewichteinsparungen) und im Bauwesen (z. B. Türen aus Wabenkarton mit Verkleidungen aus Holzspanplatten).

Heute sind diese Materialien aufgrund ihres eleganten Aussehens sehr gefragt. Sie stehen in einer breiten Palette von Farben und Materialien zur Verfügung. Besonders beliebt sind sie bei Designermöbeln und Dekowänden. Sie werden gebogen, strapaziert, hintergrundbeleuchtet usw. Die optischen Lichteffekte sind oft sehr ansprechend.

Stärken: leicht, druckfest, ästhetisch
Schwäche: Schnittflächen schwierig zu behandeln

Z

ZAMAK

Dichte: 6 600–6 700 kg/m³
Schmelzpunkt: 380–400°C

Zamak gehört zur Familie der Zink- und Aluminiumlegierungen (etwa 4%) mit einem äußerst niedrigen Anteil von Magnesium und Kupfer.
Eine weitere Zinklegierung ist Kayem. Aluminium erhöht die Vergießbarkeit von Zink und ermöglicht die Verarbeitung von Zamak bzw. Kayem im Kokillendruckguss, einem preisgünstigen, dem Spritzguss ähnlichen Verfahren.
Zu den Vorteilen dieser Zinklegierungen zählen ihr niedriger Schmelzpunkt (380–400°C), ihre gute Vergießbarkeit und die damit verbundene Präzision bei der Herstellung komplexer Teile (z. B. dünnwandiges Gießen) sowie niedrige Herstellungskosten. Sie sind mit Kunststoffen vergleichbar und eignen sich für galvanische Oberflächenbehandlungen, Verchromung, Patinieren und Bronzieren. Sie sind äußerst beständig gegenüber Korrosion (auch

durch Salzwasser), Benzin, Motoröl und Alkohol.
Verwendet werden sie in der Automobilindustrie (Vergaser, Benzinpumpe), für Armaturen, einfache Einrichtungsbeschläge, Haushaltswaren, Flaschenherstellung, Kunstschmuck usw.

Stärken: niedrige Kosten, leicht, korrosionsbeständig
Schwächen: geringer mechanischer Widerstand, mittelmäßige Temperaturbeständigkeit

Z

ZINK (Zn)

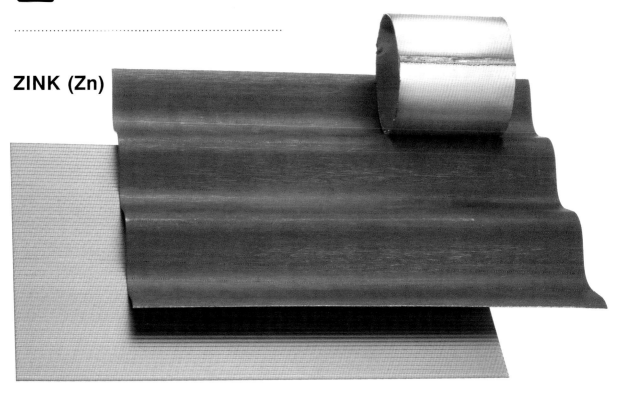

Dichte: 7 140 kg/m³
Schmelzpunkt: 420°C

Zink ist ein bläuliches Metall mit mittelmäßigen mechanischen Eigenschaften, das aus Erzen wie Zinkblende, Zinksulfid oder Galmei gewonnen wird. Lange Zeit wurde es für eine Zinnvariante gehalten. Seine Hauptanwendung (fast die Hälfte der Produktion) verdankt Zink seiner im Vergleich zu Stahl hohen Elektronegativität. Zink dient fast ausschließlich als Korrosionsschutz für Stahl und wird durch Feuerverzinkung (Schmelztauchverzinkung) oder durch galvanische (elektrolytische) Verzinkung aufgebracht. Feuerverzinkter Stahl ist an seinen charakteristischen Zinkblüten erkennbar. Aufgrund der hohen atmosphärischen Korrosionsbeständigkeit (es bildet sich eine dünne, weiße und wasserundurchlässige Oxidationsschicht) wird es häufig im Bauwesen in Form von Folien oder Platten, als Dachbelag, Wandverkleidung oder Regenrinnen eingesetzt. Darüber hinaus wird Zink gerne als Legierung mit anderen Metallen wie bspw. Messing, Zamak oder auch Bronze verwendet. Es ist formbar und kann bei 100 bis 200°C gewalzt werden, wird jedoch bei höheren Temperaturen brüchig. Schon bei etwa 50°C kann Zink im Tiefziehverfahren bearbeitet werden.
Außerdem spielt Zink eine herausragende Rolle in der Wundheilung und ist als Bestandteil von Salben weithin bekannt.

Stärken: sehr hohe Korrosionsfestigkeit, günstige Behandlungslösung
Schwäche: schlechte mechanische Eigenschaften

Z

ZINN (Sn)

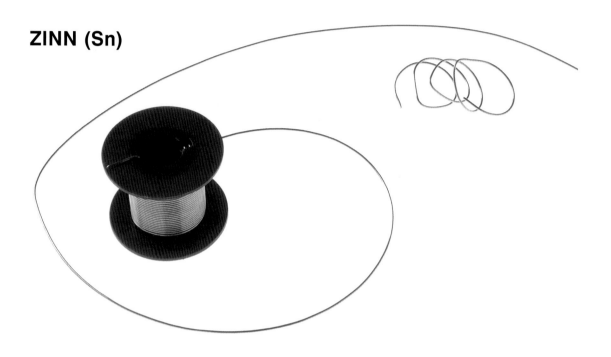

Dichte: 7 310 kg/m³
Schmelzpunkt: 232°C

Zinn ist ein weiches, silbergraues Metall, schmiedbar und bei Raumtemperatur relativ gut verformbar. Es tritt in der Natur hauptsächlich in Form von Zinnoxid auf. Es ist leicht in dünne Schichten walzbar, luftunempfindlich und korrosionsbeständig (Salz- und Süßwasser), jedoch kaum beständig gegen starke Säuren.
Neben Geschirr und traditionellen Dekorgegenständen werden Zinnbeschichtungen (durch Elektrolyse, Eintauchen oder chemische Beschichtung) zum Schutz von Stahlblech verwendet. Man spricht hierbei von „weißem Eisen", das u. a. zu Konservendosen verarbeitet wird. Es kann auch als Schutzbeschichtung von Kupfer dienen. Die sog. Verzinnung eignet sich auch zum Herstellen zuverlässiger elektrischer Kontakte.

Wichtigster Einsatzbereich ist das Schweißen: Zinn-Blei-Lot oder Zinn-Kupfer- bzw. Zinn-Silber-Legierungen sind in der Elektrik und Elektronik sehr gefragt.
Zinn kommt auch in der Herstellung von Flachglas (Floatglas) zum Einsatz: Das Glas wird an der Oberfläche mit einem Verzinnungsbad verschmolzen.
Außerdem kommt es in Form einer Legierung mit Niobium als Bestandteil eines Supraleiters vor (bei einer Temperatur von 19 K, d. h. –254°C) oder als Legierung mit Kupfer (Bronze). Zinn ist Bestandteil von Lagermetallen.
Bestimmte organische Zinn-Derivate sind giftig für den Menschen.

Stärken: Schmiedbarkeit, Korrosionsfestigkeit
Schwächen: in bestimmten Formen toxisch, bei Raumtemperatur weich, schlechte Säurebeständigkeit

3

3D-GLAS

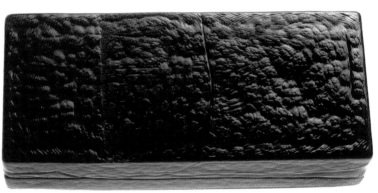

Das Gussverfahren kann durch Schrumpfung und innere Spannungen Probleme bereiten, die schwer zu beherrschen sind. Glas kann mithilfe verschiedener Techniken geformt werden:

- **Geblasenes Glas:** Mithilfe einer Glasmacherpfeife bringt der Glasbläser einen geschmolzenen Glasposten in Form. Häufig handelt es sich dabei um buntes Zierglas mit unregelmäßiger Oberfläche und typischen kleinen Bläschen. Aus geblasenem Glas werden bunte Glasfenster, Geschirr und Flaschen (industrielles Blasverfahren) gefertigt. Die Glasbläserei ist eine alte, anspruchsvolle Handwerkskunst.

- **Gewölbtes und thermogeformtes Glas:** Aus einer flachen Glasfolie wird das Glas in eine dreidimensionale Form gebracht und zu Windschutzscheiben, Vitrinen und Brillengläsern verarbeitet.

- **Pressgegossenes Glas:** Das geschmolzene Glas wird in eine Form gegossen und mit einem Kolben gepresst.

Im Pressgussverfahren werden Rohlinge für optische Linsen und elektrische Isolationsteile hergestellt.

- **Gussglas:** Geschmolzenes Glas wird in einer Stahl-, Wachs- oder Sandform gegossen. Auf diese Weise werden massive Glasbausteine, Glasblöcke, Ziegel oder Mosaiksteine hergestellt.

- **Glaspaste:** Gemahlene Glastücke werden in eine Form gefüllt und erhitzt. Aus der so gewonnenen Glaspaste werden Schmuckstücke und farbige Kunstgegenstände gefertigt.

- **Mit dem Brenner bearbeitetes Glas:** Glasröhren oder -stäbe werden mit der Brennerflamme zu Vasen, Bechern oder Gläsern verarbeitet.

Des Weiteren wurde ein umfassendes handwerkliches Wissen für die Glasfertigung und Endbearbeitung entwickelt (Sandstrahlen, Facettenschleifen, Schleifen, Gravur usw.), das heute in zahlreichen Bereichen zum Einsatz kommt (kleine Glas- und Kosmetikwaren etc.).

03

HERSTELLUNGS- UND VERARBEITUNGS- VERFAHREN

Die gute Wahl

Die nachstehenden drei Tabellen sollen die Wahl der Herstellungsverfahren durch drei wichtige Fragestellungen erleichtern: Welches Material verwenden Sie? Welche Menge von Teilen wollen Sie herstellen? Und welche Geometrie sollen diese Werkstücke aufweisen?

Tatsächlich sind natürlich eine Vielzahl von Parametern (Aussehen, Wirtschaftlichkeit, geografische bzw. politische Kriterien etc.) zu berücksichtigen, die über diese drei grundlegenden Aspekte der Herstellung hinausgehen. Dennoch sollen diese ein Versuch sein, Sie im komplexen und ständig weiterentwickelten Bereich der Fertigung zu unterstützen.

	Mechanisches Fügen	Kleben	Kalandrieren	Nähen	Schneiden	Tiefziehen	Extrusion	Endbearbeitung	Gießen	Schmieden	Sintern	Drucken	Spritzgießen	Formgießen	Harzgießen	Falten / Biegen / Profilieren	Digitale Fertigung	Rotationsformen	Schweißen	Thermoformen	Spanende Bearbeitung
HOLZ	●	●			●			●				●			●		●				●
PAPIER UND PAPPE	●	●	●	●	●	●		●				●				●	●				●
LEDER UND HAUT	●	●	●	●	●	●		●				●				●	●				
METALLE	●	●	●		●	●	●	●	●	●	●	●	●	●		●	●		●		●
GLAS	●	●	●		●		●	●				●		●		●	●		●	●	●
KERAMIK	●	●	●		●		●	●			●	●	●	●			●				●
KUNSTSTOFFE	●	●	●	●	●		●	●				●	●	●	●	●	●	●	●	●	●
VERBUNDSTOFFE	●	●			●			●				●					●	●			●
TEXTILIEN	●	●	●	●	●			●				●				●	●		●		●
STEIN	●	●			●			●				●					●				●
BETON	●	●			●			●				●			●		●				●

WAHL EINES HERSTELLUNGSVERFAHRENS NACH DEM VERWENDETEN MATERIAL

WAHL EINES HERSTELLUNGSVERFAHRENS NACH DER MENGE DER ANZUFERTIGENDEN WERKSTÜCKE

	Kalandrieren	Tiefziehen	Extrusion	Gießen	Schmieden	Sintern	Spritzgießen	Formgießen	Harzgießen	Falten / Biegen / Profilieren	Digitale Fertigung	Rotationsformen	Thermoformen
EINZELSTÜCK				•	•	•	•	•	•	•			•
HANDWERKLICHE KLEINSERIEN (< 100)				•	•	•	•	•	•	•	•	•	•
NDUSTRIELLE KLEINSERIEN (< 1 000)		•		•	•	•	•	•	•		•	•	•
GROSSSERIEN (> 1 000 BIS IN MILLIONENHÖHE)	•	•	•	•	•	•	•	•	•			•	•

Hinweis: Herstellungsverfahren können entweder stückweise oder kontinuierlich ablaufen. Kontinuierliche Verfahren (zum Beispiel Extrusion) sind eher für industrielle Großserienfertigung geeignet.

WAHL EINES HERSTELLUNGSVERFAHRENS NACH DER GEOMETRIE DES ANZUFERTIGENDEN WERKSTÜCKS

	Kalandrieren – Walzen – Ziehen	Zentrifugieren	Sheet Moulding Compound / Bulk Molding Compound	Wickeln	Tiefziehen – Hydro-mechanisches Tiefziehen – Explosion	Extrusion	Blasextrusion	Extrusionsblasen	Strangpressen	Floatglas	Gießen	Schmieden	Sintern	Spritzgießen	Spritzblasen	Formgießen	Harzgießen	Falten – Biegen – Rundbiegen	Digitale Fertigung	Profilieren (Holzfräsen …)	Rotationsformen	Thermoformen	Spanende Bearbeitung (Fräsen…)
FLACHES WERKSTÜCK	•		•			•				•				•	•	•			•				
RÖHRENFÖRMIGES WERKSTÜCK (PROFIL MIT BESTIMMTER LÄNGE)		•		•														•	•				
FORMTEIL (PER KILOMETER)	•					•	•		•												•		
HOHLKÖRPER					•			•			•			•	•	•	•		•		•	•	•
MASSIVKÖRPER											•	•	•	•		•							•

258

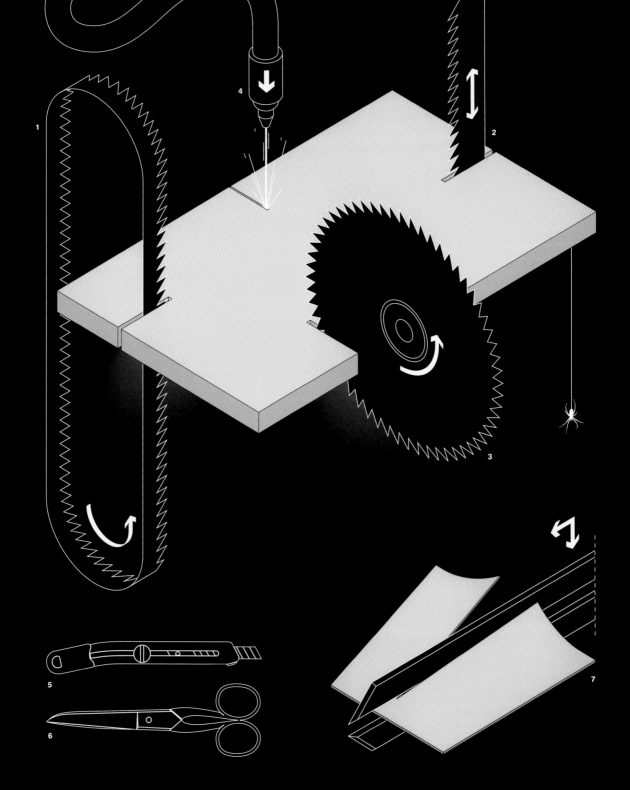

VERSCHIEDENE SCHNEIDEVERFAHREN
1 Bandsäge 2 Blattsäge 3 Kreissäge 4 Wasserstrahlschneiden 5 Cutter 6 Schere 7 Blechschere

Schneiden

Alle Materialien. Jedes Material lässt sich mit dem geeigneten Verfahren schneiden. In der Termi-nologie des Schneidens ist unter anderem von Querschneiden, Ausschweifen und Besäumen die Rede. Dabei sind viele Begriffe aus der Holzindustrie auch für andere Materialien üblich. So werden Querhölzer oder Profile mittels Querschnitt durchtrennt; das Besäumen ist ein gerader Schnitt in Längsrichtung (beispielsweise der Holzfaser) und von Ausschweifen wird bei Rundschnitten und komplexen Schnitten gesprochen. Gehrungs- oder Schrägschnitte können bis zu einem Winkel von 45° ausgeführt werden.

Viele der nachstehend beschriebenen industriellen Schneidewerkzeuge sind auf der Basis klas-sischer, bestens bekannter Handwerkzeuge entstanden, wie Scheren, Cutter oder herkömmliche Sägen.

Dabei dominieren zwei Grundprinzipien:

· **Mit Materialabtrag** – Der Schnittspalt ist deutlich er-kennbar: Sägen (Bandsäge, Kreissäge, Blattsäge); Ab-schleifen; Wasserstrahlschneiden oder Abrasivschneiden; Brennschneiden; Laserschneiden; Ultraschallschneiden oder Heißdrahtschneiden.

· **Ohne Materialabtrag beziehungsweise durch Sche-rung** – Dabei ist der Schnittspalt äußerst gering. Zu den Werkzeugen zählen: Schneidmaschine; Nibbler oder Knabberschneider; Klaue oder Walze; Glasschneider; Bandstahlschnittwerkzeug; Stanzmesser.

SÄGEN

Das Sägen erfolgt meist mit einem gezahnten Werkzeug. Je nach Material variieren dabei:

· **Schnittwinkel:** Der Neigungswinkel der Klinge beim Eindringen in das Material. Dieser Winkel kann abhängig vom Schnittmaterial unterschiedlich sein. Bei heiklen Ma-terialarten kann es sogar negative Schnittwinkel geben.

· **Abstand** zwischen zwei Zähnen des Sägeblatts (je ge-ringer der Abstand, desto feiner die Säge).

· **Schränkung:** Ausbiegung der Zähne am Sägeblatt wechselweise nach rechts und links. Damit sollen Säge-späne aus dem Weg geräumt und ein Warmlaufen verhin-dert werden.

· **Schnittwerkzeug:** Das Material wird an die Härte des Schnittmaterials angepasst: So wird Stahl mit gewöhnli-chem Werkzeug gesägt, es gibt jedoch auch Werkzeug aus Wolframkarbid oder Diamant.

· **Rotationsgeschwindigkeit:** Im Allgemeinen gilt, je härter das zu schneidende Material, desto langsamer

rotiert die Säge. Metallschneider arbeiten beispielsweise wesentlich langsamer als Holzsägen.

Während manche Materialien trocken geschnitten werden (zum Beispiel Holz oder bestimmte Steinarten), müssen andere beim Schneiden gekühlt und geschmiert werden. So wird bei Metall Schneidöl eingesetzt, bei Kunststoffen hingegen Wasser.

Man unterscheidet verschiedene Arten von Sägen:

· **Bandsäge:** Das Werkzeug besteht aus einem zu einem geschlossenen Ring verschweißten, gezahnten Bandsäge-blatt (außer bei Schaumstoff- und Textilanwendungen, wo das Sägeblatt glatt wie ein Cutter ist). Die Bandsäge wird zunächst zum groben Zuschnitt eingesetzt, der anschlie-ßend feiner bearbeitet wird. Es können gerade Schnitte und Profilschnitte angefertigt werden.

· **Blattsäge:** Meist handelt es sich um ein Handwerkzeug, bei dem das gezahnte Sägeblatt hin und her bewegt wird. Auch die Stichsäge ist eine Blattsäge.

Bei diesem Sägevorgang entstehen präzise Schnitte feiner Werkstücke sowie heikle Profilschnitte, darunter Schnitte in der Mitte eines Werkstücks. Eine Anwendung hierfür ist die Einlegearbeit.

· **Kreissäge:** Das Schneidwerkzeug ist eine gezahnte Scheibe, die durch Aufbringen von gesinterten Wolfram-karbid- oder Diamant-Tabletten auf den Schneidzähnen noch effizienter gemacht wird. Damit kann das Werkzeug auf die Härte des Werkstücks abgestimmt werden. Mit der Kreissäge werden Präzisionsschnitte vorgenommen, die wenig Nachbearbeitung erfordern, jedoch stets im rechten Winkel erfolgen – Profilschnitte sind hierbei nicht möglich. Grundsätzlich gibt es zwei Vorgehensweisen:

Bei umfangreichem Materialvolumen wird die Säge bewegt (Plattensäge, Pendelsäge); ansonsten wird das Werkstück manuell oder mit automatischen Vorschubapparaten bewegt (klassische Kreissäge).

ABSCHLEIFEN

Bestimmte Materialarten wie Beton, Metall oder Glas werden durch Schliff, das heißt durch sukzessiven Abrieb und Materialabtrag bearbeitet. Das Werkzeug besteht aus Diamantkörnern, Korund oder anderen sehr harten Schleifmaterialien. Dabei werden zum Beispiel Trenn- und Schleifmaschinen eingesetzt. Der Hauptnachteil dieses Verfahrens ist die Erwärmung und Verformung des Schnittmaterials.

WASSERSTRAHLSCHNEIDEN

Beim Wasserstrahlschneiden wird ein Werkstück durch einen Hochdruckwasserstrahl getrennt. Der Wasserstrahl besitzt einen Durchmesser von rund einem zehntel Millimeter, einen Druck von 5000 bis 6000 bar sowie eine Geschwindigkeit von 600 bis 1000 m/s. Das Werkstück wird während des Schneidens keineswegs nass. Das Verfahren eignet sich praktisch für alle, selbst weiche Materialien. Man unterscheidet zwischen dem Reinwasserschneiden und dem Abrasivschneiden, bei dem zusätzlich noch ein feiner Abrasivsand verwendet wird. Nur Hartglas kann nicht auf diese Weise geschnitten werden. Das Reinwasserschneiden wird insbesondere im Lebensmittelbereich eingesetzt, da es nicht kontaminierend ist. Dieser heikle Prozess erfordert hohe Investitionen.
Nach demselben Prinzip können bestimmte Materialien mit einem Abrasiv geschnitten werden, beispielsweise mit feinem Sand. So werden Hartsteine geschnitten, die sich nicht sägen lassen. Die Schnittstrecke kann dadurch genauer kontrolliert werden als bei mechanischen Methoden.

BRENNSCHNEIDEN

Durch Einwirkung eines Sauerstoffstrahls auf Metall wird das Werkstück lokal verbrannt und dabei geschmolzen. Dadurch entsteht ein Schnitt. Auf diese Weise werden Stähle mit einer Stärke von bis zu einem Meter geschnitten! Mit diesem Werkzeug arbeiten professionelle Einbrecher („Safeknacker"), Schiffsverschrotter und Gebäudeabbrecher. Die Schnittspalten sind grob und erfordern gegebenenfalls eine Nachbearbeitung. Ein weiterer Nachteil ist, dass dieses Verfahren zu Verformungen und Strukturänderungen bei den Metallen führt, sowohl lokal an der Schnittstelle als auch hinsichtlich der Gesamtgeometrie des Werkstücks.

LASERSCHNEIDEN

Der Laser, ein gebündeltes, kohärentes Licht und damit Energiebündel, dient zum Schneiden zahlreicher Materialien. Der Schnitt ist präzise, sauber und schnell; meist sind keine Nachbearbeitungen notwendig. Der Schnittspalt ist praktisch inexistent.
Heute kommt das Laserschneiden in vielen Fällen zum Einsatz, wo herkömmlichen Techniken Grenzen gesetzt sind (Dimensionen, Materialwiderstand etc.), so in der Medizin, wo Laserverfahren für Miniaturanwendungen eingesetzt werden. Es handelt sich um ein zukunftsweisendes Verfahren, das sich in allen Bereichen durchsetzt, insbesondere bei sehr kleinen, zerbrechlichen Werkstücken. Der Laser wird stets in Verbindung mit einer Computersteuerung eingesetzt.

ULTRASCHALLSCHNEIDEN

Diese Schneidetechnik wird größtenteils für Fasermaterial eingesetzt, zum Beispiel thermoplastische Textilien. Ultraschallwellen sind Auslöser einer mechanischen Schwingung, die zu Reibungen und in der Folge zu Erwärmung führt. Dies führt zum lokalen Schmelzen und zum gleichzeitigen Schneiden und Schweißen, um ein Ausfransen der Fasern zu vermeiden.
Dieses Verfahren wird im Lebensmittelbereich als Alternative zum Wasserstrahlschneiden angewendet. Es ist weniger kostspielig und nicht mit Feuchtigkeit verbunden. Ultraschall ist jedoch nicht ungefährlich, deshalb ist für Bediener eine spezielle Schutzausrüstung vorzusehen.

HEISSDRAHTSCHNEIDEN

Unter Einwirkung eines elektrischen Widerstands wird ein Metalldraht erhitzt, der den Werkstoff lokal zum Schmelzen bringt und damit durchtrennt. Dieses Verfahren eignet sich vor allem zum Schneiden weicher Materialien, zum Beispiel Thermoplaste wie Styropor, sowie großer Werkstücke. Die manuelle Technik wird heute auch bei hoch komplexen, großformatigen Schnittanwendungen in der Industrie eingesetzt. Dabei wird der Schneidevorgang per Computer gesteuert. Die so hergestellten Kurven können jedoch nicht dreidimensional ausgelegt werden.

MASCHINENSCHNEIDEN / NIBBELN

Das Werkstück wird mit einer oder zwei Klingen getrennt, indem wie bei einer Schere eine gleichzeitige Abwärts- (Stanz-) und Translationsbewegung erfolgt. Der Schnitt ist relativ präzise, doch weist die Schnittspur oft Deformationen auf, besonders bei Metall (Stauchung am Schnittrand, Verwerfung der Werkstücke etc.) Papier wird oft mit einer manuellen oder automatischen Schneidemaschine geschnitten. Diese Verfahren sind kostengünstig, erwärmungsfrei und nur für gerade Schnitte ausgelegt. Bei Schlossern wird vom Nibbeln, Knabbern oder Nagen gesprochen. Hierbei werden kleine Stücke sukzessive aus dem Werkstoff ausgestanzt. Dadurch können auch gekrümmte Formen ausgeschnitten werden.

BANDSTAHLSCHNEIDEN / STANZEN

Ein Bandstahl wird auf die gewünschte Schnittform ausgelegt und in einer manuellen oder hydraulischen Presse auf das Werkstück aufgebracht. So lassen sich bei relativ dünnen (einige Millimeter), leicht verformbaren Werkstücken komplexe Schnittformen anfertigen. Papier, Pappe, bestimmte weiche Legierungen und Kunststofffolien eignen sich gut für Bandstahlschnitte.
Bei härteren Materialien spricht man von Stanzanlagen. Das Band wird durch ein massives Stanzmesser ersetzt.

Diese Verfahren sind preisgünstig, jedoch an Serienfertigungen gebunden, da ein spezielles Werkzeug erforderlich ist. Der Bandstahlschnitt und das maschinelle Stanzen sind Verfahren mit geringem Zeitaufwand. Bei bestimmten Materialien besteht allerdings die Gefahr eines unsauberen Schnitts; es kann eine leichte Verwerfung an der Schnittspur auftreten.

GLASSCHNEIDEN

Mit einer Wolfram- oder Diamantklaue oder -walze wird ein leichter Einschnitt in das Werkstück vorgenommen, wodurch ein Anriss entsteht. Anschließend lässt sich das Material durch einen scharfen Stoß entlang der angebrachten Bruchlinie trennen. Dieses Verfahren wird vor allem beim Glasschneiden eingesetzt. Damit können gerade oder kreisförmige Schnitte (mithilfe eines mit Glasschneider ausgerüsteten Zirkels) vorgenommen werden. Andere harte Materialien wie Laminat (dessen Schnitt nachbearbeitet werden muss) können ebenfalls mit einer Wolframkralle geschnitten werden.

	Holz	Kunststoffe	Metalle	Papier und Pappe	Leder und Haut	Textilien	Keramik	Glas (außer Hartglas)	Stein	Beton
BANDSÄGE	●	●	●	●					● (weicher Stein)	
KREISSÄGE	●	●	●	●		● mit Messer	●		● (Diamantsäge)	●
BLATTSÄGE	●	●	●			● mit Messer				
ABSCHLEIFEN			●				●	●	●	●
WASSERSTRAHLSCHNEIDEN	●	●	●	●	●	●	●	●	●	●
ABRASIVSCHNEIDEN			●				●	●	●	
BRENNSCHNEIDEN			●							
LASERSCHNEIDEN	●	●	●	●	●	●	●	●	●	●
ULTRASCHALLSCHNEIDEN		●				●				
HEISSDRAHTSCHNEIDEN		●								
MASCHINENSCHNEIDEN / NIBBELN	●	●	●	●	●	●				
GLASSCHNEIDEN							●	●	●	
BANDSTAHLSCHNEIDEN / STANZEN	●	●	●	●	●	●				

SCHNEIDEVERFAHREN

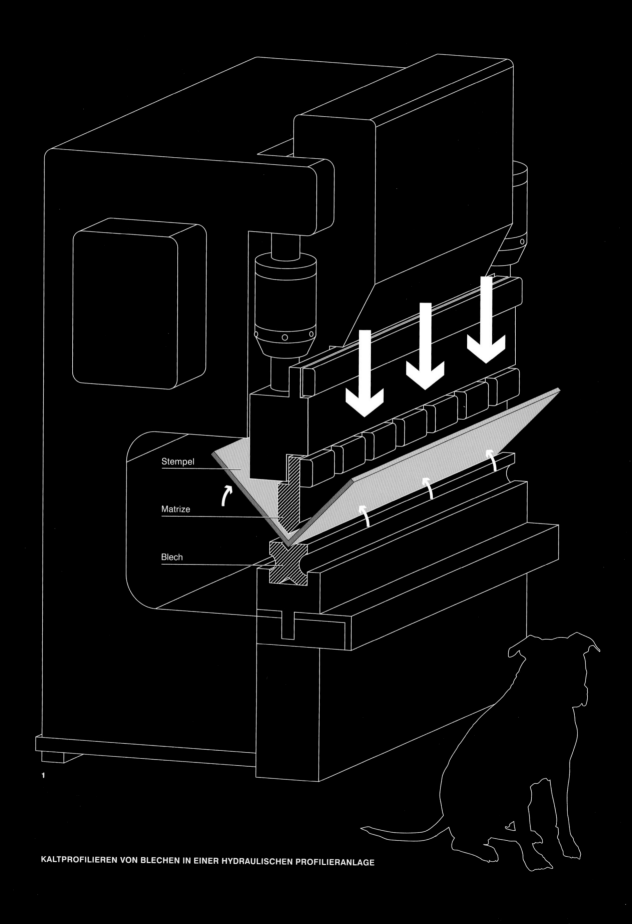

Stempel

Matrize

Blech

KALTPROFILIEREN VON BLECHEN IN EINER HYDRAULISCHEN PROFILIERANLAGE

Falten, Biegen, Profilieren

....

Leder und Haut, Papier und Pappe, Metalle, Kunststoffe, Textilien, Glas. Die uralte Kunst des Papierfaltens, das Origami, beweist, dass man aus einem flachen Material eine Vielzahl von dreidimensionalen Formen erzeugen kann. Durch Falten lässt sich das Material strukturieren und die heutigen Ambitionen der Architekten und Designer zeigen die physikalischen und ästhetischen Vorteile dieser Faltmethoden auf. Ein gefaltetes Objekt zu gestalten kann manchmal eine elegante, kostengünstige Lösung sein, bei der aufwändige Fügetechniken (Schweißen, Kleben oder mechanisches Fügen) wegfallen.

Thermoplaste und Glas können warm verbogen werden. Vor allem bei Metall spricht man von Kaltbiegen. Dabei handelt es sich um die dauerhafte Verformung von flachem Blech (der sogenannten Platine). Das Biegen ist nur bei abwickelbaren Flächen möglich und erfolgt mithilfe von leistungsstarken Abkantpressen (auch Schwenkbiegemaschinen genannt).

BIEGEN VON METALL – GRUNDLAGEN

Das Blech wird von einem Stempel in eine Matrize gepresst, wodurch es entlang der Biegekante gebogen wird. Es sind verschiedene Profile (U-, V-Form etc.) möglich. Die Länge der Biegekante ist jedoch durch die Maschinengröße eingeschränkt. Scharfe Kanten sind ausgeschlossen. Meist folgt der Innenradius Ri folgender Regel: S < Ri < 3 S (S steht für die Stärke der Blechplatine).

Die Elastizität der Materie kann mitunter problematisch sein. Denn der Biegevorgang ist eine plastische Verformung, bei der es oft nach dem Biegen zu einer Umkehr kommt. Dies wird als Rückfederung (etwa 3°) bezeichnet. Heute sind zwei Biegetechniken üblich:
· **Freibiegen:** Bei diesem flexiblen Biegeverfahren wird die Rückfederung bereits berücksichtigt. Matrize und Stempel weisen stärkere Winkel auf als das gewünschte Werkstück.
· **Prägebiegen:** Es wird hoher Druck ausgeübt, um eine möglichst geringe Rückfederung zu erzielen. Deshalb wird die Blechstärke beim Biegen leicht reduziert.

KALTPROFILIEREN – GRUNDLAGEN

Durch Kaltprofilieren, ein Endlosverfahren, können Teile (Profile) im Endlosband hergestellt werden. Dabei wird ein flaches Band (dünnes Blech) zwischen den Transportrollen einer Profilieranlage eingespannt und durchläuft verschiedene Verformungsphasen, an deren Ende die gewünschte endgültige Form steht. So werden beispielsweise Gleitschienen für die Autobahn, Vorhangstangen, Türstöcke, Winkelstähle hergestellt. Das Kaltprofilieren eignet sich für zahlreiche Stahlsorten (warm- oder kaltgewalzt, galvanisiert, vorlackiert, rostfrei etc.), Aluminium- und Kupferlegierungen.

Achtung, es ist zwischen Profilen, zum Beispiel aus Aluminium, hergestellt durch Profilieren, und Strangpressprofilen zu unterscheiden, die ihrerseits gespritzt wurden. Strangpressprofile können scharfe Kanten und Unebenheiten aufweisen, was bei profilierten Profilen nicht der Fall ist (diese sind jedoch kostengünstiger).

....

BIEGEUMFORMEN VON THERMOPLASTEN – GRUNDLAGEN

Sämtliche Thermoplaste lassen sich biegen, meist werden jedoch PMMA und Polycarbonat durch Biegen umgeformt. Dies ist unter dem Begriff „Kunststoffbearbeitung" bekannt. Eine Folie oder ein Blatt wird zwischen zwei teflonbeschichtete, antiadhäsive Heizlineale gepresst. Dadurch wird das Material lokal erweicht und kann anschließend auf den gewünschten Winkel verbogen werden. Da das Biegen von Thermoplasten weniger präzise ist als bei Metallen, müssen oft Schablonen angefertigt werden. An der Biegekante entstehen Auskragungen des Werkstoffs, die im Hinblick auf eine hochwertige Endfertigung oder vor der Kantenverleimung entfernt werden müssen.

RUNDBIEGEN

Um gekrümmte Rohre, Stäbe und Metallprofile beziehungsweise zu Zylindern geformte Bleche zu erhalten, wurden Rundbiegeverfahren entwickelt. Diese Technik wird insbesondere bei Klempnerarbeiten eingesetzt, zum Beispiel um Abflüsse zu optimieren. Rechtwinkliges Fügen durch Kleben oder Schweißen soll hierbei vermieden werden, um die Zahl der möglichen späteren Leckstellen zu reduzieren.

Im Gegensatz zum klassischen Biegen entsteht beim Rundbiegen keine Stauchung; rundgebogene Teile werden theoretisch überhaupt nicht gequetscht. Beim Rundbiegen von Rohren werden Rundbiegemaschinen verwendet, mit denen sich der mechanische Druck auf einen größeren Materialabschnitt verteilen lässt. Bei Blech wird eine Walze eingesetzt. Das Rundbiegen kann in einem oder mehreren Vorgängen warm oder kalt durchgeführt werden.

Wenn das Rundbiegen von Blech mithilfe aufeinander folgender Biegevorgänge erfolgt, spricht man auch vom Knicken.

Beim Rundbiegen geht es also in erster Linie um Metall, doch auch Holz lässt sich rundbiegen (das berühmte Rundholz der Biegemöbel von Thonet!) und in gewissem Maße auch Kunststoff.

Beim Rundbiegen von Holz (Esche oder Buche wegen ihrer hohen Elastizität) wird das Material zunächst gedämpft (befeuchtet und erwärmt), in eine Pressform eingeführt und fixiert. Nach dem Erkalten und Trocknen behält das Holz die gewünschte Biegeform.

Eine weitere Rundbiegetechnik wird für Metall- und Kunststoffrohre angewendet. Dabei wird das Rohr mit Sand (bei Metallen) respektive einer Metallfeder (bei Kunststoff) gefüllt. Das an beiden Enden verschlossene und erhitzte Rohr kann anschließend mit geringer Stauchung verformt werden. Der Einsatz (Sand oder Feder) sorgt für einen konstanten Durchmesser des Teils. Er wird nach Erhalt der gewünschten Biegeform entfernt.

PAPIERFALTEN

In der Papierindustrie, Buchbinderei und Verpackungsbranche weisen Papier und Pappe je nach Zusammensetzung und Gewicht eine mehr oder weniger gute Eignung zum Falten auf. Heute wird das Falten und Rillen (hierbei wird das Papier vor dem Falten mit Markierungen versehen, um eine makellose Falte zu erzielen) oft mechanisch durchgeführt.

Bestimmte Polymere, darunter Polypropylen oder POM, weisen nach dem Falten eine dauerhafte, kostengünstige Scharnierwirkung auf. Sie werden oft als Ordnerumschläge, Plastikhüllen etc. eingesetzt, da sie tausende Male geöffnet und wieder geschlossen werden können.

FALTEN VON TEXTILIEN

Bei der Herstellung von meist gemusterten Plissee-Stoffen werden die auf Matrizen aus gefalteter Pappe (dem Muster) montierten Stoffe zwischen Heizrollen eingeführt. Der Falt wird auf diese Weise fest in den Stoff eingeprägt. Die Kreationen von Issey Miyake sind sinnbildlich für diese Technik.

Stärken des Metallbiegens: geringe Werkzeugkosten, Kaltverfahren, einfache Anlage

Schwächen des Metallbiegens: Einschränkungen durch Größe und Geometrie der Maschine, keine scharfen Kanten

Stärken der Kaltprofilierung: endlose Längen, schnelles Verfahren (bis zu 100 m/Min.)

Schwächen der Kaltprofilierung: Serienfertigung, einfache Profile, keine scharfen Kanten

Stärken der Biegeumformung von Thermoplasten: geringe Werkzeugkosten, einfache Anlage

Schwächen der Biegeumformung von Thermoplasten: Einschränkungen durch Größe und Geometrie der Maschine, keine scharfen Kanten

Stärken des Rundbiegens: Kontinuität des Werkstoffs (keine Anschlüsse und Leckstellen), ansprechendes Aussehen

Schwächen des Rundbiegens: Erhaltung der Geometrie des Werkstücks ist nur theoretisch möglich, die Dicken des Teils werden verändert, „Gedächtniseffekt" unvermeidlich

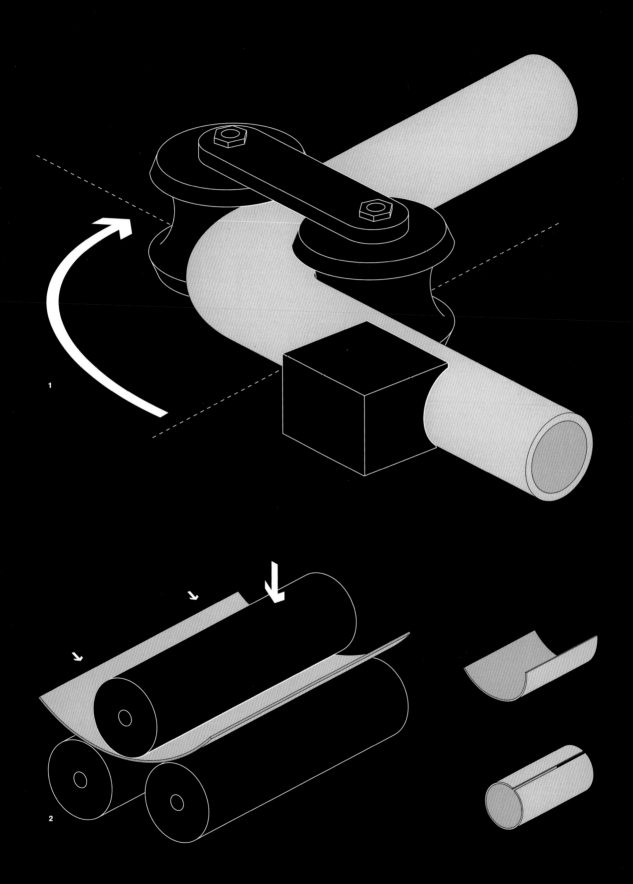

RUNDBIEGEN
1 Rundbiegen von Rohren 2 Rundbiegen von Blechen

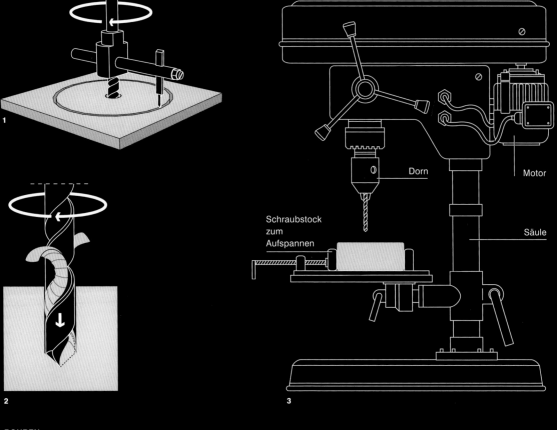

Dorn

Motor

Schraubstock
zum
Aufspannen

Säule

BOHREN

1 Bohrmeißel (Ausbohren von Löchern mit großem Durchmesser) **2** Schraubenförmiger Bohrer **3** Säulenbohrmaschine

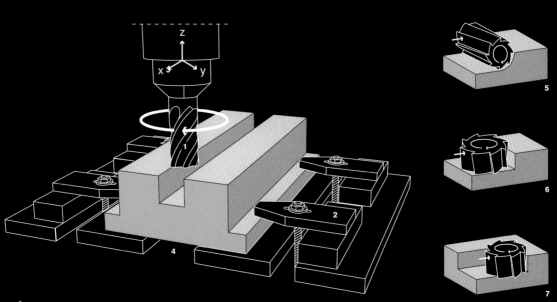

FRÄSEN

1 Werkzeug (Fräser) **2** Befestigung des Werkstücks durch Aufspannen **3** Zange **4** Bearbeitetes Werkstück **5** Walzfräsen **6** Stirnfräsen
7 Fräsen zweier Seitenflächen

Spanende Bearbeitung

Alle Materialien. Hierbei wird das Werkstück durch Spanabhebung bearbeitet. Es gibt eine Reihe von Präzisionsverfahren, die heute in hohem Maße mechanisiert wurden. Damit können scharfe Kanten, ebene Flächen, geringe Abmessungstoleranzen und so weiter erzielt werden. Die Formteile werden oft zur Gänze oder teilweise spanend bearbeitet, etwa um die strengen Auflagen eines Pflichtenhefts zu erfüllen.

Heute sind spanende Bearbeitungsverfahren dominierend, erhalten jedoch zunehmend Konkurrenz durch die Einführung von Technologien, die Material hinzufügen und ebenfalls für Präzisionsanwendungen ausgelegt sind, darunter die Stereolithografie oder das Pulversintern.

BOHREN

Das Bohren besteht aus der Rotation und vertikalen Verschiebung eines spitzen, schraubenförmigen Werkzeugs. Die Schneide wirkt nur in Vertikalrichtung, während die Schnecke dem Austrag der Späne dient. In manchen Fällen wird zusätzlich zur Verschiebungsbewegung eine Stoßbewegung durchgeführt (zum Beispiel bei Beton), um die Eindringung zu fördern. Je nach Bohrmaterial werden der Ansatzwinkel, die Materialien des Bohrwerkzeugs (Vergütungsstahl, Wolframkarbid etc.) sowie die Drehgeschwindigkeit variiert. Generell gilt, je härter das Bohrmaterial, desto langsamer erfolgt die Rotation. In manchen Fällen wird während des Bohrens geschmiert, um eine Erhitzung und Verformung des Materials zu vermeiden und Späne zu evakuieren.

Praktisch sämtliche Materialien können mit dem richtigen Werkzeug angebohrt werden. Das Bohrwerkzeug heißt Bohrer oder Bohrspitze. Beim Ausbohren von Löchern mit großem Durchmesser werden Bohrmeißel und Trommelsägen eingesetzt.

Das Bohren kann entweder manuell mithilfe eines Handbohrers oder mit einer fest stehenden Ausrüstung durchgeführt werden, der Ständer- oder Säulenbohrmaschine, bei der das Bohrteil fixiert („aufgespannt") wurde. Zum Durchbohren von Materialien geringer Stärke können auch Lochstanzer oder Stanzmaschinen (siehe Kapitel Schneiden S.261) verwendet werden.

Bohrlöcher sind stets zylinderförmig und können das Teil mit einem durchgehenden Loch versehen oder ein nicht durchgehendes Grund- oder Sackloch anbringen. Eine Bohrung kann anschließend ein Gewinde für eine Schraube erhalten. Soll der Bohrungsdurchmesser präzise sein, so wird er mithilfe eines Spezialwerkzeugs nachgebohrt, der Reibahle.

FRÄSEN

Ebenso wie das Bohren ist das Fräsen ein spanendes Bearbeitungsverfahren, bei dem Material abgetragen wird. Das Schneidewerkzeug, der sogenannte Fräser, rotiert und verschiebt sich, während gleichzeitig das bearbeitete Werkstück bewegt wird. Fräser können im Allgemeinen in alle Richtungen arbeiten, im Gegensatz zu Bohrern. Ihr Profil ist auf den jeweiligen Bedarf abgestimmt. Es gibt verschiedene Arten von Fräsern, die zum Teil sehr komplex sind. Fräsmaschinen sind heute meist digital gesteuert, man spricht hierbei von computergestütztem Fräsen. Mit den zunehmend eingesetzten robotergesteuerten Maschinen, die mehrere spanende Bearbeitungsverfahren kombinieren, können überaus komplexe dreidimensionale Formen angefertigt werden.

Das Fräsen bietet eine Vielzahl von Möglichkeiten: Es können präzise Fugen und Profile angefertigt, Oberflächen fein geschliffen, Motive eingearbeitet werden und so weiter. Auch das Gravieren kann einem sehr feinen Fräsverfahren ähneln.

In der Metallbearbeitung werden die Teile nach dem Fräsen oft mit Schleifmaschinen nachgebessert, man sagt „maßgeschliffen" oder „abgezogen". In der Holzbearbeitung wird eher der Ausdruck Oberfräsen verwendet.

DREHEN

Im Gegensatz zum Fräsen dreht sich hier das Werkstück: Das Werkzeug wird an ihm entlangbewegt, um einen Span abzuheben und das gewünschte Profil zu erzeugen. Beim klassischen Drehen werden in erster Linie rotationssymmetrische (runde) Formen hergestellt, zum Beispiel Zylinder, Kegel, Kegelstümpfe, aber auch Aushöhlungen und Flanschen. Es können Teile verschiedenster Dimensionen bearbeitet werden, von Kleinstdrehteilen im Millimeterbereich bis zu mehreren Metern Durchmesser und über minimale bis sehr große Längen. Die Drehbank oder Drehmaschine ist entweder vertikal oder horizontal ausgelegt und kann sehr einfach konzipiert sein – dabei erfolgen die Drehvorgänge mit manueller oder motorisierter Führung beziehungsweise halb- oder vollautomatisch (CNC-Drehmaschine). Eine Drehbank wird von Töpfern, Drechslern und Metalldrehern verwendet.

Im Fall einer Serienproduktion gleicher Teile kann das Profil des zu kopierenden Drehteils maschinell abgetastet und auf der Drehbank reproduziert werden. Eine weitere Möglichkeit ist die digitale Steuerung der Drehmaschine.

Die Drehbank dient bei runden Teilen für weitere spanabhebende Bearbeitungsvorgänge wie Gewindebohren und Ausdrehen.

HOLZFRÄSEN

Beim Holzfräsen handelt es sich um einen linearen Fertigungsprozess, der mit dem Profilieren verwandt ist. Es werden Einkerbungen, Fugen und Gesimsleisten angefertigt. Aus gehobeltem Holz oder Holzwerkstoffen, die sich entlang einer Führung bewegen, fräst eine rotierende, werkzeugbesetzte Achse das gewünschte Profil durch Materialabhebung.
Die Fräsmaschine kann auch zum Oberfräsen eingesetzt werden. Ausgestattet mit einem Schlitten, können mit der Fräsmaschine Zapfen (für die klassische Spundung mit „Nut und Feder") angefertigt werden.

SCHRUPPEN

Im Holzbereich versteht man unter Schruppen das Abheben von Werkstoff, bei dem Vierkanten entstehen. Das Verfahren besteht aus zwei Durchläufen: dem Abrichten und dem Flächenhobeln. Die unbearbeiteten Werkstücke können „propellerförmige" Deformationen aufweisen. Durch das Abrichten entsteht zunächst ein rechter Winkel, durch weitere Hobelvorgänge werden parallele Flächen geschaffen. Dazu sind eine oder zwei Maschinen erforderlich: ein Vier-Seiten-Hobel oder ein Abrichter und eine Flächenhobelmaschine.

Auch in der Metallbearbeitung wird vom Schruppen gesprochen. Damit sind jedoch eher Ausbesserungsarbeiten nach Walzvorgängen oder Profilierungen gemeint, die an einem mäßig angewärmten Werkstück vorgenommen werden.

SCHLEIFEN

Auch bei diesem Verfahren handelt es sich um eine Materialabhebung, doch sind die abgehobenen Teilchen sehr fein. Das Schleifen wird in erster Linie in der Endbearbeitung eingesetzt. Es handelt sich um ein Präzisionsverfahren, das bis in den Mikronbereich reicht. Zum Schleifen werden hauptsächlich Schleifkörper oder -bänder (aus Gewebe oder Papier) eingesetzt. Es kann sich jedoch auch um Schwebeteilchen in einer Flüssigkeit (zum Beispiel Poliermittel) oder ein Sandstrahlverfahren unter Hochdruck handeln. Der Schleifvorgang erfolgt entweder von Hand oder maschinell und umfasst auch das Polieren. So kann ein Spiegeleffekt erzielt werden, indem die Korngröße der Schleifmaterialien progressiv reduziert wird. Diese Schleifmaterialien sind zwangsläufig besonders hart wie Diamant, Korund, Schmirgel oder Siliciumkarbid. Geschliffen werden Metalle, selbst vergüteter Stahl, aber auch andere Materialien wie Holz, Kunststoff, Glas etc.

ELEKTROEROSION

Bei der Elektroerosion handelt es sich um einen hochpräzisen Materialabtrag bei Metallteilen. Man spricht auch von Funkenerosion (Electrical Discharge Machining, EDM). Die Bearbeitung findet in einem nicht leitenden Medium, dem Dielektrikum, statt. Die Elektrode, deren Form entweder das Werkstück nachahmt oder die Form eines Drahts aufweist, wird an das Werkstück herangeführt, bis ein Funkenüberschlag stattfindet, der aus dem Werkstück Material abträgt. Es besteht dabei kein direkter Kontakt zwischen dem Werkzeug und dem Werkstück. Die funkenerosive Bearbeitung wird gern bei der Nachbearbeitung des Innenraums von Spritzgießformen eingesetzt.

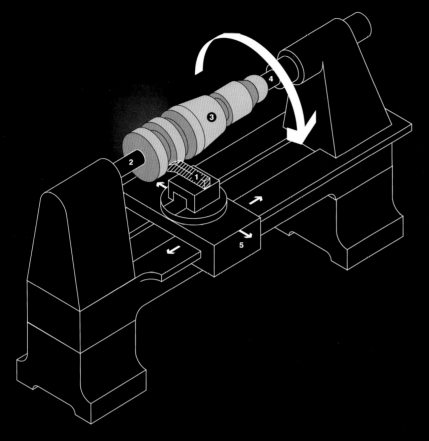

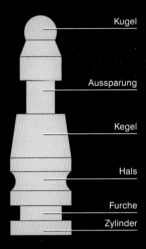

Kugel

Aussparung

Kegel

Hals

Furche
Zylinder

DREHEN
1 Werkzeug **2** Dorn **3** Sich drehendes Werkstück **4** Gegenspitze **5** Bewegliche Drehbank

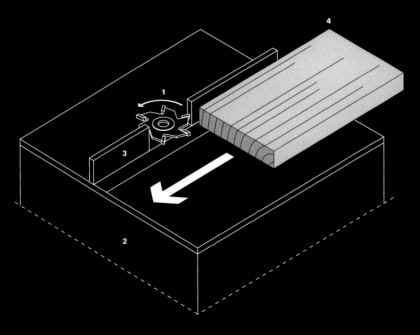

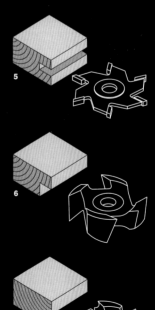

HOLZFRÄSEN
1 Werkzeug (Fräser oder Eisen) **2** Tisch **3** Führung **4** Werkstück **5** Nut **6** Falz **7** Gesimsleiste

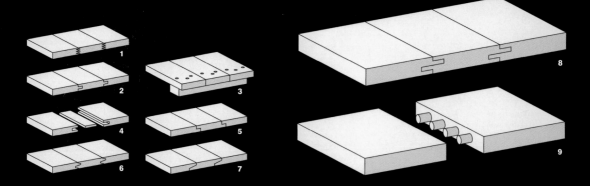

BREITENVERBINDUNGEN

1 Kronenfuge (gezahnte Fuge) **2** Gespundete Fuge (Nut und Feder) **3** Stumpfe Fuge mit angeschraubter Deckleiste **4** Gefederte Fuge (mit eingesetzter Feder) **5** Überfälzte Fuge **6–7** Asymmetrisches Nut- und Feder-Profil **8** Beidseitige Nut- und Federverbindung **9** Dübelverbindung

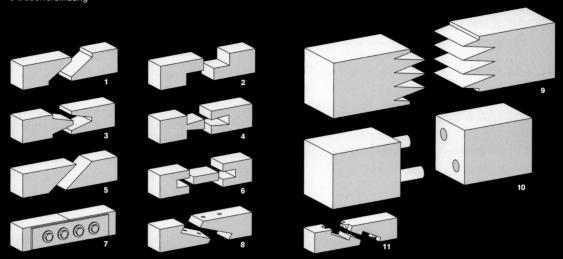

LÄNGSVERBINDUNGEN (VERZINKUNG ODER VERBLATTUNG)

1 Schräges Blatt **2** Gerades Blatt **3** Keilspundung **4** Schwalbenschwanzzapfen **5** Schräger Stoß **6** Nut mit eingesetzter Feder **7** Stumpfer Stoß mit Laschenverbindung **8** Schräges Blatt mit schrägem Stoß, gedübelt **9** Keilzinkenverbindung **10** Dübelverbindung **11** Schräges Hakenblatt mit Schloss (Jupiterschnitt mit Zapfen)

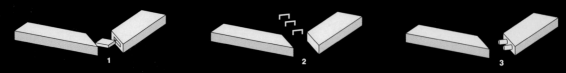

RAHMENECKVERBINDUNGEN AUF GEHRUNG

1 Gehrung mit eingesetzter Feder **2** Geheftete Gehrung **3** Eckverbindung auf Gehrung mit Dübeln

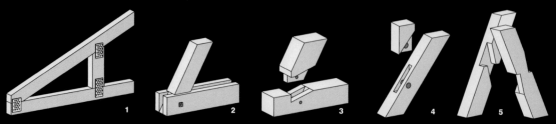

DACHKONSTRUKTIONEN

1 Nagelplattenbinder **2** Verschraubte Zapfen-Schlitzverbindung **3** Stirnversatz mit schrägem Zapfen **4** Loch-Zapfenverbindung im Stirnversatz **5** Kreuzüberblattung mit Stirnversatz

Fügen

....

Alle Materialien. Die Materialbearbeitung entspricht seit jeher zwei großen Philosophien: Entweder man entfernt Materie, um die gewünschte Form herauszuschälen, oder man fügt Materie hinzu, um eine bestimme Form zu schaffen. Also entweder Subtraktion oder Addition. Die Materialabtragung ist ein Zeichen von Überfluss, bei der große Materialmengen verbraucht werden. Dabei fallen Reste, Späne und Abfälle an, deren Volumen oft umfangreicher ist als das erzeugte Werkstück. Das Hinzufügen, Aufbauen hingegen ist eine sparsamere Methode, bei der die verwendete Materialmenge exakt bemessen ist. Diese Addition oder Stapelung führt zu einer progressiven Verfeinerung der Fügeprozesse und bildet einen wesentlichen Teil unseres technologischen Know-hows. Man könnte annehmen, dass mit dem wachsenden Bewusstsein der Begrenztheit unserer Rohstoffe die Materialabtragung heute in den Hintergrund tritt. Tatsächlich stellen wir jedoch fest, dass in unseren modernen Technologien nach Bedarf beide Ansätze kombiniert werden. Wegnehmen und Hinzufügen von Material sind also auch in Spitzentechnologien weiterhin parallel zu finden.

FÜGEPROZESSE

Beim Fügen von Materialien werden verschiedene Methoden unterschieden:
· **Mechanisches Fügen:** fest oder beweglich (beispielsweise ein Kugelgelenk), permanent oder nicht permanent (mit Schließ- / Öffnungsmechanismus),
· **Kleben:** definitiv oder vorübergehend (zum Beispiel bei Verpackungen),
· **Schweißen:** mit oder ohne Schweißzusätze.

Außerdem ist das Fügen von zwei Teilen aus demselben Material vom Fügen heterogener Materialien zu unterscheiden. Das Hauptproblem hierbei ist die unterschiedliche Schrumpfung der Bestandteile. Eine unzulängliche Beherrschung dieses Parameters kann ungeachtet des oder der verarbeiteten Materialien zum Bruch oder zu mangelnder Haltbarkeit des Teils führen. Beim Schweißen und Kleben kommt darüber hinaus die Frage der chemischen Verträglichkeit und der Haftfähigkeit und Adhäsion der verschiedenen Materialien hinzu.

Unabhängig von den gewählten Materialien und Techniken müssen beim Fügen die verschiedenen Belastungen des Bauteils im Betrieb berücksichtigt werden (Aufblättern, Abreißen, Verdrehen und so weiter).

Außerdem müssen beim Fügen von zwei Teilen stets möglichst große Flächen miteinander in Kontakt gebracht werden. Die Optimierung dieser Flächen kann wesentlich zur Beständigkeit der Baugruppe beitragen.

Lange Zeit wurde im Handwerk hauptsächlich mechanisches Fügen praktiziert. Die verfügbaren Kleber, ob tierischer oder pflanzlicher Herkunft, galten vor Ende des 19. Jahrhunderts als unzuverlässig und vor allem von geringer Haltbarkeit. Beim Fügen wurden die verschiedenen Teile also verblockt, geschränkt, übereinander geschichtet. Durch diese Verschachtelung wurde die Belastung verteilt. Anschließend wurden die mechanisch gefügten Teile verklemmt, vernagelt, verschraubt, mit Dübeln versehen, vernäht oder verklebt.
Bei bestimmten stellenweise brüchigen Materialien (wie Holz, Glas, Keramik) wurden oft zusätzliche Metallteile verlegt (Einsätze, Verstärkungsringe, Winkel etc.), um die strukturellen Materialschwächen auszugleichen.

Der spektakuläre Aufschwung der Chemie, der Hand in Hand mit der industriellen Revolution ging, führte zu einem völligen Umdenken bei den Fügeprozessen, einerseits durch die immer bessere Beherrschung des Schweißens und andererseits durch die Entwicklung von Kunststoffklebern.

....

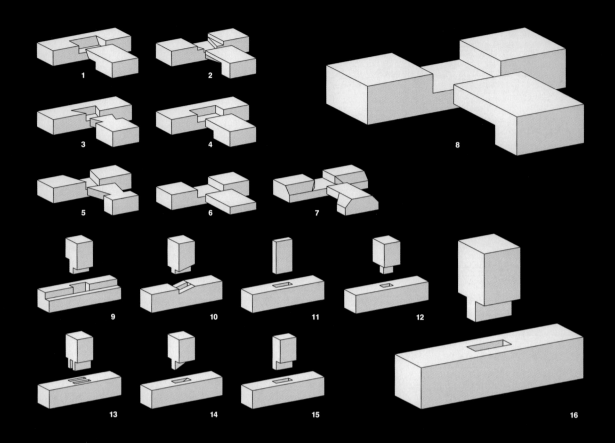

QUERVERBINDUNGEN (VERBLATTUNGEN UND VERZAPFUNGEN)

1 Gerades Querblatt mit schräger Stirn **2** Gerades Querblatt mit verdecktem Schwalbenschwanz **3** Verdecktes Schwalbenschwanz-querblatt **4** Querblatt mit geradem Stoß **5** Schwalbenschwanzquerblatt **6** Verblattung mit einseitiger Ausklinkung **7** Überblattung mit Profilierung **8** Überblattung ohne Profilierung **9** Verblattung mit Falz **10** Verzapfung mit Versatz **11** Direkte Verzapfung **12** Zurückge-setzter Zapfen **13** Doppelter Zapfen **14** Abgeschrägter Zapfen **15** Abgesetzter Zapfen **16** Einfacher Zapfen

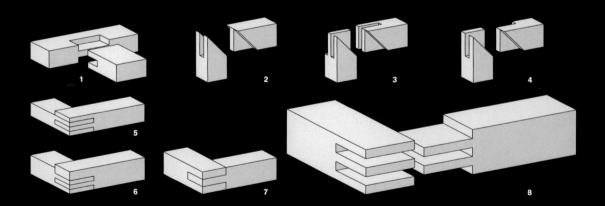

SCHLITZ-ZAPFEN-VERBINDUNGEN

1 Gerader Schlitzzapfen, nicht durchgehend **2** Schlitzzapfen auf Gehrung **3** Doppelter Schlitzzapfen auf Gehrung **4** Schlitz-Zapfen-Verbindung einseitig auf Gehrung **5 + 6** Schlitz-Zapfen-Verbindungen unterschiedlich dicker Elemente **7** Einfacher Zapfen **8** Doppel-zapfen

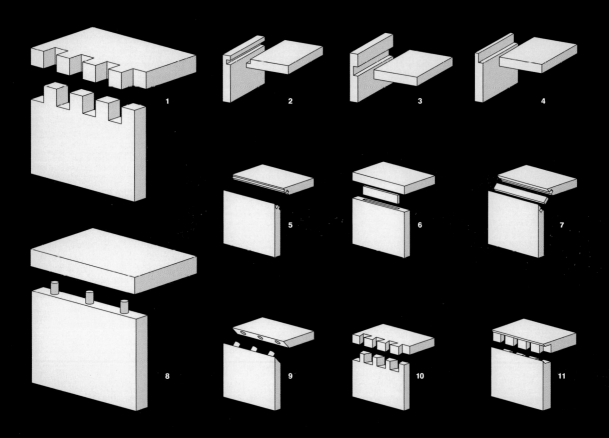

FLÄCHENECKVERBINDUNGEN

1 Offene Zinkung (Fingerzinkung) **2** Stumpfer Stoß mit Nut **3** Gerade Nutverbindung **4** Offene Nutverbindung **5** Nut und Feder auf Gehrung **6** Gerade Nut mit eingesetzter Feder **7** Nut auf Gehrung mit eingesetzter Feder **8** Stumpfe Verbindung gedübelt **9** Gedübelte Verbindung auf Gehrung **10** Offene Schwalbenschwanzzinken **11** Gehrungszinkung

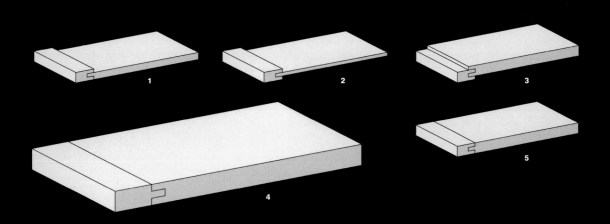

FLÄCHENVERBINDUNGEN (HIRNLEISTEN)

1 Einseitig bündiger Nut-Rahmen **2** Nut-Rahmen als Glaseinfassung **3** Nut-Rahmen mit überschobener Füllung **4** Beidseitig bündiger, gezapfter Rahmen **5** Beidseitig bündiger, genuteter Rahmen

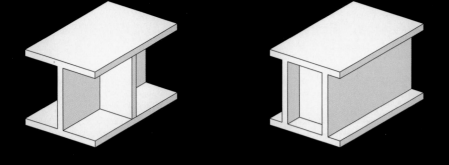

DACHVERBINDER AUS METALL

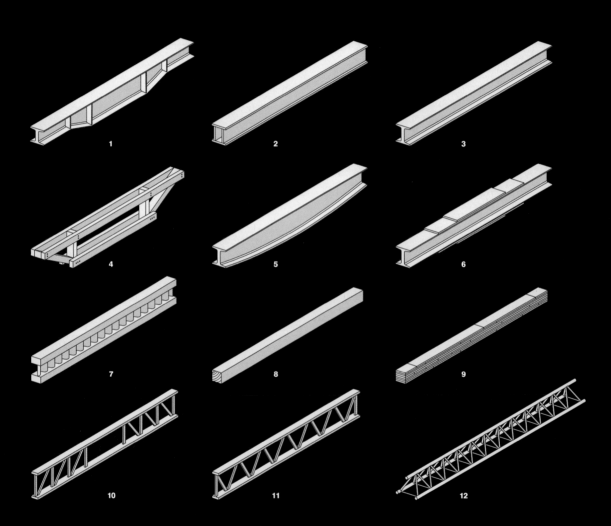

DACHTRÄGER
1 Sohlenverspringender Vollprofilträger **2** Kastenträger **3** Vollprofilträger **4** Unterspannter Vollholzträger **5** Sohlengekrümmter Vollpro-filträger **6** Vollprofilträger mit aufgesetzten Sohlverdopplungen **7** Wellstegträger **8** Vollholzträger **9** Leimschichtholzträger **10** Parallel-fachwerkträger mit Pfosten und Diagonalen **11** Parallelfachwerkträger mit Streben **12** Fachwerkträger mit doppeltem Untergurt

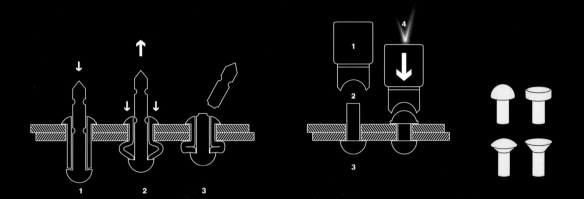

KALTNIETVERFAHREN
1 Nieteinführung 2 Mithilfe einer Zange wird der Niethals zusammengedrückt 3 Abtrennung des überstehenden Nagels

WARMNIETVERFAHREN
1 Döpper 2 Niethals 3 Kopf 4 Stoß (manuell, durch Luftdruck, mechanisch)

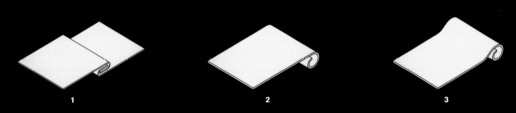

VERARBEITUNG VON BLECHEN
1 Heften 2 Einfacher Saum 3 Mit gebogenem Stehsaum

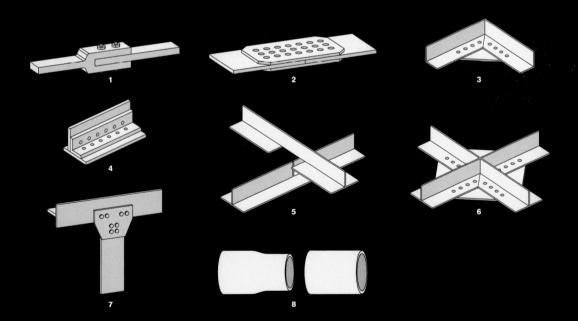

METALL
1 Gedübelte Gabelverbindung 2 Genietete Stahllaschenverbindung 3 Genietete Achselecke 4 Genietete Winkellasche 5 Geschlitzte Kreuzverbindung durch Schweißen 6 Kreuzverbindung durch Plattenverbindung 7 Schuhverbindung 8 Stülpverbindung

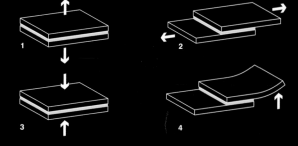

GÄNGIGE AUF KLEBEFLÄCHEN WIRKENDE BELASTUNGEN
1 Zugbelastung **2** Schubbelastung **3** Druckbelastung
4 Schälbelastung

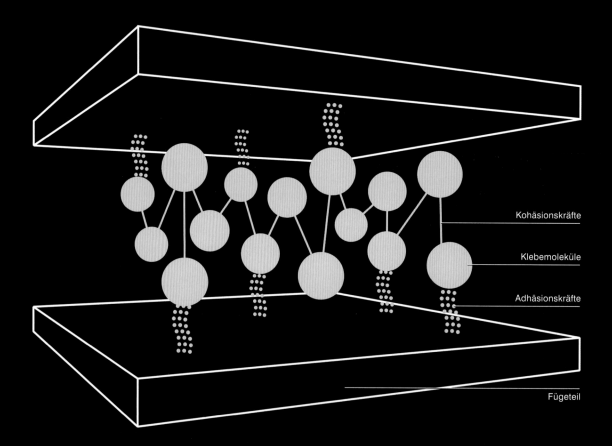

Kohäsionskräfte

Klebemoleküle

Adhäsionskräfte

Fügeteil

MIKROSKOPISCHE KRAFTWIRKUNGEN BEIM KLEBEN

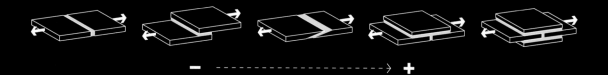

– - → +

BEISPIELE VON SCHUBBESTÄNDIGEN VERKLEBUNGEN (VON DER SCHWÄCHSTEN ZUR BESTÄNDIGSTEN VERKLEBUNG)

Kleben

Alle Materialien. Mit dem früher als unzuverlässig geltenden Verkleben kann heute unter optimalen Bedingungen eine vergleichbare oder sogar höhere Beständigkeit erzielt werden wie bei anderen Materialverbindungen. Zusätzlich zu ihren Haftungseigenschaften verfügen Klebstoffe heute zunehmend auch über Isolierungs-, Dichtungs- und schwingungshemmende Eigenschaften, weshalb sie verstärkt in zahlreichen Industriezweigen wie der Automobilindustrie, dem Bausektor, der Elektronik, der Verpackungsindustrie und der Luft- und Raumfahrt zum Einsatz kommen. Während in Supermärkten und Baumärkten Alleskleber angeboten werden, werden in der Industrie spezielle Formulierungen verwendet, um die jeweilige Verarbeitung und Leistung der Kleber zu optimieren.

KLEBEN – GRUNDLAGEN

Ein Klebstoff besteht in der Regel aus einem Polymer, das als Flüssignaht zwischen zwei Werkstücken deren Verbindung durch Polymerisation ermöglicht. Die Haftung entspricht der auf die Werkstoffoberfläche einwirkenden Verbindungskraft. Diese Verbindungs- oder Anziehungskraft, bei der es sich häufig um Van-der-Waals-Bindungen handelt, ist umso stärker, je tiefer der Kleber in die zu verleimenden Werkstoffe eindringt. Die Fähigkeit eines Ausgangsmaterials, den Kleber aufzunehmen, wird als Benetzbarkeit bezeichnet, seine Porosität spielt hierbei auch eine Rolle. Vor dem Verkleben müssen die zu fügenden Oberflächen sorgfältig vorbereitet werden, um Unreinheiten und Fette zu entfernen und eine Rauigkeit zu erhalten, die das Eindringen des Klebers begünstigt: Entfetten mit Lösungsmitteln (warm oder kalt), Abschleifen, Abstrahlen und Trocknen, Corona-Effekt (Flammenbehandlung).

Bei sehr schwer zu fügenden Werkstoffen, wie zum Beispiel Polyethylenen, wird zur chemischen Vorbereitung der Oberfläche zuerst eine „Haftbrücke" aufgetragen, die die Haftung des Klebers verbessert. Die flüssigen oder zähflüssigen Kleber bestehen aus ein oder zwei Bestandteilen, der Übergang von flüssig zu fest erfolgt über vielfache Polymerisationsreaktionen, die speziell an die jeweiligen Fügebedingungen und Materialien angepasst sind.

Genauso wie der Kleber auf verschiedene Art und Weise auf die zu fügenden Oberflächen aufgetragen werden kann (einfaches Aufbringen, Pinselauftrag, Aufsprühen oder Auftragen mit der Walze), gibt es auch verschiedene Arten des Verklebens:

· **Durch Pressen:** Nachdem der Kleber auf die Teilstücke aufgetragen wurde, werden die Klebeflächen manuell oder mechanisch zusammengepresst (mithilfe von Pressen, Schraubzwingen oder Hydraulikpressen für große Flächen). Druck und Dauer (sowohl die Auftragszeit als auch die Polymerisations- und somit die Pressdauer) sind für ein erfolgreiches Verkleben entscheidend.

· **Mittels Kapillarwirkung:** Die beiden Materialien werden zusammengefügt und der auf der Klebenaht aufgetragene Kleber verteilt sich auf den Fügestellen.

· **Durch Kontakt:** Der Kleber wird auf den zu fügenden Teilstücken aufgetragen. In der Endphase der Polymerisation, das heißt der Kleber ist fast ausgehärtet, werden die Teilstücke zusammengefügt und kurz mit einer Walze oder einem Lappen zusammengepresst, wodurch sich die Klebeflächen schnell verbinden.

· **Im Trockenofen:** In bestimmten Fällen (zum Beispiel beim Fügen von Acryl) werden die verklebten Teilstücke im Trockenofen erhitzt, um die Polymerisation abzuschließen.

Einige Reaktionen von Klebern werden als anaerob bezeichnet, da diese rasch polymerisieren, wenn sie nicht mehr mit dem Luftsauerstoff in Berührung sind (beispielsweise bei mechanischem Fügen von Gewindeteilen). Andere Kleber reagieren mit Licht (UV-Lampen), Feuchtigkeit (Cyanoakrylat) oder Wärme (Epoxid), durch die Verdampfung von Lösungsmitteln oder mittels eines Katalysators (Zweikomponentenkleber).

Die optischen Eigenschaften von Klebern sind mittelmäßig. Bei transparenten Werkstoffen wie Glas oder Polymeren kommen beim Fügen kleiner Oberflächen bestimmte Cyanoacrylate, Epoxidkleber mit Spezialformel, Acrylkleber (für PMMA) oder UV-Kleber (besonders verbreitet beim Fügen von Glas) zum Einsatz, um fast perfekte optische Eigenschaften zu erzielen.

Stärken: niedrige Kosten, Kaltverarbeitung, keine Verformung
Schwächen: kann sich plötzlich lösen, oft langwieriges Verfahren

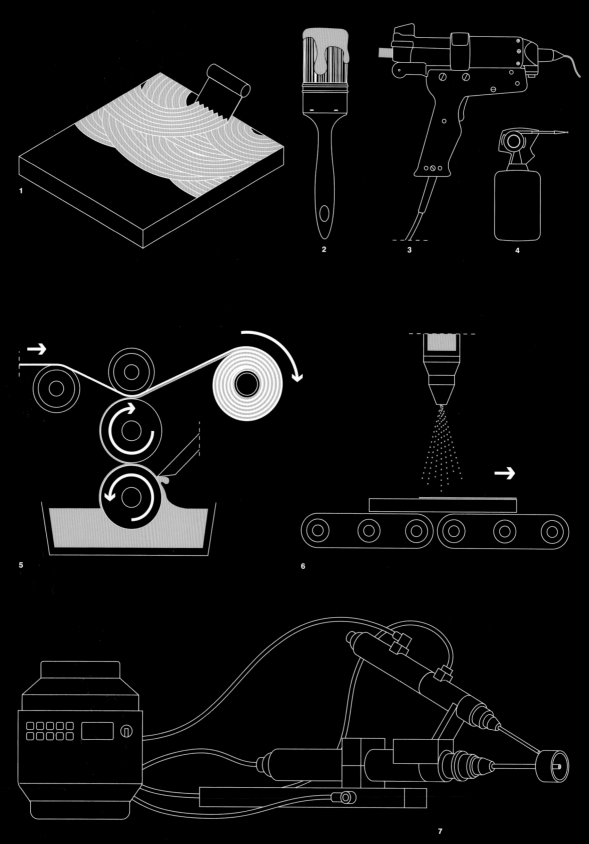

ANWENDUNGSARTEN VON KLEBSTOFFEN
1 Spachtel **2** Pinsel **3** Klebepistole (Schmelzkleber) **4** manuelle Klebemaschine **5** Klebemaschine mit Zylindern (Herstellung von Klebeband) **6** Leimauftragsmaschine **7** Vollautomatische Klebepistole

	HOLZ	PAPIER PAPPE	BETON	TEXTILIEN	LEDER	METALLE	GLAS	KERAMIK	POLYOLEFINE (PP, PE-HD, PEBD)	PMMA	PVC	SILIKON	NATUR- UND SYNTHESEKAUTSCHUK	STYROLE (PS, PSE, ABS)
HOLZ	1 2 3 4 5 6 7 10 11													
PAPIER PAPPE	1 2 3 4 10 11	2 3 4 15												
BETON	4 7 10 11	3 4 11 15	7 9 10 12											
TEXTILIEN	3 4 11 15	2 3 4 15	11 15	2 4 15										
LEDER	2 3 4 11	2 3 4 11 15	3 11	1 2 4 11 15	1 2 4 11									
METALLE	7 10 11	4 11 15	7 9 11	4 11 15	4 11	7 8 12								
GLAS	7 9 12 14	1 4 15	7 9	15	7	7 9 12 14	7 9 12 14							
KERAMIK	7 10	4 15	7 10	4 15	4 11	7 9 12	7 12 14	4 7 9 12						
POLYOLEFINE (PP, PE-HD, PEBD)	4 11	4 11 15	4	4 15	4 15	4	4	4	4					
PMMA	4 7 12	4 15	7 12	15	4 15	7 8 12	7 12 14	4 7 12 14	4	12 13 14				
PVC	4 7 11	4 15	10	4 15	4 15	7 11	4 7 14	7	4	4 7 14	4 7 13			
SILIKON	9	9	9	9	9	9	9	9		9	9	9		
NATUR- UND SYNTHESEKAUTSCHUK	4 11	11	7 9	4 11 15	4 11 15	7 8 11	7 9	9 11		4 8	8 11		mit sich selbst	
STYROLE (PS, PSE, ABS)	4 7 8	3 15	4 7	4 15	4 15	7 8 12	7 8 12	4 7 8 12	4	7 8 12 13	4 7 8 10	9	4 7 8 10 15	4 7 10 12 13

1 tierisch **2** pflanzlich **3** Vinyl **4** Schmelzklebstoff **5** Aminoplaste und Phenoplaste **6** Polyester **7** Epoxide **8** Cyanoacrylate **9** Silikon
10 Polyurethane **11** Polychloropren **12** Acryl **13** lösungsmittelhaltige Klebstoffe **14** UV-Kleber **15** Aerosol-Klebstoffe

TABELLE ZUR VERWENDUNG VON KLEBSTOFFEN

	Ursprung	Form	Besonderheiten bei der Verarbeitung
NATURSTOFFE	tierisch (Nerven, Knochen, Haut, Fischhaut, Eiweißkörper)	fest Granulat oder Flocken	wird im heißen Wasserbad aufgelöst
	tierisch (Kasein)	weißes Puder	wird kalt oder lauwarm verarbeitet, wird in Wasser aufgelöst
	pflanzlich (Reisstärke, Maniok, Soja, Zellulose, Pflanzenharz)	Trockenextrakt, Puder oder Gummi (wasserlöslicher Gummi arabicum oder Latex)	wird in Wasser aufgelöst oder gekocht
THERMOPLASTE	Vinyl	flüssige, weiße Einkomponentenemulsion	gebrauchsfertig, heiße oder kalte Verarbeitung mit Walze, Pinsel oder Klebepistole
	Schmelzklebstoff oder Hotmelt	fest (Patronen, Folien oder Tafeln)	Verarbeitung mit einer Klebepistole oder Klebepresse, die den Klebstoff auf ca. 200°C erwärmt
DUROPLASTE	Aminoplaste (Karbamid-Formalin und Melamin-Formalin)	Sirup und Pulver	zwei Komponenten oder mit Wasser vermischt (bei Pulver) Melamine werden warm verarbeitet (bei ca. 170°C)
	Phenoplaste (Phenol-Formalin und Resorcin-Formalin)	zähe Zweikomponenten-Flüssigkeit	kalt oder warm
	Polyester	Zweikomponenten-Flüssigkeit oder –Kitt	genaue Mischungen und kontrollierte Feuchtigkeit, zeitweise Einsatz von Erstarrungsbeschleunigern
	Epoxyde	Zweikomponenten-Flüssigkeit oder -Paste	kalt oder warm
	Cyanoacrylate	Einkomponenten-Flüssigkeit oder -Gel	Verarbeitung über einfaches Auftragen oder unter Nutzung der Kapillarität, muss dosiert werden
ELASTOMERE	Silikon	zählflüssig oder Paste mit einer Komponente	erfordert manchmal den Einsatz von Haftgrundmitteln, wird kalt oder warm angewendet, häufig als Patrone erhältlich
	Polyurethan	zähflüssige, lösungsmittelhaltige Einkomponenten- oder Zweikomponenten-Flüssigkeit	kalt
	Polychloropren (Neopren oder Kontaktkleber)	Einkomponenten-Paste	Kontaktverarbeitung: Auftragen mit Spatel oder Klebepistole, Andrücken der zu fügenden Werkstücke nach dem Trocknen

KLEBSTOFFE

Anwendungsbereiche	Vorteile	Nachteile
Möbel, Tischlerei, Restaurierung, Furniere, Einlegearbeiten; altes Bindemittel von Kork = Eiweiß	Ausbesserung möglich, gute Haftung, dünne Klebestellen, relativ kurze Erstarrungszeit	lange Vorbereitung, Geruch, geringe Feuchtigkeitsbeständigkeit, Wasserzusatz
Verpackung, Etikettierung (Holz, Papier, Pappe) und bestimmte verleimte Schichthölzer	einfache Anwendung, geruchsneutral, elastische Klebestellen, höhere Feuchtigkeitsbeständigkeit als andere tierische Klebstoffe	begrenzte Haftung, befleckt tanninhaltige Hölzer
Papierindustrie (Papier, Pappe, Holz), Fertigung von Kisten und Schachteln etc. Lebensmittelkleber	fleckenfrei	begrenzte Beständigkeit, anfällig für Bakterien
klassisches Fügen von Holz (Schreinerei, Tischlerei)	wirtschaftlich, leicht anwendbar, fleckenfrei, keine Beschädigung der Werkzeuge	schlechte Beständigkeit im Freien, Präzision beim Fügen und starkes Anpressen erforderlich, relativ lange Erstarrungszeit
Verpackung (Papier, Pappe, Kunststoff), Basteln, Kantenkleben in der Schreinerei	schnelle Erstarrungszeit, lösungsmittelfrei, ermöglicht die Fertigung vorgeleimter Werkstoffe	begrenzte Beständigkeit, relativ dicke Klebestellen, mittelmäßige Temperaturbeständigkeit
Holzwerk, Herstellung von Sperrholz, Holzspanplatten und Lamellen	relativ hohe Feuchtigkeitsbeständigkeit fleckenfrei, Kleben mit kleinen Klebestellen möglich	sehr harte Klebstoffe, die die Werkzeuge angreifen, lange Erstarrungszeit, hoher Preis
Holz (Spezialsperrholz vom Typ Marinesperrholz), Schiffbau, Dachstühle, Verklebungen in Außenbereichen	extrem starke Haftung, hervorragende Wasserbeständigkeit, schnelle Erstarrung bei warmer Verarbeitung, ermöglicht das Verkleben verschiedener Werkstoffe (Glas, Zement, Holz etc.)	die braune bis schwarze Färbung begrenzt die Einsatzmöglichkeiten, hoher Preis
Kleben von Schicht- und Verbundstoffen	gute Haftung, wirtschaftlich, ist bei zahlreichen Werkstoffen einsetzbar, beim Einsatz von Beschleunigern und unter Wärmeeinwirkung schnelle Erstarrung	hohe Schrumpfung, giftig bei der Anwendung
Epoxide gehören zu den effizientesten Klebstoffen und sind in allen „Hochleistungsbereichen" anzutreffen: Luftfahrt, Verbundstoffe, Wabenmaterialien, Legierungen, Keramik und Elektronikbauteile	hervorragende Haftung bei praktisch allen Werkstoffen, gute mechanische Temperatur- und Feuchtigkeitsbeständigkeit, praktisch keine Schrumpfung, Hartkleber	lange Erstarrungszeiten, hoher Preis, giftig bei der Anwendung
Die große Auswahl an Cyanoacrylaten ermöglicht ihren Einsatz bei allen Werkstoffen. Sie finden meist in der Elektronik und beim Fügen von Polymeren Anwendung.	äußerst schnelle Erstarrung (nur wenige Sekunden), ausgezeichnete Haftung, große Bandbreite an Viskositäten,	manchmal zu rasche Erstarrung, kann brechen, hoher Preis und somit nur punktueller Einsatz auf kleinen Flächen, sehr giftig bei der Anwendung
Gebäudebau, Sanitärbereich, Abdichtungsarbeiten	elastische Verklebung, gute Beständigkeit gegen Wärmedehnung der Fügeteile, gute Dehnungsbeständigkeit, gute chemische und Wärmebeständigkeit (bis ca. 200°C), gas- und flüssigkeitsundurchlässig, ermöglicht das Kleben von Glas	lange Erstarrungszeiten, dicke Klebestellen, hoher Preis
Gebäudebau (Aufbringen von Verkleidungen), Schreinerei, Verkleben von Schuhsohlen	elastische Verklebung, starke Haftung, Kleben heterogener Materialien, gute chemische Beständigkeit und Reibfestigkeit, mittlere Preisklasse, Überstreichen der Klebestellen möglich	dicke Klebestellen, lange Erstarrungszeiten, Allergierisiko
Klebung von Schichtstoffen bei Einrichtungen, Bodenbelägen, Mauerverkleidungen, beim Bau	elastische Verklebung, direkte Erstarrung, auch für große Flächen geeignet, gute Haftung, selbst auf nicht porösen Materialien, manuelles Andrücken möglich	dicke Klebung, Flecken, giftige Lösungsmitteldämpfe

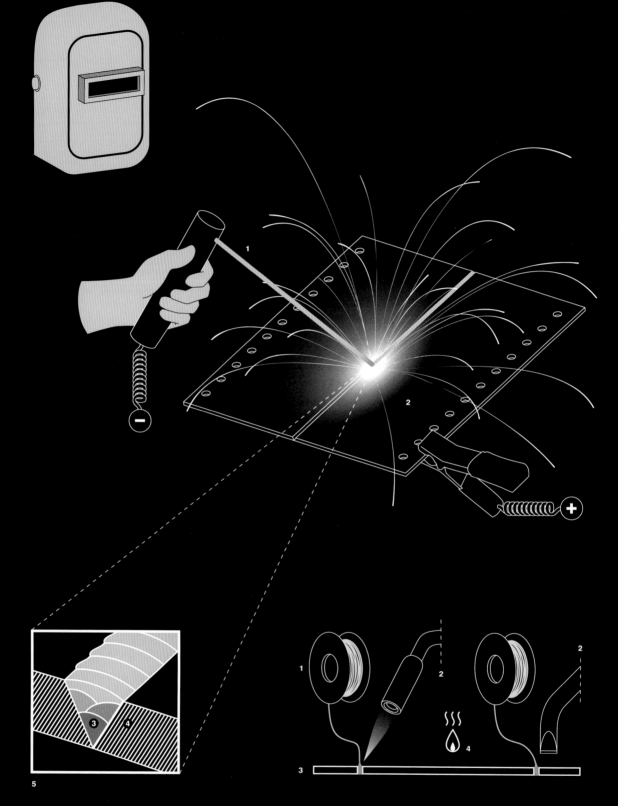

LICHTBOGENSCHWEISSEN
1 Metallstab (umhüllte Stabelektrode) **2** Elektrischer Lichtbogen /
Schmelze **3** Schweißzusatz **4** Ausgangsmaterial **5** Schweißnaht

ZINN- UND SILBERLÖTEN
1 Lot (Zinn oder Silber) **2** Brenner oder Lötkolben **3** Zu verlöten-
des Metall **4** Niedrigerer Schmelzpunkt als die zu verbindenden
Metallteile

Schweißen

....

Metalle, Kunststoffe, Textilien, Glas. Das Schweißen gehört zu den Fügeprozessen, die hauptsächlich bei Metall zum Einsatz kommen, aber auch bei Thermoplasten wird von Schweißen gesprochen. Dabei handelt es sich um ein irreversibles Verfahren, das mit oder ohne Schweißzusätze unter Hitze oder Druck durchgeführt wird. Die Schweißzusätze bestehen entweder aus dem gleichen Material wie das zu verschweißende Metall (autogenes Schweißen) oder aus einem anderen Metall (heterogenes Schweißen). Es wird zwischen zwei großen Schweißverfahren unterschieden: dem Schweißen und dem Löten.

LÖTEN

Das Löten ähnelt dem Kleben; dabei wird eine Metalllegierung mit niedrigerem Schmelzpunkt als die zu verbindenden Metallteile – das Lot – als Verbindungsmaterial eingesetzt. Das Löten ist ein heterogenes Verfahren. Man spricht von Silberlöten, Zinnlöten und so weiter. Je nach Schmelztemperatur des Lotes (< 450°C oder > 450°C) spricht man von Weich- oder Hart- respektive Schweißlöten. Die Löttechnik ist einfach in der Anwendung, kostengünstig und kann bei fast allen Metallen und Legierungen angewendet werden. Die zu verlötenden Werkstücke werden dabei kaum verformt. Verschiedene Metalle können mit diesem Verfahren gefügt werden. Es ist in der Sanitärinstallation, bei der Schmuckherstellung und der Fertigung kleiner Produkte weit verbreitet.

GASSCHMELZSCHWEISSEN / ACETYLENSCHWEISSEN

Beim Gasschmelzschweißen wird die für das Fügen notwendige Energie aus der Verbrennung von Sauerstoff und Acetylen gewonnen. Dieses Verfahren kann beim Löten, Schweißlöten oder autogenen Schweißen eingesetzt werden.

LICHTBOGENSCHWEISSEN

Bei diesem Schweißverfahren wird ein elektrischer Lichtbogen, der zwischen einer mit dem Schweißzusatz umhüllten Stabelektrode und dem Werkstück brennt, als Wärmequelle zum Schweißen genutzt. Durch die hohe Temperatur des Lichtbogens (2 400 bis 3 200°C) wird der Werkstoff an der Schweißstelle geschmolzen. Gleichzeitig schmilzt die Stabelektrode als Zusatzwerkstoff ab, wodurch eine dauerhafte Verbindung zustande kommt. Das schnelle und kostengünstige Lichtbogenschweißen kommt insbesondere beim handwerklichen Schweißen und auf Baustellen zum Einsatz: Schiffbau, Metalltragwerke, Automobilbau etc. Dieses Verfahren führt zu einer großen Hitzeverteilung in den zu verschweißenden Werkstücken, was zu sofortigen oder schrittweisen Verformungen bis hin zum Bruch führen kann.

METALLSCHUTZGASSCHWEISSEN

Dieses Schweißverfahren (MIG: Metall-Inert-Gas, WIG: Wolfram-Inert-Gas und MAG: Metall-Aktiv-Gas) ist eine Weiterentwicklung des Lichtbogenschweißens, bei dem die Stabelektrode durch ein Inertgas (Argon) ersetzt wird. Durch automatisches Nachführen eines abschmelzenden Schweißdrahtes, der unterschiedliche Durchmesser aufweisen kann, ist der Schweißvorgang äußerst schnell durchführbar. Dieses hochpräzise, auch bei großer Dicke einsetzbare Verfahren kann automatisiert werden, ist jedoch mit hohen Investitionen verbunden.

WIDERSTANDSSCHWEISSEN

Die zu verschweißenden Werkstücke werden aneinandergelegt. Dann werden hohe elektrische Ströme geringer Spannung durch die Verbindungsstellen geleitet, die diese zum Aufschmelzen bringen und miteinander verbinden. Bei diesem Verfahren wird zwischen dem Punktschweißen und dem Rollennahtschweißen unterschieden. Beim Widerstandsschweißen werden keine

Schweißzusätze benötigt und es kann leicht automatisiert werden (zum Beispiel für die Fertigung von Schweißrohren). Die Verformung der Werkstücke ist begrenzt, es erfordert jedoch effiziente Drucksysteme und eine sorgfältige Reinigung der zu fügenden Oberflächen. Es ist das meistverbreitete Verfahren beim Schweißen dünner Bleche, im Automobilsektor und in der Mechanik.

REIBSCHWEISSEN

Beim Reibschweißen erfolgt das Fügen der Werkstücke durch Reibung. Dabei wird ein Fügeteil in Rotation versetzt und die bei der Reibung entstehende Erhitzung führt zur Verbindung der Werkstücke. Durch abruptes Abbrechen der Rotation und starken Druck wird eine stoffschlüssige Verbindung garantiert. Das Reibschweißen ist ein sauberes, auf einfache Weise umsetzbares und kostengünstiges Verfahren, das das Fügen von Werkstücken mit mehreren Abschnitten ermöglicht.

LASERSCHWEISSEN / LASERSTRAHLSCHWEISSEN

Bei diesem hochtechnologischen Verfahren, das hervorragend mit Robotern durchgeführt werden kann, wird das Werkstück an einer begrenzten Stelle geschmolzen. Es ermöglicht das Schweißen an schwierigen Stellen und führt kaum zu Verformungen. Das Werkstück kann vor dem Verschweißen bearbeitet werden. Verzinkter Stahl, Gold, Zink und Silber lassen sich nur schwer laserschweißen.

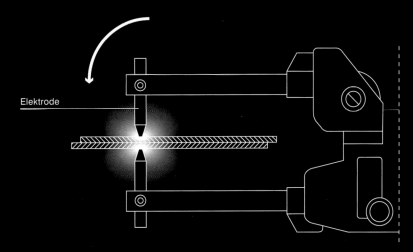

Elektrode

ELEKTRISCHES PUNKTSCHWEISSEN

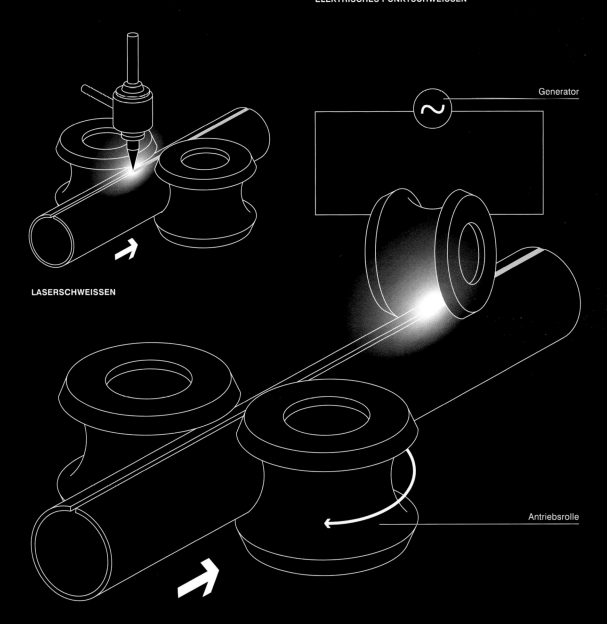

Generator

LASERSCHWEISSEN

Antriebsrolle

DURCHGÄNGIGES ROHRSCHWEISSEN

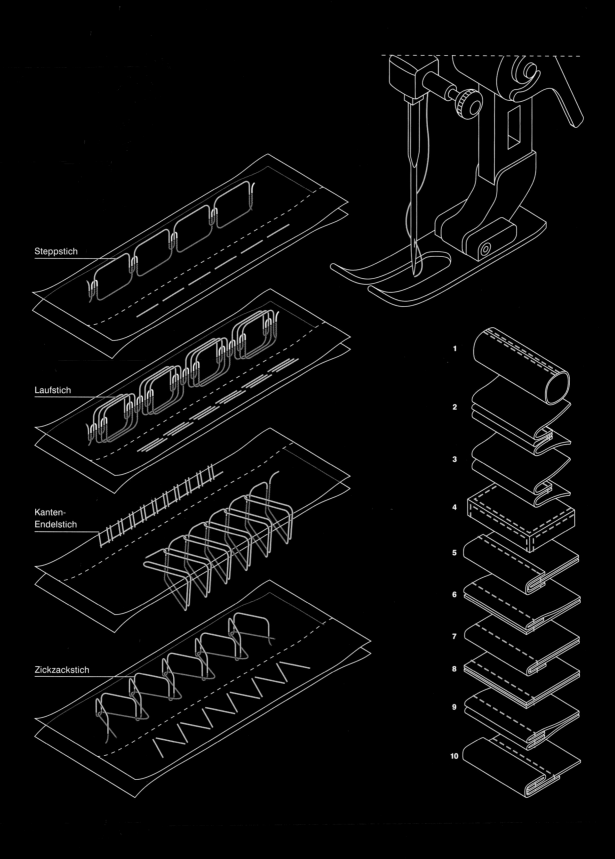

Steppstich

Laufstich

Kanten-
Endelstich

Zickzackstich

STICHBEISPIELE (LINKS), BEISPIELE AUS DER LEDERVERARBEITUNG (RECHTS)
1 Stoßnaht **2** Kedernaht **3** Linksnaht **4** Kantennaht **5** Eingefasst **6** Einfach gebuggt **7** Rembordiert **8** Offenkantig **9** Doppelt gebuggt **10** Kappnaht

Nähen

Leder und Haut, Papier und Pappe, Kunststoffe, Textilien. Das Nähen zählt zu den wichtigsten mechanischen Fügeverfahren weicher Materialien, insbesondere von Textilien und Leder. Es wird seit der Antike im Hausgebrauch von Hand praktiziert und ist in der Industrie heutzutage großteils mechanisiert. Von der Nähmaschine unserer Großmütter bis zu den industriellen Maschinen gilt dasselbe Grundprinzip, nur der Takt und die Festigkeit der Nähteile sind unterschiedlich. Man spricht bei einer Handarbeit vom Nähen, während bei einer Nähmaschine oft auch vom Steppen die Rede ist. Genähte Textilien oder Lederteile können ungeahnte dreidimensionale Formen annehmen. Dadurch lässt sich das Material flexibel und sinnvoll verarbeiten, seine Verformungsneigung ist geringer. Manche Kleidungsstücke stellen durch ihr Design eine Herausforderung an die Gesetze der Schwerkraft dar. Zu den ungewöhnlicheren Beispielen zählen strukturierte, stoßfeste Gepäckstücke oder raffiniert überzogene Möbelstücke.

Zu den klassischen Nähstichen gehören in erster Linie:
· **Geradstich oder Zierstich:** Einfacher, klassischer Grundstich, schnell, doch kaum widerstandsfähig. Je kleiner und enger der Stich, desto fester und schöner die Naht.
· **Heftstich:** Geradstich, bei dem kleiner und großer Stich in relativ großem Abstand abgewechselt werden. Damit wird die Näharbeit schnell und locker zusammengeheftet. Dieser Stich wird oft als Markierung für definitive Nähte verwendet, die anschließend mit der Maschine vorgenommen werden.
· **Laufstich:** Zwei Stiche vor, einer zurück – dieser Maschinenstich ist sehr fest und schwer aufzutrennen.
· **Rückwärtsstich:** Für sehr feste Nähte von Hand. Dabei wird bei jedem Stich gegen die Nahtrichtung zurückgestochen.
· **Zickzackstich:** Ein Maschinenstich, der zum Versäubern von Rändern verwendet wird, um ein Ausfransen zu verhindern.
· **Überwendlichstich:** Handstich zum Versäubern von Rändern, um ein Ausfransen des Stoffs zu vermeiden. Oft werden Säume mit Überwendlichstich vernäht.

Natürlich ist eine Vielzahl von Varianten möglich. Bei der Wahl des richtigen Stichs stehen ästhetische Kriterien, aber auch die Festigkeit der genähten Teile und die Auftrennbarkeit im Vordergrund. Die eingesetzten Garne sind ebenfalls sehr unterschiedlich und müssen sorgfältig ausgewählt werden.

Bei Sattler- und Lederwaren wird noch häufig von Hand verarbeitet, ebenso wie im Luxussegment, zum Beispiel bei Hermès. Die eingesetzten Stiche sind ähnlich wie bei Textilien. Zum Lochen des Leders vor dem Nähen wird eine Nadel, die sogenannte Ahle oder der Vorstecher, verwendet. Das Nähgarn oder der Zwirn (gewachstes Garn wie Polyestergarn, Seidengarn, Leinengarn, Satingarn, manchmal auch beschichtetes Garn, um bei der Verarbeitung für höhere Dichtigkeit zu sorgen) geht so leichter durch die vorgestochenen Löcher. Außerdem ist die Naht damit wesentlich schöner und regelmäßiger. Die Klebstellen der Werkstücke (zum Beispiel bei Schuhen) werden so zusätzlich verstärkt.

Die Verarbeitung von Sattler- und Lederwaren ist ein echtes Kunsthandwerk. Einige Beispiele sind in den nachstehenden Abbildungen zu sehen.

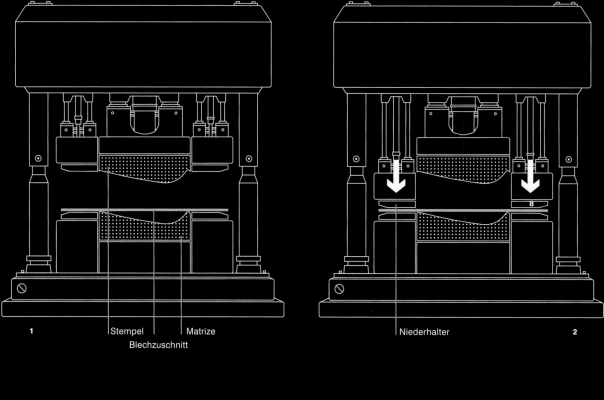

1   Stempel   Matrize   Niederhalter   2

Blechzuschnitt

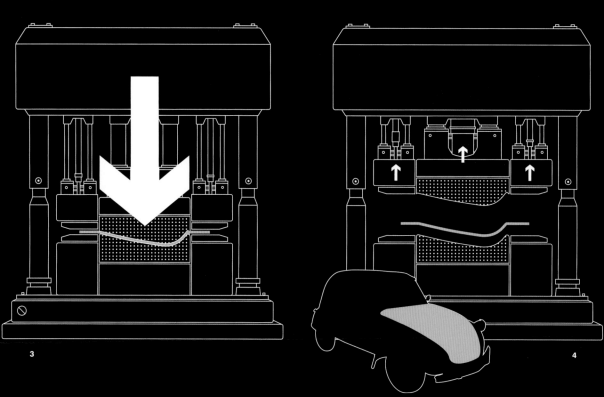

3   4

TIEFZIEHEN VON METALL
1 Tiefziehpresse **2** Einspannen des Zuschnitts **3** Schließen der Presse **4** Öffnen der Presse

Tiefziehen

Leder und Haut, Papier und Pappe, Metalle, Textilien. Das Tiefziehen ist ein stückweises Zugdruckumformen eines Blechzuschnitts (auch Folie, Platte oder Platine genannt) im Kaltverfahren in einen dreidimensionalen Hohlkörper, der sich nicht mehr formverändern lässt. Dieses Verfahren ist besonders im Automobilbau, in der Haushaltselektronik und Verpackungsindustrie gebräuchlich.

TIEFZIEHEN VON METALL – GRUNDLAGEN

Es wird mit Großwerkzeugen, sogenannten Tiefziehpressen gearbeitet. Der Blechzuschnitt wird in einen Niederhalter eingespannt, um eine Faltenbildung durch das Aufstauchen zu vermeiden. Mit dem beweglichen Stempel wird das Blech mit der notwendigen Pressenkraft durch den Ziehring (auch Matrize genannt) gedrückt. Die Matrize weist die endgültige Außenform des Teils auf. Der Stempel wiederum besitzt die Innenform des Tiefziehteils unter Berücksichtigung der Blechstärke. Der Vorgang kann in einer oder mehreren Stufen durchgeführt werden; bei mehreren Arbeitsgängen werden Ziehringe mittlerer Größe verwendet, um das Material progressiv in seinen endgültigen Zustand zu ziehen.

Die maximale Tiefziehhöhe wird durch die Plastizitätsgrenzen des Blechs bestimmt. Bei besonders großen Tiefziehhöhen werden die Teile nachträglich geglüht, um Fehler der Kaltbearbeitung zu korrigieren.

Beim Tiefziehen entstehen meist kegelige oder zylindrische Formen mit hohen Krümmungswinkeln (meist mehr als das Fünffache der Blechstärke). Die Tiefziehteile müssen beim Entformen bestimmten Regeln gehorchen.

Heute kann aufgrund der hohen Präzision bei Tiefziehverfahren und der Qualität der Endbearbeitung direkt mit grundierten Blechen tief gezogen werden. Dadurch entsteht ein hohes Einsparungspotenzial.

werden. Diese heiklen Techniken bieten den Vorteil einer leichteren Entformung, da die Matrizen sich in mehrere Teile zerlegen lassen.

VARIANTEN

Eine Abwandlung des klassischen Verfahrens ist das hydromechanische Tiefziehen. Ein druckreguliertes Wasserkissen ersetzt dabei die Matrize. Auch durch Explosion kann die Blechplatine an die Matrize gepresst

Stärken: hohe Serienfertigung, schnelles Verfahren
Schwächen: hohe Anlageninvestition, Teile mit konstanter Stärke (abgesehen von der natürlichen Dehnung des Materials), nicht für alle Metalle geeignet

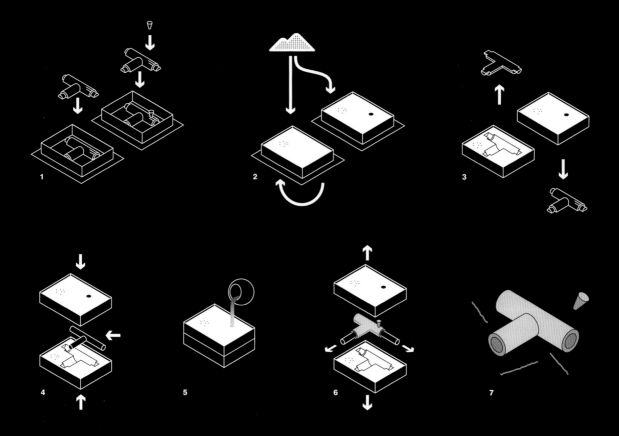

SANDFORMGUSS
1 / 2 Anlegen einer Sandform des Modells **3** Herausnehmen des Modells **4** Anbringen der Einsätze **5** Eingießen des flüssigen Metalls
6 Entformen des Gussstücks / Entfernen der Einsätze **7** Endbearbeitung (Entgraten etc.)

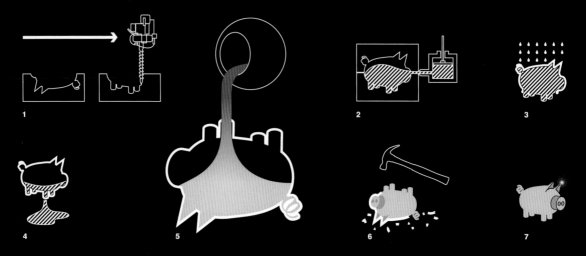

WACHSGUSS
1 Anfertigung der Form **2** Anfertigung des Wachsmodells **3** Umhüllung und Erhitzung des Kerns mit einem hitzebeständigen Material
4 Ausschmelzen des Kerns **5** Einguss des Metalls **6** Zerstörung der Form zum Auslösen des Werkstücks **7** Endbearbeitung

Gießen

....

Metalle. Die Metallgießerei ist ein verbreitetes industrielles Verfahren mit einem einfachen Grundprinzip, bei dem durch Gießen von flüssigem Metall oder Legierungen wie Gusseisen, Aluminium oder Bronze in eine Form Teile hergestellt werden. Diese Technik ermöglicht eine Reduzierung der Arbeitsvorgänge in der Formgebung und Bearbeitung. Das Gießen sorgt für große dreidimensionale Entwurfsfreiheit bei komplexen Teilen, die hohl sein können, zum Beispiel Heizkörper aus Gusseisen oder Motorgehäuse. Dieser Fertigungsprozess setzt natürlich spezifische Regeln bei der Teilekonstruktion voraus: Einhaltung der Fasenfreiwinkel, um das Teil aus der Form lösen zu können, Vorwegnahme von Schrumpfphänomenen, Massenverteilung zur Vermeidung von Mängeln wie Anbrüchen (Anrissen) oder Lunkern (beim Gießen von Metallen infolge Volumenabnahme im erstarrenden Gussstück entstehende Hohlräume).

Es gibt zwei Grundprinzipien beim Gießen: mit Dauerform (Kokille) beziehungsweise mit verlorener Form.

VERLORENE FORMEN – GRUNDLAGEN

Die verlorene Form ist nur einmal verwendbar und muss nach dem Guss zerstört werden, um den Abguss zu entformen. Es gibt zwei Hauptverfahren:
· **Sandformguss:** Ein weit verbreitetes Verfahren. Rund um ein Modell, das Schrumpfparameter berücksichtigt, wird manuell oder mechanisch im Inneren eines Kastens eine Sandform angefertigt. Der Kasten besitzt zwei oder mehr Abschnitte (Ober- und Unterkasten), was die Teilungsebene bestimmt. Eingesetzt wird entweder Natursand (tonhaltiger Quarzsand) oder ein mit Harz versetzter Sand. Nach dem starken Pressen des Sands wird der Kasten geöffnet und das Modell herausgenommen. Jetzt ist die Sandform gießfertig und kann mit einem eigens angebrachten Eingusskanal mit dem flüssigen Metall befüllt werden. Das Eingießen erfolgt unter Schwerkraft. Nach dem Erhärten und Abkühlen des Metalls wird die Form zerstört, um das fertige Gussstück zu entformen. Der Sand wird recycelt und dient zur Anfertigung neuer Sandformen. Wenn das Werkstück Hohlräume aufweisen soll, werden Kerne verwendet, also zusätzliche Sandteile, die vor dem Vergießen in die Formhohlräume eingelegt und zusammen mit der Sandform zerstört werden.

· **Wachsguss:** Dasselbe Prinzip wie beim Sandformguss, jedoch mit dem wichtigen Unterschied, dass das Modell aus Wachs beim Ausschmelzen verloren geht. Denn das flüssige Metall ersetzt das Wachsmodell beim Einguss. Bei diesem Verfahren fallen unter anderem Anforderungen wie Teilungs- und Entformungsebene weg, da Modell und Form bei diesem Vorgang zerstört werden. Oft wird Wachs durch Styropor ersetzt (Lost-Foam).

DAUERFORMEN – GRUNDLAGEN

In diesem Fall ist die Form wieder verwendbar. Man spricht auch vom Kokillenguss, der unter Einwirkung von Schwerkraft oder Druck erfolgt. Dieses Verfahren ist mit dem Spritzguss verwandt und wird für die Serienfertigung verwendet. Die Kokillen bestehen meist aus Spezialstahl oder Gusseisen. Damit können beispielsweise kostengünstig Aluminiumlegierungen wie Zamak für Eisenwaren und Dekoranwendungen verarbeitet werden.

....

Stärken: komplexe Formen, große Gussteile, hohe Flexibilität (vom Einzelstück bis zur Serienfertigung)
Schwächen: Schwierigkeit, dünne Wandstärken anzufertigen, Bearbeitung nach dem Entformen notwendig (Entgraten etc.), hoher Kostenaufwand bei Dauerformen

....

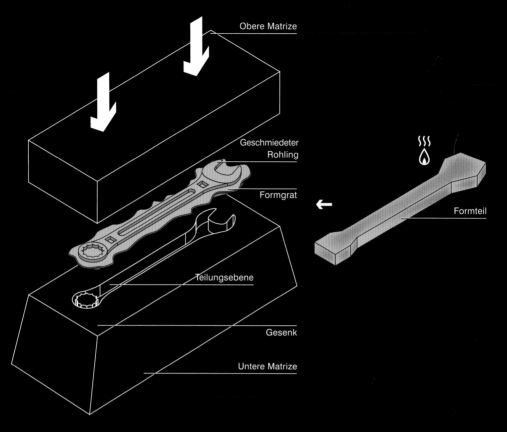

Obere Matrize

Geschmiedeter Rohling

Formgrat

Formteil

Teilungsebene

Gesenk

Untere Matrize

GESENKSCHMIEDEN

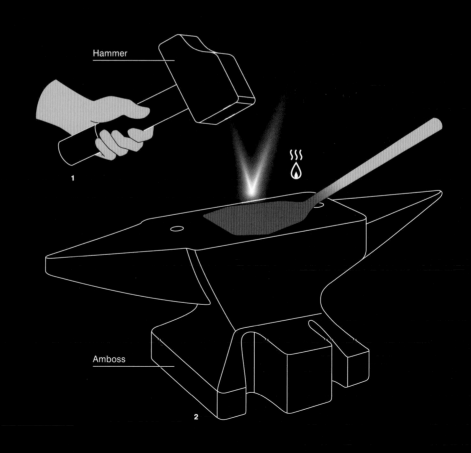

Hammer

1

Amboss

FREIFORMSCHMIEDEN   2

Schmieden

Metalle. Das Schmieden ist ein stückweiser Fertigungsprozess, bei dem das zu schmiedende Halbzeug heiß (zwischen 800 und 1 200°C) oder kalt durch Einwirkung von starkem Druck oder durch Schläge plastisch umgeformt wird.

Das Schmieden kann handwerklich erfolgen, dabei spricht man vom manuellen Freiformschmieden, das mit alten Schmiedetechniken mit Hammer und Amboss erfolgt. Es ist für kleine Serien oder Einzelstücke geeignet, da mit einfachem Werkzeug gearbeitet wird und die Bearbeitung kaum zeitaufwändig ist.

Beim industriellen Freiformschmieden wird das Schmiedestück zwischen zwei Sätteln durch einen Hammer verformt. Schmiedemaschinen können auch mit hydraulischen Pressen betrieben werden, dabei spricht man vom Gesenkschmieden und Prägen.

Geschmiedet werden üblicherweise gewöhnlicher Stahl, Messing, Aluminiumlegierungen. Innerhalb dieser Gruppen ist die Schmiedeeignung je nach der Zusammensetzung unterschiedlich.

GESENKSCHMIEDEN UND PRÄGEN – GRUNDLAGEN

Das Metall wird in Form eines erwärmten Rohlings (kalibrierter Block) zwischen zwei Matrizen gepresst, das sogenannte Gesenk, das im inneren Hohlraum die Form des Teils aufweist. Unter Hochdruck oder durch Schläge schließt sich das Werkzeug und das Material wird in die gewünschte Form gebracht. Die Teile werden häufig als Vorformlinge angesehen, die anschließend noch entgratet werden müssen.

Zwischen den beiden Matrizen sollte eine möglichst einfache, glatte Teilungsebene bestehen; allzu markante Querschnitt- und Richtungswechsel sind zu vermeiden. Die Formen für Gesenkschmiedestücke müssen einen problemlosen Abfluss des Materials gewährleisten. Sie sind vorzugsweise gerundet, da großzügige Rundungen eine bessere Entformungseignung aufweisen.

Durch dieses Verfahren lässt sich der Faserverlauf des Materials aufrechterhalten oder sogar verstärken. So weist Schmiedeeisen eine hohe Anisotropie und hervorragende Körnung auf. Die erhaltenen Teile sind daher mechanisch um einiges leistungsfähiger.

Der Schmiedeprozess von Metallteilen ermöglicht die Fertigung widerstandsfähiger Werkzeuge (Flachschlüssel, Messer und so weiter) oder stark beanspruchter Mechanikteile. Dabei besteht hohe Flexibilität in der Produktion, das heißt eine hohe Formen- und Gewichtsvielfalt (von einigen Gramm bis zu mehreren Tonnen) der Schmiedeteile.

Die Schmiedemaschinen kennzeichnen sich durch ihre Kraft (von 500 bis zehntausende Tonnen bei sehr leistungsstarken Großmaschinen), ihre Eindringgeschwindigkeit und den Schmiedetakt.

Stärken: Schmiedeteile besitzen eine höhere Festigkeit als bearbeitete Teile oder Formgussstücke, hohe Deformationen sind möglich, hoher Durchsatz

Schwächen: großer Energieaufwand, geringe Präzision, Teile müssen korrigiert werden

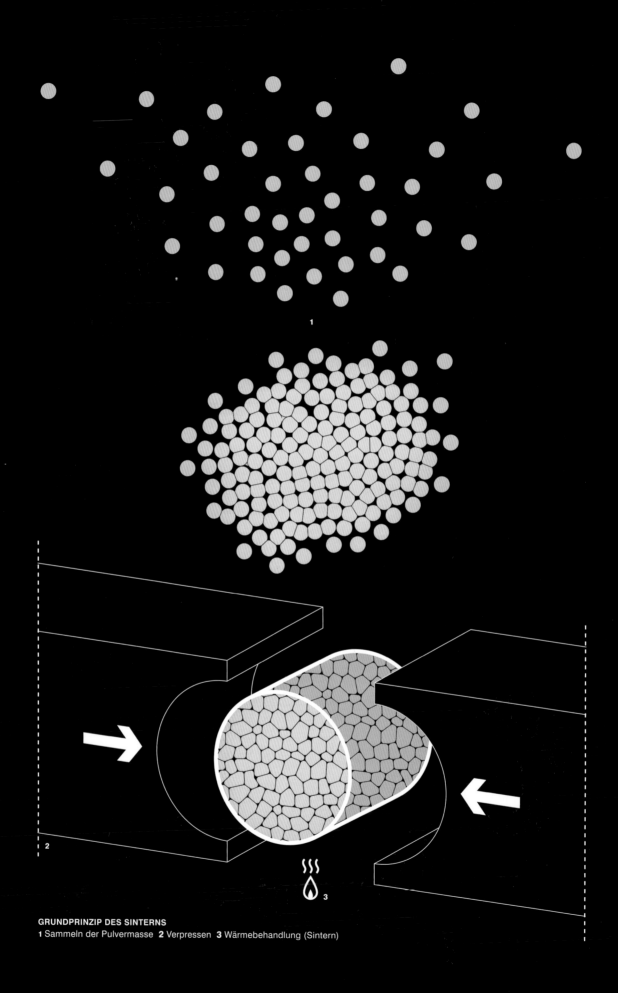

GRUNDPRINZIP DES SINTERNS
1 Sammeln der Pulvermasse 2 Verpressen 3 Wärmebehandlung (Sintern)

Sintern

Keramik, Metalle, Kunststoffe. Sintern ist ein stückweiser Fertigungsprozess, bei dem vorgepresste Pulvermassen („Grünling") durch Wärmebehandlung unterhalb der Schmelztemperatur ausgehärtet werden. Bei Keramiken spricht man allgemein von Sinterung mit Bindemittel, bei Metallen jedoch meist von Sinterung ohne Bindemittel.

SINTERN OHNE BINDEMITTEL / METALLPULVER – GRUNDLAGEN

Bei der Metallsinterung wird die Pulvermasse zunächst mit hohem Druck in einer Matrize verpresst. Dabei entsteht der Grünling, der anschließend unter Luftabschluss oder kontrollierter Atmosphäre mit einer Temperatur verdichtet, die unterhalb der Schmelztemperatur des Hauptbestandteils des Pulvers liegt. Diese Wärmebehandlung wird als Sintern bezeichnet. Die Materialteilchen gehen dabei eine feste Verbindung miteinander ein.

Beim Sintervorgang wird das Volumen des Grünlings deutlich verringert. Bei der Konzeption des Grünlings müssen daher die Maße des gewünschten Fertigteils berücksichtigt werden. Es ist also eine hohe Maßgenauigkeit erforderlich. Die fertigen Sinterteile weisen meist eine hohe Maßhaltigkeit auf und sind direkt einsatzfertig.

Sinterteile sind porös, die unregelmäßig zwischen den Körnern verteilten Hohlräume können bis zu 30 % des Volumens eines Teils ausmachen! Dieser Makel kann in bestimmten Fällen von Vorteil sein, wenn es darum geht, poröse Teile herzustellen, zum Beispiel Filterelemente. Durch die Durchfeuchtung der Teile mit Schmiermittel können sie außerdem selbstschmierend gemacht werden.

Sintern dient zudem der Herstellung von Pseudolegierungen. Denn durch die Vermischung von normalerweise beim herkömmlichen Schmelzen inkompatiblen Pulvermetallen (zum Beispiel aufgrund sehr unterschiedlicher Schmelzpunkte) entstehen Teile mit einer besonderen Art der Legierung. Das Metall mit der niedrigsten Schmelztemperatur schmilzt dabei oberflächlich auf Metallkörnern mit höherem Schmelzpunkt auf.

Das Metallsintern ist ein verbreitetes Verfahren für die Herstellung von Schlossereiteilen, Haushaltsgeräten, Permanentmagneten (Eisen, Nickel und Kobalt, Titan und Aluminium), Bremsbelägen (Glas, Grafit, Eisen und Bronze) sowie von Drähten für Glühbirnen (Tungsten).

SINTERN MIT BINDEMITTEL – GRUNDLAGEN

Mitunter kann es vorkommen, dass die Verpressung von Pulver keinen beständigen Formling ermöglicht und Bindemittel erforderlich werden. Im Fall von Ton und Keramik ist Wasser das Hauptbindemittel. Dadurch entsteht ein sogenannter Porzellanbrei oder Schlicker zur Anfertigung von Formlingen vor der Erhitzung. Der Formling wird entweder von Hand gefertigt, formgegossen oder extrudiert. Das Wasser entweicht während der Erwärmung.

Bestimmte Bindemittel verschwinden also in der Sinterphase, darunter Wasser und verschiedene Polymere, die verdampfen oder verbrennen. Andere bestehen fort und tragen zum Zusammenhalt des Sinterzeugs teil. Das gilt zum Beispiel für Werkzeugplatten aus Wolframkarbid, bei denen das Bindemittel Kobalt ein Metall ist. Es stärkt die Festigkeit des Teils und reduziert seine Porosität.

LASERSINTERN

Heute wird häufig von „Lasersintern" gesprochen. Dieser Begriff ist missverständlich, die darunter zusammengefassten Technologien wurden in diesem Werk unter die „Digitale Fertigung" S. 317 gereiht.

Stärken: keine Nachbearbeitung der Teile, bei hoher Serienfertigung preisgünstiges Verfahren, geprüfte Dichte der Teile, Härte, Isotropie
Schwächen: nur in Großserien rentabel, brüchige, poröse Teile, heikle Verarbeitung

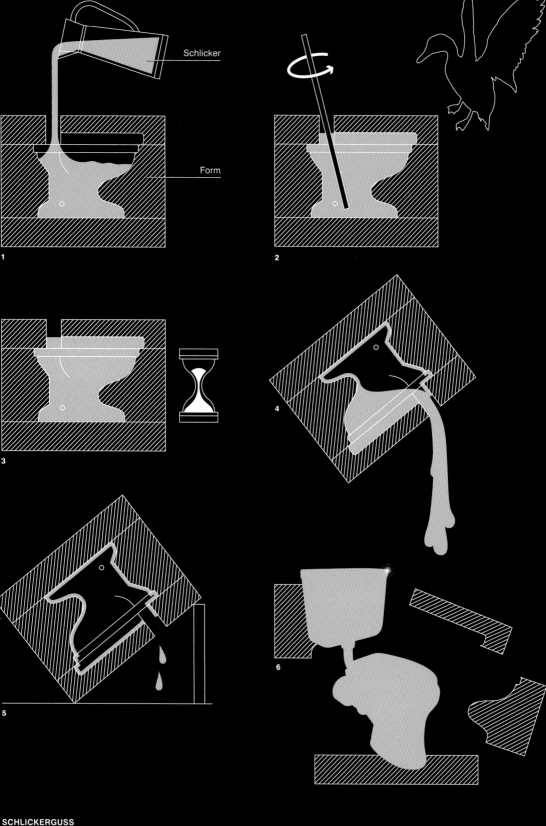

Schlicker

Form

SCHLICKERGUSS
1 Befüllen der Form **2** Mischung / Vibrationen **3** Bildung einer dünnen Schlickerschicht **4** Entleeren der Form **5** Abtropfen / Trocknen des Produkts **6** Öffnen der Form

Formgießen

Beton und Gips, Keramik, Metalle, Thermoplaste, Glas. Das Formgießen unter Schwerkraft ist ein stückweises Gießverfahren von Flüssigmaterial. Zu den häufigsten Anwendungen zählen Nippes, Statuen und Metallkurzwaren. Es gibt zwei Gussarten: mit offener und geschlossener Gussform.

OFFENE GUSSFORM – GRUNDLAGEN

Es wird ein Abguss eines Gussmodells (Master) angefertigt, die sogenannte Gegenform. Die dadurch entstandene Matrize muss zum Vergießen von Metall oder Metalllegierungen aus feuerfestem Material sein, aus Gips für Gips- oder Harzanwendungen, aus Stahl bei Glas, aus faserverstärktem Thermoplast beim Gießen von Harz und Gips. Heute werden neuartige Formen aus Silikon hergestellt, bei denen die Gegenform sowie Entformungsmittel wegfallen. Denn außer Silikon erfordern die Formen auch Gleitmittel, die für eine bessere Entformbarkeit des Teils sorgen. Das Eingießen des flüssigen Materials erfolgt ganz einfach unter Nutzung der Schwerkraft. Eine Seite liegt an der Luft.

Im Fall von Thermoplasten kann durch Einsatz eines Katalysators die Aushärtung des Teils sichergestellt werden.

Bei anderen Materialien erfolgt die Aushärtung durch Verdampfen oder Erkalten.

GESCHLOSSENE GUSSFORM – GRUNDLAGEN

Im gleichen Verfahren kann in zwei- oder mehrteilige Kokillen gegossen werden. Das Material wird durch eine Einlauföffnung eingeführt, die in der Form vorhandene Luft tritt durch Lüftungsöffnungen aus. Meist wird die Form geöffnet, bevor das Material (zum Beispiel Gips) völlig erhärtet ist, um eine Endaushärtung oder (bei Thermoplasten) Polymerisation an der Luft zu ermöglichen.

VARIANTE / SCHLICKERGUSS

Bei flüssig in Form von Schlicker vergossener Keramik spricht man vom Schlickergießen. Die meist aus Gips bestehende Form wird mit Schlicker befüllt. Beim Kontakt mit den Wänden verfestigt sich das Material und bildet eine halbfeste, noch feuchte Kruste. Überschüsse werden beseitigt. Durch die Trocknung kommt es zu einer Schrumpfung, die das Entformen des Teils erleichtert. Die Endaushärtung erfolgt an der Luft. Auf diese Art und Weise werden zahlreiche Gefäße aus Tonerde hergestellt.

Stärken: einfaches Verfahren, günstig, auch von Handwerkern durchführbar

Schwächen: sehr geringer Produktionsdurchsatz, Befüllung schwierig, keine dünnwandigen Teile, Material wird in der Form kaum gepresst

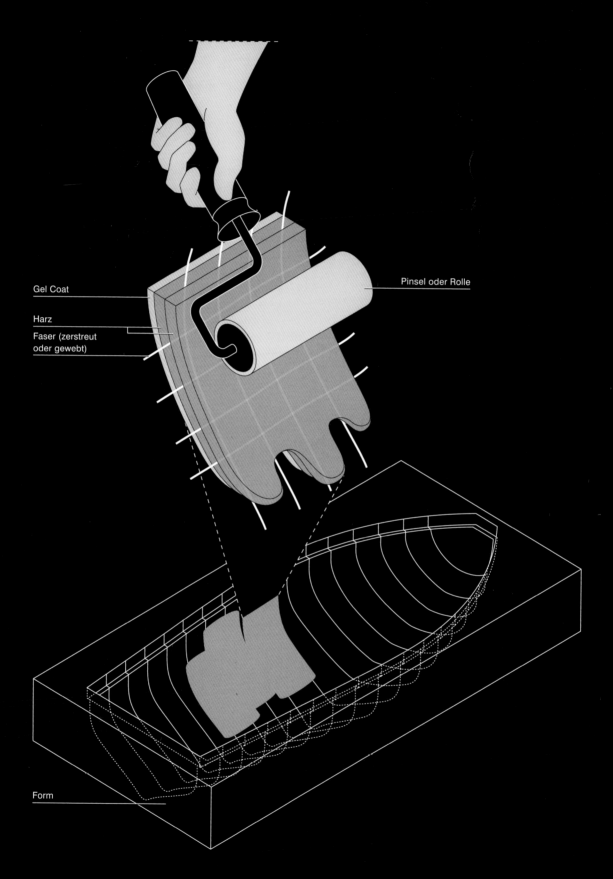

Gel Coat

Harz

Faser (zerstreut
oder gewebt)

Pinsel oder Rolle

Form

KONTAKTGUSS (MIT WASSERZUSATZ)

Harzguss

....

Holz, Verbundstoffe, Kunststoffe. Bestimmte Verarbeitungsverfahren sind den Thermoplasten vorbehalten. Bei diesen Techniken werden Fasern (meist Glasfasern oder Kohlenstofffasern) dem Kunststoff (Epoxidharz oder Polyester) beigegeben, um die Struktur der erhaltenen Gussformen zu verstärken. Man spricht von „Laminieren". Die dadurch entstandenen Materialien sind nicht recycelbar.

KONTAKTVERFAHREN / FEUCHTPRESSE – GRUNDLAGEN

Die Pressformen werden mithilfe einer Negativform angefertigt. Das gesamte Verfahren verläuft in umgekehrter Reihenfolge, das heißt es wird zunächst die letzte Schicht in der Form aufgetragen, die den Oberflächenzustand des Pressteils bestimmt. Diese erste Schicht heißt „Gelcoat". Darüber kommen nacheinander mehrere Lagen von Glasfaser-, Kohlenstoff-, Kevlar®-Textilien oder Faservlies, die mit Harz getränkt werden, die sogenannten Pressmatten. Zwischen den einzelnen Lagen muss das Laminat jeweils mit der Rolle oder unter Vakuum verdichtet werden, Luftblasen sind zu entfernen. Das Auftragen von Harz kann einfach mit dem Pinsel oder mit der Spritzpistole erfolgen. Nach der Kalt- oder Heißpolymerisation des Harzes (im Ofen) weist das Teil hervorragende mechanische Eigenschaften auf. So werden beispielsweise Schiffsrümpfe, Karosserieteile, Möbel- oder Architekturelemente, Fahrradrahmen und Surfboards hergestellt.

TROCKENPRESSEN – GRUNDLAGEN

Bei der Industrialisierung dieser Verfahren nimmt das Angebot ständig zu, insbesondere im Karosseriebau und bei der Fertigung von Tragteilen. Hierbei werden Faser-Kunststoff-Verbunde verpresst, man spricht von SMC- (Sheet Molding Compound) beziehungsweise BMC-Verfahren (Bulk Molding Compound). Dabei wird im Heißpressverfahren eine zuvor mit Harz getränkte Pressmatte mit mehr oder weniger orientierten Verstärkungsfasern zwischen Form und Gegenform gepresst (dies ist auch unter dem Handelsnamen Premix bekannt). Die Resultate weisen eine außergewöhnlich hohe Festigkeit auf, auch im Verhältnis zum Gewicht. Allerdings wird derzeit noch keine hohe Produktionsleistung erzielt und die Formenfreiheit ist begrenzt (Entformen, keine spitzen Winkel etc.)

VAKUUMFORMEN – GRUNDLAGEN

Dieser überwiegend handwerkliche Prozess ermöglicht die Herstellung von Laminaten (zum Beispiel Thermoplaste und Verstärkungen aus Glasfaser oder Papier). Dabei werden oft höhere Qualitäten erzielt als beim Kontaktverfahren. Einer der Anwendungsbereiche ist die Herstellung von Formsperrholz. Auch aufgrund der geringen Werkzeuginvestitionen ist dieses Verfahren sehr vorteilhaft. Eine Positivform sowie die Formmasse werden mit einer Kunststofffolie überzogen, die hermetisch verschlossen wird. Der angelegte Unterdruck presst die Masse gegen die Form und entfernt alle Luftblasen, wodurch eine hohe Homogenität des Verbunds erzielt wird. Das Verfahren ist auf Kleinserien beschränkt (stückweise Fertigung), doch bestehen eine hohe Formenfreiheit und vor allem die Möglichkeit der Anfertigung sehr umfangreicher Teile.

....

Stärken: niedrige Werkzeugkosten, hohe mechanische Festigkeit, große Flexibilität in der Fertigung (von Einzelstücken bis zu Kleinserien, von kleinen bis zu sehr großen Teilen)
Schwächen: keine Produktivitätsgewinne möglich, geringe Beherrschung der Stärken

....

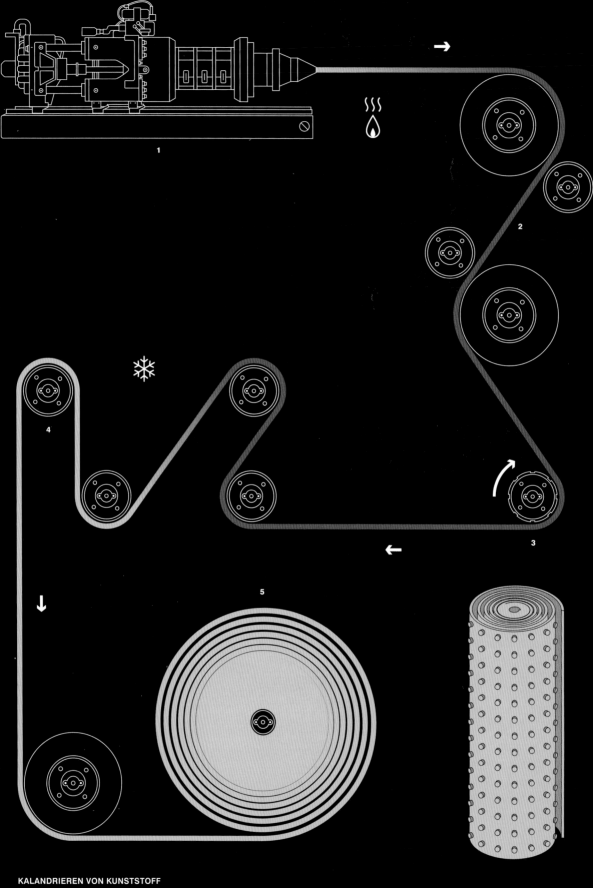

KALANDRIEREN VON KUNSTSTOFF
1 Mischer **2** Z-Kalander **3** Gravurzylinder **4** Kühlzylinder **5** Aufwickler

Kalandrieren, Walzen und Ziehen

Leder und Haut, Metalle, Papier und Pappe, Kunststoffe, Textilien, Glas und Keramik. Beim Kalandrieren, Walzen und Ziehen werden durch plastisches Verformen Platten und Folien sowie bestimmte Profile hergestellt. Thermoplaste und Papier lassen sich kalandrieren, während Glas und Metall gewalzt und gezogen werden. Diese Durchlaufverfahren werden alleine oder im Anschluss an andere Verfahren wie der Extrusion angewandt. Sie folgen dem Nudelholzprinzip, wobei der Werkstoff kalt oder warm unter starker Druckeinwirkung zwischen aufeinander folgenden Walzen flach gewalzt wird. Ziel ist es, eine gleichmäßige und sehr dünne Stärke des Werkstoffes zu erreichen. Gleichzeitig können mit den Walzen verschiedene Motive auf den Werkstoff „aufgedruckt" werden, sodass man mustergewalzte und dessinierte Oberflächen mit verschiedenen Motiven erhält. Diese Bearbeitungsart wird auf alle plastischen Werkstoffe angewendet und ist weit verbreitet: Eine kilometerlange Verarbeitung ist möglich. Am Maschinenende wird der Werkstoff entweder aufgerollt oder zugeschnitten. Länge, Breite und Stärke der im Katalog angebotenen, verkaufsfertigen Produkte werden bei diesen Herstellungsschritten festgelegt; hier findet die Normung der Halbwaren statt. Nach dem Kalandrieren, Walzen und Ziehen verfügen die Materialien in Länge und Breite nicht mehr über die gleichen mechanischen Eigenschaften, was je nach Verwendung Vor- oder Nachteile mit sich bringt.

KALANDRIEREN VON KUNSTSTOFF – GRUNDLAGEN

Der Kunststoff wird erhitzt und zwischen zwei oder drei Walzen zu einer durchgehenden Folie gewalzt.
Produktionstechnisch wird das Kalandrieren ab einer Million Laufmetern in Betracht gezogen.
Für das Kalandrierverfahren existieren je nach verwendeten Materialien und gewünschtem Ergebnis zahlreiche Abwandlungen. Es lässt sich mit anderen Verfahren wie dem Prägen (um beispielsweise einen Kunstledereffekt zu erzielen), Drucken oder Aufbringen von Metallfolien kombinieren.

WALZEN VON METALL – GRUNDLAGEN

Nach demselben Prinzip können Metalle kalt- oder warmgewalzt werden. Insbesondere beim Kaltwalzen verändern sich jedoch durch die Verformung, die dem Kaltschmieden ähnelt, zum Beispiel die mechanischen Eigenschaften und die Härte des Werkstoffes.

ZIEHEN VON GLAS – GRUNDLAGEN

Das Ziehen von Glas wurde Anfang des 20. Jahrhunderts entwickelt. Es handelt sich um das erste industrielle Produktionsverfahren von Flachglas. Nachdem es durch den Schlitz einer feuerfesten, in einem Bad aus geschmolzenem Glas eingebrachten Ziehdüse gepresst wurde, wird das Glasband im Durchlaufverfahren vertikal gezogen (siehe Schema 2 S.57). Auch bei Polymeren wird von Ziehen gesprochen. Polyethylen wird warm gezogen und ausgehärtet und bekommt so die Eigenschaft der „Warmschrumpfbarkeit". Es kommt häufig im Elektrizitätsbereich (warm schrumpfende Mäntel) und in der Verpackungsindustrie zum Einsatz, wo es erneut erwärmt wird, damit es schrumpft. Dabei lockert sich die Molekülstruktur und nimmt ihre ursprüngliche Position ein.

Stärken: hohe Produktivität, kann auch bei mehrschichtigen Produkten eingesetzt werden, zuverlässige Dicke
Schwäche: Materialausrichtung

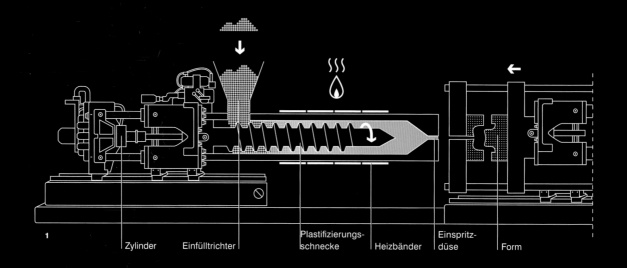

1   Zylinder   Einfülltrichter   Plastifizierungs-schnecke   Heizbänder   Einspritz-düse   Form

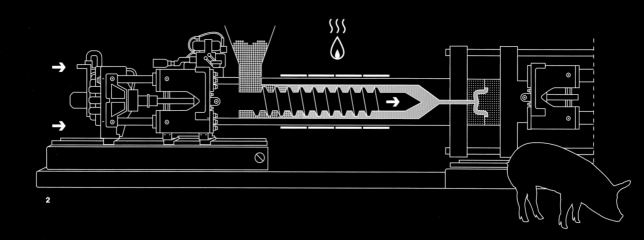

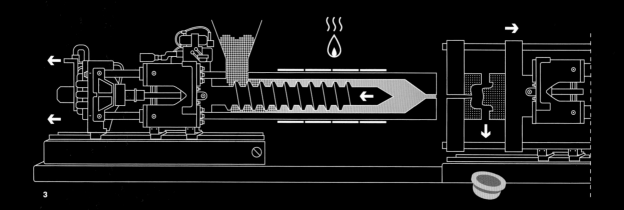

KUNSTSTOFFSPRITZGIESSEN
1 Plastifizierung   **2** Spritzgießen   **3** Öffnen der Spritzgussform, Auswerfen des Formteils

Spritzgießen

Keramik, Metalle, Kunststoffe. Beim Spritzgießen handelt es sich um ein schnelles und weit verbreitetes stückweises Herstellungsverfahren, das die Fertigung qualitativ hochwertiger Formteile ermöglicht, die meist direkt verwendbar sind und nicht nachbearbeitet werden müssen, auch wenn sie eine komplizierte Form aufweisen und strengen Toleranzvorgaben unterliegen. Das Spritzgussverfahren wird hauptsächlich in der Kunststoffverarbeitung eingesetzt, es werden jedoch auch Metalle und Metalllegierungen wie das auf Zink basierende Zamak oder Messing und Keramik spritzgegossen. Die Größe der spritzgegossenen Kunststoffteile kann von wenigen Millimetern bis zu mehreren Metern variieren (auch bestimmte Karosserieteile für die Automobilindustrie oder Gartentische werden mit diesem Verfahren hergestellt). Spritzgegossene Metallteile sind in der Regel kleiner (zum Beispiel Getriebegehäuse, Metallkleinwaren).

KUNSTSTOFFSPRITZGIESSEN – GRUNDLAGEN

Das Kunststoffgranulat wird mittels einer Schraube in einem Zylinder plastifiziert und über Einspritzkanäle erhitzt unter Hochdruck (zwischen 500 und 1 500 bar) in eine geschlossene Form mit einer Schließkraft von mehreren Tonnen eingespritzt. Die Form verfügt über ein ausgeklügeltes Kühlsystem, um für eine gleichmäßige Aushärtung des Werkstoffes zu sorgen. Nach dem Öffnen wird das Formteil aus der Form ausgeworfen. Dieses Verfahren wird für teilweise mit kurzen Fasern verstärkte Thermoplaste und mit einer Spezialmaschine für bestimmte Duroplaste oder Elastomere verwendet.

Die Ausführung der Spritzgussformen, die meist von spezialisierten Ingenieurbüros entworfen werden, hängt von der Form des herzustellenden Werkstückes ab. Sie werden üblicherweise mit großer Sorgfalt aus besonders widerstandsfähigen Spezialstählen gefertigt und sind äußerst kostenintensiv. Meist bestehen sie aus zwei Teilen, einem festen und einem beweglichen, in dessen Hohlraum der Formabdruck eingebettet ist. Soll das Werkstück Hohlräume enthalten, werden Kerne eingesetzt; Lochstempel oder Einschübe sorgen für Öffnungen in den Wänden des Werkstückes. Auch Einsätze, die im Werkstück verbleiben, und Oberflächenverzierungen (In-Mold-Verfahren) können in die Form eingelegt werden.

Die spritzgegossenen Werkstücke müssen eine bestimmte Form und eine Formschräge von mindestens 2 % aufweisen, um ein leichteres Entformen zu ermöglichen, da die Spritzgussform wieder verwendet wird.

Die Position der Teilungsebenen ist ästhetisch äußerst wichtig, da diese stets sichtbar sind und bei jeder Nahtstelle der Form auftreten. Sie müssen somit im Vorfeld beim Entwurf der Spritzgussform entsprechend positioniert werden. Auch die Positionierung der Einspritzkanäle und Auswerfer muss wohl überlegt sein, da diese Spuren auf dem Formteil hinterlassen (die Einspritzkanäle hinterlassen kleine „Punkte", die Auswerfer „Kreisspuren"). An diesen Spuren lässt sich erkennen, dass es sich um ein spritzgegossenes Werkstück handelt.

Die Formteile müssen so entworfen werden, dass eine einheitliche Wanddicke gewährleistet wird, um häufig auftretende Mängel wie zum Beispiel „Lunker" (durch heterogenes Abkühlen verursachte Einfallstellen und Verformungen) zu vermeiden.

Das Spritzgießen kann ab einem Produktionsvolumen von 100 000 bis zu einer Million Formteilen (bei guter Instandhaltung der Spritzgussformen auch mehr) eingesetzt werden. Heute gibt es auch die Möglichkeit, kleinere Produktserien und insbesondere Prototypen im Spritzgussverfahren herzustellen. Die Taktzeit – das heißt die für die Herstellung und den Auswurf eines Formstückes benötigte Zeit – kann je nach Größe des Werkstückes wenige Sekunden bis zu über zehn Minuten betragen.

Stärken: hoher Durchsatz, hohe Produktivität, komplexe und präzise Formen

Schwächen: hohe Investition für Maschinen und Spritzgussformen, nur für hohe Serienfertigungen

SANDWICHSPRITZGIESSEN / VERBUNDSPRITZ-GIESSEN / CO-INJECTION – GRUNDLAGEN

Bei diesem Verfahren werden zwei verschiedene, jedoch mischbare Werkstoffe gemeinsam spritzgegossen, um eine Oberfläche und einen Formkörper zu erhalten, die beide über spezifische Eigenschaften verfügen. Dies führt zu Kosteneinsparungen (zum Beispiel durch die Herstellung eines Formkörpers mit einer „schönen" Oberfläche und einem kostengünstigeren Körper aus recyceltem Kunststoff).

AIRMOLD-VERFAHREN – GRUNDLAGEN

Zusammen mit dem Werkstoff wird ein Gas eingespritzt, was die Fertigung von Hohlkörpern ermöglicht. Dieses Verfahren weist zahlreiche Vorteile auf: zum Beispiel Material- und Gewichtseinsparung, höhere Beständigkeit.

MEHRKOMPONENTENSPRITZGIESSEN / BI-INJECTION – GRUNDLAGEN

Mehrere Werkstoffe werden praktisch gleichzeitig eingespritzt, um Formteile mit verschiedenen, miteinander verschmolzenen Teilen zu erhalten. Die Abgrenzung zwischen den verschiedenen Werkstoffen ist hierbei klar erkennbar.

SPRITZBLASEN – GRUNDLAGEN

Das Spritzblasen wird zum Beispiel bei der Herstellung von Flaschen für kohlensäurehaltige Getränke eingesetzt, deren Verschluss gasundurchlässig sein muss.
Dabei wird zunächst ein Vorformling spritzgegossen, der anschließend erhitzt und in eine Blasform eingebracht wird. Der Vorformling verfügt bereits über die Form des Flaschenverschlusses, die nicht mehr verändert wird. Nun wird ein Blasdorn in den Vorformling eingeführt, über den Luft eingeblasen wird, wodurch er aufgeblasen und gegen die abgekühlte Formwand gepresst wird und ein Hohlkörper entsteht. Im Vergleich zum Extrusionsblasen wird eine bessere Beherrschung der Wanddicke und eine höhere Gasundurchlässigkeit des Flaschenverschlusses erzielt. Die Fertigung des Vorformlings stellt jedoch im Gegensatz zum Extrusionsblasen, das durchgängig erfolgt, einen zusätzlichen Arbeitsschritt dar (Spritzgießen, Zwischenlagern und Aufblasen).

VARIANTE / SPRITZGIESSEN VON DUROPLASTEN

Auch Duroplaste können im Spritzgießverfahren verarbeitet werden. Dabei kommen entweder Maschinen zum Einsatz, die um die für die Polymerisation notwendigen Komponenten erweitert werden oder Tiefdruckverfahren wie die RIM- (Reaction Injection Molding, kommt insbesondere bei Polyurethan zum Einsatz) oder RRIM-Technik (Reinforced RIM, bei der Duroplaste mit Faserverstärkung verwendet werden).

VARIANTE / SPRITZGIESSEN VON KERAMIK

Heute werden mehr und mehr Spritzgussverfahren für Keramik entwickelt. Besonders verbreitet sind sie bei der Herstellung von Geschirr mit relativ einfachen Formen. Dabei kommen ähnliche Spritzgusspressen wie beim Spritzgießen von Duroplasten zum Einsatz, die jedoch stark vereinfacht werden. Der Werkstoff wird in Form von Schlicker bei niedrigem Druck (circa 40 bar) und geringer Formschließkraft (circa 75 Tonnen) in die Form eingespritzt.

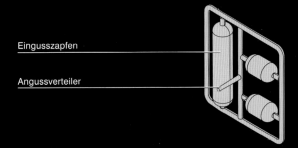

Eingusszapfen

Angussverteiler

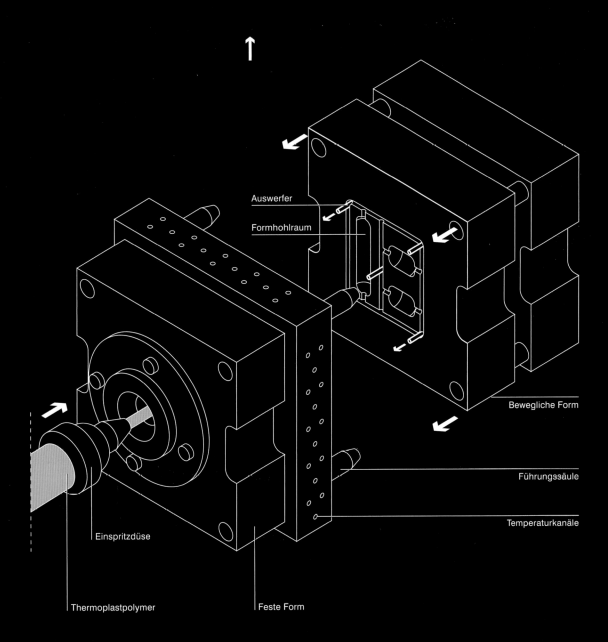

Auswerfer

Formhohlraum

Bewegliche Form

Führungssäule

Temperaturkanäle

Einspritzdüse

Thermoplastpolymer

Feste Form

SPRITZGUSSFORM

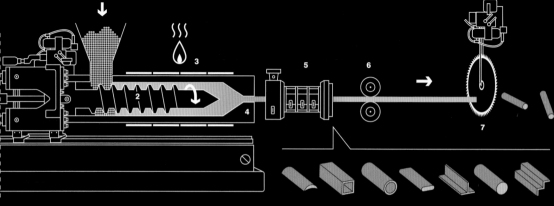

EXTRUSION

1 Granulat **2** Schneckenwelle **3** Heizband **4** Spritzdüse **5** Formmaschine **6** Kennzeichnung **7** Zuschneiden

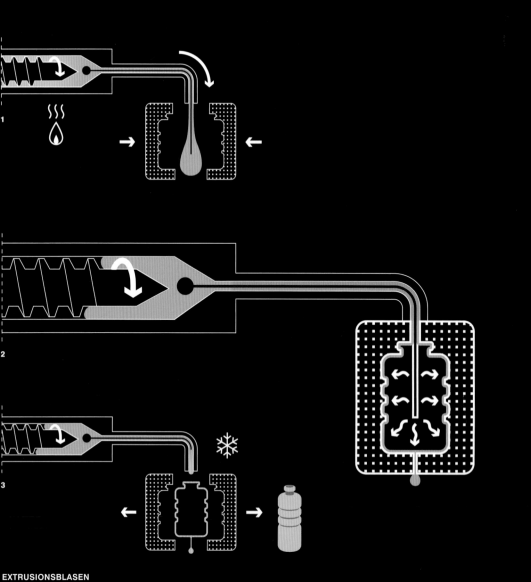

EXTRUSIONSBLASEN

1 Extrusion des Vorformlings **2** Ausformen mit Druckluft **3** Abkühlen / Öffnen der Form

Extrusion

Metalle, Kunststoffe, Glas und Keramik. Die Extrusion ist ein Verfahren, das eine Fertigung am laufenden Band garantiert! Es wird in kontinuierlicher Produktion angewandt, um Thermoplastgranulat (das anschließend zum Beispiel eingespritzt oder reextrudiert wird) und insbesondere Halbprodukte wie Profile, Rohre, Platten, Folien und so weiter herzustellen.

Dieses Fertigungsverfahren ist das Gängigste im Bereich der Thermoplaste und mit Sicherheit das Verfahren, mit dem am meisten Material verarbeitet wird, es kommt jedoch auch bei Metalllegierungen, Glas und Keramik (wie bei der Herstellung von Hohlsteinen) zum Einsatz.

EXTRUSION VON KUNSTSTOFF – GRUNDLAGEN

In einem erhitzten Zylinder wird das über den Trichter zugeführte Thermoplastgranulat von der Schneckenwelle nach vorne gedrückt, verdichtet, plastifiziert (weich gemacht) und homogenisiert. Vorne am Zylinder verleiht die Profildüse, durch die die plastifizierte Masse gepresst wird, dieser die gewünschte Form (Rohr, Stange, Platte etc.). Die Düsen existieren in zahlreichen Formen, so werden mithilfe von flachen Profildüsen Platten, Bögen und Folien extrudiert, die anschließend häufig kalandriert werden.

Ein Extruder (auch Schneckenpresse genannt) funktioniert nach dem gleichen Prinzip wie ein Fleischwolf oder eine Nudelmaschine!

Nach dem Austreten aus der Profildüse wird der Formkörper zum Beispiel in einem Wasserbad abgekühlt.

Bei besonders komplexen Formen wird die Masse während der letzten Formgebungsphase einer Formmaschine zugeführt, die dafür sorgt, dass diese ihre Gestalt beibehält.

Anschließend werden mittels einer Kreissäge Stücke von genormter Länge abgesägt. Manche Markierungen (Haltbarkeit von Gasschläuchen, Produktmarkierung, verschiedene Angaben, Verzierungen etc.) können bei diesem letzten Arbeitsschritt auf die Formteile aufgebracht werden.

Das Extrusionsverfahren richtet die Molekülketten des Materials aus, es wird gedreht, ausgerichtet und gespannt, was je nach Verwendung der Formteile Vor- oder Nachteile mit sich bringt. So verhält sich zum Beispiel eine extrudierte PMMA-Platte beim Thermoformen oder der Bearbeitung anders als eine gegossene Platte.

Produktionstechnisch wird das Extrusionsverfahren bei großen Mengen, ab 100 000 Laufmetern, in Betracht gezogen.

KOEXTRUSION – GRUNDLAGEN

Zwei oder mehrere Kunststoffschmelzen werden gemeinsam extrudiert und vor dem Verlassen der Profildüse zusammengeführt (verschiedene Farben eines gleichen Materials, ein Material in unterschiedlichem Zustand – zum Beispiel geschäumt und fest oder Recyclingmaterial zwischen zwei festen Lagen – verschiedene, miteinander kompatible Materialien etc.). Dieses Verfahren wird häufig bei der Extrusion von Fäden, Folien und Platten angewendet. Bei der Koextrusion von Folien erhält man durch Einwirken auf die verschiedenen Materialschichten eine hervorragende Beständigkeit gegen Gas, Säure, UV-Strahlen und Wasserdampf.

Ummantelter, elektrisch leitender Draht wird mit einem speziellen Extrusionsverfahren hergestellt. Die thermoplastische Ummantelung wird direkt um den zum Beispiel aus Kupfer bestehenden Draht extrudiert. Der Draht wird gezogen, während die Ummantelung ihn umschließt. Nach der Abkühlung und Kontrolle (Isolation und Zentriertheit) wird er aufgespult.

EXTRUSIONSBLASEN – GRUNDLAGEN

Beim Extrusionsblasen (auch Blasformen genannt) wird ein noch weicher Schlauchrohling oder Vorformling aus Glas oder Thermoplast extrudiert und in eine Form eingebracht. Dann wird ein Blasdorn in den Vorformling eingeführt, über den Luft eingepresst wird, wodurch der nach wie vor erwärmte Schlauch aufgeblasen und gegen die Formwand gepresst wird. Auf diese Weise entstehen Hohlkörper wie Glas- oder Kunststoffflaschen. Extrudierte Kunststoffflaschen sind an der „Narbe" erkennbar, die durch das Abklemmen des Werkstoffes beim Schließen der Form verursacht wird. Die Umrisse extrudierter Flaschen sind weniger genau als die spritzgegossener Flaschen, ihr Aussehen sowie die Toleranz ihrer Wanddicke sind weniger gut zu beherrschen und die Abdichtung ihrer Verschlüsse zweifelhafter. Das Extrusionsblasen kommt bei mehrschichtigen Produkten zum Einsatz und ermöglicht die Herstellung von Behältnissen mit einem Fassungsvermögen von bis zu mehreren hundert Litern.

BLASEXTRUSION – GRUNDLAGEN

Der Kunststoff wird über eine Ringdüse extrudiert, wodurch eine röhrenförmige Hülle entsteht, die aufgeblasen und über mehrere Meter gezogen wird. Die Düse wird als „Querspritzkopf" bezeichnet, das Aufblasen erfolgt vertikal. Nach dem Abkühlen wird die Folie abgeflacht und auf Rollen gewickelt. Anschließend kann sie zum Beispiel für die Herstellung von Plastiktüten zugeschnitten und warm geschweißt werden. Auf diese Weise werden insbesondere PE-HD, PE-LD und PP für Folien und Plastiktüten extrudiert.

STRANGPRESSEN – GRUNDLAGEN

Bei Metallen und Legierungen (in erster Linie Aluminium) wird von Strangpressen gesprochen. Das Strangpressverfahren ähnelt der Extrusion: Ein Pressling wird zur Herstellung verschiedener Formteile (massiv, hohl, halbhohl) mit einem Stempel durch eine Matrize gedrückt. Beim Warmstrangpressen (bei Aluminium liegt die Umformtemperatur bei circa 500°C) müssen die Presslinge anschließend für eine zufrieden stellende Beständigkeit und Härte verschiedene Wärmebehandlungen durchlaufen. Sie werden gezogen, um ihre Geradheit zu garantieren, und können abschließend verschiedenen Endbearbeitungsschritten wie Zuschneiden, Bohren oder Fräsen unterzogen werden.
Das Kaltstrangpressen ähnelt dem Kalandrieren (siehe S.303).

Stärken: preisgünstig, hohe Produktivität im Durchlaufverfahren, bei zahlreichen Thermoplasten einsetzbar (elastisch, steif, expandiert etc.)
Schwächen: nicht bei Duroplasten einsetzbar, nicht für die Produktion von Kleinserien geeignet, mittelmäßige Dimensionstoleranz, Materialausrichtung

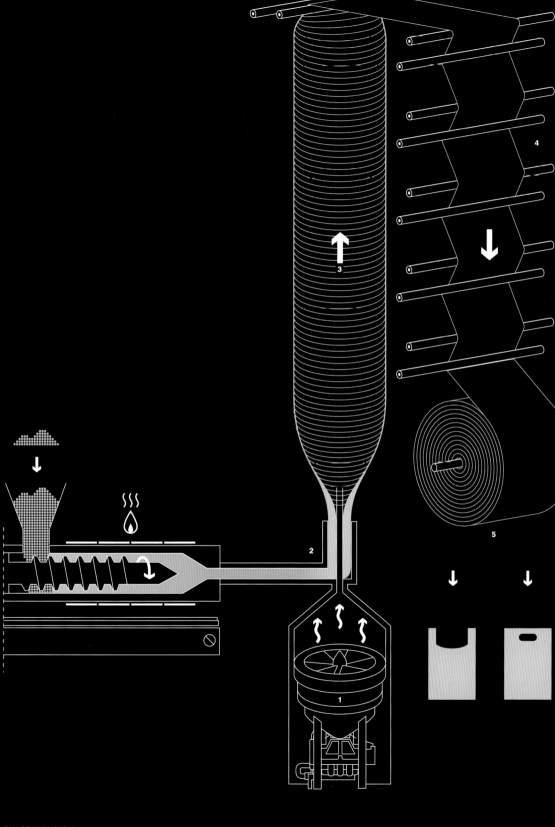

BLASEXTRUSION
1 Gebläse 2 Extruderdüse („Querspritzkopf") 3 Aufblasen 4 Abkühlen 5 Aufrollen / Schneiden

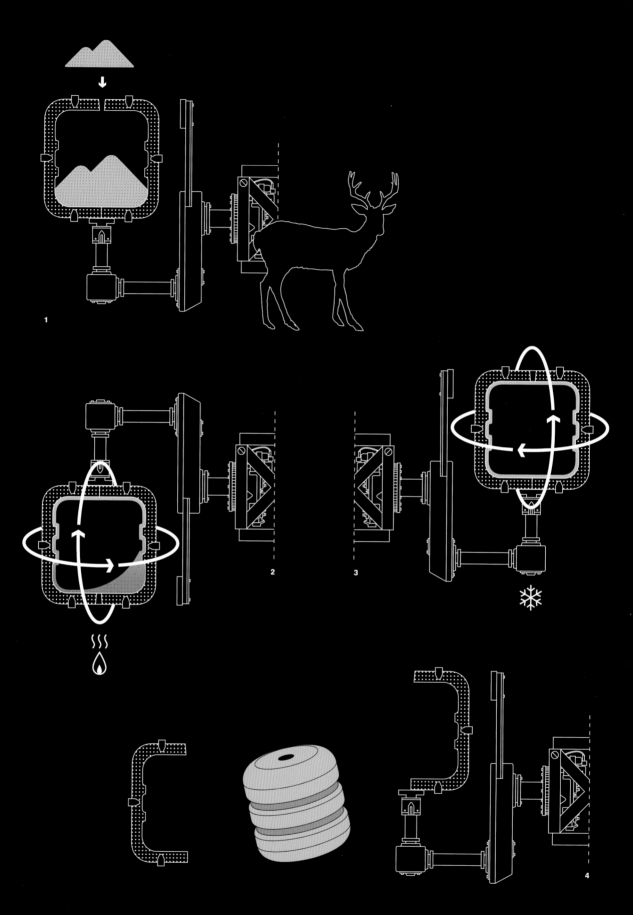

ROTATIONSFORMEN VON THERMOPLASTEN
1 Einbringen des Polymerpulvers in die Form **2** Start der Rotation (Doppelbewegung), Erhitzen (Ofen) 3 Abkühlen **4** Öffnen der Form, Auswerfen des Formteils

Rotations-formen

....

Kunststoffe. Das Rotationsformen ist ein <u>stückweises</u> Kunststoffverarbeitungsverfahren, mit dem <u>Hohlkörper</u> ohne Schweißen und Kleben hergestellt werden können. Die relativ geringen Produktionskosten der Formen und die einfache Umsetzung dieses Verfahrens ermöglichen die Fertigung großflächiger Werkstücke. Auf diese Weise entstehen Bälle und Spielwaren, aber auch Tanks, Reflektoren für Straßenmarkierungen sowie Klärgruben oder Toilettencontainer für Baustellen.

ROTATIONSFORMEN VON THERMOPLASTEN – GRUNDLAGEN

Der pulverförmige oder flüssige Werkstoff wird dosiert und in eine Stahl- oder Aluminiumform eingebracht, die in der Regel aus zwei verschweißten Teilen besteht. Diese Form wird um zwei senkrechte Achsen rotiert, wodurch sich der Werkstoff gleichmäßig an ihren Innenflächen ablagert. Anschließend wird die Form in einem Ofen erhitzt und der Werkstoff gebunden. Nachdem er durch Abkühlen erstarrt ist, kann das fertige Formteil entformt werden.

Zwar lassen sich theoretisch alle Thermoplaste rotationsformen, einige eignen sich jedoch besser für dieses Verfahren als andere, wie zum Beispiel Polyethylene, weicher und harter PVC, ABS, Polyamide und Polyurethane.

Rotationsgeformte Werkstücke haben in der Regel eine geringere mechanische Beständigkeit als spritzgegossene und geblasene Formteile. Die Wanddicken sind nur schwer beherrschbar und je nach Verteilung des Werkstoffes in der Form können an den Wänden bestimmte Schwachstellen oder Materialhäufungen auftreten. Man versucht, diese Unterschiede durch eine größere Wanddicke auszugleichen, was jedoch zu höheren Schrumpfungen und Formfehlern führen kann. Mit diesem Verfahren werden offene und geschlossene Hohlkörper gefertigt, die bei Bedarf mehrschichtige Wände, Einsätze etc. aufweisen können.

VARIANTE / ZENTRIFUGIEREN VON DUROPLASTEN – GRUNDLAGEN

Dieses Verfahren ähnelt dem Rotationsformen und wird bei duroplastischen Harzen, meist Polyester, eingesetzt. Dabei wird ein Verstärkungsmaterial aus kurzen Fasern mit dem Harz in eine mit hoher Geschwindigkeit gedrehte Form eingebracht. Durch die Zentrifugalkraft vermischen sich Harz und Verstärkungsmaterial, die Polymerisation des Harzes wird durch Erwärmen beschleunigt. Auf diese Weise werden Hohlkörper wie Wannen und Rohre gefertigt. Diese Technik konkurriert mit dem Wickeln (dieses wird im Kapitel der Verbundwerkstoffe beschrieben, [S.72]).

....

Stärken: Fertigung großer Werkstücke möglich, Hohlkörper, große Wanddicken und Kleinserien möglich, kostengünstig
Schwächen: die Wandstärke der Werkstücke kann nicht garantiert werden, schlecht definierte Innenflächen, geringer Durchsatz

....

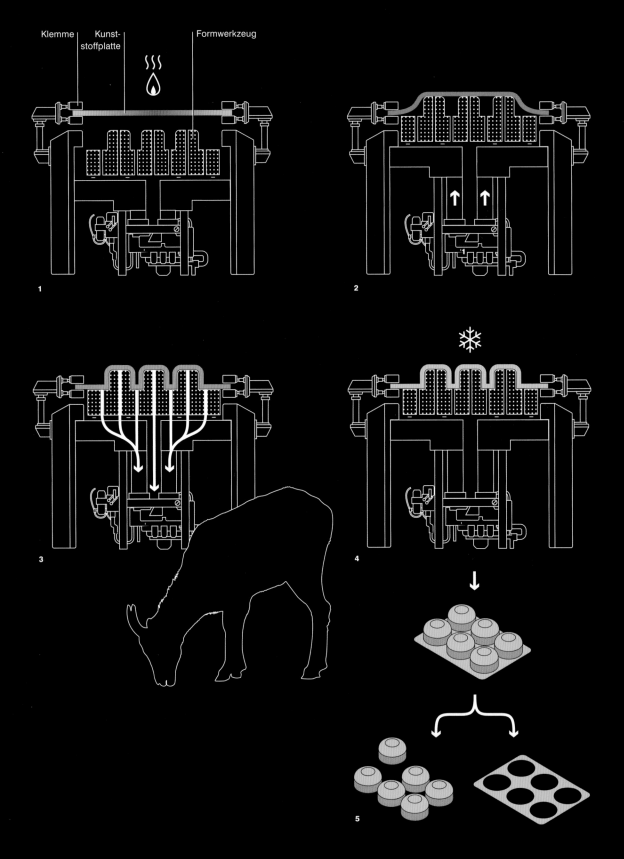

Klemme Kunst- Formwerkzeug
stoffplatte

1
2
3
4
5

THERMOFORMEN VON THERMOPLASTEN
1 Erhitzen der Kunststoffplatte **2** Hochfahren des Formwerkzeugs **3** Ansaugen (Vakuum) **4** Abkühlen **5** Ausstanzen (Stanzmesser)

Thermoformen

Kunststoffe, Glas. Das Thermoformen – auch Warmformen genannt – ist ein stückweiser Fertigungsprozess, der überwiegend bei der Verarbeitung von Thermoplasten zur Herstellung von Werkstücken mittlerer Qualität zum Einsatz kommt. Auf diese Weise werden zahlreiche Verpackungen (insbesondere für Lebensmittel: vom Joghurtbecher bis zur Gebäckschale) oder Kühlschrankwände hergestellt. Die Größe der thermogeformten Werkstücke variiert von wenigen Zentimetern bis hin zu über einem Meter. Dieses einfache Verfahren, bei dem eine Werkstoffplatte mithilfe eines Formwerkzeugs umgeformt wird, kann zu unterschiedlichen Materialdicken und somit zur Beeinträchtigung der Beständigkeit des Werkstückes führen. Da nur eine Seite des Werkstückes mit dem Formwerkzeug in Berührung kommt, kann seine mechanische Präzision und Endverarbeitung auch nur auf einer Seite garantiert werden. Aus diesem Grund wird das Thermoformen insbesondere bei Verpackungen und der Fertigung von Produkten der unteren Preisklasse angewendet. Die Vorzüge dieses Verfahrens liegen im Einsatz von Formen aus Holz, Verbundstoffen und Aluminium, wodurch die Investitionskosten niedrig gehalten werden können.

THERMOFORMEN VON KUNSTSTOFFEN – GRUNDLAGEN

Die thermoplastische Folie wird in einem Spannrahmen festgehalten und erwärmt, bis sie weich wird. Anschließend wird sie glattgezogen, durch Ansaugen in das Formwerkzeug gepresst und abgekühlt. Nach dem Entformen des nun erkalteten Formteils erfolgt das Beschneiden (mit einer Säge oder durch Ausstanzen bei Dünnfolien), um die Spannspuren zu entfernen.

Die Formteile müssen beim Entformen bestimmten Regeln gehorchen. Die Formgebung erfolgt entweder über Negativformen in eine Formhöhlung oder über Positivformen mit einer erhabenen Form, je nachdem, welche Seite des Formteils eine präzisere Oberfläche aufweisen muss.

Auch wenn theoretisch alle Thermoplaste thermoformbar sind, eignen sich einige weniger gut für dieses Verfahren, wie zum Beispiel gegossenes PMMA oder Polyethylen. Schlagfestes Polystyrol, ABS, extrudiertes PMMA, PET-G, PVC etc. werden jedoch häufig im Thermoformverfahren umgeformt.

Das Thermoformen kommt bei einem Produktionsvolumen von 1 000 bis 10 000 oder mehr Formteilen in Frage. Der kostenintensivste Arbeitsschritt ist das Ausstanzen.

VARIANTE

Auch bei der Bearbeitung von Glas wird von Thermoformen gesprochen, allerdings ist der Umformungsprozess hier wesentlich weniger ausgeprägt als bei den Thermoplasten. Die Umformung von Glas erfolgt meist zweidimensional (zum Beispiel zur Herstellung von gewölbtem Glas). In diesem Fall wird die kalte Glasplatte auf eine feuerfeste Form aufgelegt und im Ofen erhitzt. Das weiche Glas passt sich der Form an, die Umformung ist nach der Abkühlung dauerhaft.

Stärken: niedrige Produktionskosten, auch bei Kleinserien möglich, geringe Investitionen in Maschinen und Werkzeuge, komplexe Formen

Schwächen: hoher Materialverlust, keine Garantie für eine gleichmäßige Materialdicke

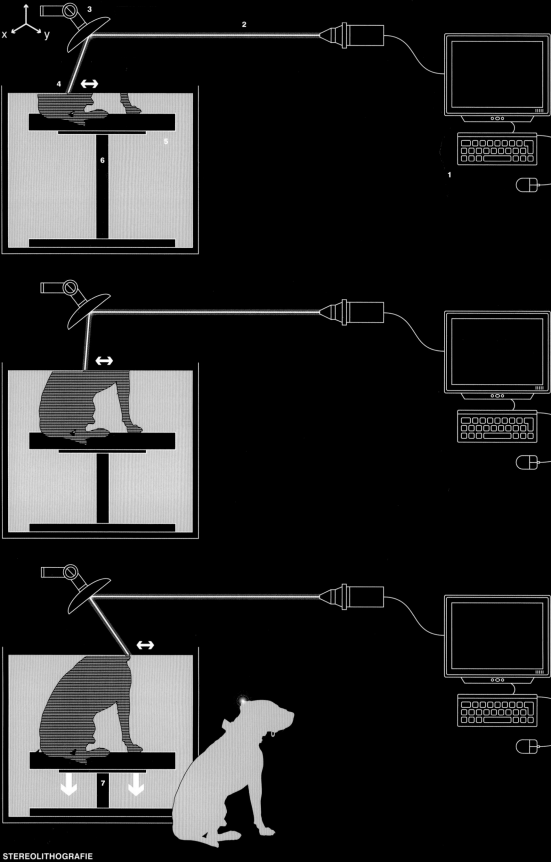

STEREOLITHOGRAFIE

1 CAD-Arbeitsplatz **2** Laserbündel **3** Spiegel **4** Aushärtung Punkt für Punkt **5** Behälter mit lichtempfindlichem Polymerharz **6** Höhenverstellbarer Tisch **7** Absenkung der Tischplatte

Digitale Fertigung

Alle Materialien. Mit der zunehmenden Perfektionierung digitaler Technologien und der Entwicklung von Steuerungssoftware für Werkzeuge hielt die Computertechnik Einzug im Maschinen- und Anlagenbau. Die ersten computergesteuerten Maschinen waren konventioneller Art: Metallfräsmaschine, mechanische Drehbank, Oberfräse (Holzindustrie) und andere. Dadurch konnten Werkzeugbahnen optimiert und die Geometrien hochkomplexer Werkstücke verfeinert werden (kurvenförmige Bewegung im Raum). Diese Techniken der ersten Generation, die mit Werkzeugabtrag funktionierten, setzten sich schnell in der industriellen Fertigung durch. Heute ist eine neue Generation von Prozessen im Entstehen, die bislang eher bei der Anfertigung von Prototypen als in der Massenproduktion eingesetzt wird. Sie besitzen die Besonderheit, mit Materialhinzufügung zu arbeiten. Eine Vielzahl dieser Verfahren kombiniert digitale Technologien, Lasertechnologien und besondere Eigenschaften von Polymerharzen. Heute erleben diese Technologien einen starken Aufschwung und entwickeln sich so rasant, dass wir hier lediglich die Grundlagen und repräsentativsten Beispiele aufzählen können.

STEREOLITHOGRAFIE

Dieses Mitte der 1980er Jahre entstandene Verfahren ist heute mit Sicherheit am weitesten verbreitet. Die Anlage besteht aus einem Laser, dessen Strahlenbündel auf die Oberfläche eines mit einem lichtempfindlichen (fotosensitiven) Kunststoff (Epoxidharz oder Acrylat) gefüllten Bads gerichtet ist. Der Laser wird von einem Computer über bewegliche Spiegel gesteuert. Der Parcours dieses Laserbündels entspricht einem zuvor programmierten Modell der Flächen, die ausgehärtet werden sollen. Im Kontakt mit dem Harz wird das Modell lokal polymerisiert. Nach dem Aushärten der Fläche wird das Werkstück um eine Schichtstärke (circa 0,07 mm) in die Flüssigkeit abgesenkt und der Laser fährt auf der neuen Schicht über die Flächen. So entsteht Schicht auf Schicht ein dreidimensionales Modell mit komplexer Geometrie, sowohl außen als auch innen bei geschlossenen Objekten. Diese spektakuläre Technik ist heute jedoch noch zeitaufwändig und in erster Linie der Herstellung von Prototypen vorbehalten. Erst wenige Gegenstände werden auf diese Weise in Kleinserien gefertigt. Das Verfahren ist relativ teuer und der Herstellung von kleinen Polymerobjekten vorbehalten.

FUSED DEPOSITION MODELING (FMD)

Dieses Verfahren ist wesentlich weniger verbreitet. Durch die dreidimensionale Bewegung eines Schwenkarms wird ein geschmolzenes thermoplastisches Polymer (zum Beispiel Polyamid, Polypropylen oder ABS) im Freiformverfahren stranggepresst und sofort ausgehärtet. Dadurch entstehen schrittweise die Umrisse der gewünschten Form. Das Verfahren ist schneller und kostengünstiger als die Stereolithografie, allerdings weniger präzise und lediglich für Thermoplaste geeignet.

LAMINATED OBJECT MANUFACTURING (LOM)

Die gewünschte Form wird Schritt für Schritt durch Stapelung von mit Polypropylen beschichtetem Papier erreicht. Jedes weitere Blatt wird mithilfe eines Lasers zugeschnitten und unter hohem Druck und Erwärmung auf die vorherigen Blätter geklebt. Dieses kostengünstige Verfahren wird oft zur Herstellung von Gießereimodellen eingesetzt; die angefertigten Teile ähneln bakelisiertem Sperrholz. Es sind keine geschlossenen Teile möglich.

Die Stratoconception® ist eine Variante des LOM-Verfahrens zur Anfertigung umfangreicher Werkstücke. Platten, die mit Laser oder Wasserstrahl geschnitten oder ausgefräst werden, werden anschließend durch Kleben und Komprimierung gefügt.

LASERSINTERN

Ausgehend von einem Polymerpulver (das mit Aluminium, Bronze etc. beschichtet werden kann) werden Gegenstände mit den unwahrscheinlichsten Formen hergestellt, die jedoch nie komplett geschlossen sind, damit verbleibendes Pulver entfernt werden kann. Ebenso wie bei den bereits beschriebenen Verfahren wird schrittweise vorgegangen. Das Pulver wird auf jeden neuen Abschnitt aufgetragen und mit dem Laser an den gewünschten Stellen aufgesintert.

3D-DRUCK

Heute setzen sich verschiedene Verfahren durch. Man spricht unter anderem von der 3D-Kopie, bei der ein vorhandener Gegenstand mit den oben beschriebenen Techniken abgetastet und in Schichten reproduziert werden kann. Dabei werden abwechselnd Pulver und Kleber verwendet.
Bestimmte Maschinen, die sogenannten 3D-Drucker, sind ebenso wie Tintenstrahldrucker im Büro in der Lage, ein Pulver Schicht für Schicht (je circa 0,1 mm) aufzutragen und so in mehreren Stunden dreidimensionale Gegenstände herzustellen. Diese Maschinen sind heute noch relativ teuer, doch das Verfahren verbreitet sich zusehends. Schon in naher Zukunft könnte die Bestellung von Designerkreationen digital im Internet erfolgen. Damit könnte jedermann diese Objekte bei sich zu Hause in mehreren Exemplaren herstellen. Das Verfahren ist zwar schneller und sparsamer (nach der ursprünglichen Investition in die Anlage) als andere Rapid-Prototyping-Technologien, doch die Qualität der Werkstücke ist minderwertig (körnige Textur). Einen Vorteil stellt die Möglichkeit der Anfertigung von Prototypen in Farbe dar.

Stärken der Rapid-Prototyping-Verfahren: formale Freiheit, damit lassen sich problemlos Prototypen oder Gegenstände ohne die Anfertigung eines Modells herstellen, individuelle Gestaltung jedes Werkstücks einer Serie möglich
Schwächen der Rapid-Prototyping-Verfahren: hoher Zeitaufwand, Preis, Oberflächen müssen bearbeitet werden, begrenzte Materialauswahl

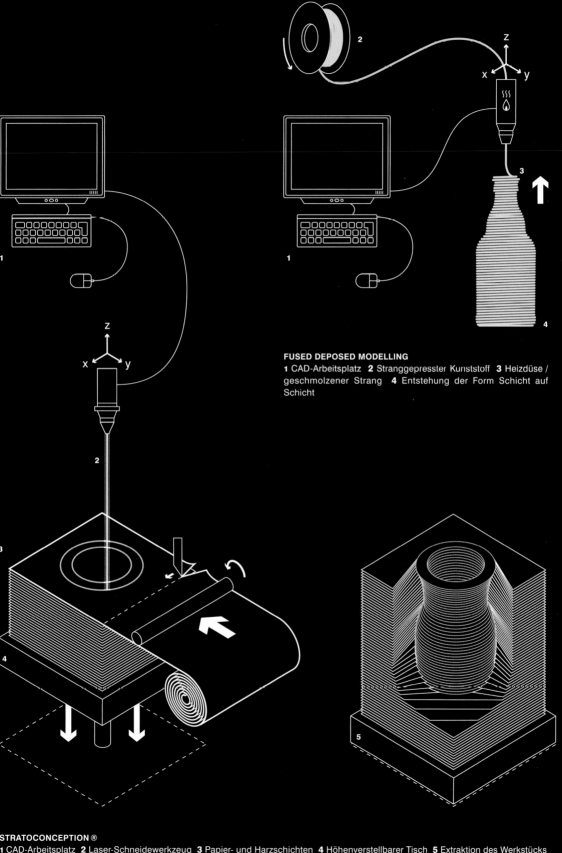

FUSED DEPOSED MODELLING
1 CAD-Arbeitsplatz **2** Stranggepresster Kunststoff **3** Heizdüse /
geschmolzener Strang **4** Entstehung der Form Schicht auf
Schicht

STRATOCONCEPTION®
1 CAD-Arbeitsplatz **2** Laser-Schneidewerkzeug **3** Papier- und Harzschichten **4** Höhenverstellbarer Tisch **5** Extraktion des Werkstücks

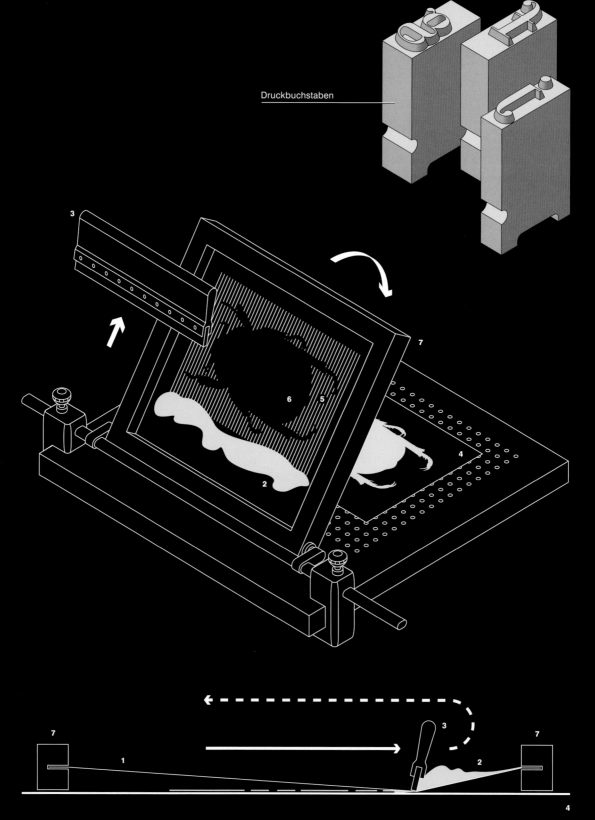

Druckbuchstaben

TYPOGRAFIE (OBEN), SIEBDRUCK (UNTEN)
1 Projektionsschirm **2** Druckfarbe **3** Rakel **4** Druckträger **5** Farbundurchlässige Maschenöffnungen **6** Farbdurchlässiges Gewebe
7 Rahmen

Drucken

....

Alle Materialien. Im Folgenden werden einige der wichtigsten Druckverfahren vorgestellt. Die Wahl des Verfahrens ist vom Ausgangsmaterial, der Anzahl zu druckender Exemplare, der gewünschten Qualität und dem Preis abhängig.

TYPOGRAFIE

Typografie in ihrer weitesten Bedeutung ist mit Sicherheit das älteste Druckverfahren und kam bereits lange bevor Johannes G. Gutenberg 1450 seine Druckmaschine entwickelte in China zum Einsatz. Es funktioniert nach dem Prinzip des Zusammensetzens einzelner „seitenverkehrter" Zeichen, die zuerst aus Holz und später aus Blei oder Kupfer gefertigt wurden, und wird zur Erstellung von Text oder Abbildungen verwendet. Die Schriftzeichen sind nach Familien (römisch, mit Serifen etc.), Schriftart (Arial, Times, Helvetica etc.), Format (fett, kursiv) und Schriftgröße (12 etc.) geordnet und werden mit der Einheit „Punkt" gemessen. Auch heute noch finden diese Parameter in der Informatik Anwendung. Desgleichen gelten nach wie vor dieselben Schriftcodes, die beispielsweise auch alle Satzzeichenregeln dieses Buches bestimmen.

Die Typografie kommt heute beim Druck von Kleinserien, in Kunstverlagen und bei Visitenkarten oder Prägungen zum Einsatz.

OFFSETDRUCK

Dieses Druckverfahren macht sich die Gegensätzlichkeit von Wasser und (fetthaltiger) Farbe zu Nutze. Dabei wird eine lichtempfindliche Druckplatte auf einem sich drehenden Zylinder aufgebracht (das Relief des Druckbildes ist praktisch nicht zu sehen). Die Druckplatte nimmt die Farbe auf, während das Wasser vom druckenden Teil der Platte abgestoßen wird. Das mit Druckfarbe benetzte negative Druckbild wird auf einen Gummizylinder – das Druck- oder Gummituch – übertragen, der das Bild richtig herum abdruckt. Der computergestützte Offsetdruck ist eines der wichtigsten Papierdruckverfahren mit hervorragendem Preis-Leistungs-Verhältnis.

Magazine, Bücher, Telefonbücher und Poster sowie Polymere und Metalle können mit diesem Verfahren gedruckt werden. Mit bis zu 60 000 Exemplaren pro Stunde ist der Durchsatz zudem extrem hoch!

TAMPONDRUCK

Mithilfe eines Silikon- oder Kautschuk-Tampons wird ein farbiges Motiv auf den Bedruckstoff aufgetragen. Für einen Vierfarbendruck sind somit vier Druckvorgänge nötig. Der Tampondruck kann zum Bedrucken gewölbter Flächen und aller erdenklichen Körper eingesetzt werden. So werden beispielsweise auch CDs mit diesem Druckverfahren beschriftet.

FLEXODRUCK

Bei diesem Druckverfahren werden auf einem Druckzylinder Druckplatten aus Elastomer angebracht, die nach der Einfärbung das gewünschte Motiv auf dem Druckträger abbilden. Die Druckfarben sind flüssig und basieren auf stark flüchtigen Lösungsmitteln. Der Flexodruck wird für Papier, Pappe, bei der Herstellung von Beuteln, Säcken und Verpackungen sowie für das Bedrucken von Kunststoff und Metall angewendet.

TIEFDRUCK

Nach dem Vorbild des Kupferstichs entsteht beim Tiefdruckverfahren das Druckbild mit einem gravierten Zylinder, auf dem das Bild in den gravierten Vertiefungen zu erkennen ist, die die Druckfarbe aufnehmen. Das Papier wird mit großem Druck auf den Druckzylinder aufgepresst und nimmt so die Farbe auf. Jede Farbe muss in einem eigenen Druckvorgang gedruckt werden. Dieses Druckverfahren wird insbesondere für Magazine und Kataloge mit hoher Auflage oder Verpackungen verwendet.

....

SIEBDRUCK

Beim Siebdruckverfahren kommt eine Druckschablone aus feinmaschigem Gewebe (anfänglich aus Seide, heute aus Polyester, Polyamid oder Metall) zum Einsatz, dessen Maschenöffnungen dort mit Gummi farbundurchlässig gemacht wurden, wo dem Motiv entsprechend keine Farbe gedruckt werden soll. Das Gewebe ist auf einen Rahmen gespannt, die Druckfarbe wird mit einer Rakel durch die offenen Maschen auf den Bedruckstoff gedruckt. Der Siebdruck ist für zahlreiche Druckträger wie Papier, Glas, Keramik, Holz, Textilien und Kunststoffe geeignet. Auch Formstücke können mit diesem Verfahren bedruckt werden.

TINTENSTRAHLDRUCK

Bei dieser digitalen Drucktechnik werden kleine Tintentröpfchen in verschiedenen Farben kontinuierlich oder stoßweise aus mehreren Düsen getrieben. Diese Technik breitet sich heute in allen Fachgebieten aus, wird für alle Druckträger verwendet und ermöglicht den Druck großer Formate. Zunehmend ist sie auch im 3D-Bereich zum Bedrucken bereits geformter Oberflächen anzutreffen.

LASERDRUCK

Der Laserdruck ähnelt vom Prinzip her der Fotokopie (immer häufiger handelt es sich im Übrigen bei den Fotokopierern, die heute zum Einsatz kommen, in Wirklichkeit um mit einem Scanner kombinierte Laserdrucker). Bei diesem Druckverfahren wird Toner verwendet. Das Druckbild wird auf eine zuvor elektrostatisch aufgeladene Bildtrommel projiziert. Durch das Auftreffen des Laserstrahls auf die Trommel erfolgt deren Entladung und es bildet sich ein sogenanntes latentes Bild des zu druckenden Motivs. Die Tonerpartikel werden dort von der Trommel angezogen, wo sich durch den Laserstrahl das latente Bild gebildet hat, und werden auf das Papier übertragen, wenn dieses gegen die Trommel gepresst wird. Der Laserdruck bietet eine bessere Auflösung, ist pro gedruckte Seite preisgünstiger und schneller als der Tintenstrahldruck.

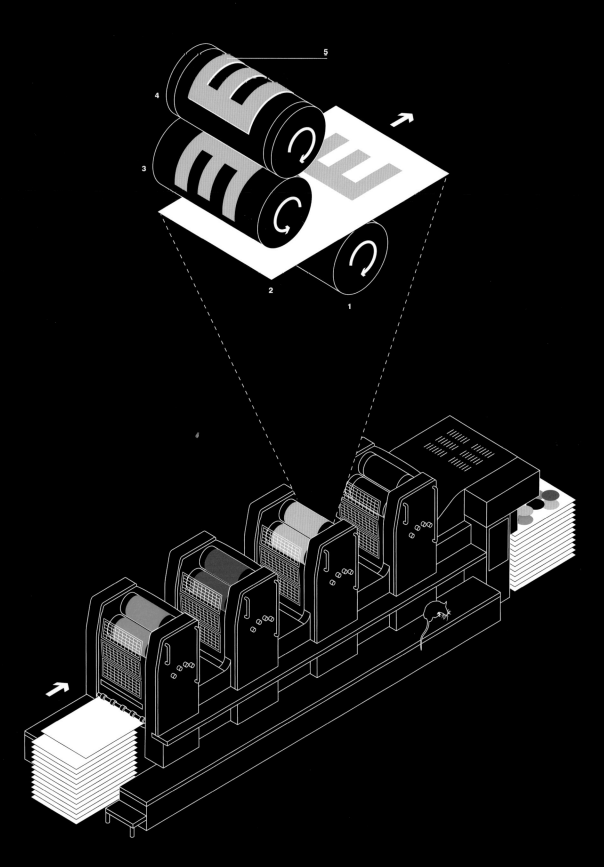

OFFSETDRUCK
1 Druckzylinder **2** Druckträger **3** Drucktuchzylinder **4** Druckplattenzylinder **5** Druckfarbe

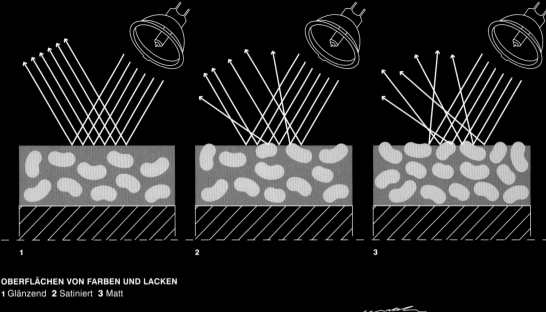

OBERFLÄCHEN VON FARBEN UND LACKEN
1 Glänzend 2 Satiniert 3 Matt

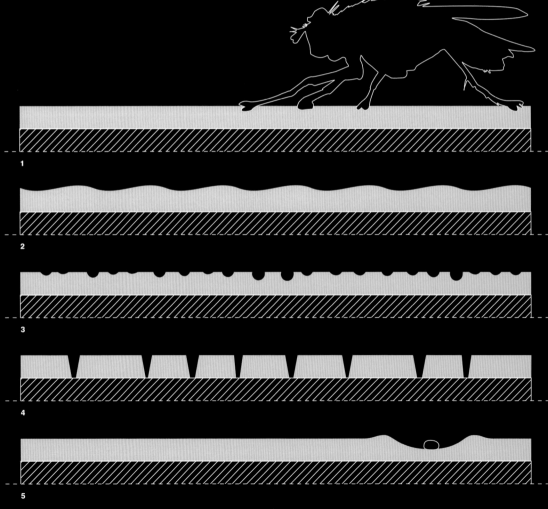

EINIGE CHARAKTERISTISCHE FEHLER VON FARBEN UND LACKEN
1 Gespannt 2 Orangenhaut 3 Blasenbildung 4 Rissbildung 5 Krater

Endbearbeitung

Alle Materialien. Die Endbearbeitung („Finish") umfasst sowohl die Frage des Oberflächenschutzes als auch das Dekor. Heute soll ein Finish auch andere Funktionen übernehmen. Es können durch Oberflächenbearbeitung taktile Eigenschaften (weicher Griff), Lebensmitteleignung oder sogar elektrische Leit- beziehungsweise Isolierfähigkeit erzielt werden. Bestimmte Werkstoffe (Holz, Metall) weisen eine geringe Beständigkeit gegen Wärme, Chemikalien, Feuchtigkeit, Schimmelpilzbildung, Oxidierung, UV-Strahlen auf. Andere, neuere Materialien wie Edelstahl und Kunststoffe besitzen bereits in ihrer Grundstruktur die endgültigen Oberflächeneigenschaften (Schutzfunktion, aber auch Farbgebung und so weiter). Sie werden von der Industrie meist aus wirtschaftlichen Gründen gewählt, da Oberflächenbearbeitungen oft kostspielig und zeitaufwändig sind.

Die zu bearbeitenden Oberflächen müssen im Allgemeinen sorgfältig vorbereitet werden, um die Haftung und Haltbarkeit der Endbearbeitung oder des Dekors zu gewährleisten. Sie können mit Lösemitteln entfettet, poliert, sandgestrahlt, abgestrahlt, abgeflammt oder mit einer Grundierschicht versehen werden.

Die Endbearbeitung respektive das Aufbringen eines Dekors auf einer Oberfläche ist vor allem eine Frage der chemischen Verträglichkeit. So ist Polyethylen beispielsweise mit den wenigsten Dekorprodukten kompatibel, das besonders harzhaltige Teakholz eignet sich kaum für Lacke. Zu den Endbearbeitungen und Dekorschichten zählen das Imprägnieren des Werkstücks mit fettigen Substanzen (Ölen); das Aufbringen von Polymerfolien, die eine Schutzschicht bilden (Farben und Lacke); das Galvanisieren (Zink oder Chrom) oder das Bekleben mit einem anderen Material (Aufkleben von Häuten, Textilien, Etiketten etc.). Die Methoden beim Endbearbeiten reichen vom manuellen Verfahren (Lappen, Pinsel, Bürste, Rolle, Spritzpistole oder Beschichten durch Eintauchen) bis hin zu industriellen Prozessen (Elektrolyse, Ablagerung, Projektion, Zerstäubung, Streichen und Kalandrieren).

Heute werfen Endbearbeitung und Dekor von Werkstücken ein Grundproblem auf: das Recycling. Denn das Recyceln erweist sich umso schwieriger, als für die Haltbarkeit der Oberflächenbehandlung eine feine Mischung von heterogenen Materialien erforderlich ist – das nachträgliche Trennen dieser Bestandteile ist nicht unproblematisch. Diese Frage muss daher bereits in die Frühphase der Produktentwicklung einbezogen werden.

FARBEN (ODER ANSTRICHMITTEL)

Farben setzen sich aus mehreren Bestandteilen zusammen:

· **Bindemittel:** Das Bindemittel stellt 10 bis 40 % der Farbe und besteht meist aus Polymerharzen, die für die Bindekraft und Beständigkeit des Farbfilms sorgen. Das Trocknen der Farbe erfolgt durch die Polymerisation des Bindemittelharzes, die beginnt, sobald das Lösungsmittel verdampft ist. Manche Farben müssen zuerst mit einem Katalysator gemischt werden.

· **Pigmente:** Die Pigmente machen 5 bis 40 % der Farbe aus; sie sorgen für die Farbgebung und sind mineralischen (darunter auch die Metallpigmente) oder organischen Ursprungs. Die aus unlöslichen Farbpartikeln bestehenden Pigmente werden von den löslichen Farbstoffen unterschieden, mit denen sich Effekte von Transparenz und Farbtiefe erzielen lassen. Heute existieren jedoch auch sogenannte „Effektpigmente", mit denen Farben hergestellt werden können, die einen vom Betrachtungswinkel abhängigen Farbeffekt bewirken (Perlmutteffekt, Flip-Flop-Effekt, Interferenzeffekt): Perlmuttpigmente, phosphoreszierende und fluoreszierende Pigmente etc.

· **Füll- und Zusatzstoffe:** Füll- und Zusatzstoffe machen 0 bis 70 % der Farbe aus. Füllstoffe bestehen aus Siliciumdioxid, Kreide, Kaolin, Talkum oder Ruß und verleihen der Farbe eine bessere Deckfähigkeit, begrenzen ihre Schrumpfung beim Trocknen, machen sie matt etc. Bei den Zusatzstoffen, die immer in kleinen Dosen (unter 5 %) zugemischt werden, handelt es sich um verschiedene chemische Wirkstoffe: Thixotropiermittel (Beherrschung der Viskosität), Antikratzmittel, Benetzungsmittel, Antioxidationsmittel, UV-Absorber, Insektizide, Pilzschutzmittel, Flammschutzmittel etc.

· **Lösungs- und Verdünnungsmittel:** Lösungs- und Verdünnungsmittel stellen 15 bis 35 % der Farbe. Sie bestehen aus flüchtigen Stoffen auf Wasserbasis (wässerige Lösungen), Terpentinersatz (White Spirit) oder anderen Substanzen, die das Bindemittel manipulierbar machen und für eine angemessene Viskosität sorgen. Außerdem werden sie zum Säubern der Malerwerkzeuge eingesetzt. Sie verflüchtigen sich beim Trocknen der Farbe. Heute wird besonders auf die Umweltverträglichkeit von Lösungs- und Verdünnungsmitteln geachtet, da ihre Verdampfung auch noch lange nach dem Trocknen der Farbe fortschreitet und sie deshalb gesundheitsschädlich sein können.

Je nach Viskosität, Malgeschwindigkeit und Malabstand erhält man eine glatte oder mangelhafte Oberfläche (zum Beispiel Blasenbildung, Krater, Orangenhauteffekt).
Häufig werden mehrere Farbschichten aufgetragen, die alle eine bestimmte Funktion erfüllen: eine Haftschicht, eine Antikorrosionsschicht, eine Deckschicht und manchmal zum Abschluss sogar eine Lackschicht.
Ein Großteil der Farben sind lösungsmittelhaltig: Zellulose-Farben, Ölfarben, Polyurethanfarben, Epoxidfarben. Aus Umweltschutzgründen ist jedoch eine Tendenz zur Einschränkung von Lösungsmitteln und der Bevorzugung von Trockenextrakten in Farben zu beobachten (bisweilen bis zu 80 %). Dies kann jedoch zu Problemen bei der Verarbeitung und im Aussehen führen. Es werden sogar Pulverfarben angeboten, die völlig lösungsmittelfrei sind. Diese Farben aus Polyamid, PVC, Polyester, Epoxid, Acryl und anderen mehr werden in einer einzigen Schicht aufgetragen und bei der Herstellung relativ hohen Temperaturen ausgesetzt, weshalb sich ihre Anwendung insbesondere auf Metallflächen beschränkt. Sie sind wirtschaftlich und leicht aufzutragen, aber ihre Oberflächenbeschaffenheit entspricht nicht immer der Qualität herkömmlicher Farben.

LACKE

Lacke sind mit Transparentfarben vergleichbar. Bei der Holzbehandlung wird zwischen Lacken und Lasuren unterschieden. Lacke werden als wasserdichte Schutzschicht auf Holz aufgetragen. Jede noch so kleine Beschädigung der Lackschicht mindert deren Schutzwirkung. Lasuren sind Imprägnierlacke (meist aus Alkydharz), die vom Holz aufgesogen werden und keinen gleichmäßigen Überzug auf dessen Oberfläche bilden. Sie ermöglichen einen permanenten Austausch zwischen dem Werkstoff und seiner Umgebung, das Holz „atmet" weiter. Lasuren sind jedoch weniger effizient und weisen eine wesentlich geringere Beständigkeit auf als herkömmlicher Lack (im Außenbereich nur ein Jahr). Lasuren und Lacke werden auch in „transparenten" Farbtönen angeboten. Zur Instandhaltung und Pflege müssen lasierte Oberflächen schnell leicht abgeschliffen und neu gestrichen werden, während lackierte Oberflächen intensiv gereinigt werden müssen, bevor sie neu lackiert werden können.
Lacke werden häufig im Zusammenhang mit Holz genannt, können jedoch auch auf Metall, Leder, Papier, Pappe, Kunststoff und sogar als Überzug von Farben eingesetzt werden – und natürlich darf hier auch der Nagellack nicht unerwähnt bleiben!

EMAIL

Email ist ein Produkt aus der Glasfamilie und besteht aus einer verglasenden Masse, die häufig in Pulverform anzutreffen ist und bei Temperaturen zwischen 500°C und 1 500°C geschmolzen wird. Das Emaillieren oder Glasieren auf Mineralbasis führt zur Verglasung; das Ergebnis ist äußerst kratzfest, temperatur- und chemikalienbeständig, jedoch nicht immer stoßfest. Email wird in der Regel auf Keramik und Metall (zum Beispiel Stahl und Gusseisen) aufgebracht.
Man spricht von:
· **Überzug:** Beim Brand von Steingut oder Porzellan bildet sich eine transparente Glasschicht.
· **Glasur:** Eine Schicht aus transparentem Glas wird zum Beispiel auf eine Fayence aufgebracht und gebrannt.
· **Email:** Farbiges oder opakes Glas wird auf Keramik oder Metall aufgebracht und gebrannt.
· **Lack:** Eine hauchdünne Schicht wird auf einfache Tonwaren aufgetragen und gebrannt.

BEFLOCKUNG

Bei der Beflockung werden Textilpartikel auf eine zuvor mit Kleber beschichtete Oberfläche aufgebracht. Dadurch kann beispielsweise Velours imitiert werden. Die Flockfasern können verschiedene Längen aufweisen, bei der Beflockung ausgerichtet oder zuvor eingefärbt werden, wodurch zahlreiche optische und haptische Eigenschaften erzielt werden können: samtweiche Pfirsichhaut, fusselig, Lederoptik etc. Beflockt werden können alle Materialien und Werkstücke (Papier, Pappe, Holz, Metall, Kunststoff etc.); einer der Hauptanwendungsbereiche ist die Verpackungsindustrie.

ACRYLIERUNG

Die Acrylierung wird bei Kunststoffen angewendet; dabei wird unter Wärmeeinfluss ein bedrucktes Dekorblatt auf eine kompatible Polymerplatte (meist ABS, Polystyrol, PMMA) aufgeklebt und anschließend thermogeformt oder gebogen. Dieses Verfahren kommt insbesondere bei Verpackungen und Produkten der niederen Preisklasse (POS-Bereich) zum Einsatz.

VAKUUMMETALLISIERUNG

Durch die Metallisierung im Hochvakuum wird ohne Erwärmung auf Kunststoffteilen eine Metallschicht aufgebracht. Dabei wird eine dünne Metallfolie, meist Aluminium, im Vakuum verdampft (Übergang vom festen in den gasförmigen Zustand), die Metallpartikel werden von der elektronegativen Zielfläche angezogen und lagern sich auf der Oberfläche ab (zum Beispiel ABS, PMMA, Styropor nach vorheriger Lackierung). Dieses Verfahren wird zum Beispiel bei der Innenbeschichtung von Fahrzeugscheinwerfern oder Überlebensdecken verwendet.

ELEKTROLYTISCHES VERCHROMEN

Unter Elektrolyse versteht man die Aufspaltung einer chemischen Verbindung unter Einwirkung von elektrischem Strom. In ein Lösungsbad werden eine Anode und eine Kathode getaucht, die beide an einen Gleichstromgenerator angeschlossen sind. Die Anode ist positiv geladen, die Kathode negativ. An der Anode findet ein Oxidationsvorgang statt, bei dem Elektronen freigesetzt werden, während an der Kathode eine Reduktionsreaktion stattfindet, bei der Elektronen aufgenommen werden.
Durch Elektrolyse können Kunststoffteile durch Aufbringen von galvanischen Schichten in Chrom, Nickel oder sogar Gold veredelt werden. Die Beschichtung erfolgt in einer Lösung und setzt voraus, dass die Werkstücke elektrisch leitend gemacht werden (ABS, Polypropylen, Polyamid, Polycarbonat etc.). Die in ein Bad getauchten Teile bilden die Kathode und werden auf der gesamten Oberfläche mit Metall überzogen. Selbst umfangreiche Werkstücke können auf diese Weise beschichtet werden (zum Beispiel im Automobilbau).

GALVANOTECHNIK

Metallteile können ebenfalls durch Elektrolyse beschichtet werden. Die Galvanoplastik bietet einen effizienten Korrosionsschutz; außerdem können so ästhetisch ansprechende Metalloberflächen (Gold, Nickel, Zinn, Blei) erzielt werden. Dieses Verfahren wird häufig in der Juwelierkunst, bei Leitungsarmaturen, im Automobilbau eingesetzt.
Durch Metallabscheidung wird Stahl mit Zink beschichtet (man spricht hier von Verzinnen oder Galvanisieren) und damit korrosionsbeständig gemacht. Stahl wird am Negativpol (der Kathode) angelegt, Zink fungiert als Anode und „wandert" zur Oberfläche seines Gegenpols. Die Galvanisierung von Stahl kann auch im Heißbad der Fertigteile durchgeführt werden.

ELOXIEREN (ANODISCHE OXIDATION)

Durch Elektrolyse im Säurebad kann die natürliche Oxidschicht an der Aluminiumoberfläche verstärkt und somit der Korrosionsschutz erhöht werden – dabei handelt es sich um das Phänomen der Passivierung. Beim Eloxalverfahren wird kein Stoff von außen aufgebracht, es handelt sich vielmehr um eine Oxidation des Werkstoffs selbst. Es werden verschiedene Arten von anodischer Oxidation unterschieden, je nach Stärke der angefertigten Aluminiumschicht. Eine sogenannte „harte", dicke Eloxalschicht (rund 100 Micron) macht die Aluminiumoberfläche besonders widerstandsfähig, unter anderem gegen Abrieb. Der Werkstoff ist grau oder schwarz. Auch leichtere Eloxalschichten von wenigen Micron bis einigen dutzend Micron bieten erhöhten Schutz und können eingefärbt werden, um verschiedenste Farbeffekte zu erzielen. Das Eloxieren ist ein sehr verbreitetes Verfahren zum Schutz und Oberflächenfinish.

CUBIC-PRINT-VERFAHREN / WASSERTRANSFER

Beim Cubic-Print-Verfahren oder Wassertransfer wird zuerst eine wasserlösliche Folie bedruckt. Dann wird das zu beschichtende Kunststoffwerkstück in ein lauwarmes Wasserbad getaucht und die bedruckte Folie auf die Wasseroberfläche gelegt. Sie löst sich auf, die Farbpigmente schwimmen auf dem Wasser und legen sich auf das an die Oberfläche geholte Werkstück. Die auf diese Weise beschichteten Werkstücke können recht komplexe, dreidimensionale Formen aufweisen. Im Vorfeld können die durch die spezifische Form des zu beschichtenden Werkstückes verursachten Verzerrungen berechnet werden, um diese bei der Beschichtung auszugleichen. Nach der Entnahme aus dem Wasserbad wird das Werkstück getrocknet und lackiert.

VAKUUMSUBLIMATION

Das gewünschte Motiv wird auf eine elastische oder steife Folie gedruckt, welche um das Werkstück gelegt wird. In einem Ofen wird dieses bei circa 200°C sublimiert, wobei die Sublimationstinte sich mit dem Werkstoff verbindet. Mit diesem Verfahren werden Kunststoffteile verziert, die aufgrund ihrer Beschaffenheit mehrere Minuten lang relativ hohen Temperaturen ausgesetzt werden können (zum Beispiel Polyamid, Polycarbonat und POM).

THERMOBESCHRIFTUNG

Bei diesem einfachen, schnellen und kostengünstigen Verfahren wird eine Kunststofffolie mit einer Metallauflage zwischen einen Stempel und das zu verzierende Werkstück (zum Beispiel aus Kunststoff) gelegt. Das im Relief auf dem Stempel aufgebrachte Motiv wird durch Druck- und Wärmeeinwirkung auf das Werkstück übertragen. Die Thermobeschriftung wird häufig zum Aufbringen von Gold- und Silberlogos auf Kosmetik- oder im Vorfeld beflockte Verpackungen eingesetzt. Auch die Vergoldung von Luxusartikeln aus Leder mit Blattgold kann mit diesem Verfahren erfolgen.

IN-MOLD-VERFAHREN

Bei diesem äußerst zuverlässigen Verfahren wird ein bedrucktes Etikett, das aus einem mit dem eingespritzten Polymer kompatiblen Material besteht, in die Spritzgussform eingelegt. Auf diese Weise erfolgt beispielsweise die Beschriftung von Computertastaturen. Die enge Vermischung der Materialien garantiert eine hohe Abriebfestigkeit.

STREICHVERFAHREN

Streichverfahren (Coatings) werden in erster Linie im Textilbereich eingesetzt. Die Oberfläche wird hierbei durch Kalandrieren, Schaben, Immersion oder Spritzen mit einer Kunststoffschicht versehen, die den Stoff wasserdicht, fleckenbeständig, glänzend etc. macht. Es handelt sich also um eine Veredelungstechnik für Textilien. Allgemein spricht man bei einer Vielzahl von Werkstoffen (Kunststoff, Papier, Glas) von Streichverfahren beziehungsweise Coatings, wenn eine glatte Oberfläche mit einem ursprünglich flüssigen Material oder einer Paste bestrichen wird.

SANDSTRAHLEN / KUGELSTRAHLEN

In einer geschlossenen Spritzkabine werden kleine Strahlmittelkörper mit hoher Geschwindigkeit gegen die zu behandelnde Oberfläche (Strahlgut) geschleudert: Metallkügelchen beim Kugelstrahlen, Keramik oder Sand beim Sandstrahlen, oder auch zerkleinerte Pfirsich- oder Olivenkerne. Das Ergebnis ist ein mattgeschliffener Effekt auf Glas, texturierte Oberflächen auf Metall, ein „Treibholzeffekt" bei Holz. Das Sand- beziehungsweise Kugelstrahlen kann einer Endbearbeitung vorausgehen, zum Beispiel der Lackierung, oder selbst auf ein spezifisches Oberflächenfinish abzielen.

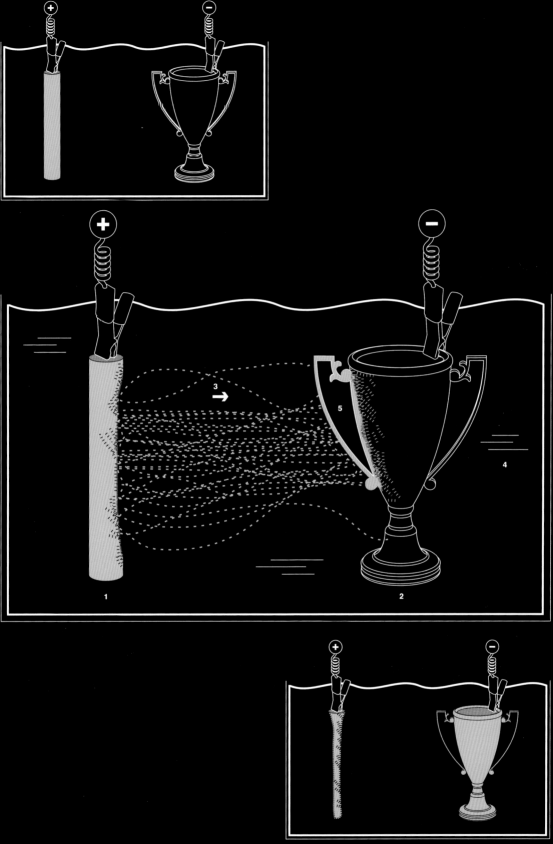

PRINZIP DER ELEKTROLYSE

1 Zink-Anode **2** Stahl-Kathode **3** Elektronen **4** Elektrolyt **5** Aufbringen von Material von der Anode

RECYCLING
Ein klassisches Beispiel sind weggeworfene und sortierte PET-Flaschen, die zu Vlies für Bekleidung wiederaufbereitet werden.

Recycling

....

Alle Materialien. Recycling oder Wiederverwertung ist strenggenommen kein Fertigungsverfahren, sondern man versteht darunter eine Reihe von Bearbeitungs- und Aufbereitungsverfahren am Ende des Materiallebenszyklusses. Ziel ist die teilweise oder gänzliche Wiederverwendung der Materialien. Vor dem Hintergrund des fortschreitenden Abbaus bestimmter Rohstoffe und des Anstiegs des Abfallvolumens wächst die Bedeutung der Wiederverwertung und wird von manchen Kreativen, die nur mit gebrauchten Materialien arbeiten, zunehmend als ein eigenständiges Verarbeitungsverfahren angesehen. Die Kunst der Werkstoffeinsparung in der Herstellung, die Logik der Wiederverwendung, die Kreation von „Neuem aus Altem" sind Konzepte, die alles andere als neu sind. Seit jeher musste der Mensch mit den verfügbaren Ressourcen haushalten und lernen, optimalen Nutzen aus ihnen zu ziehen.

Die Abfallbewirtschaftung lässt sich in drei Hauptkategorien zusammenfassen:

• Reduzieren: Abfall schon bei der Produktion minimieren, beispielsweise durch Verpackungsabbau.

• Wiederverwenden: Hier kommt das Cradle-to-Cradle-Konzept zum Tragen. Produkte sollen in ihrer Funktion weiter genutzt werden, beispielsweise durch Reparatur und Wiedereinführung, oder durch Objektaneignung neuen Einsatzzwecken zugeführt werden. Im letzteren Fall spricht man von einem „Upcycling-Prozess": Plastiktüten werden zu Teppichen, Kleider zu Stühlen, Fahrrad-Luftkammern zu Brieftaschen, Lastwagenplanen zu Taschen usw.

• Recyceln: Durch Sammeln, Sortieren und Aufbereitung der Abfälle können Materialien in einen bestehenden Fertigungszyklus integriert werden. Die Herstellung von Glasflaschen aus Altglas ist ebenso ein Beispiel dafür wie das Sammeln von Wasser- oder Sodaflaschen aus PET. Dieser Kunststoff fließt in andere Fertigungsprozesse ein, zum Beispiel bei der Herstellung von Vliesstoffen. Zahlreiche recycelbare Materialien wie Thermoplasten, Aluminium, usw. werden heute durch ein Symbol gekennzeichnet, das Möbiusband. Der Recyclinganteil in der Zusammensetzung bestimmter Produkte wird manchmal mit diesem leicht erkennbaren Zeichen in Verbindung gebracht. Andere Zeichen symbolisieren ebenfalls dieses Zyklusprinzip wie zum Beispiel der „grüne Punkt" in Europa, doch nicht alle von ihnen sind eine Garantie für die Recycelbarkeit des Werkstoffs.

RECYCLING / FUNKTIONSWEISE

Es werden drei Arten von Recyclingverfahren unterschieden:

• **Chemisches Recycling:** Die Abfälle werden chemisch aufbereitet, um die verschiedenen Bestandteile voneinander zu trennen.

• **Mechanisches Recycling:** Die Abfälle werden mechanisch von Maschinen verarbeitet, beispielsweise durch Schreddern.

• **Organisches Recycling:** Die Abfälle werden kompostiert, dabei entstehen Düngemittel oder Kraftstoff wie Biogas.

Bevor eine dieser Weiterverarbeitung erfolgen kann, müssen die Abfälle getrennt und abgeholt werden. Verbraucher und Industrie sind zwar aufgefordert, ihren Müll vor der Abholung zu trennen, doch vor der Wiederverwertung muss eine zweite, präzisere Mülltrennung auf mechanischen und manuellen Wege erfolgen. Bestimmte Materialien können mehrfach recycelt werden. Die Qualität der Produkte aus Recyclingmaterial kann in manchen Fällen minderwertig sein, häufig bleibt sie jedoch gleich

....

oder wird sogar verbessert, wenn durch Verwertungsverfahren chemische Mischungen entstehen, die die Eigenschaften der Recyclingmaterialien optimieren.

Nicht alle Recyclingverfahren werden in allen Ländern angewandt. Deshalb werden manche Abfälle mit Energierückgewinnung verbrannt oder gelagert, bevor sie aufbereitet werden können. Abfälle, die gefährlich für die Umwelt oder die Gesundheit sind und in Massenproduktion erzeugt werden, erfordern spezifische Recyclingsysteme.

Materialrecycling ist oft einfach und kostengünstig, bisweilen aber sehr komplex und teuer, also nicht immer rentabel (Trennung der verschiedenen Bestandteile, arbeitsaufwändig, gefährlich usw. Es muss immer berücksichtigt werden, ob die verwendete Recyclingtechnik hinsichtlich Werkstoffen und Energie aufwändiger ist als die Rohstoffverwertung. So ist Bleichen von Recyclingpapier beispielsweise alles andere als umweltneutral.

....

Stärken: Abfallreduzierung, Erhaltung natürlicher Ressourcen, alternative Versorgungsquelle

Schwächen: Logistik (Sammeln, Sortieren usw.), Rentabilität ungewiss

....

....

WEITER GEDACHT

....

Das Problem des Überangebots

Mitte des 20. Jahrhunderts wurde das Zeitalter der neuen Materialien eingeläutet, das die florierende Materialwelt der damaligen Zeit von Grund auf erschütterte. Jede Gesellschaft und jede Epoche waren von einem bestimmten Material geprägt: Das Mittelalter meißelte seine Unvergänglichkeit in Stein, die Moderne zeigte ihre Kunstfertigkeit in Stahl und die zeitgenössische Welt legt eine geradezu frenetische Begeisterung für sogenannte neue Werkstoffe an den Tag. Bei näherem Hinsehen bleibt Materie jedoch Materie – wir arbeiten nach wie vor mit den gleichen Atomen, die Mendelejew in seinem berühmten Periodensystem der Elemente darstellte. Die beschriebene Materie scheint eine fertige Einheit zu bilden, und dennoch wurde aus diesem nach der Arbeitsweise eines Mechanikers aufgestellten Periodensystem mithilfe verschiedenster Kombinationen eine nicht enden wollende Flut immer leistungsfähigerer Materialien erschlossen. Zum besseren Verständnis muss somit zwischen Materialien und Materie unterschieden werden. Hegel bezeichnete die Materie paradoxerweise als etwas „schlichtweg Abstraktes" und mit einer vorbestimmten Form untrennbar Verbundenes. In jedem Zeitalter wurde versucht, das unergründliche Rätsel der Materie zu lösen, was heute zum Beispiel im Konzept der immateriellen Gesellschaft zum Ausdruck kommt, die erstaunlicherweise so viele neue Materialien hervorbringt wie nie zuvor! Diese Zunahme an Halberzeugnissen führt zu einem „Überangebot", dessen Umfang unmöglich auf einen Blick erfassbar ist. Im Folgenden sollen einige der wichtigsten Gründe für dieses Überangebot dargestellt werden.

Erstens haben wir uns von einer Gesellschaft von Handwerkern, in der ein einziger Mensch mit seinem Wissen den gesamten Herstellungsprozess für einen Gegenstand beherrschte, zu einer von Ingenieuren geprägten Industriegesellschaft entwickelt, in der jedes Problem isoliert gelöst wird. Diese konzeptuelle Aufgliederung führt zu einer Fragmentierung des Herstellungsprozesses, denn für jeden Verfahrensschritt stehen eine Vielzahl von Lösungen und Ansätzen zur Verfügung, die den Austausch völlig unterschiedlicher Werkstoffe möglich machen. Diese Aufspaltungsideologie gipfelt im Technologietransfer, der sich zu einer eigenständigen kreativen Methode und einem bewährten Innovationsfaktor mit zahlreichen weiteren Umsetzungsmöglichkeiten entwickelt hat. Dies führt letztlich zu einer „Entspezialisierung" der Materie.

Zweitens hat heute ein Großteil der Forschung ihre Unabhängigkeit gegenüber der Produktion eingebüßt. Die Industrie wendet heutzutage beträchtliche Mittel für die Grundlagenforschung auf und hat insbesondere den Bereich der Forschung und Entwicklung ausgebaut. Mit der Einführung der „Technowissenschaften" wurde die Übergangszeit von der Entdeckung eines Werkstoffes zu dessen industrieller Anwendung erheblich verkürzt. Heute entstehen gar im Bereich Forschung und Entwicklung Werkstoffe ohne gezielte Einsatzmöglichkeiten!

Drittens hat diese Entwicklung unserer Industriegesellschaft unser Verhältnis zur Natur verändert. Lange Zeit stellte die Technik ein Bollwerk gegen die als widrig empfundenen Kräfte der Natur dar, vor denen es sich zu schützen galt und denen man sich entgegenstellen musste. Dieses Kräfteverhältnis hat sich zum Teil umgekehrt. Angesichts einer nunmehr als schwach geltenden Natur sind wir heute geneigt, einen Beitrag zur Erhaltung der Natur zu leisten. Die Natur zeigt uns, dass es nicht nur eine einzige Lösung für eine Problemstellung gibt, sondern dass mehrere Antworten nebeneinander existieren oder miteinander im Wettbewerb stehen können. Indem wir also beginnen, die Vielfalt überall dort zu fördern, wo der Glaube an die Technik uns lehrte, eine einzige, perfekte Lösung anzubieten, tragen wir zum Überangebot bei.

Ein weiterer Faktor für die Beschleunigung dieses Phänomens ist der weltweite Informations- und Warenaustausch, der jedem den Zugang zu einer wachsenden Zahl an sofort verfügbaren Materialien ermöglicht. Auch die Konsumgesellschaft, in der ein verschärfter Wettbewerb die Erneuerung der Märkte noch beschleunigt, trägt zu diesem Überangebot bei. Diese Erneuerung kommt in einer großen Produktauswahl zum Ausdruck, in der Materialien beliebig abgewandelt werden und in immer neuen Formen zur Auswahl stehen. Unsere Industriegesellschaft ist unbestreitbar im Wandel begriffen. Die klassischen Überlegungen rund um den Werkstoff und seine traditionelle, allgemeine Wahrnehmung, zum Beispiel hinsichtlich seiner Klassifizierung (Holz, Metall, Kunststoffe etc.) treffen immer weniger zu. Bei den Komponenten, mit denen wir arbeiten, handelt es sich zunehmend um „Zwischenzustände", die keiner bestimmten Gruppe zugeordnet werden können – das wahre Bild der Materie trübt sich: Werkstoffe imitieren sich gegenseitig, stehen im Wettbewerb, sind austauschbar und stiften Verwirrung.

Es wird immer wichtiger, neue Kategorien zu erstellen, das Material aus einem anderen Blickwinkel zu betrachten und es vielleicht in erster Linie hinsichtlich seines Verwendungszwecks zu definieren. Das Material erlegt dem Objekt nicht mehr wie bislang seine Zwänge auf, sondern der Verwendungszweck bestimmt vielmehr über das Material, was in manchen Fällen zu einer speziellen Anpassung des Werkstoffs führt. Transparenz, Leichtigkeit, Weichheit und Intelligenz der Werkstoffe führen zu einer neuen Herangehensweise, die sich mehr auf die Komplexität, die grundlegenden physikalisch-chemischen Eigenschaften sowie die politischen Vorzüge konzentriert. So entstehen neue, notwendige Denkansätze und innovative technologische Lösungen.

Luxus pur

Im Prunk der Paläste, in den Gefilden der Macht, im Glanz der Eroberungen war Luxus stets das Vorrecht der Großen, der Inbegriff von Macht, Stärke und Besonderheit, das gewisse Etwas, das die entscheidende Überlegenheit auszeichnete.

Dieses gewisse Etwas ist in Wirklichkeit jedoch meist materieller Natur und besteht aus den seltenen Materialien, die von jeher untrennbar mit den wirtschaftlichen und sozialen Beziehungen verbunden sind, die ihnen ihren Wert vermitteln. Die Eroberung ferner Länder war in der Geschichte der spanischen Eroberer bis zur Kolonialzeit stets begleitet von neuen Materialien, die das Besondere hervorhoben und den Luxus in sich trugen: Edelmetalle, Steine, Marmor, exotische Pflanzen, Ebenhölzer. Der Glanz, die Reinheit, Transparenz, Tiefe und unveränderliche Härte des Materials verkörperten einzeln oder zusammen das Absolute. Gold, das in winzigen Materialsplittern zu finden ist und im Mittelpunkt großer Herausforderungen stand, war und ist jener Inbegriff eines Materials, das zahlreiche Zutaten dieser feinen und undurchsichtigen Alchimie in sich vereint: Es ist unveränderlich, glänzend, formbar und selten, dennoch aber in ausreichender Menge vorhanden, um das Bedürfnis zu stillen, sich von anderen abzuheben und ihnen andererseits zu ähneln. „Anders und doch wie alle zu sein" – dieses komplizierte Gleichgewicht erreicht letztlich nur eine elitäre Auswahl an Materialien dauerhaft. Dennoch sind alle Luxusmaterialien, die mit schlafwandlerischer Sicherheit die Jahrhunderte überdauerten, auch in unserer modernen Gesellschaft anzutreffen und verkörpern aus gutem Grund die Werte von Überfluss und Demokratisierung. Die Konsumgesellschaft hat aus dem Luxus eine Industrie erschaffen und dadurch alle politischen und technologischen Fesseln gesprengt, die den aristokratischen Grundsätzen in ihren kostbaren, luxuriösen Elfenbeintürmen angelegt waren. Auf diese Weise trieb die Industriegesellschaft ab dem 19. Jahrhundert den Materialverbrauch immer mehr in die Höhe. Aluminium, Titan, wertvolle Eigenschaften wie Transparenz und Reinheit änderten in unserer westlichen Gesellschaft mit atemberaubender Geschwindigkeit ihren Stellenwert von selten zu banal. Der Glanz von Bronze, die Patina von Häuten oder der Schimmer von Schildpatt verblassten vor der Flut der Imitationen. Luxus verkauft sich heute gar im Kaufhaus und zahlreiche Experten der Kosmetik- oder Taschenindustrie befürchten, er werde aufgrund der immer schnelleren Erneuerung letztendlich in der Bedeutungslosigkeit versinken. Welche Zeichen und Materialien sind angesichts dieses Überflusses und der zunehmenden Erschwinglichkeit des Produkts noch in der Lage, Luxus zu verkörpern? Logos, Marken, Signaturen … die Codes haben sich geändert. Vielleicht wird heute gar die Materialität des Luxus infrage gestellt. Das Gold, höchster von einem Material verkörperter Wert, ist von der Währung (dem Dollar) bedroht, die als Königin der Märkte und virtuelles Objekt sowie Potenzial ohne feste Form alle anderen Werte in ihren Bann schlägt. Wie soll in diesem verschwommenen Umfeld allein die Idee von Luxus überleben? Kann sie auch ohne Material verkörpert werden? Ist es möglich, sich einen virtuellen Luxus vorzustellen, der nicht mit den Sinnen greifbar ist? Wird das Material auch in Zukunft noch in der Lage sein, uns den Luxus der Exotik zu bieten?

Endliches Material, unendliche Materie

Sind die Arbeiten an einem Gegenstand oder Bauwerk abgeschlossen, so beginnt erst dessen Lebenszyklus mit seinem Benutzer.

Während die Realität der Gegenstände lange Zeit als vom Menschen getrennt angesehen wurde, stehen diese heute plötzlich im Mittelpunkt der technologischen und wissenschaftlichen Debatte und werden infrage gestellt. Heute scheint zumindest eine bestimmte Sichtweise des Gegenstandes veraltet zu sein. Die Endbearbeitung galt im Allgemeinen als Hülle, Oberflächenzustand und letzte Beschichtung des Werkstoffes. Heute tritt jedoch die Schnittstelle, die Haut an die Stelle der Endbearbeitung und die Mensch-Objekt-Beziehung wird unter einem neuen Blickwinkel betrachtet.

Die Endbearbeitung verfolgte traditionsgemäß zwei Ziele: Schutz und Verzierung. Je nach Epoche harmonierten diese beiden Ziele oder standen auf komplexe Art und Weise im Widerspruch zueinander. Im vornehmen 18. Jahrhundert war die Verzierung allgegenwärtig: egal welches Ausgangsmaterial, es wurde rasch überdeckt. An diesem Höhepunkt des Dekors standen kleine Abbildungen des Schäfers mit seiner Schäferin, Blumendekors – der Gegenstand diente zu dieser Zeit als Erzählunterlage. Der Schutz der Oberflächenbehandlung ist jedenfalls gering, das zeigen die Kreidezeichnungen, die jedes Jahr erneuert werden mussten. Im 19. Jahrhundert – dem Industriezeitalter – nimmt die Schutzfunktion der Oberflächenbehandlung an Bedeutung zu. Der Aufschwung der Funktionalität reduziert das Material der Gegenstände häufig auf eine möglichst neutrale Endbearbeitung. Man schützt, man nivelliert und kaschiert die Eigenschaften des Materials bis zur Erfindung des Kunststoffs, dem Inbegriff des leblosen, funktionellen Werkstoffes ohne Vergangenheit und Geschichte. Die Freude an der Verzierung verblasst, sie kommt nur noch zum Einsatz, wenn sie der Funktion oder dem Vertrieb dienlich ist (Allgegenwart der Markenlogos als einzige Verzierung). Die Endbearbeitung dient zudem der Beständigkeit des Werkstoffes, dem durch Verchromen oder Rilsanieren die Illusion einer unvergänglichen Schutzhülle verliehen wird. Die Beständigkeit wird unermüdlich hervorgehoben.

Einzigartig ist jedoch, dass zwischen Schutz und Verzierung bei der Endbearbeitung eine stete Tendenz zur Imitation zu beobachten ist, die seit jeher darauf abzielt, das Auge zu täuschen: Einfachste Materialien werden raffiniert verkleidet. Auch hier ist der Kunststoff, der seine Stellung unter den Werkstoffen ja gerade der Imitation zu verdanken hat, allgegenwärtig.

In den 1970er Jahren scheint jedoch die gesamte Endverarbeitung infrage gestellt. Liegt dies an einem Vertrauensverlust in die von der industriellen Revolution verbreiteten Werte oder ist es vielmehr auf einen Widerstand gegen die Konsumgesellschaft und die angeblichen Wunder der Technik zurückzuführen? Die Natur ist erneut auf dem Vormarsch und mit ihr das Bewusstsein, dass sie nicht beherrscht werden kann. Nach und nach verlieren die Gegenstände ihre Schutzhülle, sie begleiten uns im Alltag und wir akzeptieren ihre Alterung. „Natürliche" Werkstoffe wie Holz, Leder und Stein erfreuen sich erneut großer Beliebtheit und ihre Endbearbeitung scheint sie nun „atmen" zu lassen. Außerdem halten

Lasuren, Patina und schützende Öle Einzug und Beschichtungen werden diskreter gehandhabt. Die Endbearbeitung grenzt an Kosmetik. Mit der Rückkehr zu den Grundlagen des Materials wird die Rolle des Gegenstandes selbst infrage gestellt: Die Übergänge sind heute fließend, der Gegenstand steht im Wechselspiel mit dem Menschen und wird zum Artefakt im Dialog mit der Natur. Das Konzept der „Haut" verdrängt die „Endbearbeitung". Sie fordert zum Anfassen auf, sie steht für Durchlässigkeit und Wechselwirkung. Die neuen Technologien (Chemie, Physik und Nanotechnologie) sind an dieser Entwicklung nicht unerheblich beteiligt: Textilbeschichtungen, atmungsaktive und wasserdichte Materialien, Schaumhäute, Retardeffekte, kommunizierende und leitende Beschichtungen, Flüssigkristalle, thermochrome und fotochrome Pigmente. Die Oberfläche von Gegenständen reagiert nun auf äußere Einwirkungen statt ihnen Widerstand zu leisten. Das Materialinnere gibt Wärme, Strömungen und Informationen ab, die von der „Hülle", der „Oberfläche", verarbeitet werden müssen. Diese steht mehr und mehr im Vordergrund und scheint teilweise sogar für die Funktion des Gegenstandes verantwortlich zu sein. Die Ähnlichkeit mit dem Lebendigen tritt immer mehr zutage. Wir sind im komplexen und subtilen Zeitalter der Wechselwirkungen und Schnittstellen angekommen – einem Zeitalter, in dem das Material seine eigene Oberflächenstruktur hervorbringt und selbstschützend und regenerierend wird – ein Beispiel hierfür ist die Stahlvariante Indaten. Das Spektrum reicht bis hin zur virtuellen Materie. Denn durch die Konstruktion dreidimensionaler, computergestützter Entwürfe von Gegenständen und Bauwerken genügt heutzutage in manchen Fällen der Aufbau einer leeren Hülle. Aber kann oder darf man einen Gegenstand auf seine Außenhaut reduzieren? Dies ist nur eine der Fragen, die durch die neuen Technologien aufgeworfen werden.

Verschwommene Logik, Triumph der Weichheit

Die Weichheit ist omnipräsent und spiegelt sich in den Wünschen der Kunden sowie in den Kreationen der Designer. Obwohl ihr eine tief verwurzelte abwertende Bedeutung anhaftet, wird die Weichheit heute paradoxerweise mit Komfort, Nähe und sinnlicher Aufmerksamkeit in Verbindung gebracht. Diese Trendwende steht vielleicht für eine grundlegende Veränderung im Materialbereich. Häufig vielmehr als „nicht hart" definiert, wird das Weiche zu einer beliebten Qualität: „Weich" im Griff – von der Tastatur über andere Bedienelemente, Kosmetik, Schuhe bis hin zum Interieur von Autos setzen sich weiche, lockere Formen und reaktive Materialien wie Schaumstoffe mit Verzögerungseffekt, aber auch Gele im Medikamentenbereich durch.

„Härte" stand bei Werkstoffen stets für wissenschaftlichen und technischen Fortschritt – historisch gesehen hat es noch nie ein Zeitalter der Weichheit gegeben, angefangen bei der harten Stein- und Eisenzeit – obwohl auch damals bereits weiche Materialien wie Kautschuk und Leder zur Verfügung standen. Charles Goodyear und sein stabiler Kautschuk aus dem Jahre 1839 läuteten den Beginn der „weichen" Industrialisierung ein. Weder fest noch flüssig, stellt das Weiche somit das Zwischenstadium par excellence dar, erregte jedoch nie die Aufmerksamkeit der Wissenschaftler, die sich vielmehr für Materialeigenschaften interessierten, die als durch und durch nobel galten. Heute eröffnet die Weichheit neue Horizonte, bietet als Übergang zwischen den einzelnen Phasen zahlreiche Möglichkeiten und kann vielleicht gar als vierter Materialzustand angesehen werden.

Allerdings handelt es sich um einen äußerst zwiespältigen, sowohl attraktiven als auch abstoßenden Zustand, von dem eine unbändige Berührungslust ausgeht und der eine ungeahnte Tiefe aufweist. Angenehm oder gefährlich? Weichheit fasziniert, weil sie an etwas Lebendiges erinnert. Das Weiche verweist auf den Körper, die Sinnlichkeit, droht aber auch jeden Moment zu erfassen, zu umschließen und zu verschlingen. Verweist das Weiche auf das Leben, erinnert es zugleich auch an dessen Vergänglichkeit. Es schwitzt, tropft und breitet sich aus. Unerbittlich treibt es uns seinem Ende entgegen und zerfällt. Polymere in Form von Schaumstoff, Gel und Silikon werden eines Tages rissig, manche von ihnen erhärten sogar! Gleichzeitig hat sich unser Verhältnis zur Dauerhaftigkeit des Materials geändert. Gegenstände, die früher als unvergänglich galten, haben heute eine weitaus geringere Lebensdauer. Alles ist eine Frage von Zeit, Maß oder Temperatur. Weichheit ist letztlich eine relative Wahrnehmung. Gulliver soll sehr gut auf einem Stahlblock geschlafen haben, während der Prinzessin auf der Erbse selbst ihre zahlreichen Matratzen nicht weich genug waren.

Ist der Aufschwung des „Weichen" im Werkstoffbereich auf den Rückgang der ideologischen und technologischen Gewissheiten der westlichen Gesellschaft zurückzuführen? Ziehen wir absolute Antworten in Zweifel? Es scheint, dass wir heute von Materialien mehr als nur einfache technische Lösungen erwarten: Wir wollen intelligente Werkstoffe und echte Empfindungen. Vielleicht sind wir ja auch dabei, eine Beziehung zum Material zu entwickeln, die eine Wende für das von der industriellen Revolution eingeläutete Zeitalter bedeutet.

Technowissenschaften und Design

Die Beziehungen der Designer zur wissenschaftlichen Welt schwankten im Laufe der Geschichte zwischen bewundernder Faszination und größtem Misstrauen bis hin zu regelrechter Verachtung. Der Aufschwung des Designs als eigene Disziplin führte zu erneutem Interesse und beinahe einem strukturellen Zusammenhang zwischen Technik und Kreation. Das Design der Jahrtausendwende ist stark mit komplexen technologischen und mechanischen Verfahren verwoben. Die neue Disziplin der Technowissenschaften bestätigte das Interesse der Designer für „neue" Werkstoffe, leichte und technologisch anspruchsvolle Lösungen. Ezio Manzini beschreibt in seinem Werk *The Material of Invention* diese enge Verknüpfung zwischen Design und Ingenieurtechnik auf einleuchtende Weise. Die Technik erfuhr einen ungeheuren Schub, eine Systematisierung, Rationalisierung und Miniaturisierung, obwohl die Regeln der Verarbeitung nach wie vor denselben Gesetzen unterworfen sind und derselben technischen Logik gehorchen. Endlich ist man in der Lage, die Leistungen zu vervielfachen. So läutet das 21. Jahrhundert zweifellos den Beginn einer neuen Ära ein.

Der Umbruch macht sich insbesondere in einer radikalen Veränderung der Maßstäbe bemerkbar: Es werden andere Beobachtungsmaßstäbe angelegt, was an sich nichts Neues ist, und insbesondere die Bearbeitungsmöglichkeiten bei Objekten des Alltags ändern sich. Als hätte im Tandem der Technowissenschaften die Wissenschaft die Oberhand über die reine Technologie gewonnen. Die exponentiellen Fortschritte in der Physik und Chemie ermöglichen heute eine Materialbearbeitung, die sich nicht mehr nur auf die äußere Hülle beschränkt, sondern bis in den Kern der Materie vordringt. Dieser mikro- oder gar nanometrische Blickwinkel eröffnet völlig neue Handlungsspielräume, ausgehend von der verblüffenden Feststellung, dass sich die makroskopische und mikroskopische Reaktion eines Materials durchaus voneinander unterscheiden können. Dies führt zumindest für unsere gewohnte Wahrnehmung zu unerwarteten, seltsamen, grundsätzlich unvorhersehbaren Reaktionen. Innerhalb weniger Jahrzehnte haben wir uns von der alten Vorstellung der leblosen Materie der Idee der intelligenten Materie zugewendet. Die industrielle Revolution baute auf den Prinzipien der Mechanik auf, dem spektakulärsten Ausdruck der damaligen Materialkonzeption. Betrachtet man einen Verbrennungsmotor, kann man recht genau erkennen, was der Qualität der verarbeiteten Werkstoffe und was dem menschlichen Genie zuzuschreiben ist. Das Zusammenspiel von Werkstoff und Funktionsweise war somit klar definiert. Das Konzept des intelligenten Werkstoffes hebt diese Kategorien aus den Angeln und verbirgt die Funktion im Materialinneren. Ein einfacher, kleiner, schwarzer Quader kann sich somit als Telefon, Rasierapparat, Fotoapparat oder gar als Lebensmittel entpuppen (ein nanometergroßer Gegenstand misst nur einige Hundert Nanometer, das Auge nimmt erst Gegenstände ab einer Größe von 10 000 Nanometern wahr) – eine verwirrende Verzerrung der existierenden Codes. Wir alle erinnern uns noch an die Zeit, in der miniaturisierte mechanische Werkteile unter Abdeck- und Motorhauben verschwanden. In Zukunft wird jedoch nichts mehr unter der Haube versteckt, sondern alles in ihr enthalten sein – sofern man sie noch als solche bezeichnen kann. Aus diesem Konzept der in das Material integrierten Funktion entstand die Zusammenführung von lebloser und biologischer Materie durch die Nachahmung lebender Systeme, molekularer Mikromaschinen sowie aktiver und selektiver Membranen. Laut Joël de Rosnay zeichnen sich intelligente Werkstoffe durch drei Merkmale aus: Sensibilität, Anpassungs- und Entwicklungsfähigkeit. Sie verfügen über Funktionen, die es ihnen ermöglichen, wie Sensoren (Signalmelder), Stellglieder (die auf ihr Umfeld einwirken) oder Prozessoren (zur Informationsspeicherung und -verarbeitung) zu reagieren. Somit sind sie in der Lage, als Reaktion auf materialexterne oder –interne Anforderungen spontan ihre physischen Eigenschaften, ihre Form, ihr Fließverhalten oder ihre Farbe zu ändern. In der industriellen Fertigung und Architektur liegt die Herausforderung darin, das Stadium der Spielerei zu überwinden und sich mit grundlegenden Fragen auseinanderzusetzen, um aus dem alten Dogma auszubrechen, das die Form der Funktion unterordnete. Der intelligente Werkstoff verschwindet im Prinzip im formlosen Objekt – eine Verschmelzung, die zu der Annahme führen könnte, dass alles überall enthalten sein kann: Licht und Ton können demnach in jeder Form und Materie anzutreffen sein. Aber wenn ein Werkstoff in der Lage ist, alle erdenklichen Formen anzunehmen, welche Form sollte dann der Gegenstand haben? Es kommt vielleicht nicht von ungefähr, dass im modernen Design der Verzierung erneut eine Sinn gebende Rolle zugestanden wird. Doch unter welchen Voraussetzungen soll dieses neue Dekor Anwendung finden? Noch stehen wir im Bann der Designer des 19. Jahrhunderts. Erneut tauchen Bilder und Motive auf, die sich an wissenschaftlichen Darstellungen inspirieren. Zahlreiche junge und zeitgenössische Designer trotzen dem Material mikroskopische Figuren und rhizomatische Strukturen ab, die immer wieder aufs Neue die Frage nach den Grenzen des Objekts, der Wechselwirkung zwischen Objekten, der Hülle etc. aufwerfen. Ganze Generationen junger Kreativer und zeitgenössischer Gestalter sind mit diesen Fragestellungen konfrontiert, die uns von einer allgegenwärtigen und doch nicht greifbaren Welt der Physik und Chemie vorgegeben werden und uns vor Probleme und Interessen stellen, auf die wir keinen Einfluss haben. Aber nicht nur die Wissenschaftler sehen ihr Fachgebiet erneut als Abenteuerspielplatz, auch unsere Sichtweise wird von unserer Darstellung der Materie, ihren Einsatzmöglichkeiten und Zwängen beeinflusst. Um mit den Worten von Merleau-Ponty zu sprechen: „Die Wissenschaft geht mit den Dingen um, macht sie sich jedoch nicht zu eigen." Genau darin liegt eine der größten Herausforderungen des Designs, wenn es in der Kreation nicht auf eine Nebenrolle reduziert werden möchte.

Hartnäckige Vorurteile

Wie könnte man heute über Materialien und Technologien sprechen, ohne dabei auch Umweltfragen zu berücksichtigen? Nachhaltige Entwicklung, umweltverträgliche Produktgestaltung, Umweltlabels, fairer Handel oder Ökobau mit HQE-Umweltnorm sind Schlagworte, welche die Titelseiten der Presse füllen und aus denen sich Profit schlagen lässt. Erschöpfung der fossilen Ressourcen, Treibhauseffekt, Klimawandel und Bedrohung der Artenvielfalt wecken Ängste bei den einen und führen zu guten Vorsätzen und militanten Aktionen bei den anderen. Diese Sorgen, die sich vor allem in den Industriegesellschaften bemerkbar machen, zeigen, dass eine industrielle Entwicklung, wie wir sie bisher kennen, künftig nicht mehr möglich sein wird, insbesondere was China und Indien betrifft. Die Reaktionen auf das sich abzeichnende ökologische, soziale und wirtschaftliche Ungleichgewicht unterstreichen die Vorherrschaft des Menschen sowie die Notwendigkeit, seine Umwelt zu erhalten, um auch künftig in ihr leben zu können.

Im Hinblick auf Materie und Werkstoffe sind die Problemstellungen somit klar definiert, aber auf dem Spiel steht noch wesentlich mehr. Wir sind ohne Unterlass mit der Materialauswahl konfrontiert, bei der selbstverständlich auch die Leistungskriterien eine Rolle spielen. Wo früher Geschwindigkeit mit schnellerem Fortschritt gleichzusetzen war, ist heute der Energieverbrauch ausschlaggebend. Mit der Informatik wurde dem Menschen ein leistungsstarkes Werkzeug an die Hand gegeben, das mit sehr wenig Energie betrieben wird und zur Entwicklung intelligenter Werkstoffe führte, die in der Lage sind, sich nur mithilfe der in ihnen schlummernden Ressourcen ohne zusätzliche Energie zu bewegen und zu verändern. Heute ist es sogar entscheidend, Gegenstände nicht mehr als eigenständige Einheiten wahrzunehmen, sondern als Objekte einer sich verändernden Materie in einem geschlossenen Lebenszyklus, der vom Rohstoff über die Produktion, den Vertrieb und die Nutzung bis hin zum Recycling reicht. Zahlreiche Industriesektoren sind sowohl für die Entstehung eines Produktes als auch für dessen Alterung und Entsorgung verantwortlich.

Vor diesem Hintergrund gibt es keine guten und schlechten Werkstoffe, wie viele gerne glauben würden, sondern vielmehr zahlreiche hartnäckige Vorurteile. Die Industrie wollte uns lange glauben machen, es gäbe eine einzige Materiallösung, die zu einer bestimmten Anwendung des Materials bis zu dessen Erschöpfung führt. Diese einseitige Denkweise hat jedoch zwangsläufig kritische Nutzungsschwellen zur Folge, die sich als gefährlich erweisen können (Asbest, Uran, Kunststoffe, CO_2 etc.). Aus diesem Grund ist es heute unerlässlich, den gesamten Produktionszyklus der Industrieprodukte neu zu überdenken und eine gezielte, genau durchdachte Diversifizierung aller mit sämtlichen Bedürfnissen konfrontierten Ressourcen durchzuführen. So werden zum Beispiel herkömmliche Produktionsmethoden für Polymere auch auf andere, pflanzliche und tierische Produkte angewandt; aus Recyclingprodukten werden neue Materialien gewonnen (einige Recyclingbranchen sind bereits hocheffizient) und auch die Energiequellen diversifizieren sich mit der Wind- und Solarenergie und vielleicht gar der Kernfusion.

Die notwendigen Lösungen sind jedoch mehr politischer als rein technologischer Natur. Die Kapital- und Industriewirtschaft scheint eine gewisse Rentabilität sowie Marktnischen bei Nutzung und Ausbau dieser Nachhaltigkeitsaspekte zu erschließen (Schaffung von Arbeitsplätzen, Gewinnerwirtschaftung etc.). Dies ist beruhigend, denn auch wenn der zugegebenermaßen erst spät erfolgte Bewusstwerdungsprozess heute unverkennbar ist, stellt sich doch die Frage, ob das heikle geopolitische Gleichgewicht unserer Welt tragfähig genug sein wird, um diese Herausforderungen zu meistern.

TOD DEM NATÜRLICHEN – ES LEBE DAS KÜNSTLICHE!

Aufgrund des offensichtlichen Gegensatzes werden das Natürliche und das Künstliche ganz klar voneinander unterschieden. Niemand zweifelt daran, dass im Allgemeinen alles „Natürliche" gesund und zwangsläufig sehr viel besser ist als aller künstliche „Schund". Die Natur verweist auf Vergangenes, Tradition, den Garten Eden und unterscheidet sich grundlegend von dem von Baudelaire so geschätzten „künstlichen Paradies". Das Künstliche versetzt uns dagegen in die Zukunft und damit ins Ungewisse. Bezeichnet der Mensch im Übrigen nicht dann die Dinge als künstlich, wenn er sie nicht mehr versteht?
Die Grenze zwischen natürlich und künstlich ist jedoch nicht ganz so leicht zu ziehen; sie stützt sich vielmehr auf das, was für uns gerade noch „akzeptabel" ist. Künstlich ist „Etwas vom Menschen und nicht von der Natur Geschaffenes". Aber ist der Mensch nicht ein Produkt der Natur? Und handelt die Natur nicht letztlich durch ihn, wenn der Mensch etwas verändert? Dieser Gegensatz zwischen natürlich und künstlich macht keinen Sinn, da aus ihm zu schließen ist, der Mensch sei künstlich. Das Künstliche scheint somit dem Unverständnis und Misstrauen zu entwachsen. Werden die diktierten Regeln verändert, tritt das Künstliche getäuscht (wie bei Zaubertricks) zutage, entsteht Angst. Auch die Materie ist davon nicht ausgenommen. Und dennoch – das Künstliche zu fürchten heißt auch, sich vor dem zu ängstigen, was die Natur hervorzubringen vermag. Wir stellen natürliche Werkstoffe wie Holz der künstlichen Gattung „Kunststoff" gegenüber. Aber ähnelt der Stuhl dem Baum wirklich mehr als die Wanne dem Erdöl? In beiden Fällen wurden natürliche Rohstoffe vom Menschen verarbeitet. Ezio Manzini beschreibt dies in seinem Referenzwerk *The Material of Invention* (Cambridge/Mass. 1989) als die „Stärke der Künstlichkeit", die das Material und seinen Umwandlungsgrad treffender zu definieren scheint. Warum erscheint uns Kunststoff künstlicher als Holz? Vielleicht weil dieser nie eine handwerkliche Phase durchlaufen hat? Da er direkt industriell verarbeitet wurde, entzieht er sich unserem Wissen… und einmal mehr unserem Verständnis. Ein Werkstoff wird als umso natürlicher angesehen, je mehr er in der kollektiven Kultur verwurzelt ist. Dabei ist die Materie die Grundlage alles Künstlichen und der Werkstoff von Natur aus ein Kunstprodukt.
Jeder Fortschritt des Menschen ist heute zur Künstlichkeit verdammt. Die wirkliche Frage lautet letztlich nicht: Natürliches versus Künstliches, sondern: Zu welchem Zweck setzen wir das Künstliche ein? Deshalb käme es heute besonders darauf an, für mehr Bildung, mehr Ausbildungsplätze und ein besseres Allgemeinwissen zu sorgen, um althergebrachte Lösungen zu vermeiden und eine anspruchsvollere Diskussion über die echten Herausforderungen zu initiieren. Dazu zählen die mit Materialien verbundenen Umweltfragen, bei denen Verwechslungen und Vorurteile Verwirrung stiften und zu gut gemeinten, jedoch falschen

Aktionen führen. Das Künstliche sollte das ungeheure Potenzial der Natur auf vernünftige (also rationale und intelligente) Weise ausschöpfen. Dazu müssen wir allerdings bereit sein, uns unter anderem mit der Komplexität der Technologie auseinanderzusetzen und uns auszutauschen, um in der Lage zu sein, die wirklichen Bedrohungen abzuschätzen.

Heute liegt das wahrhaft Künstliche vielleicht in der virtuellen Welt, die zum Wahnsinn führt und uns von unserem angeborenen Verhältnis zur Natur entfernt.

ÖKODESIGN

Die Produktentwicklung, ob virtuell oder real, setzt eine Vielzahl von Grundlagen und Methoden voraus und erfordert den Einsatz von Menschen, Materialien, Technologien und Energie. Jeder Schritt, jede Entscheidung fließt in das ökologische, wirtschaftliche und soziale Gleichgewicht ein – die drei Hauptschwerpunkte der nachhaltigen Entwicklung. Deshalb müssen Designer bei den von ihnen getroffenen Entscheidungen mit Umsicht und Weitblick vorgehen. Ziel des Ökodesigns ist es, Lösungen hervorzubringen, die die Umweltbelastung eines Produkts über seinen gesamten Lebenszyklus – von der Rohstoffgewinnung bis zur Entsorgung – auf ein Minimum reduzieren, ohne seine Leistung zu beeinträchtigen. Doch nicht nur die Wahl der Werkstoffe und Technologien beeinflusst auf signifikante Weise den Lebenszyklus eines Produkts. Es ist bedauerlich, dass „ökologische" Kriterien oft bei der Wahl der vielgerühmten „natürlichen" Werkstoffe Halt machen – manche Hersteller betreiben diesbezüglich ein regelrechtes „Greenwashing"! Vorsicht ist geboten, da jede Entscheidung Konsequenzen hat. Wir sprechen von einem empfindlichen Gleichgewicht, denn ein Werkstoff aus erneuerbaren Rohstoffen könnte in der Verarbeitung letztendlich einen höheren Energieverbrauch, mehr Abwasser, Lärm, Umweltzerstörung usw. verursachen. Es gibt keine allein seligmachende Lösung, jedoch basieren eine Reihe von Untersuchungen auf verschiedenen Kriterien, die dabei helfen, fundierte Entscheidungen zu treffen und das Verhältnis zwischen Leistung und Umweltverträglichkeit der Produkte zu optimieren. Zwei Ansätze zeichnen sich ab: die Steigerung des Nutzungswerts und/oder die Senkung der Umweltbelastung. Diese Überlegungen sind umso bedeutsamer, je früher sie im Entwicklungsprozess angestellt werden.

GESETZLICHE REGELUNGEN

Europa- und weltweit werden immer mehr Vorschriften und Gesetze verabschiedet. Sich zwischen diesen Richtlinien, Normen und Zertifizierungen, ihren Aktualisierungen und Weiterentwicklungen zurechtzufinden, stellt eine Herausforderung dar, die von den regional unterschiedlichen Ansprüchen keineswegs vereinfacht wird.

· Es gibt Richtlinien zum Sammeln von Altbatterien oder dem Recycling und der Aufbereitung von Kühlflüssigkeiten. Im Verpackungsbereich haben Richtlinien zur Einführung des Systems „Der grüne Punkt" geführt, das heute internationale Anerkennung genießt und Unternehmen zu einer finanziellen Beteiligung an Abfallentsorgung und -recycling verpflichtet. Doch dies bedeutet nicht notwendigerweise, dass eine bestimmte Verpackung recycelbar ist und/oder tatsächlich recycelt wird.

· Die europäische RoHS-Richtlinie (Restriction of (the use of certain) Hazardous Substances) regelt und beschränkt die Verwendung bestimmter gefährlicher Stoffe in Elektro- und Elektronikgeräten. Es handelt sich um Blei, Quecksilber, Kadmium, sechswertiges Chrom, polybromierte Biphenyle (PBB) und polybromierte Diphenylether (PBDE).

· REACH (Registration, Evaluation, Authorisation and Restriction of Chemicals, d.h. Registrierung, Bewertung, Zulassung und Beschränkung von Chemikalien) ist eine EU-Verordnung, die auf den Gesundheits- und Umweltschutz bei bestimmten Chemikalien abzielt. Diese Datenbank enthält eine Vielzahl von Stoffen. Derzeit sind über 100.000 Stoffe bekannt. REACH betrifft rund 30.000 davon, die in einem Jahresvolumen von mehr als einer Tonne hergestellt oder importiert werden. Eine nicht registrierte Substanz ist von der Zulassung ausgeschlossen. Es ist Sache der Hersteller oder Importeure von Chemikalien, die Risiken im Zusammenhang mit der Verwendung dieser Stoffe zu bewerten und die notwendigen Maßnahmen für das entsprechende Risikomanagement zu treffen. REACH deckt weder radioaktive Substanzen noch Giftmüll ab. Die Liste der „besorgniserregenden" Substanzen (krebsfördernd, mutagen, toxisch usw.) wird regelmäßig aktualisiert. Zu allen Chemikalien müssen Materialsicherheitsblätter (Material Safety Data Sheets) angelegt werden, die im Bedarfsfall verlangt werden können.

· Innerhalb der EU wurden unter der sogenannten EuP-Richtlinie Maßnahmen verabschiedet, die energieverbrauchende Produkte betreffen, darunter Heizkessel, Kühlschränke, Fernseher und Computer. Dadurch sollen ihr energetischer Ertrag verbessert und ihre Auswirkungen auf die Umwelt reduziert werden.

· Durch eine detaillierte Produktetikettierung ist der Verbraucher in der Lage, bei seiner Wahl ehrliche, objektive und umfassende Umweltangaben zu beachten. Die Schwierigkeit liegt zunächst insbesondere in der Auswahl der berücksichtigten Parameter, anschließend jedoch auch in deren Bewertung. Produkte in Kenntnis der Sachlage zu vergleichen ist zwar eine gute Idee, doch wie kann sichergestellt werden, dass dabei sämtliche Faktoren berücksichtigt werden?

· Die Einführung von Normen wie den internationalen Umweltstandards der ISO-14000-Normenfamilie betrifft Organisationen (insbesondere Unternehmen), deren Ziel es ist, ihre Umweltbelastung zu reduzieren. Die Zertifizierung erfolgt durch akkreditierte Dritte.

· Die Kommunikation rund um die Umweltproblematik wirft ebenfalls viele Fragen auf. Zahlreiche Werbemaßnahmen versuchen von einer „grünen" Produktpositionierung zu überzeugen, sind jedoch mitunter fragwürdig. Die auf manchen Produkten aufgebrachten Umweltlabels gewährleisten die Einhaltung bestimmter Aspekte, sind jedoch noch keine Garantie für eine umfassende Umweltverträglichkeit. Es existieren verschiedene Labels dieser Art:

> · Die offiziellen Ökolabels, mit denen die umweltschonendsten Produkte und Dienstleistungen ausgezeichnet werden und die von akkreditierten Drittorganisationen vergeben werden, bieten einigermaßen zuverlässige Kriterien. Viele Länder habe ihr eigenes offizielles Ökolabel wie zum Beispiel Frankreich, Niederlande, Deutschland, Kanada, Japan; auch die EU hat ihr eigenes offizielles Ökolabel.

· Mit diesen zuverlässigen Symbolen nicht zu verwechseln sind die zahlreichen Auskünfte, die in den eigenen Verantwortungsbereich des Herstellers oder Händlers fallen. Diese Umweltangaben sind im Prinzip ebenfalls bestimmten internationalen Normen unterworfen und müssen überprüfbare und präzise Informationen enthalten. Ein Symbol wie das Möbiusband, das auf Thermoplasten oder Aluminium angebracht ist und sich auf einen recycelbaren bzw. anteilsmäßig recycelten Inhalt bezieht, ist eine solche Umwelterklärung. Doch bei diesen Angaben ist Vorsicht geboten, da sie nicht immer zuverlässig sind oder falsche Schlüsse zulassen, das Bildsymbol zur Identifizierung von Aluminium spielt beispielsweise auf einen Lebenszyklus an, garantiert diesen jedoch keineswegs. Ein weiteres Beispiel ist der bereits erwähnte „Grüne Punkt".

· Darüber hinaus existieren Zertifizierungen, die von anerkannten Organisationen vergeben und als vertrauenswürdig eingestuft werden, darunter das FSC-Siegel (Forest Stewardship Council) oder das PEFC-Label (Programme for the Endorsement of Forest Cerification). Sie garantieren, dass das damit zertifizierte Holz aus verantwortlich und nachhaltig verwalteten Wäldern stammt.

Nicht alle Gütesiegel und Symbole, die auf Produkten zu finden sind, betreffen notwendigerweise mehrere Kriterien, das heißt sie decken nicht unbedingt sämtliche Aspekte eines Lebenszyklus ab. So betreffen die Labels FSC und PEFC lediglich die Rohstoffgewinnung und Herstellung, das Möbiusband ausschließlich die Entsorgung am Ende der Nutzungsdauer, während offizielle Ökolabels wie das EU-Ökolabel den gesamten Lebenszyklus abdecken.

· Darüber hinaus können Umwelterklärungen für Produkte abgeben werden, sogenannte Ökoprofile. Sie fassen Analyseergebnisse für den Lebenszyklus der untersuchten Produkte zusammen.

BEWERTUNG

Es gibt verschiedene Softwaretools und Methoden zur Umweltbewertung von Produkten; manche Anbieter sind auf diese Studien spezialisiert und führen zahlreiche Lebenszyklusanalysen, Energiebilanzen und Bewertungen durch, um Produktentwickler und Hersteller in ihren Entscheidungen zu unterstützen.

Es werden vier verschiedene Indikatoren berücksichtigt:

· Impaktindikatoren: betreffen die Umwelt, zum Beispiel den Einfluss auf den Klimawandel oder die Nutzung und damit Zerstörung nicht erneuerbarer Ressourcen

· Strömungsindikatoren: zum Beispiel Wasser- und Energieverbrauch, Abwässer

· Entwicklungsindikatoren: zum Beispiel Zerlegbarkeit bzw. Recyclingfähigkeit von Produkten

· Managementindikatoren: betreffen die Aktivität des Unternehmens (ISO-14001-Zertifizierung, Anteil des Ökodesigns am Gesamtprodukt usw.)

MATERIALIEN

Wie gezeigt wurde, können Materialien allein die Umweltverträglichkeit eines Produkts nicht gewährleisten. Es empfiehlt sich daher, immer verschiedene Kriterien in die Überlegungen mit einzubeziehen. Ein Material wie Aluminium zum Beispiel, dessen Herstellung einerseits sehr energieaufwändig ist, kann in bestimmten Fällen aufgrund seines geringen Gewichts gegenüber Stahl bevorzugt werden, da dadurch bei Flugzeugen oder Fahrzeugkarosserien andererseits Kraftstoff eingespart werden kann.
Für jede Materialfamilie, die im vorliegenden Buch untersucht wurde, lässt sich eine Reihe von Vorurteilen, Feststellungen und positiven Praxisbeispielen auflisten. Nachstehend eine kurze Zusammenstellung, die keineswegs vollständige ist, jedoch zum Nachdenken einlädt:

Holz
Von Natur aus ist Holz ein erneuerbarer Rohstoff. Dennoch ist die Erneuerung weder garantiert noch unmittelbar - ein Baum ist erst nach 60 bis 100 Jahren forstwirtschaftlich nutzbar. Deshalb muss zumindest auf die Herkunft geachtet und sichergestellt werden, dass er aus nachhaltig bewirtschafteten Wäldern stammt (FSC- und PEFC-Labels).

Papier, Pappe
Diese Materialfamilie arbeitet in erster Linie mit Nebenprodukten der Holzindustrie und setzt heute vermehrt auf Recycling. Doch der Wasserverbrauch in der Papierindustrie ist groß; auch kann der Recyclingprozess nicht endlos wiederholt werden, denn dabei werden die Fasern verkürzt, weshalb nicht mehr als fünf Recyclingvorgänge möglich sind. Die Papierbearbeitung wie zum Besipiel das Bleichen ist ebenfalls keineswegs umweltneutral. Die Labels FSC und PEFC bieten jedoch heute Garantien, die nicht zu vernachlässigen sind.

Leder, Haut
Eine Materialfamilie, die als umweltverschmutzend und verschwenderisch im Umgang mit Wasser gilt. In manchen Ländern wie Italien, wo diese Branche streng geregelt ist, wurden jedoch große Fortschritte erzielt, die beweisen, dass Leder und Umweltschutz nicht unvereinbar sind.

Metalle
Eine durchaus wiederverwertbare Materialfamilie mit einer günstigen Ausgangssituation, auch wenn beispielsweise die Aluminiumherstellung sehr energieaufwändig ist. Die Nutzung der Ressource als Rohstoff (verschiedenste Mineralstoffe) wächst ständig, und eine Erschöpfung der Metallvorkommen zeichnet sich bereits ab. Außerdem steht der Bergbau oft im Zentrum der Kritik: u. a. Zerstörung von Landschaften, unmenschliche Arbeitsbedingungen.

Glas, Keramik
Glas gilt als recycelbar und wird oft reflexartig dem Kunststoff vorgezogen. Doch nicht alle Arten von Glas sind wiederverwertbar. Sogenannte technische Gläser, also bestimmte Glühbirnen oder Brillengläser, sind nur bedingt recycelbar, Buntglas – das getrennt gesammelt

werden muss – oder bleihaltiges Kristall sind ebenfalls keineswegs ideal. Außerdem ist die Glasherstellung überaus energieintensiv.

Kunststoffe

Kunststoffe stehen zweifellos im Mittelpunkt der Umweltdebatte und befinden sich oft genug auf der Anklagebank, nicht selten zu Unrecht.

Die Kunststoffindustrie ist mit zwei Hauptschwierigkeiten konfrontiert:

· Einerseits mit dem angekündigten und bevorstehenden Ende der Vorräte fossiler Kohlenwasserstoffe, einem unerlässlichen Rohstoff der Polymerchemie. Doch Polymere als Nebenprodukt der Petrochemie zeichnen nur für einen Bruchteil des aktuell verbrauchten Rohöls verantwortlich (ca. 4%).

· Andererseits mit der Problematik der Kunststoffabfälle, die meist nicht biologisch abbaubar sind, sich also ansammeln und das Land und die Meere verunreinigen. Die aktuellen Recherchen konzentrieren sich auf zwei Schwerpunkte: Einerseits den progressiven Ersatz von Rohöl bei der Herstellung von Kunststoffen durch Rohstoffe biologischer Herkunft, die erneuerbar sind, und andererseits die Entsorgung dieser Kunststoffe durch die Einführung von leistungsfähigen Recyclingverfahren und die Entwicklung bestimmter technischer Kunststoffe, die durch ihren natürlichen Zerfall für Ökosysteme keine Gefahr mehr darstellen. Allerdings führt das hochkomplexe Gleichgewicht des weltweiten Ökosystems zu einer Reihe von Paradoxa, die nicht übersehen werden dürfen. Dazu zählen beispielsweise die negativen Auswirkungen der ersten Generation von Polymeren biologischer Herkunft (Getreide, Zuckerrohr), deren Massenherstellung zu Spannungen auf den gängigen Absatzmärkten für Lebensmittel der Landwirtschaft geführt haben, ganz zu schweigen von der intensiven Bodennutzung, der Monokultur, der Entwaldung, der Gentechnik usw. Andererseits muss hervorgehoben werden, dass Thermoplaste von Natur aus potenziell recycelbar sind – eine Eigenschaft, die vielleicht nicht immer genutzt wird oder in Vergessenheit gerät.

Verbundwerkstoffe

Sie stehen in der Kritik, da sie eben „zusammengesetzt" sind und sich daher weniger leicht dem Recycling zuführen lassen. Verbundwerkstoffe können aus Naturfasern und umweltverträglichen Harzen bestehen; ihre hervorragenden Leistungsmerkmale stehen jedoch ihren Defiziten im Recycling gegenüber, wie umfassende Studien belegen.

Textilien

· Die Herstellung von Baumwolle – einer als natürlich geltenden Faser – ist für einen Großteil der weltweit eingesetzten Insektizide verantwortlich und verbraucht sehr viel Wasser. Die Unterstützung und der Anbau von Baumwolle aus biologischer Landwirtschaft ist für die Zukunft ein vordringliches Anliegen.

· Der Textilsektor wirft zudem viele soziale Fragen hinsichtlich der Ausbeutung der Arbeitskräfte in dieser Branche auf.

· Farbstoffe, Appreturen und Verarbeitung – alle Etappen der Textilveredelung können in Frage gestellt werden.

· In mehreren Ländern werden Verwertungs- und Recyclingsysteme eingeführt.

Licht

Die Entwicklung neuer Lichtquellen wie LED geht mit zahlreichen Polemiken einher. Bei dieser allgegenwärtigen Innovation darf nicht vergessen werden, dass ihre Herstellung nicht uneingeschränkt umweltschonend erfolgt.

Dass sich Leuchtstofflampen auf Kosten der herkömmlichen Glühbirne durchgesetzt haben, gilt unter vielen Menschen in Ländern wie Frankreich als grobe Fehleinschätzung, da Leuchtstofflampen praktisch nicht recycelbar sind und Giftstoffe enthalten; Glühbirnen hingegen zusätzliche Wärmequellen sind, leicht zu recyceln, eine bessere Lichtqualität bieten.

Stein

Asbest, ein natürlicher Mineralstoff, hat sich als extrem gesundheitsschädlich erwiesen. Der Abbau von Nutzgestein zerstört die Landschaft, beeinträchtigt das Ökosystem und ist nicht immer mit optimalen Arbeitsbedingungen verbunden.

Beton

Beton wird bevorzugt als lokales Produkt präsentiert, bei dem einfache und gut zugängliche Bodenschätze genutzt werden, doch die Zementherstellung selbst ist energieintensiv und für CO_2-Emissionen verantwortlich. Die Produzenten sind bemüht, diese schlechte Bilanz durch Forschung zu verbessern. Außerdem werden derzeit Lösungen für das Recycling von Restbeton aus Abbrucharbeiten entwickelt.

EINE VIELZAHL AN HERAUSFORDERUNGEN

Der Zugang zu bestimmten fossilen Rohstoffen wie zum Beispiel Kohlenwasserstoffe, Erdgas, Kohle oder Mineralstoffen wie Edelmetalle und Uranium stellt seit jeher ein großes Problem dar. Gleichzeitig trägt der technologische Aufschwung unserer Gesellschaft stark zur Nachfrage und zum Abbau der Bodenschätze bei, die unseren wirtschaftlichen Aktivitäten zugrunde liegen. Wir sind heute mit der späten, schmerzhaften Erkenntnis konfrontiert, dass unsere Erde ein begrenzter Raum ist, der nicht mehr lange all das liefern kann, was unsere moderne Gesellschaft verlangt. Die Weltbevölkerung hat seit der industriellen Revolution einen exponentiellen Aufschwung erlebt und ist von 1,5 Milliarden Menschen zu Anfang des 20. Jahrhunderts auf heute knapp über 7 Milliarden angewachsen. Unsere Lebensweisen, und damit unsere Bedürfnisse, haben sich ebenfalls stark verändert und führen zu einer zunehmenden Ausbeutung sämtlicher notwendigen Rohstoffe, sei es pflanzlicher, tierischer oder mineralischer Natur. Deshalb muss vor allem diese neue Einschränkung der Ressourcenknappheit berücksichtigt werden, die bei bestimmten Materialien (fossile Energie, tierische Ressourcen) sehr real und akut ist. Bei mineralischen und pflanzlichen Ressourcen ist diese Knappheit relativ und wird stark diskutiert. Dadurch entsteht eine neue, vernunftbetonte Logik des Managements, der Einsparung und des Recyclings von Ressourcen.

Strategische Herausforderungen

Kein Land kann heutzutage seine industriellen Bedürfnisse eigenständig abdecken, ohne bei bestimmten Ressourcen auf den globalen Markt zurückzugreifen. Die Wirtschaftssysteme sind deshalb bei manchen unverzichtbaren Rohstoffen von einer gesicherten Versorgung und einer stark fluktuierenden bis zu einer erratischen Angebotslage abhängig. Deshalb ist eine strategische Sichtweise dieser Märkte vonnöten. Ebenso wie im 20. Jahrhundert. auf dem weltweiten Rohölmarkt, kann die Kontrolle bestimmter, schwer ersetzbarer Ressourcen sowohl in politischer als auch in wirtschaftlicher Hinsicht ein entscheidender Vorteil sein. Ein Beispiel dafür ist der Kampf, den sich 2011 große Industriekonzerne um die Kontrolle der bolivianischen Lithiumreserven, des neuen „grünen Golds" im Energiesektor, geliefert haben. Dieses Metall dient hauptsächlich der Herstellung von hochleistungsfähigen Batterien, ein Bereich der speziell in der Zukunft bei Elektroautos wachsen wird. Das Vorkommen in den Anden deckt über ein Drittel der weltweit bekannten Reserven ab. Diese Quelle zu kontrollieren, sichert dem betroffenen Industriekonzern die notwendigen Rohstoffmengen für seine Produktion, um mittelfristig zu großen Preisschwankungen der Rohstoffe vorzubeugen. Ein zweites Beispiel betrifft die staatliche Ebene. China, das 30% der weltweiten Ressourcen an Seltenerdelementen aufweist, hat in diesen Mineralstoffen schon in den 1970er Jahren das sogenannte chinesische Erdöl erkannt. Deshalb wurde ab den 1980er Jahren eine gezielte Planungspolitik betrieben, um in diesem weltweiten Nischenmarkt schrittweise eine Monopolstellung zu erzielen. Mit seinem Tagbauwerk in Bayan Obo hat China es binnen 20 Jahren geschafft – ohne Rücksicht auf die Belastung der Umwelt und mit niedrigen Lohnkosten – die niedrigsten Preise auf dem Weltmarkt anzubieten und seine Mitbewerber aus dem Markt zu verdrängen. Heute hält China einen weltweiten Marktanteil von 97%. Diese Position ist im globalen Wettbewerb dreifach strategisch: Einerseits sind diese sogenannten Seltenen Erden eng mit technologischer Innovation verknüpft, zweitens sind sie im Bereich Militär und Verteidigung von großer Bedeutung, und drittens verschafft sich China durch Einflussnahme auf die Wertschöpfungskette einen Wettbewerbsvorteil, indem es nicht mehr lediglich den Rohstoff verkauft, sondern auch die Endprodukte aus den Rohstoffen.

So entsteht in China eine Vielzahl von Produktionsstätten internationaler Technologieanbieter, die eine größere Nähe zu ihren strategischen Rohstoffquellen suchen. Die Erkenntnis der westlichen Länder ist schmerzhaft und bitter, da sich China ironischerweise die kapitalistische Logik der kurzsichtigen Märkte zunutze machte, um seine langfristige Strategie durchzusetzen.

Wirtschaftliche Herausforderungen

Zunehmende Ressourcenknappheit, heterogene Produktions- und Verbrauchsmärkte, steigende Nachfrage und ein wenig flexibles Angebot – alle diese Faktoren machen die weltweiten Märkte angespannt und nervös, sorgen für Kursschwankungen der Rohstoffe und damit für starke wirtschaftliche Auswirkungen. Wir sind heute mit einem weltweiten Anstieg der Rohstoffpreise konfrontiert, ganz gleich ob es sich um Holz, andere pflanzliche Rohmaterialien, Kohlenwasserstoffe, Mineralstoffe oder Metalle handelt. Ein oft zitiertes Beispiel aus der Industrie ist der weltweite Börsenkurs von Kupfer, der zwischen 2002 und 2011 um das Zehnfache gestiegen ist und große Schwankungen zu verzeichnen hatte. Diese Art von Fluktuation bei den Metallpreisen hat natürlich nachhaltige Folgen für die betroffenen Märkte. Ein großer amerikanischer Autohersteller musste Anfang des 21. Jahrhundert. diese Erfahrung machen. Damals erlebte der Weltmarkt für Palladium ein Auseinanderdriften des zu schwachen Angebots und der wachsenden Nachfrage. Daraus entstand eine Panik an den Aktienmärkten, die einen Höhenflug der Börsenkurse nach sich zog. Um einen Versorgungsengpass bei der Herstellung von Katalysatoren zu verhindern, lagerte der amerikanische Hersteller knapp vor dem Preisverfall im Jahr 2001 gigantische Mengen dieses Metalls zu Höchstpreisen ein. Das Ergebnis war ein Nettoverlust von einer Milliarde Dollar, der den Konzern beinahe in den Konkurs getrieben hätte. Ein letztes Beispiel zeigt das Gewicht bestimmter Komponenten beim Preis der Endprodukte: Der Rhenium-Anteil an der Herstellung einer Reaktorturbine beläuft sich auf 5%, ist jedoch für mehr als 80% ihrer Gesamtkosten verantwortlich, und es gibt kein Alternativmaterial.

Gesundheitliche Herausforderungen

Ein weiterer Aspekt darf heute bei der Wahl der Materialien für die Entwicklung von Produkten oder Projekten nicht vernachlässigt werden: Die Berücksichtigung der gesundheitlichen Auswirkungen auf den Menschen, und das sowohl während der Produktionsphase als auch im Gebrauch und bei der anschließenden Vernichtung, Beseitigung oder dem Recycling des Produkts. Es entsteht ein Bewusstsein für die Problematik der Auswirkungen unserer unmittelbaren Umwelt auf unsere Gesundheit durch eine zunehmenden Komplexität und Vielfalt der Art der Materialien, mit denen wir tagtäglich konfrontiert werden; begleitet von der Markteinführung neuer Werkstoffe, für die wir noch keine ausreichende Erfahrung besitzen, um ihre eventuelle Unverträglichkeiten zu beurteilen und deren Hintergründe und Zusammenhänge wir noch nicht umfassend einschätzen können.

Dies gilt insbesondere für die sogenannten Nanotechnologien, ein Überbegriff für Materialien mit besonderen Qualitäten aufgrund ihrer Dimension oder Struktur im Nanometerbereich. Dabei inbegriffen sind sowohl Materialien, die seit Jahrhunderten verwendet werden, als auch Substanzen, die erst vor kurzem entwickelt wurden. Die toxikologischen und ökotoxikologischen Risiken hängen mit der Größe dieser Teilchen zusammen, denn ihre minimalen Abmessungen ermöglichen ihre Verbreitung über die Luft, aber auch über Schleimhäute oder die Haut. Sie sind dadurch schwer nachweisbar, unmöglich zu filtern, aufzuhalten oder zu kontrollieren. So erweist sich der Einsatz von Silberionen in Nanogröße beispielsweise als sehr wirkungsvoll bei der Neutralisierung von Bakterien und schlechten Gerüchen auf unserer Kleidung, jedoch mit dem Effekt, dass sich diese Partikel anschließend teilweise im Abwasser wieder finden, da sie nicht in den Kläranlagen gefiltert werden können und gelangen so in die Flüsse, wo ihre nach wie vor intakten antibakteriellen Eigenschaften letztendlich ganze Ökosysteme ersticken. Heutzutage werden eine Vielzahl von Produkten entwickelt, die Nanopartikel enthalten und Funktionen haben, die unserem Komfort und unserer Gesundheit nützen, von schmutzabweisenden über luftreinigende Materialien bis hin zu Fungiziden, doch deren Nutzen letztendlich gefährlicher sein kann, als das eigentliche Übel.

Gesellschaftliche Herausforderungen

Eine weitere wesentliche Problematik bei der Materialwahl, die uns allen bewusst sein muss, da sie uns unweigerlich vor gesellschaftspolitische Entscheidungen stellt, ist die Kenntnis der Produktions- und Herstellungsbedingungen der gewählten Materialien und Produkte. Ein Großteil der Gegenstände unseres Alltags und der von uns verwendeten Materialien werden unter bedenklichen Arbeitsbedingungen gewonnen oder hergestellt, oft ohne die geringste Berücksichtigung der Gesundheit der Arbeiter und lokalen Bevölkerung, unter Verletzung des lokalen und/oder internationalen Arbeitsrechts, zu miserablen Löhnen, und nicht selten mit Kinderarbeit. Das Ergebnis dieser Ausbeutung in Kenntnis der Sachlache zu nutzen, bedeutet, solche Systeme mit zu unterstützen. Angesichts der Verknappung der Rohstoffe und der durch die Menschheit verursachten Zerstörungen müssen sich unsere Art, die Welt und unser Platz in ihr zu begreifen, ändern. Wir müssen die Komplexität unserer Welt akzeptieren und mit großer Bescheidenheit versuchen, mit ihr zu arbeiten statt gegen sie, wir müssen von der eingeschlagenen Richtung umkehren und den Umgang mit der Knappheit, der Mäßigung und Effizienz verinnerlichen. Indem wir auf „grüne" Produktionsbedingungen achten, die Nutzung optimieren eine Logik der optimalen Wiederverwertung einführen, erschließen wir neue Ressourcen durch Recycling, diversifizieren die Bezugsquellen, entlasten gleichzeitig die natürlichen Rohstoffquellen, reduzieren unsere Abhängigkeit von nicht einheimischen Märkten und verfügen über eine bessere Kontrolle über Kosten und Betriebsbedingungen. Voraussetzung dafür ist jedoch ein intelligentes Wirtschaftssystem mit der Möglichkeit zu antizipieren und zu investieren, um den langfristigen Fortbestand nicht durch eine allzu kurzfristige Sichtweise zu gefährden. Kurz, wir dürfen uns nicht mehr von Markttrends als dem alleinigen Maßstab lenken lassen, von einer auf Profitgier basierenden kulturellen Entropie, sondern müssen uns selbst in Frage stellen, uns erneuern und dürfen nicht vor Innovation zurückschrecken.

BIONIK

Begeisterung für nachhaltige Innovation

Kreative schöpfen ihre Inspiration aus Einschränkungen, und je anspruchsvoller die Aufgaben, desto größer der Erfolg. Doch sind einmal alle Fragen der nachhaltigen Entwicklung aufgeworfen – und nicht alle können beantwortet werden – so folgt oft die Ernüchterung. Manche „Öko-Initiativen" sind gleichbedeutend mit negativem Wachstum, hohem Entwicklungsaufwand, komplexen Methoden und unangenehmen Einschränkungen. Die Besonderheit der Bionik (auch Biomimetik genannt) liegt darin, dass sie unsere kindliche Wissbegier weckt. Erinnern Sie sich noch an die Faszination, die Aufregung, die Sie einst dabei empfunden haben, einen Mechanismus zu begreifen? Die Bionik macht uns zu enthusiastischen Lehrlingen. Hinter diesem Lernprozess verbirgt sich die fantastische kreative Herausforderung, den menschlichen Einfallsreichtum mit den Spielregeln zu verbinden, die von der Natur seit Ewigkeiten diktiert werden. Regeln, die vor allem die Umwelt und die in ihr lebenden Arten achten. Somit ergibt sich Umweltverträglichkeit bei einer aufmerksamen Naturbeobachtung automatisch. Denn der bionische Ansatz, sofern er kompetent und intelligent umgesetzt wird, ist von Natur aus nachhaltig – vorausgesetzt, die gewählte Methode setzt sich nicht über die Notwendigkeit präziser Verträglichkeitsstudien hinweg.

Begonnen hat alles vor rund 3,7 Milliarden Jahren. Das Entstehen von Leben auf der Erde markiert den Beginn eines großen Abenteuers, der großartige Beginn des größten Forschungs- und Entwicklungslabors aller Zeiten. Die Existenz der Menschheit stellt in dieser großen Geschichte nur ein winziges Detail dar. Dennoch gelang es dem Menschen, der lange Zeit von seiner Überlegenheit überzeugt war, binnen kürzester Zeit ein unendlich langsames und über einen unendlichen Zeitraum entstandenes Gleichgewicht zu gefährden. Auf diesen offensichtlichen Feststellungen basiert heute die Bionikbewegung, deren bekannteste Verfechterin Janine Benyus ist. Die amerikanische Wissenschaftlerin veröffentlichte 1997 ein Buch von epochaler Bedeutung, „Biomimicry: Innovation inspired by Nature". Auf Janine Benyus geht auch die englische Bezeichnung „Biomimicry" zurück, bei der sich „mimic" („Imitation") und „bio" („lebendig") zur Entstehung einer neuen Disziplin verbinden. Das deutsche Kofferwort Bionik hingegen setzt sich aus „Biologie" und „Technik" zusammen. Manche sehen in der Bionik eine Methode, um von der Natur zu lernen, Lösungen zu suchen und zu finden, andere verstehen sie als Philosophie oder Designansatz. Lehrlinge der Natur zu werden, unsere Beziehung zu ihr umzukehren, von der Beherrschung zur Wertschätzung, Optimierung statt Maximierung, das sind die Schlüssel der Bionik. Sehr einfach ausgedrückt, befolgt die Natur Regeln, die auch wir so schnell wie möglich übernehmen sollten: Sie nutzt eine einzige Energiequelle, die Solarenergie, und verbraucht davon nur so viel wie notwendig. Alles wird recycelt; die Form passt sich der Funktion an; sie setzt auf Vielfalt und nutzt lokales Know-how sowie verfügbare Ressourcen; sie schränkt ihr eigenes Übermaß ein; sie macht aus Einschränkungen eine Quelle der Inspiration. All diese Prinzipien machen sich heute zahlreiche Kreative, Ingenieure, Industriekonzerne und Kommunen zu Eigen; Prinzipien, die stark an die Zusammenfassung von Ökodesign-Projekten erinnern. Sicher lässt sich der Ansatz der Bionik ohne ethische Hintergedanken anwenden, doch wofür Janine Benyus und ihre Mitstreiter eintreten, ist eine verantwortliche Umgangsweise, und genau darin liegt auch der Vorteil. Denn wer sich an diese Methode hält, dessen Projekte sind zwangsläufig nachhaltig und garantieren künftigen Generationen einen gesunden, geeigneten und lebensfähigen Wohnraum, der auch einer gewissen Eleganz nicht entbehrt.

Die Geschichte hat große Persönlichkeiten wie Darwin, D'Arcy Wentworth Thompson, Leonardo da Vinci, Jacques de Vaucanson und Louis Sullivan hervorgebracht, um nur einige zu nennen, deren Forschungen, Erfahrungen und Schriften zeigen, dass diese Wechselwirkung mit der Natur und die Inspirationsquelle, die sie bietet, keineswegs neu ist. Heute ist die Bionik eine eigenständige, anerkannte, spartenübergreifende und produktive Wissenschaft, mit bekannten Beispielen wie dem bionischen Werkstoffen Velcro®, entwickelt von Georges de Mestral infolge seiner präzisen Beobachtung von Kletten, die sich im Fell seines Hundes verfingen. Das Einkaufszentrum Eastgate Center in Zimbabwe, ein Beispiel bionischer Architektur, das zur Gänze ohne Strom oder herkömmliche Systeme „klimatisiert" ist, konzipiert vom Architekten Mick Pearce, der sich von den Wärmeregulierungssystemen riesiger Termitenhügel inspirieren ließ. Aber wohl am bekanntesten sind die Entwicklungsphasen der Luftfahrt, die sich Großteils an der Beobachtung von Vögeln und anderen Fluglebewesen orientierten. Paradox erscheint nur, dass diese schier unerschöpf-liche Quelle an natürlichen Lösungen vom Menschen bislang ungenutzt blieb. Eine Unter-suchung von Julian Vincent in Großbritannien zeigt: Vergleicht man für ein spezifisches Problem die von Menschen eingereichten Patente mit den Lösungen, die andere leben-de Organismen in der Natur entwickelt haben, so sind die Lösungen fast immer ab-weichend. Das beweist, welchen Weg wir noch vor uns haben und welches Potenzial diese Methode birgt.

Die Idee ist also, Biologen mit an den Tisch der Kreativen zu holen. Diese Interdisziplinarität im Dienste der Innovation stellt eine neue Sichtweise der Erfindungen und Neuschöpfungen dar, die sich am Lebendigen inspirieren. So wurden und werden Photovoltaiksysteme ent-wickelt, die mit den heutigen Sonnenkollektoren nur noch den Namen gemein haben. Diese Systeme neuester Generation stützen sich auf die unglaublich komplexe Funktionsweise von Grünpflanzen, die in der Lage sind, Sonnenenergie in Lebensenergie umzuwandeln. In der Photovoltaik hat das Zeitalter der vom Menschen neu interpretierten Photosynthese begonnen. Die eingesetzten Mittel sind einfacher, lokaler, kostengünstiger, vor allem aber umweltverträglicher geworden.

Im Energiebereich entstehen zahlreiche weitere Beispiele für Bionik, darunter die Entwick-lung von Glas-Aerogelen, einem besonders leichten Werkstoff mit praktisch unerreichten Wärmedämmungseigenschaften. Glas-Aerogele – auch Nanogele genannt – wurden im Zusammenhang mit der Erforschung von Kieselalgen entwickelt. Diese faszinierenden Meeresorganismen sind in der Lage, am Meeresgrund ein kaltgeformtes Exoskelett aus Siliciumdioxid aufzubauen, also aus reinem Glas. Den Impuls für alle sogenannten Boden-Gel-Verfahren, die dünne Glasschutzschichten produzieren, gaben diese Lebendorganis-men aus dem Meer. Die Entwicklung solcher Kaltformungsprozesse, die als „sanfte Che-mie" bezeichnet werden, steht im Mittelpunkt der Forschung zur Einsparung von Energie und Umweltschutz. Auch eine Entwicklung von Stromerzeugungseinheiten aus der Meeres-strömung, wurde durch die Flossenkrümmung von Thunfischen angeregt. Ein anderer Entwickler baut Windkraftwerke, deren Rotorblätter den Flossen der Buckelwale nachemp-funden wurden, deren unebenes Flossenprofil wesentlich hydrodynamischer ist als glatte Flossen und sich daher für Windkraftwerke eignet.

Die Untersuchung der Haftfähigkeit von Miesmuscheln führte zur Extraktion eines beson-ders klebeeffizienten Proteins. Dieses wird heute aus Soja synthetisch hergestellt und bei der Herstellung von Holzspanplatten eingesetzt. Damit ist ein amerikanischer Anbieter in der Lage, Holzderivate anzubieten, die kein Formaldehyd enthalten.

Ein wichtiger Grundsatz der Bionik ist der umsichtige Umgang mit der Natur, ohne lebende Organismen zugunsten des Menschen auszubeuten. Ein Protein mit speziellen Hafteigen-schaften bei der Miesmuschel zu identifizieren, ist positiv, jedoch anschließend eine inten-sive Miesmuschelzucht zu betreiben mit dem Ziel, eine regelrechte Proteinfabrik einzurich-ten – oder gar Miesmuscheln bzw. andere Organismen genetisch zu verändern, um dieses Protein zu erzeugen, kann nicht das Ziel sein! Von der Bionik bis zur Domestizierung oder genetischen Veränderung im Dienste des Menschen ist es nur ein Schritt. Wir müssen uns bemühen, bestimmte Grenzen nicht zu überschreiten, um das Gesamtgleichgewicht nicht zu gefährden. Ein empfindliches Gleichgewicht, zu dessen Fortbestand jedes Ökosystem beiträgt. Diese gegenseitige Abhängigkeit kann ebenfalls zu bionischen Lösungen inspirie-ren. So hat sich die Stadt Kalundborg in Dänemark entschlossen, zwischen Unternehmen und Kommunen einen Austausch erfolgreicher Praktiken vorzunehmen und dadurch ein regelrechtes Ökosystem in der Stadt zu schaffen. Das Brauchwasser eines Unternehmens wird von einem anderen Dienstleister aufbereitet, der seinerseits seine Abfälle einem Dritten anbietet. Dieser gewinnt Energie aus den Rückständen eines vierten Anbieters usw. Durch die Entwicklung eines umfassenden Systems des Austausches und der symbiotischen Beziehungen reduziert die Stadt ihren Wasser- und Energieverbrauch, optimiert ihre Ab-fallentsorgung und fördert nebenbei die Kooperationsbereitschaft. Bionik wird also auf verschiedensten Ebenen wirksam, von Fragen der Materialien und Technologien bis hin zu Strategie und Organisation in einem größeren Maßstab. Das Gleichgewicht ist empfindlich, das wissen wir. Die biologische Vielfalt ist bedroht, und ihre Erhaltung ist für Anhänger der Bionik von entscheidender Bedeutung. Denn ist die gigantische Datenbank natürlicher Lösungen einmal zerstört, wie können wir dann hoffen, diese Erkenntnisse eines Tages zu nutzen? Das Wissenspotenzial aller Lebewesen auf Erden muss sorgfältig aufgezeichnet und erhalten werden, um unser eigenes Überleben zu sichern. Es geht hier nicht um Senti-mentalität, sondern um eine praktische Vision. Hinter der Rettung der Artenvielfalt steht auch ein großes Potenzial für die Menschheit.

Es liegt an uns, unser Wissen zu vertiefen und uns immer wieder mit der lebenden Welt auseinanderzusetzen, die uns umgibt. Aspekte wie Pädagogik und Aneignung von Wissen über die Funktionsweise der Dinge erhalten dann erst ihren eigentlichen Sinn, wenn wir gewillt sind, die Lektionen des größten aller Mentoren anzunehmen. „Lernt von der Natur!" mahnte Leonardo da Vinci die Menschen bereits Ende des 15. Jahrhunderts.

Eine nano-dominierte Welt

Nanomaterialien und Nanowissenschaften schlugen in der sich rasch wandelnden Welt der Materialien wie eine Bombe ein. Aber was verbirgt sich hinter dem impressionistischen Eindruck und dem gegenseitigen Übertrumpfen, die dem Appetit auf immer Neues in unserer Gesellschaft zuzuschreiben sind? Bei Nanomaterialien handelt es sich nicht wirklich um neue, bis dato unbekannte Substanzen, sondern um einen ganz besonderen Maßstab, in dem das Material betrachtet wird: der Nanometer, ein milliardstel Meter, das heißt ein millionstel Millimeter! Nanopartikel sind winzige Teilchen (die Vorsilbe „nano" leitet sich aus dem Griechischen „nános" für „Zwerg" ab), die der Größe eines oder mehrerer Moleküle entsprechen. Zum Vergleich: Ein Atom ist 0,1 Nanometer groß, ein Haar weist einen Durchmesser von 50 000 Nanometern auf. Der Versuchsrahmen der Wissenschaftler reicht von einem bis zu mehreren hundert Nanometern – in diesem Fall spricht man von Nanopartikeln. Die Frage, die sich in diesem Zusammenhang stellt, ist, weshalb dieser neue Betrachtungsmaßstab innerhalb nur weniger Jahre eine strategische Bedeutung erlangte. Eine allgemeine Tendenz des industriellen und wissenschaftlichen Fortschritts seit Beginn des 20. Jahrhunderts ist die Miniaturisierung, das heißt die Übertragung makroskopisch beobachteter Phänomene auf kleinere Maßstäbe mit gleicher Wirkung. Auf diese Weise wurden Radios, Motoren, Elektrogeräte, Telefone, Computer und vieles mehr verkleinert, um bei gleicher Funktionsweise Gewicht, Platz und Energie zu sparen. Somit wurde eine wahre Zwergenwelt geschaffen. Heute stößt die Verkleinerung und Miniaturbeherrschung jedoch an ihre Grenze – den Nano-Maßstab. In diesem Maßbereich hängen die Materialeigenschaften von der Größe ab. Wird die Größe eines Gegenstandes reduziert, verringert sich sein Volumen proportional schneller als seine Oberfläche. Dies hat kaum Auswirkungen bis zu dem Punkt, an dem die Oberflächenatome gegenüber den Atomen der Objektmasse eine führende Rolle einnehmen. Ab dieser Grenze tritt aufgrund des Quanteneffekts oder der Wellen-Partikel-Dualität der Atommasse ein ungewöhnliches oder gar neues Materialverhalten auf. Dadurch können die Leitfähigkeit, der Schmelzpunkt und die optischen Eigenschaften erheblich verändert werden. So kann sich der Farbton Gold im Nano-Maßstab in Rot, Orange oder Grün verwandeln. Diese auf den ersten Blick für die Miniaturisierung hinderlichen Verhaltensänderungen bergen in Wirklichkeit ein enormes Innovationspotenzial in sich. Im winzigen Nano-Raum gilt es alles neu zu entdecken und mit neuen Spielregeln neu zu erfinden. Die von den Wissenschaftlern erlangte Kapazität, das Material Atom für Atom zu bearbeiten, bietet somit nicht nur die Möglichkeit der Miniaturisierung, sondern eröffnet auch den umgekehrten Weg der Übertragung der neuartigen Eigenschaften des Nanomaterials, aus dem völlig neue Objekte entstehen, auf größere Maßstäbe. Dieser enorme Fortschritt konnte durch den Entwurf von Hilfsmitteln erzielt werden, die die Untersuchung und Bearbeitung des Materials ermöglichen: Mikroskop mit lokaler Sonde, Raster-Tunnel-Mikroskop (STM), optische Pinzette, Synchrotron etc. Durch die stete Verbesserung der Lithografieverfahren in Verbindung mit kurzwelligen Laserstrahlen, Röntgenstrahlen oder Elektronen kann das Nanomaterial untersucht, bearbeitet und gefügt werden. Dank dieser Hilfsmittel konnten die spektakulärsten Fortschritte in der Elektronik und Informatik und insbesondere im Bereich der Mikroprozessoren erzielt werden, die Größen von wenigen zehntel bis einigen hundertstel Nanometern erreichen. Für die Weiterentwicklung dieser Materialien ist es heute unterlässlich, nanometrische Gegenstände und Systeme in großem Maßstab nachzubilden, was sich als äußerst vielversprechend erweist. Erreicht wird diese Nachbildung durch die streng kontrollierte Aufeinanderschichtung von Atomen und Molekülen, die sich wie Keime sofort symmetrisch anordnen und Superkristalle bilden, deren Struktur ihnen neue elektrische, magnetische und optische Eigenschaften verleiht. Könnten diese Strukturen zur Informationsspeicherung eingesetzt werden, würde dies die Speicherkapazität der heutigen Festplatten um knapp das Zweihundertfache erhöhen. In dem Maße, in dem der Wissensstand über Nanomaterialien wächst, scheint sich auf zahlreichen elektrotechnischen und chemischen Fachgebieten ein wahrer Anwendungskampf zu entfesseln. Auch in der Medizin sind diese Materialien in der Diagnostik, bei Medikamenten und Kohlenstoffnanoröhren anzutreffen, die bei biokompatiblen Prothesen und Implantaten als Molekülbasis zum Einsatz kommen. In der Metallverarbeitung werden sie zur Leistungsverbesserung von Legierungen verwendet. Nanostrukturiertes Kupfer ist dreimal beständiger als herkömmliches Kupfer. Auch in den Verstärkungsmaterialien von Verbundstoffen, bei der Herstellung hybrider Mischungen, in Gelen, Kosmetikschäumen, bei der Steuerung der Benetzbarkeit von Werkstoffen oder der Hydrophobie von Glas (selbstreinigendes Glas) sind Nanomaterialien anzutreffen. Meist finden sie als dünne Schutz- oder Zierschicht oder Beschichtung mit optischen Effekten Verwendung. Auch als Haftmittel („Gecko-Effekt"), in der Filtration (Nanogele) und bei der spektakulären Fertigung von Nanomotoren, die als winzige Fahrzeuge in der Lage sind, auf der Oberfläche bestimmter Materialien molekülgroße Substanzen zu verändern, neu anzuordnen und zu transportieren, kommen Nanomaterialien zum Einsatz. Mit der Entdeckung photonischer Kristalle, die die Herstellung stark leuchtender, sehr heller und energiesparender Superdioden ermöglichen könnte, hielten sie zudem Einzug in der Beleuchtung. Somit wenden sich zahlreiche Industriezweige den Nanotechnologien zu, in die sie einen beträchtlichen Anteil ihres Forschungs- und Entwicklungsbudgets investieren. Die Vereinigten Staaten, China, Asien und Europa sagen ein beeindruckendes Wachstum in diesem Bereich voraus. Diese exponentiellen Wachstumsprognosen rufen jedoch auch ernsthafte Befürchtungen bezüglich der Risiken einer Massenproduktion von Nanopartikeln wach. Derzeit laufen zahlreiche Studien zur Toxizitätsbewertung von Metalloxid-Nanopartikeln und Kohlenstoffnanoröhren, die besonders schnell durch Membranen und die Haut dringen und sich in den Zellen ablagern. Die Beherrschung und Steuerung einer großflächigen Verbreitung von Nanopartikeln ist nicht ganz einfach. Das tragische Beispiel der industriellen Asbestverarbeitung mahnt die wissenschaftliche und technische Gemeinschaft zu größter Vorsicht. Es ist jedoch auch bestens vorstellbar, welche Rolle die Nanotechnologien bei der Miniaturisierung und allgemeinen Anwendung der Funktechnik (RFID: Radio Frequency Identification Device), der Lagerverwaltung, der Lebensmittelrückverfolgbarkeit oder der medizinischen Notfallbetreuung spielen könnten. Gleichzeitig kann man sich leicht ausmalen, welche Risiken solche Systeme hinsichtlich der Kontrolle und Überwachung, dem Schutz der persönlichen Freiheit und der Vertraulichkeit für unsere Gesellschaft in sich bergen. Eine Echtzeitkontrolle über unser Leben – für wen und wofür? Die Wissenschaft wird diesen Fragen nur neue Fragen entgegenhalten können. Eine demokratische Debatte ist vonnöten, die den Expertenrahmen sprengt.

Ungreifbare Materie – De Rerum Materia – Materia Bordela – Materium & Co

Von einem Buch über Werkstoffe könnte eine prägnante und präzise Definition des Themas erwartet werden. Der Versuchung, Materie zu definieren, wurde jedoch nicht nachgegeben, da sehr schnell die Vermessenheit eines solchen Unterfangens deutlich wurde. Denn schon die erste augenscheinlich banale Aussage führte sofort zu einer Flut endloser Fragen. Der auf den ersten Blick so vertraute, allgegenwärtige und greifbare Stoff scheint sich bei jedem Versuch einer Definition schlichtweg in Luft aufzulösen.

Eine der größten Schwierigkeiten bei der Auseinandersetzung mit dem Materialkonzept ist die Tatsache, dass dieses sich zahlreicher Hilfsmittel bedient, die sich nicht alle auf der gleichen sprachlichen Ebene bewegen und nicht immer denselben Ansatz verfolgen. Sensorische Wahrnehmung, technische Beschreibung, wissenschaftliche Theorie und philosophischer Ansatz sind verschiedene Herangehensweisen, die bei einer Definition ineinandergreifen und glauben machen könnten, dass die unverrückbare Realität der Materie nicht wirklich „materiell" im gebräuchlichen Sinne existiert. Diese beunruhigende Feststellung wurde von Schrödinger gemacht, einem der radikalen Vorreiter der Quantenphysik, als er erklärte, „dass vom Kurs abzuweichen bedeutet, die Partikel aufzugeben und dass diese Partikel, wie sie im früheren, naiven Sinne verstanden wurden, nicht existieren". Aber da das Kind ja nun einmal beim Namen genannt werden muss, verlassen wir uns häufig auf unseren ersten Eindruck und unsere Sinne. Mithilfe unserer Sinneswahrnehmung zu erfassen, was wir für die Realität halten, erlaubt ohne Zweifel bereits eine gewisse Effizienz, ist jedoch leider oder glücklicherweise weit davon entfernt, die aufgeworfenen Fragen erschöpfend zu beantworten. Unsere Sinne sind in Wirklichkeit recht begrenzte Messinstrumente; ein Tier verfügt über ganz andere Wahrnehmungsmöglichkeiten. Und auch unsere Gedanken können uns zu einer anderen Auslegung der Wirklichkeit führen.

Wir sind also von materiellen und immateriellen Dingen umgeben, die sehr real sind, sich jedoch deutlich voneinander unterscheiden, wenn davon auszugehen ist, dass Materie und Gedanken zur Realität gehören. Die Unterscheidung wird allerdings schwieriger, sobald die Wahrnehmung des Materiellen über einen immateriellen Gedanken erfolgt (wie dies in der Mathematik der Fall ist). Und genau an diesem Schnittpunkt wird das scheinbar so stabile Materialkonzept plötzlich infrage gestellt. Seit der Antike war es jeder Gesellschaft ein stetes Bedürfnis, Materie zu definieren, und sei es nur, um auf die Zwänge und Verlockungen dessen, was gemeinhin als Natur bezeichnet wird, reagieren zu können. Die unzähligen Versuche, das Geheimnis der Materie zu lüften, erfuhren jedoch keine völlig lineare Entwicklung: Zu den aufgestellten Theorien gesellten sich weitere, die durch wahre Revolutionen aus den Angeln gehoben wurden, mit denen Namen wie Platon, Aristoteles, Galileo Galilei, Newton, Descartes, Einstein oder Heisenberg zu verbinden sind, um nur einige der berühmtesten zu nennen. Die frühesten Spuren dieser Fragestellungen reichen bis zum Ende des 5. Jahrhunderts v. Chr. nach Griechenland, wo

Leukipp und Demokrit die Materie als eine Vielzahl von Körnern oder harten, unteilbaren, identischen Grundbausteinen definierten (daher die Bezeichnung „Atome"), die in ungezählter Zahl vorhanden sind, zuweilen aneinanderstoßen und Aggregate bilden. Dieses noch sehr rudimentäre Atom löste zwischen Platon und Aristoteles eine Debatte über das untrennbare Paar von Form und Materie aus. Platon vertrat die Ansicht, die Materie sei unveränderlich, ein fast unsichtbares, nur mithilfe einer Form wahrnehmbares Medium ohne Selbstbestimmung. Die Form wiederum sei jedoch veränderbar, trennbar und neu zusammensetzbar. Für ihn ist die Materie „das, was entsteht; das, aus dem es entsteht und das, zu dessen Ebenbild das wird, was entsteht". Dieser Vision hält Aristoteles eine unter der Form liegende Einheit entgegen, die vom Demiurgen mit einer Essenz oder, anachronistisch ausgedrückt, mit einer „Information" ausgestattet wurde, die in ihrem Inneren ruht und in der Lage ist zu reagieren. Bei Aristoteles sind Form und Materie untrennbar miteinander verbunden. Diese Debatte wurde im Mittelalter erneut aufgenommen, um die Atomtheorie zu diskreditieren und die Idee einer unförmigen Materie durchzusetzen, der von Gott Substanz verliehen wurde. Die Natur dieser materia prima sollte nicht infrage gestellt werden, was allerdings zuweilen heimlich von den Alchimisten ignoriert wurde, die um die Materie einen regelrechten, mitunter heidnischen Mystizismus spannten. Sie stellten sich gegen die Auffassung, dass es allein Gott zustehe, die Materie grundlegend zu verändern. Einige sehen jedoch in der Alchimie, dieser undefinierbaren Metaphysik, die Ursprünge der heutigen Chemie.

Erst in der Renaissance wurde die Materie von der Last der religiösen Interpretation befreit und das Konzept der Materie mit der Bewegung in Verbindung gebracht. Neben seiner berühmten Definition des heliozentrischen Weltbildes definierte Galileo Galilei die Materie als „das, was in seinem Wesen bei der Bewegung unverändert bleibt". Ab dem 17. Jahrhundert taucht die Vorstellung auf, die Materie sei keine Substanz, sondern bestehe aus Partikeln – untrennbar miteinander verbundenen Atomen, die in einem leeren Raum in Bewegung sind. Isaac Newton versieht diese Partikel mit einer neuen Eigenschaft: der Masse, als Ergänzung zur Bewegung. Descartes trägt mit seinem Weltbild zu einer klaren Unterscheidung zwischen materieller und spiritueller Substanz bei. Darin begnügt sich Gott damit, eine autonome mechanische Materie mit einem primitiven Anstoß durch Kontakt und Reibung in Bewegung zu versetzen. Die Einführung der zunächst von jeglicher metaphysischen Interpretation befreiten Körpermechanik ermöglicht im 19. Jahrhundert einen spektakulären Fortschritt, da Physik und Chemie zu den wichtigsten Bestandteilen der Definition von Materie werden. Folgende Frage reduziert sich häufig auf die Analogie vom Ziegelstein oder Alphabet: Sind Atome unbewegliche Elemente, die wie Ziegelsteine aufeinandergesetzt werden, um die Materie zu bilden, oder handelt es sich um aktive Elemente, die sich verändern, um wie eine Sprache Materie zu schaffen? Lavoisier und Dalton definierten die Materie als Verbindung einer begrenzten Anzahl von Atomen, die der russische Chemiker Mendelejew 1869 in seinem berühmten Periodensystem aufstellte. Im 19. Jahrhundert wurde erneut von einem atomaren Aufbau der Materie ausgegangen, wobei Atomphysik und Atomchemie zusammengefasst wurden und sich eine klare Vorstellung von der Materie abzeichnete, in der für lästige metaphysische Interpretationen kein Platz war. Die intellektuell anspruchsvolle Hypothese einer mechanischen, atomaren Materie führte innerhalb von zwei Jahrhunderten zu Fortschritten, die mit einem rein empirischen Ansatz vermutlich nicht möglich gewesen wären. Die industrielle Revolution katapultiert die Materie in das Zentrum unserer Gesellschaft und ihr Schicksal scheint in dem Moment besiegelt, als ihre solide Basis, das Atom, 1945 den Horror von Hiroshima heraufbeschwört. Einstein veröffentlicht seine Relativitätstheorie und mit ihr die beunruhigende Idee, dass das Licht, das bis dahin als wellenartiges Phänomen betrachtet wurde, auch korpuskularen Ursprungs sein könnte. Das Photon ist Welle und Partikel zugleich. Hinter ihm steht die Quantenphysik und ersetzt das Konzept von Masse und Bewegung durch das von Energie, Feldern und Quanten. Die Quanten, eine neue physikalische Einheit, stellen sich dem Konzept der soliden Atome entgegen und erschüttern die Eigenschaften der Materie als undurchdringliche Masse, die Raum einnimmt. Die Quantenphysik läutet unbestreitbar eine neue Ära der Interpretation der Materie ein. Die Entdeckung neuer physikalischer Konzepte wie der Antimaterie, der schwarzen Löcher sowie das Interesse für die Chaosphysik und die Fuzzy-Logik zeugen davon, dass die in der Renaissance entstandene klassische Vorstellung von der mechanischen, atomaren Materie überholt ist. Die Phänomene der Informationsgesellschaft und das damit einhergehende Konzept der Dematerialisierung scheinen sich heute durchzusetzen. Wird die Dematerialisierung zum Ende des Zeitalters der Materie und dem Beginn einer virtuellen Ära führen? Vermutlich wird das Gegenteil der Fall sein, denn obwohl heute weltweit der Verbrauch von Rohstoffen zur Herstellung eines Produktes auf spektakuläre Weise gesunken ist, hat die mengenmäßige Produktion von Gegenständen und Konsumgütern in gleichem Maße zugenommen. Und das Dienstleistungskonzept geht häufig mit einem erhöhten Energieverbrauch und somit einem höheren Verbrauch von Materie einher.

Nicht das Verschwinden der Materie steht auf dem Spiel, sondern die neue Leistungsfähigkeit und die neuen Formen, welche die Materie annimmt und mit denen sie bearbeitet wird. Unter diesem Blickwinkel könnte es durchaus sein, dass die aristotelische Debatte über die Materie und ihre Form erneut geführt werden wird. Die neuen exotischen Ansätze der Quantenphysik könnten ihrerseits ebenfalls unsere Lebensweise aus den Angeln heben und erneut die grundlegende Natur der Materie infrage stellen. Zudem werden diese Umwälzungen erneut Fragen aufwerfen, die seit jeher mit der Materie einhergehen. Sie ist Faszination und Grund zur Besorgnis: Wir bestehen aus ihr und der Traum, sich von ihr frei zu machen, erscheint bei jedem weiteren Schritt nach vorn weiterhin wie ein Trugbild.

Index

Verlag
Frame Publishers
Amsterdam
www.frameweb.com
Birkhäuser Verlag
Basel
www.birkhauser.com

Herausgegeben von **matériO**
www.materio.com

Autoren
Daniel Kula und **Élodie Ternaux**
Koautor
Quentin Hirsinger

Grafik (inklusive Abbildungen)
Général Design, Maroussia Jannelle
mit **Benjamin Gomez**

Schriften
Swiss 721 BT und **Materiology** (© Géneral Design) für
den Titel

Fotografien
Teil 01: **Théo Mercier**
Teil 02: **Véronique Huyghe** außer:
Kohlenstoff S.173 © Buriy (Fotolia)
Diamant S.136 © Tom (Fotolia)
Smaragd S.235 © Imfoto
Gallium S.153 © 2012 Theodore Gray, periodictable.com
Lithium S.183 © Coprid (Fotolia)
Magnesium S.184 © Warut Roonguthai
Metamaterial S.193 © CNRS Photothèque,
Stefan Enoch/UMR6133 – Institut Fresnel Marseille
Quecksilber S.220 © Cerae (Fotolia)
Nicht-Newtonsche Fluide S.196 © Unpict (Fotolia)
Seltenerdelemente S.230 © 2012 Theodore Gray,
periodictable.com
Rubin und Saphir S.221 © Xshd und winterling
Halbleiter S.160 © Vetkit und borissos (Fotolia)
Supraleiter S.244 © Alan Crawford

Herstellung
Sarah de Boer-Schultz
und **Marlous van Rossum-Willems**

Übersetzung aus dem Französischen: **Elisabeth Freund**
Ducatez und **Susanne Haberstroh**
„Materialfamilie Holz": **Juliane Sattinger**
Fachredaktion: **Nina Safainia**
Lektorat: **Véronique Hilfiker Durand**

Bildbearbeitung
NerocVGM und **Edward de Nijs (Frame)**

Druckerei
D'Print

Dank an
Sofia Chaoui, Anne-Sabine Henriau,
Raymond van Kooyk, Denis Laville,
Lise Maginot und Morgane Rébulard.

Vertrieb
ISBN 978-3-03821-238-6
Birkhäuser Verlag GmbH
Basel
Postfach 44, 4009 Basel, Schweiz
Ein Unternehmen von De Gruyter
www.birkhauser.com

Das Buch ist auch in
englischer (ISBN 978-3-03821-254-6),
französischer (ISBN 978-3-0346-0819-0)
und holländischer Sprache
(ISBN 978-90-77174-97-5) erschienen.

Bibliografische Information der Deutschen Nationalbibliothek
Die Deutsche Nationalbibliothek verzeichnet diese Publikation in der
Deutschen Nationalbibliografie; detaillierte bibliografische Daten sind
im Internet über http://dnb.dnb.de abrufbar.

Gedruckt auf säurefreiem Papier, hergestellt aus chlorfrei gebleichtem
Zellstoff. TCF ∞

Printed in China

9 8 7 6 5 4 3 2 1